Gerhard Konzelmann
Mohammed

Allahs Prophet und Feldherr

BASTEI-LÜBBE-TASCHENBUCH
Band 61 066

1. Auflage 1981
2. Auflage 1983

© 1980 Gustav Lübbe Verlag GmbH, Bergisch Gladbach
Printed in Western Germany 1983
Einbandgestaltung: Manfred Peters
Titelfoto: Folco Quilici
Gesamtherstellung: Ebner Ulm
ISBN 3-404-61066-0

Der Preis dieses Bandes versteht sich einschließlich
der gesetzlichen Mehrwertsteuer

Inhalt

Vorwort
»Im Namen des Propheten Mohammed« ─────────── 7

1. Die Stunde der ersten Offenbarung ─────────── 17
2. »So wird erzählt« ─────────────────── 21
3. Gefahr für die Kaaba durch einen Elefanten ─────── 24
4. Mohammed, der Sohn des Abdallah ─────────── 28
5. Die Witwe Chadidscha heiratet
   Mohammed Ibn Abdallah ──────────────── 37
6. Mohammed verlangt Glauben an den einen Gott ───── 41
7. Mohammed gibt nach – und bereut diese Schwäche ── 60
8. »Führe mich zu Mohammed, damit ich Moslem werde« ─ 64
9. Mohammed erzählt von der nächtlichen Reise nach
   Jerusalem ──────────────────────── 67
10. »Besiegt sind die Römer im nahen Lande« ─────── 74
11. Mohammed trifft Vorbereitungen zur Auswanderung ── 80
12. Mohammed verläßt Mekka ─────────────── 87
13. Mohammed in Jathrib/Medina ────────────── 91
14. Mohammed sieht seine Feinde unter den Juden ───── 95
15. Mohammed provoziert die ungläubigen Verwandten ── 103
16. »Ich habe Kamele den Tod tragen sehen« ──────── 110
17. Der Streit mit den Juden verschärft sich ─────── 123
18. »Wein ist Satanswerk« ─────────────── 133
19. »Euer Ungehorsam ist schuld an der Niederlage« ──── 136
20. Mekka mobilisiert zehntausend Mann gegen
    Mohammed ────────────────────── 148
21. »Die Engel haben die Waffen noch nicht abgelegt« ── 159
22. »Euer Gefährte irrt nicht und täuscht sich nicht« ──── 165
23. Der Mensch Mohammed ──────────────── 169
24. »Gebete, Wohlgerüche und Frauen
    haben mich am meisten erquickt« ───────────── 172

25. Mohammed rettet Aischa vor der Verleumdung _____ 184
26. Mohammed verschafft sich Respekt bei den Beduinen __ 192
27. »Ihr sollt, wenn Allah es will, zur Kaaba nach Mekka gehen« _____ 196
28. Die Schwierigkeit, mit Mohammed einen Vertrag abzuschließen _____ 203
29. Die Allianz der Juden in Khaybar scheitert _____ 212
30. Mohammed darf Mekka wieder betreten – aber die Stadt ist menschenleer _____ 217
31. Gegen Byzanz überschätzen die Moslems ihre Stärke __ 221
32. Die Eroberung von Mekka _____ 227
33. »Ihr stammt alle von Adam, und Adam stammt vom Staube« _____ 239
34. War die Kaaba eine christliche Kirche? _____ 243
35. »Wer könnte es Allah verwehren, wenn er Jesus, den Sohn Marias, vertilgen wollte?« _____ 248
36. Der seltsame Moslem Khaled Ibn Walid _____ 252
37. Eine Schlacht gefährdet den Erfolg in Mekka _____ 254
38. Der zweite Feldzug gegen Byzanz wird abgebrochen __ 263
39. Die Kirche neben der Moschee wird nicht geduldet __ 269
40. Mohammed, die absolute Respektsperson _____ 272
41. Mohammed gibt der Kaaba-Wallfahrt die endgültige Form _____ 275
42. Mohammed ist nicht der einzige Prophet in Arabien __ 283
43. Die Eroberung der Welt soll beginnen _____ 286
44. Krankheit und Tod des Propheten Mohammed _____ 288
45. Abu Bakr rettet den Islam _____ 293
46. Die Moslems erobern die Welt _____ 301
47. »Mohammed ist progressiver als Karl Marx« _____ 315

Vorwort
«Heiliger Krieg» um Jerusalem?

Die Menschen in Jerusalem, Juden und Moslems, kennen und lieben diese Legende: »*Schönheit und Glanz dieser Welt wurden von Gott in zehn gleiche Teile aufgeteilt. Neun Teile der Schönheit und des Glanzes gab Gott der Stadt Jerusalem und nur einen Teil der restlichen Welt. Leid und Trauer dieser Welt wurden von Gott ebenfalls in zehn gleiche Teile aufgeteilt. Neun Teile gab er Jerusalem – und nur einen Teil der restlichen Welt.*«

Damit Leid und Trauer sich entfalten konnten, ließ Gott die Stadt Jerusalem zum Heiligtum für drei Religionen werden: Juden, Moslems und Christen glauben, daß Gott ihnen in dieser Stadt Zeichen der Offenbarung gesetzt, daß er in Jerusalem jeweils ihre Religion vor anderen ausgezeichnet habe.

Diese Gemeinsamkeit verbindet nicht; sie trennt und ist der Grund für Streit und Blutvergießen. In längst vergangenen Jahrhunderten kämpften Moslems und Christen um die Herrschaft im Heiligen Land. Die Kreuzritter wollten den Ort von Christi Tod und Auferstehung nicht den »Ungläubigen« überlassen, doch ihr christlicher Staat Jerusalem zerbrach in bitteren Niederlagen. Aus dieser Erfahrung zog die christliche Welt schließlich die Konsequenz, für Fortbestand und Blüte ihrer Religion sei der Unterhalt eines mächtigen Brückenkopfes am Todesort Christi unwichtig.

Die reale Stadt Jerusalem verlor in der Vorstellungswelt der Christen ihre Bedeutung – Vergeistigung ersetzte die Realität. Das »Himmlische Jerusalem«, entrückt den irdischen Schwierigkeiten, fern der politischen Probleme, wurde zur Glaubensheimat. Wer das wirkliche Jerusalem besaß, wer dort die Macht ausübte, interessierte nur noch wenige der christlichen Gläubigen in Europa.

Diese Gleichgültigkeit ist bis heute nicht gewichen. Sie spiegelt sich im Zustand der Heiligen Stätten des Christentums in Jerusalem: Er läßt den Eindruck entstehen, als ob die christliche Welt nicht so recht daran glauben könne, daß jenes Grab, das im Jahre

326 durch eine Vision der heiligen Helena, der Mutter Kaiser Konstantins des Großen, entdeckt worden ist, wirklich den Platz markiert, an dem der Leib Christi vor der Auferstehung geruht hat. Die Grabeskirche ist kein Sakralbau, auf den die Christen mit Stolz blicken können.

Mohammed, der Prophet des Islam, hat sich einst gewundert, daß die Christen selbst den Staub verehren, durch den ihr Prophet Jesus geschritten sei. Die Via Dolorosa, der Leidensweg Jesu, ist heute mehr eine Attraktion für Touristen als für Pilger: Die Via Dolorosa wird photographiert, nicht verehrt.

Der Rückzug der Christen aus dem Heiligen Land überließ Jerusalem den beiden anderen Religionen, deren Gott hier Zeichen gesetzt hat: Diese, die Juden und die Moslems, sind keineswegs gewillt, Ansprüche aufzugeben; für sie ist die Realität der Stadt Jerusalem integraler Bestandteil ihres Glaubens. Im Verzicht sehen sie Verrat am Bündnis, das Gott mit ihnen, mit jeder der Religionen getrennt, abgeschlossen hat.

In manchen Nächten legt sich Tau auf die Quader der Klagemauer. Im Dämmerlicht des Morgens ist dann zu sehen, wie sich die Tautropfen vereinigen und in langen Bahnen langsam über die Steine rinnen. »*Die Steine weinen in solchen Nächten*«, sagen gläubige Juden, »*sie weinen aus Trauer, weil der Tempel Davids zerstört ist, weil die Hoffnung noch nicht aufgeblüht ist, daß der Tempel wieder in Pracht und Glanz erbaut werden und von der Größe Israels zeugen kann.*«

Der Tempel Davids krönte vor mehr als dreitausend Jahren die Stadt. Zwei Jahrtausende trennen unsere Zeit von der Epoche des zweiten Tempels der Juden, den der König Herodes hatte bauen lassen. Reste dieses Gotteshauses, darin sind sich die Archäologen einig, bilden die Klagemauer. Allein dieser Teil des weitläufigen und reich geschmückten Heiligtums war im Jahre 70 nach Christus von der Zerstörung durch die Römer verschont geblieben.

Seit jenem Jahr gehörte der Boden des heiligen Tempelbereichs nicht mehr den Juden. Ihnen blieb jahrhundertelang der Zutritt zur Stadt bei Todesstrafe verboten. Ihres Glaubenszentrums beraubt, zerstreuten sich die Gläubigen in den Ländern rings um das Mittelmeer. Von ihrem Bekenntnis aber ließen sie nicht ab:

»*Nächstes Jahr in Jerusalem!*« Im Exil hielt diese Formel ihre Hoffnung aufrecht.
Gemeint waren nicht irgendwelche Stadtteile von Jerusalem – gemeint war der Hügel Moriah auf dem die Tempel der Juden einst standen. Ein eindrucksvolles Zeugnis des religiösen Lebens aus früher Zeit ist hier erhalten: Eine Felsplatte, nahezu zwanzig Meter lang und fünfzehn Meter breit. Die Oberfläche weist Vertiefungen auf; ein System von Rinnen ist zu sehen. Forscher vermuten, diese Rinnen haben der Abteilung des Blutes von Opfertieren gedient. Mancher gläubige Jude ist überzeugt, auf der Felsplatte sei auch die Opferung Jakobs vorbereitet worden. Möglich ist, daß die Felsplatte Bestandteil des Tempels war, für den der König Salomo als Erbauer genannt wird. Über dieser Felsplatte aber wölbt sich seit dem Jahre 691 die Kuppel eines islamischen Gotteshauses. Nicht die Juden besitzen ein Heiligtum auf der Tempelterasse von Jerusalem, sondern die Moslems. Nicht die Worte des Talmud werden dort gebetet, sondern die Worte des Koran.
Der Grund, warum die Moslems diese Felsplatte auf dem Hügel Moriah als heiligen Platz betrachten, ist ein Geschehnis im Leben ihres Propheten: Die gläubigen Moslems sind überzeugt, daß der Prophet Mohammed einst von jenem Fels aus in die sieben Himmel von Allahs überirdischem Reich aufgestiegen ist; die Propheten der Juden und auch Jesus seien Zeugen dieser wunderbaren Reise gewesen, die Mohammed in Bereiche führte, die Sterblichen sonst nicht zugänglich sind. Der Prophet soll Gottes Herrlichkeit gesehen haben – und er sei zurückgekommen mit dem Wissen um die Ordnung der Welt, die Allah, der Weltschöpfer, eingerichtet hat.
Für den abendländisch geschulten Kopf, dem die Skepsis in Generationen anerzogen wurde, gilt ein Bericht über einen derartigen Vorgang als Legende, der keinerlei Realitätsgehalt zuzumessen ist. Die Mehrheit der Moslems aber glaubt, daß Mohammed die Reise in die sieben Himmel wirklich vollzogen hat. Sie können daher mit der politischen Situation unserer Zeit in Jerusalem keineswegs einverstanden sein: Daß die Gläubigen der jüdischen Religion Verwalter des Bodens sind, auf dem der Felsendom steht, erscheint den Moslems unerträglich. Für manchen von ihnen ist

die Felsplatte heiliger als der Schwarze Stein, der in den viereckigen Bau der Kaaba von Mekka eingefügt ist – die Felsplatte erscheint enger verbunden mit den zentralen Elementen des islamischen Glaubens.

Die Verehrung der Felsplatte ist der Grund, warum die Moslems der Stadt Jerusalem den Namen »*Al Kuds*« gegeben haben, »die Heilige«. Um den Felsen ranken sich Geschichten, die alle zeigen, welche Wertschätzung die Moslems dem Stein entgegenbringen. Der Fels, so erzählt eine dieser Geschichten, sei schon Tausende Jahre vor Adam aus dem Paradies hierhergebracht worden: Zweitausend Jahre vor dessen Erscheinen auf der Erde habe sich an diesem Platz die Schar der Engel häufig versammelt, um Allah zu preisen. Die Arche Noah, so lautet eine andere Geschichte, habe nach der Sintflut zunächst an diesem Felsen Schutz und Halt gesucht.

Vom Propheten Mohammed, so sagen viele Moslems, sei die überragende Heiligkeit dieses Platzes durchaus erkannt worden, denn er habe den Gläubigen zuerst angeordnet, ihren Blick beim Gebet in Richtung Jerusalem zu wenden. Jerusalem war zu dieser Zeit der Ort, der vor allen anderen geehrt werden sollte. Der Grund für die Änderung der Blickrichtung wird im zunehmend offenen ausgetragenen Konflikt mit den Juden zu sehen sein, den Mohammed für notwendig hielt. Mohammed wollte das Heiligtum der Moslems von dem der Juden abtrennen. Hatte er bis dahin den Gedanken nicht aufgegeben, seine Offenbarung sei im Rahmen der Verkündigungen zu sehen, die Gott bisher schon zugelassen hatte – nur, daß Allah durch ihn nicht für die Menschen in Palästina sondern für die Bewohner der Wüste sprach –, so sah er von nun an den Islam als eigenständige Religion, ja als die Krönung aller Religionen. Die Abwendung von Jerusalem bedeutete nicht die Aufhebung der Heiligkeit dieses Platzes – sie signalisierte lediglich die Ablehnung der Juden.

Der Prophet hat selbst den Tag nicht erlebt, an dem sich Jerusalem dem Islam öffnete. Die Moslems betraten im Jahre 637 zum erstenmal die Tempelterrasse auf dem Hügel Moriah. Fortan beherrschten sie, zwölfhundert Jahre lang, die Heiligen Stätten.

Sie blieben auch noch die Herren des Felsendoms und der Klagemauer, als sich der Staat Israel formierte und die Israelis im Jahre 1948 den westlichen Teil der Stadt erobern konnten. Das Königreich Jordanien besaß die Souveränität über die Altstadt von Jerusalem – Jordanien, das als Staat gelten kann, der nach islamischen Grundsätzen geführt wird; sein König darf sogar von sich behaupten, er stamme aus derselben Familie wie einst der Prophet Mohammed.

Da die islamischen Herren nicht bereit waren, die Existenz des Staates Israel zu akzeptieren, riegelten sie die Grenze zum Gebiet der Juden ab. Stacheldraht trennte Jerusalem in zwei Hälften. Keinem Juden war künftig erlaubt, an der Klagemauer zu beten. Wurde König Feisal, der Herr über die Heiligen Stätten von Mekka und Medina in Saudi-Arabien, auf diese Diskriminierung hingewiesen, so wehrte er die Klage mit diesem Argument ab: »*Kein Spezialist der Archäologie konnte schlüssig beweisen, daß die Klagemauer einen Teil des Tempels der Juden darstellt. Sicher aber ist durch die göttliche Offenbarung, daß der Prophet Mohammed – Segen sei über ihm – diesen Platz betreten und besonders geheiligt hat.*«

Der Sieg der Israelis im Sechstagekrieg von 1967 raubte den Jordaniern, und damit den Moslems insgesamt, den arabischen Teil von Jerusalem.

Der Stacheldraht fiel; die Juden hatten wieder die Möglichkeit, an der Klagemauer zu beten. Mosche Dayan, damals Verteidigungsminister, sprach aus, was fast alle Juden dachten: »*Wir sind zu unseren heiligen Stätten zurückgekehrt, um sie nie wieder zu verlassen!*« Schon zwei Wochen nach dem Sechstagekrieg beschloß das israelische Parlament, die Knesseth, durch Gesetz die islamische Altstadt an die israelische Weststadt anzugliedern; der Zugang zu ihren heiligen Plätzen sollte den Moslems jedoch auch weiterhin offenstehen.

Trotz dieser Zusicherung kam keiner der arabischen Staatsmänner nach Jerusalem – hätte doch eine solche Pilgerreise die Anerkennung der israelischen Autorität auch über den arabischen Teil der Stadt bedeutet. König Feisal klagte, der Tod in Ruhe sei ihm verwehrt, solange er nicht in Jerusalem den Boden betreten dürfe, von dem aus der Prophet Mohammed in die Himmel aufgestiegen sei. Feisal starb durch die Kugel eines Mörders, ohne daß sein sehnlichster Wunsch, im Felsendom beten zu können, erfüllt worden war.

Die Mehrheit der in den Vereinten Nationen zusammengeschlossenen Staaten unterstützte den Anspruch der Araber auf den Ostteil von Jerusalem. Der Sicherheitsratsbeschluß 242 vom Herbst 1967 verurteilte die Eroberung des arabischen Gebiets durch den jüdischen Staat und verlangte den Rückzug der israelischen Armee. Weitere Sicherheitsratsbeschlüsse forderten Israel auf, den arabischen Charakter von Jerusalem zu bewahren – die israelische Regierung kümmerte sich nicht darum, sie betrachtete weiterhin das Alte Testament als Grundbuch des Nahen Ostens. Die Ansprüche der Israelis sind religiös begründet und haben mit dem modernen Völkerrecht nichts zu tun.

Jegliche Hoffnung der Moslems, sie würden auf friedliche Weise ihr Gebiet von Jerusalem zurückerhalten, zerstob im Sommer des Jahres 1980. Von besonders religiös orientierten Abgeordneten war ein Gesetz vorgeschlagen worden, das die gesamte Stadt Jerusalem zur Hauptstadt des jüdischen Staates erklären sollte. Obgleich viele der Abgeordneten Bedenken aussprachen und vor den außenpolitischen Folgen eines solchen Schrittes warnten, wurde der Gesetzentwurf mit Stimmenmehrheit angenommen – da die Gläubigen der jüdischen Religion ohnehin Jerusalem als die Hauptstadt ihrer religiösen Heimat ansehen, gab es für die Abgeordneten keinen wirklichen Grund, sich der Abstimmung, und damit der Zustimmung zum Gesetzentwurf zu entziehen. Daß dieses Gesetz nicht nur als Worte auf Papier zu betrachten sei, sondern politische Fakten schaffen werde, daran ließ Ministerpräsident Begin keinen Zweifel: Er kündigte an, er werde seinen Amtssitz nach Ost-Jerusalem, in den bisher arabischen Teil der Stadt verlegen.

»*Grundgesetz über Jerusalem als Hauptstadt Israels*« – so lautet die offizielle Überschrift des Texts, der fortan die Situation der Stadt bestimmen soll. Die Paragraphen im Einzelnen:
1. Das ganze und vereinigte Jerusalem ist die Hauptstadt Israels.

2. Jerusalem ist der Sitz des Staatspräsidenten, der Knesseth, der Regierung und des Obersten Gerichts.
3. Die Heiligen Stätten sollen vor Entweihung und anderen Vergehen sowie vor allem geschützt werden, was den freien Zugang der Religionsgemeinschaften zu den ihnen heiligen Plätzen beeinträchtigen könnte.
4. (A) Die Regierung soll für die Entwicklung und das Wohlergehen Jerusalems und für das Wohlergehen seiner Bewohner sorgen, indem sie auf Sondermittel zurückgreift. Ein Zuschuß, der von der Zustimmung des Wirtschaftsausschusses des Parlaments abhängig ist, soll jährlich an die Stadtverwaltung von Jerusalem ausbezahlt werden.
(B) Jerusalem sollen durch die staatlichen Behörden Vorzugsrechte für die Entwicklung seiner Wirtschaft, seiner Infrastruktur sowie auf anderen Gebieten eingeräumt werden.
(C) Die Regierung soll ein Sondergremium zur Ausführung dieser Bestimmungen ernennen.

Das »*Grundgesetz über Jerusalem als Hauptstadt Israels*« löste einen Protestschrei in den arabischen Staaten aus. Diejenigen Regierungen, die bisher schon »Nein« gesagt hatten zum Frieden, den der ägyptische Präsident Sadat mit Israel vereinbart hatte, sahen sich in ihrer Ablehnung bestätigt. Selbst Sadat sah sich genötigt, weitere Verhandlungen zunächst zu suspendieren.

Schlimme Ängste, lange unterdrückt, wachten wieder auf in den Köpfen religiöser Männer. Zuletzt waren sie ausgesprochen worden im Jahre 1969. Damals hatte ein Brandstifter in der Al-Aqsa-Moschee Feuer gelegt, die – ebenfalls auf der Tempelterrasse – südlich des Felsendoms steht. Die Untersuchungen der israelischen Behörden ergaben dann, daß kein politisches Motiv das Verbrechen veranlaßt hatte. Doch in der islamischen Welt glaubte kaum jemand an die Erklärungen der israelischen Regierung. Deutlich wurde von Geistlichen und Politikern die Überzeugung geäußert, die Israelis wollten bewußt das Heiligtum der Moslems zerstören, um an seiner Stelle erneut den Tempel der Juden errichten zu können.

Nichts deutet darauf hin, daß die Befürchtungen der Moslems berechtigt sind. Die religiösen und politischen Verantwortlichen

in Israel haben immer hohen Respekt gezeigt vor den heiligen Plätzen der anderen Religionen – und trotzdem ist kein islamischer Geistlicher und kaum ein Politiker bereit, den Artikel 3 des »*Grundgesetzes über Jerusalem als Hauptstadt Israels*« ernst zu nehmen. Weit verbreitet ist die Meinung, Israel werde letztlich nur sein eigenes Heiligtum in Jerusalem vor Entweihung schützen.
Mitte August 1980 hat Prinz Fahd, der starke Mann des Ölstaates Saudi-Arabien, verkündet, der einzige Weg zur Rückgewinnung Jerusalems sei der »Heilige Krieg«. Häufig schon war zum Heiligen Krieg um die verlorenen Gebiete aufgefordert worden – genau so häufig war der Ruf in Israel und in der westlichen Welt mißverstanden worden. Da die Aufrufe keinen unmittelbaren bewaffneten Konflikt zur Folge hatten, wurden sie als bloße Phrasendrescherei abgetan. Der Begriff »*Jihad*«, Heiliger Krieg, umfaßt jedoch keineswegs nur die Auseinandersetzung mit Waffen; er umreißt jegliche Anstrengung, um ein dem Glauben nützliches Ziel erreichen zu können. So waren die diplomatischen Aktionen der islamischen Welt während der vergangenen Jahre durchaus Teil des »Heiligen Krieges«.
Während der außenpolitischen Offensiven dieser Jahre haben sich die arabischen Staaten eine Waffe geschmiedet, die in der Lage ist, dem »Heiligen Krieg« eine entscheidende und spürbare Wendung zu geben. Der Ölhahn ist jene Waffe, die Kontrolle über die wichtigsten Ölfördergebiete dieser Erde. Dem Prinzen Fahd von Saudi-Arabien unterstehen die Ölfelder, von denen die Industrieländer Europas, aber auch Japan und die Vereinigten Staaten abhängig sind. Präsident Carter hat in der Formulierung seiner Nahost-Doktrin die Wichtigkeit Saudi-Arabiens und damit auch der dort regierenden Männer zugegeben. Diese Doktrin lautet: »*Das Königreich Saudi-Arabien ist uns so wichtig wie das Ölgebiet von Texas.*« Die Regierenden in den USA sind entschlossen, ihren Einfluß auf das Ölförderland Saudi-Arabien zu verteidigen.
Doch es ist der starke Mann eben dieses Königreichs, der zum »Heiligen Krieg« aufgerufen hat. Prinz Fahd ist entschlossen, die Ölwaffe für die Rückgewinnung der heiligen Plätze von Jerusalem einzusetzen. Verschont bleiben vor der Wirkung dieser Waffe sollen nur diejenigen Länder, die Druck af Israel ausüben, um den

jüdischen Staat zum Verzicht auf Ost-Jerusalem zu veranlassen. Prinz Fahd sagt: »*Mäßigung hat den arabischen, den islamischen Ländern keinen Vorteil gebracht. Israel kann sich weiterhin auf die Unterstützung der stärksten Militärmacht der Erde berufen. Für die Araber gilt nun wirklich die Frage ›Sein oder Nichtsein?‹ Wenn wir uns im Fall Jerusalem nicht wehren, dann sind auch die Heiligtümer von Mekka und Medina nicht mehr sicher. Allah wird uns nie verzeihen, daß wir auf Plätze verzichten, die von seinem Gesandten geheiligt worden sind.*«

Wir Menschen des Abendlandes, die den Ausdruck ihres religiösen Lebens in die Privatsphäre zurückgenommen haben, die kaum mehr wirkliche Beziehung zu Heiligtümern, zu »besonders geheiligten Plätzen« besitzen, können kaum verstehen, daß es Menschen gibt, für die Religion eine Ideologie ist, die den Einsatz aller Mittel und selbst des Lebens lohnt. Für diese Menschen ist Mohammed und sein Kampf Vorbild. Das Wissen um das Leben des Propheten Allahs macht das Verständnis für die Vorgänge im Nahen Osten leichter.

Dieser Gang der Ereignisse ist nicht auszuschließen: Die Mächtigen in Saudi-Arabien – die über die Gebiete herrschen, die einst auch von Mohammed regiert worden sind – fühlen sich enttäuscht von der Nutzlosigkeit der halbherzigen Bemühungen des Westens, die Israelis zum Einlenken in Jerusalem zu bewegen. Sie sperren den Ölhahn. Ganz deutlich ist aus den Worten des starken Mannes aus Saudi-Arabien die Drohung gegen die USA abzulesen. Bis zum Tag der Rede vom »Heiligen Krieg« konnten die Beziehungen zwischen Washington und der saudi-arabischen Hauptstadt Riadh als gut gelten. Die USA werden also von der Ölwaffe getroffen – und mit den USA die Verbündeten, die den Leitlinien der amerikanischen Politik folgen. Abzusehen ist, daß die Vereinigten Staaten sich veranlaßt fühlen, zur Sicherung der Energieversorgung der westlichen Industrienationen im Nahen Osten militärisch einzugreifen. Die Worte versagen sich einer Schilderung der möglichen Folgen. Das Szenario könnte Ausmaße biblischer Beschreibungen der Endzeit besitzen: Aufflammende Ölfelder als Beginn eines Weltbrandes.

Vom Nahen Osten haben die drei wichtigsten monotheistischen Religionen ihren Ausgang genommen. Die Gefahr besteht, daß der Zusammenstoß zweier dieser Religionen im selben Gebiet vieles auslöscht, was sie der Menschheit an Menschlichkeit geben konnten. Noch können die Ereignisse gesteuert werden, von verantwortungsbewußten Personen, denen die Hintergründe bekannt sind. So gesehen ist das Leben des Propheten Mohammed nicht Geschichte. Wer sich mit ihm beschäftigt, der behandelt aktuelle Gegenwart. Für die islamische Welt ist Mohammed der eigentliche Führer.

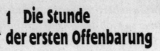

1 Die Stunde der ersten Offenbarung

Bewahrt in der Überlieferung sind die Worte, mit denen Mohammed selbst jenes Ereignis schilderte:
»*Als ich schlief, trat der Engel Gabriel zu mir. Er trug ein Tuch, das aus Brokat zu sein schien. Auf diesem Tuch stand etwas geschrieben. Gabriel sprach: Lies!*
Ich erwiderte: Ich kann nicht lesen.
Da preßte mir der Engel das Tuch ins Gesicht, daß ich dachte, mein Tod wäre gekommen. Doch er ließ mich los und sagte wieder: Lies!
Meine Antwort war: Ich kann nicht lesen.
Und wieder würgte mich der Engel mit dem Tuch – und wieder dachte ich, der Tod sei mir nahe. Als er mich endlich freigab, da hörte ich erneut den Befehl: Lies!
Zum dritten Mal war meine Erwiderung: Ich kann nicht lesen. Als mich der Engel dann nochmals fast zu Tode würgte und mir wieder zu lesen befahl, fragte ich aus Angst, er könne mich ein viertes Mal packen: Was soll ich lesen?
Da sprach der Engel: Lies im Namen deines Herrn, des Schöpfers, der den Menschen erschuf aus einem Klumpen geronnenen Blutes. Lies von deinem Herrn, dem Allerbarmenden. Lies: Im Namen Allahs, des Allbarmherzigen. Lies von ihm, der das Schreibrohr zu brauchen lehrte, der die Menschen in Dingen unterrichtete, die sie nicht wußten.
Ich wiederholte die Worte, und als ich sie für mich gesprochen hatte, da entfernte sich der Engel Gabriel. Bei meinem Erwachen war es mir, als wären die Worte in mein Herz geschrieben. Ich stand auf, um den Hügel hinaufzusteigen, auf halber Höhe aber vernahm ich eine Stimme vom Himmel:
O Mohammed, du bist der Gesandte Allahs, und ich bin Gabriel. Ich hob mein Haupt zum Himmel, und ich sah Gabriel in der Gestalt eines Mannes, und seine Füße berührten den Horizont des Himmels. Und wieder sprach er: O Mohammed, du bist der Gesandte Allahs, und ich bin Gabriel. Dann begann ich meinen

Kopf zu drehen, mein Gesicht von ihm abzuwenden. Doch wohin ich auch blickte, immer sah ich den Engel Gabriel in der gleichen Gestalt.«

Auf dem Hügel Hira, so sagte Mohammed, habe diese folgenreiche Begegnung stattgefunden. Der Hügel Hira liegt eine Stunde Fußwegs entfernt von Mekka in nordöstlicher Richtung – eine kahle, staubige und steinige Anhöhe, in Kegelform abgeschliffen von den Wüstenwinden. Gelb und Braun sind die Farben dieser Landschaft, über der Tag für Tag eine sengende Sonne steht; sie macht den Weg aus den Mauern von Mekka durch die Ebene vor der Stadt zu einer Strecke, die gemieden wird. Da die Karawanenrouten den Hügel Hira nicht berührten, nahm in Jahrzehnten kaum jemand die Strapaze auf sich, dorthin zu wandern. Mohammed aber hielt sich bei der Anhöhe tagelang auf – er schlief nachts auf Hira, wie er selbst sagte. Tagsüber barg ihn eine Höhle, gab ihm Schutz vor dem gnadenlosen Sonnenlicht. Wasser und Lebensmittel hatte er mitgebracht; waren sie zu Ende, dann wanderte Mohammed in den frühen, noch kühlen Morgenstunden nach Mekka, um sich neuen Proviant zu holen.

Er betrat die Stadt nicht als ein Bettler oder Verfemter, einer, der sich hätte verbergen müssen. Mohammed besaß eines der reichsten Häuser in Mekka, ein dreistöckiges Gebäude, aufgemauert aus Lehmziegeln. Das Haus war so groß, daß es Jahre später, in der Regierungszeit des Kalifen Mu'awija, in eine prächtige Moschee verwandelt werden konnte, ohne wesentlich umgebaut werden zu müssen. Der Oberschicht ordnete sich Mohammed zu, der Kaufmannselite, dem Besitzadel. In der dreiundneunzigsten Koransure bezeichnete er sich selbst als reichen Mann. Er hätte sich hinaustragen lassen können von seinen Dienern zum Hügel Hira, hätte sich dort Zelte aufstellen lassen können und bequeme Sitzmöbel – keiner hätte sich darüber gewundert, denn die Reichen gestanden sich die Erfüllung all ihrer Launen zu. Daß er sich plagte, daß er zu Fuß ging, das weckte Erstaunen und löste sogar abfällige Bemerkungen aus. Als schwärmerischer Träumer galt Mohammed, als Mann, von dem zu erwarten war, daß er seine Mitmenschen demnächst mit hymnischen Poesien unterhalten – oder langweilen würde.

Mohammed selbst hat kein Wort darüber gesagt, was er draußen vor der Stadt tat. Er gab auch gegenüber niemandem eine Begründung ab für sein Verhalten. Von seiner späteren Frau Aischa ist folgende Bemerkung überliefert: »*Allah machte ihn mit der Einsamkeit vertraut, bis er sie wahrhaft schätzte, und bald war ihm nichts lieber, als allein zu sein.*« Aischa taugt in diesem Fall eigentlich kaum zur Zeugin, da sie zu der Zeit, als Mohammed die Einsamkeit suchte, noch gar nicht geboren war; trotzdem mag sie die Wahrheit gesprochen haben.

Mohammed, der reiche Kaufmann, lebte viele Tage auf dem staubigen und heißen Hügel Hira, abgeschieden von der Familie und vom Geschäft, weil er nur dort ungestört nachdenken konnte. Nichts durchquerte seine Gedanken, selbst die Landschaft, reizlos und ohne Abwechslung, zog keinen Blick auf sich. Eine abgegrenzte Welt lag vor Mohammed: das Tal von Mekka. Abgeriegelt im Westen durch den Bergblock Abu Qubais und im Osten durch den Jebel Hindi ist das Tal ein Hitzekessel, nicht eigentlich geschaffen, um Menschen zu beherbergen. Und trotzdem hatten die Bewohner das Gefühl, sich räumlich ganz nahe beim Paradies zu befinden, das irgendwo hinter den Bergen liegen mußte. Diese Stadt fühlte sich vor anderen bevorzugt, trotz – oder gerade wegen – ihrer unwirtlichen Lage.

Mohammed, das ist sicher, hatte lange Zeit in Hitze und Einsamkeit gewartet. Er muß gespürt haben, daß ihm ein besonderes Erlebnis bevorstand: Vielleicht hatte er Angst, daß der Tag des Weltgerichts anbräche, daß dieser Tag seine Freunde dort unten in der Stadt unvorbereitet treffe, daß sie von Gott vergessen worden seien. Andere Völker, das wußte Mohammed, waren gewarnt worden durch Gesandte dieses Gottes, durch seine Propheten. Niemand aber hatte die Menschen der Wüste gelehrt, was Gott fordert. Weiter im Norden, in Syrien, in Palästina, dort waren diese Prediger aufgetreten und hatten die Gesetze Gottes verkündet. Die Menschen der Wüste jedoch kannten die Gesetze nur aus zweiter Hand. Händler, die aus dem Norden kamen, hatten berichtet, was dort geglaubt wird, welche Lebensregeln dort gelten, welche Rituale beachtet werden. Auf der Suche nach dem wahren Glauben, ahmten die Wüstenbewohner diese nach, ohne den Sinngehalt zu kennen – sie gehörten ja nicht zu den »Schriftbesitzern«, zu denen, die von Gott sein Gesetzbuch erhalten hatten. Gott konnte diesen heißen Winkel der Welt nicht vergessen haben. Sein Prophet mußte kommen. Wo aber war der Ort seines Erscheinens? Und vor allem: Wer war dieser Prophet?

Die Legenden und die überlieferten Texte geben keinen Hinweis auf die Bedrängnisse des Gemüts, denen Mohammed auf dem Hügel Hira ausgesetzt war. Der Schock der Begegnung mit dem Engel Gabriel löschte die Erinnerung an die Zeit der Prüfung aus. Mohammed dachte später nicht mehr zurück an die eigenen Gefühle, die ihn während der endlos langen Tage des Wartens beherrscht hatten. So wissen wir nicht, ob er mit einem derartig starken Eingriff überirdischer Macht in sein Leben rechnete. Er wußte danach nur noch, daß in der Nacht vom 26. zum 27. des Monats Ramadan seine Existenz für immer verändert wurde, als er die Inspiration empfing zu den ersten Worten des Korans: »*Im Namen Allahs, des Allbarmherzigen*«. Dieser Nacht des Monats Ramadan messen die Moslems besondere Bedeutung zu. Worte aus der Sure 97 des Korans geben ihnen dazu die Berechtigung. Durch den Mund des Propheten äußerte sich Allah zur Besonderheit dieser Stunden:
»*Die Nacht der Offenbarung besitzt mehr Gewicht als tausend Monate.*«
In der Nacht vom 26. zum 27. Ramadan gewinnen im Glauben der Moslems Gebete, Gedanken und Taten eine besondere Dimension der Heiligkeit.
»*Die Engel und der Geist kommen in dieser Nacht mit der Erlaubnis ihres Herrn herab. Sie ist voller Heil und Segen, bis die Morgenröte sichtbar wird.*«
Nach unserer Zeitrechnung geschah die Begegnung mit dem Engel Gabriel im Jahr 610 während der Wochen der kurzen Nächte. Noch ehe sich der erste Schimmer der Sonne im Osten zeigte, verschwand die Erscheinung, die für Mohammed das Ende des Wartens auf dem Hügel Hira bedeutet hatte. Der überlieferte Bericht des Propheten über seine Rückkehr nach Mekka lautet so:
»*Als das Bild des Engels erloschen war, machte ich mich auf den Heimweg zu meiner Familie. Ich kam zu meiner Frau Chadid-*

scha, setzte mich an ihre Seite und schmiegte mich eng an sie. Ihr erzählte ich, was ich gesehen hatte. Sie rief aus: Freue dich und sei standhaft. Bei dem, in dessen Hand meine Seele liegt, wahrlich, ich hoffe, du wirst der Prophet für dieses Volk sein.«

Von ihrem Vetter, einem nachdenklichen und ernsthaften Mann, der die heiligen Bücher der Christen und Juden kannte, ließ sich Chadidscha bestätigen, daß ihr Urteil über das Geschehnis auf dem Hügel Hira zutreffend war. Dieser Vetter, so wird erzählt, hat mit folgenden Worten seine Meinung gesagt: »*Wahrlich, Chadidscha, wenn du mir die Wahrheit berichtet hast, so ist ihm wirklich der Engel Gabriel erschienen, genauso wie Gabriel zu Moses kam, und Mohammed ist wahrlich der Prophet seines Volkes. Sage Mohammed, er soll standhaft bleiben.*«

Der Mann, der diese Worte sprach, bekannte sich in jener Zeit – so wird erzählt – zum Christentum.

2 »So wird erzählt...«

Vor rund 1350 Jahren hat Mohammed gelebt – diese Aussage ist fundiert. Wer diese Information allerdings bereichern will durch Angaben, die der Existenz des Mannes Mohammed plastisches Profil geben sollen, der verläßt rasch die historisch gesicherten Grundlagen und steigt ins Reich der Legenden und Erzählungen. Als verläßliche Quelle ist der Koran anzusehen; in Allahs Worten gibt er manche Auskunft über den Propheten, doch als Gerüst für die Darstellung seines Lebens ist er untauglich. Die Fakten, die aus dem Koran abzulesen sind, lassen sich in wenigen Sätzen erzählen; ein Lebensbild, eine Biographie des Propheten entsteht daraus nicht.

Unmittelbar nach dem Tode Mohammeds im Jahre 632 empfanden die Gläubigen den Mangel an Wissen über das Leben des Propheten sehr stark. Das Interesse an seiner Person wuchs rasch an. Der islamische Staat dehnte sich aus bis ins Gebiet des heutigen Syrien, ins Land von Euphrat und Tigris, ins Delta des Nils. Die Zahl der Gläubigen nahm zu, und mit ihr auch die Zahl der Fragenden, der Interessierten, die Bescheid wissen wollten über den Gründer der Religion, der sie angehörten, über den Begnadeten, der sich Gesandter Allahs nennen durfte. Kamen diese Gläubigen auf der Pilgerfahrt, die jedem Mohammedaner einmal im Leben vorgeschrieben ist, nach Mekka, trafen sie nach vielen Jahren Kampfgefährten oder gar nahe Verwandte des Religionsgründers. Manche Bewohner von Mekka waren gerne bereit, Episoden aus den gemeinsam mit Mohammed verbrachten Jahren zu berichten. So entwickelte sich die mündliche Überlieferung.

Der Wahrheitskern der Episoden lag den Erzählern durchaus am Herzen. Übernahm jemand eine Geschichte, so gab er bei der Weitererzählung auch die Quelle an – schon um sicherzustellen, daß ihm die Zuhörer glaubten. Der Nächste, der sich einer Geschichte bediente, vergaß wiederum nicht mitzuteilen, wer sein Informant war, und setzte dazu, wie dieser Informant seinerseits sein Wissen erhalten hatte. So wurde mit dem Inhalt auch häufig die Kette der Überlieferer weitergegeben. Selbst wenn Wahrheitsliebe vorausgesetzt wird, muß doch bei heutiger Anwendung der überkommenen Biographieelemente aus dem Leben des Propheten einkalkuliert werden, daß sich Erweiterungen und Ausschmückungen eingeschlichen haben – aber auch diskriminierende Verfälschungen.

Der Islam ist auch keineswegs verschont geblieben vom Spaltpilz der Sektenbildung. Die größte der Gruppen, die sich zu einem religiösen Eigenleben entschlossen haben, ist die Schiat Ali, die schiitische Glaubensgemeinschaft. Für die Verteidiger der abweichenden Ansicht war es oft wichtig, den Beleg für ihre Meinung in den Worten des Propheten selbst zu finden; leichte Veränderungen eines Wortlauts halfen dabei häufig genug zur Abstützung der eigenen These oder eines Glaubensgrundsatzes. Vertreter der schiitischen Richtung des Islams erwiesen sich als besonders begabt in der Auffindung von Beweisen, die ihrem Glauben ein Fundament gaben.

Die Veränderungen und Abweichungen waren längst nicht mehr auszumerzen, als die ersten Lebensberichte, die nicht in die Korantexte eingebaut waren, schriftlich festgehalten wurden. Die ältesten der biographischen Schriften über den Propheten Mohammed stammen aus der zweiten Hälfte des achten Jahrhunderts unserer Zeitrechnung, sind also mindestens einhundertundzwanzig Jahre nach dem Tode des Religionsgründers verfaßt worden. Sie spiegeln Bewunderung wider, zeigen die hohe Position dieses Mannes zwischen Allah und der Welt der übrigen Gläubigen – und bewahren doch einen großen Anteil menschlicher Züge, die auf die ursprünglichen Erzählungen zurückgehen müssen.

Zu Lebzeiten des Propheten und in den ersten Jahren nach seinem Tod war den Moslems durchaus bewußt gewesen, daß Mohammed zwar der Gesandte Allahs, aber doch eben ein Mensch war. Auf die Gottähnlichkeit hatte Mohammed nie Anspruch erhoben. Er war der Bote Allahs und sonst nichts. Die Tendenz, ihm einen höheren Rang zu geben und ihn als Wundertäter zu präsentieren, setzte erst später ein. Manche Berichte aus der Frühzeit, die den Propheten als Menschen mit menschlichen Mängeln schildern, überstanden zum Glück die Phasen der Verherrlichung – nicht wenige behielten auch Schilderungen durchaus negativer Züge bei. Mohammed wird häufig genug als Mann mit egoistischen Neigungen gezeigt, der sich seine Vorteile zu verschaffen wußte.

Bewußt bilden in dieser Lebensbeschreibung die farbigen Episoden einen wichtigen Bestandteil. Ohne Hilfe der überlieferten Erlebnisberichte und legendenhaften Schilderungen müßte auf die Kapitel über Kindheit, Jugend und die erste Ehe von Mohammed verzichtet werden. Über diese Zeit gibt der Koran keine Auskunft. Nicht immer folgen die Berichte der Logik unserer Denkkategorien; sie gehorchen eigenen Gesetzen – in vielem entsprechen sie dabei der Denkweise des Propheten.

Gerade beim Thema »Mohammed« sollte sich der Biograph davor hüten, den Eindruck zu erwecken, er selbst sei Augenzeuge gewesen. Seine Aufgabe ist es, Berichte zu ordnen, Fakten zu sammeln, Bezüge der Episoden untereinander herzustellen. Auch die journalistische Darstellung darf nicht außer acht lassen, daß Mohammed für siebenhundert Millionen Moslems als der wichtigste Vermittler göttlichen Willens gilt. Trotzdem braucht die

Betrachtung dieser Person nicht unkritisch angelegt zu sein. »So wird erzählt ...« – diese drei Worte sollten bei der Lektüre nie aus dem Sinn verloren werden. Aber auch an die islamische Weisheit sei erinnert, daß allein Allah über das volle Wissen um die Wahrheit verfügt, daß das Wissen der Menschen jedoch immer Bruchstück bleiben muß.

3 Gefahr für die Kaaba durch einen Elefanten

Die frühen Historiker des Islams sagen, Mohammed sei in jenem Jahr geboren worden, in dem »der Elefant Mekka bedrohte«. Das Wunder der Rettung der Stadt verband sich so mit dem Wunder der Geburt des Gesandten Allahs. In welchem Jahr das eine und das andere Ereignis stattfand, wissen wir nicht – um das Jahr 570 unserer Zeitrechnung muß es gewesen sein. Beides geschah in einem Land, in dem es noch nicht üblich war, das politische Geschehen mit Brief und Siegel für die Nachwelt zu dokumentieren, in dem es vor allem keine amtliche Fixierung von Lebensdaten gab; Geburtsjahre merkte sich niemand – in welcher Zeitrechnung hätten sie auch festgehalten werden können?

Im Süden Arabiens herrschte um diese Zeit ein Mann, der seine Macht ableitete »vom Barmherzigen, von seinem Messias und vom Heiligen Geist.« Die Inschrift eines Gedenksteins hält die Bindung dieses Herrschers an die Dreieinigkeit Gottes bis heute fest. Der arabische Begriff »Rahman«, der auf dem Stein zu lesen ist und den auch der Prophet Mohammed später verwenden wird, bedeutet »der Barmherzige« – der Autor der Inschrift meint damit den gnädigen Gott christlicher Vorstellung.

Ein Christ herrschte in Südarabien. So ganz war er nicht unabhängig; er nannte sich selbst »Lehnsfürst des abessinischen Königs«, aber auch »Souverän über Saba, Raidan, Hadramaut und Jemen«. Beziehungen unterhielt er zum oströmischen Kaiser und zum

Monarchen von Persien. Dieser Christ trug den Namen Abraha; er gebrauchte damit die äthiopische Form von Abraham.

Durch seinen Lehnsherrn war das Heer des Abraha mit einem Elefanten ausgerüstet worden, der auf die Araber gewaltigen Eindruck machte. Mit Hilfe dieses Elefanten, der auf den Namen Mahmud hörte, wollte Abraha Mekka erobern. Eine Chronik aus früher islamischer Zeit berichtet aus dem Geburtsjahr des Propheten:

»Als Abraha sich im Jemen festgesetzt hatte und alle Menschen dort Ehrfurcht vor ihm empfanden, da unterwarfen sich ihm die seiner Herrschaft zunächst gelegenen Araber der Wüste. Abraha hatte den Wunsch, alle Araber möchten in seiner Residenz die allgemeine Hauptstadt sehen, deshalb erbaute er in Sana'a, der Hauptstadt des Jemen, eine prachtvolle Kirche, deren Bausteine ganz aus Marmor bestanden und deren Mauern er mit dem schönsten Schmuck versah. Er wünschte nun, daß diese Kirche, statt der Kaaba in Mekka, der Wallfahrtsort der Menschen würde. Auch die Araber sollten während ihres Pilgermonats die Kirche von Sana'a an Stelle der Kaaba besuchen. Abraha berichtete auch dem König von Abessinien über seine Absicht und schrieb ihm, er habe in des Königs Namen eine Kirche gebaut, ein Gebäude, dem keines ähnlich sei, das bis jetzt existiere. Er wolle mit dieser Kirche die Pilger von der Kaaba abhalten. Für Arabien habe er deshalb schon die nötigen Verfügungen getroffen. Als sich die Nachricht darüber bei den Arabern verbreitete, da zeigten sie ihren Unwillen. Sie wollten nicht die Kaaba für diese Kirche aufgeben. Ein Araber kam unter dem Vorwand, er wolle schon die Wallfahrt vollziehen, nach Sana'a und bat darum, man möge ihn in der Kirche über Nacht beten lassen. Er bekam die Erlaubnis, doch er verrichtete in der Kirche nur seine Notdurft und besudelte dann die Wände mit Kot. Der Araber konnte entfliehen. Abraha, außer sich vor Wut, schwur einen heiligen Eid, daß er selbst mit seinem Heer nach Mekka ziehen werde, um dort das Bethaus zu zerstören. Er brachte eine Armee zusammen, zu der auch Kämpfer aus Abessinien kamen, stellte Waffen bereit – und den Kampfelefanten Mahmud. Dann zog Abraha los. Als er in Taif ankam, brauchte er jemand, der seinem Heer den Weg nach Mekka wies. Die Männer von Taif gaben ihm den Abu Djahl mit.

Dieser aber starb unterwegs. Die Araber sehen in ihm einen Verräter und werfen bis heute Steine auf sein Grab. Es ist seit langem ganz mit Steinen bedeckt. Als sich Abraha dann der Kaaba näherte, schickte er einen Heeresobersten in die Stadt voraus, daß er Kamele und Schafe zur Verpflegung der eigenen Armee beschlagnahme. Die Tiere gehörten aber fast alle dem Abdalmuttalib, dem Großvater Mohammeds. Der Heeresoberst sollte auch dem Stamm der Koraisch sagen, Abraha sei nicht mit der Absicht gekommen, eine Schlacht zu liefern, er habe es nur auf die Kaaba abgesehen. Wörtlich hatte der Oberst zu sagen: Wenn ihr euch nicht verteidigt, sondern euch ruhig verhaltet, wird euch gar nichts passieren! Der Angesehenste im Stamme Koraisch war damals Abdalmuttalib. Er antwortete dem Obersten des Abraha: Dieses Bethaus ist von Gott, dem Preiswürdigen und Erhabenen. Wenn Gott den Abraha von diesem Bethaus nicht abhalten will, so kann auch ich keinen Krieg anfangen. Abdalmuttalib begab sich mit dem Heeresobersten zu Abraha. Der Mann aus dem Koraischstamm besaß eine schöne Gestalt und sehr viel Lebhaftigkeit des Geistes, auch Anstand und Eleganz. Als Abdalmuttalib eingetreten war, erwies ihm Abraha alle möglichen Ehren. Abdalmuttalib aber sagte ganz schlicht: Ich habe nur den einen Wunsch, daß ihr mir meine Kamele zurückgebt. Worauf Abraha erwiderte: Bei meinem ersten Blick auf dich hat deine Gestalt einen so mächtigen Eindruck auf mich gemacht, daß ich dich ehren wollte. Doch jetzt hast du eine derart dürftige Bitte geäußert. Du redest von Kamelen und solltest doch die Kaaba von mir erbitten. So hat sich mein Herz von dir gewandt. Abdalmuttalib aber sagte: Das Bethaus hat einen Herrn, der schon darauf achten wird; ich aber bin der Herr der Kamele, und deswegen bitte ich um mein Eigentum. So befahl Abraha, daß man ihm seine Kamele wiedergab. Abdalmuttalib aber brachte auf den Köpfen der Kamele Zeichen an, mit welchen man gewöhnlich die Tiere kennzeichnet, die zum Opfer bestimmt sind. Dann empfahl Abdalmuttalib den Einflußreichen unter den Koraisch, sie sollten sich möglichst aus der Stadt entfernen. Mit ihnen zogen auch die anderen die Hügel hinauf, damit sie besser beobachten konnten, was geschehen würde.«

»Sie warten ab, was sich aus der Welt des Geheimnisses ereignen möge« – so formuliert die frühislamische Chronik die Spannung der Menschen aus Mekka, die von den Höhen herab auf die Kaaba blickten. Abraha, so ist in ihr zu lesen, habe nur die Absicht gehabt, in Mekka einzudringen, die Kaaba zu zerstören, um dann wieder in den Jemen zurückzukehren. Diesen Vorsatz konnte er nicht verwirklichen, denn es geschah ein Wunder:

»Als der große Elefant die Kaaba sah, da warf er sich auf die Erde nieder und stand, trotz aller Schläge, nicht wieder auf. Richteten Abrahas Männer sein Gesicht in Richtung Jemen, dann sprang er auf und lief davon. Doch wenn er auf die Kaaba zugehen sollte, warf er sich wieder nieder und rührte sich nicht von der Stelle. Plötzlich erschienen von den Hügeln, die dem Meer zugewandt liegen, viele Vögel. Sie sahen aus wie Schwalben. Jeder Vogel hielt drei Steine, die so groß waren wie Erbsen, in seinem Schnabel und noch zwei Steine in den Krallen. Diese Steine warfen sie auf Abrahas Heer. Jeder, der von einem Stein getroffen war, kam sogleich um. Abraha ergriff mit denen, die noch lebten, die Flucht. Alle aber, welche umkamen, schleppte ein Hund ins Meer. Die Schätze, die Abraha zurückgelassen hatte, bildeten den Grundstock für den Reichtum der Koraisch. Abraha aber verfiel in eine Krankheit, die seinen Körper langsam verfaulen ließ. Noch ehe er seine Hauptstadt Sana'a erreichen konnte, waren seine Glieder schon abgefallen, und er starb. Vor seinem Tode spaltete sich seine Brust, so daß sein Herz zu sehen war, und er ging in die Hölle ein. In diesem Jahr, als dies geschah, wurde der Prophet geboren. Über den Propheten sei Frieden gebreitet.«

Der Schwarm der Vögel gilt uns als poetische Umschreibung der Pockenepidemie, die das Heer des Abraha damals vernichtet haben soll – seltsam ist, daß nur Abrahas Leute davon betroffen wurden. Die Menschen von Mekka sahen in den Ereignissen jenes Jahres, denen sie ihre Rettung verdankten, ein Wunder. Sie glaubten, eine übernatürliche Kraft habe ihnen die Vögel zur Hilfe geschickt. Mohammed verstand es, mehr als vierzig Jahre später, Allah den Ruhm für den Sieg über Abraha zuzuschreiben, ohne den Volksglauben zu zerstören.

Die einhundertfünfte Koransure, sie ist eine der kürzesten, behandelt das Thema der Konfrontation mit Abraha.

Der Text ist Beweis dafür, daß schon so kurze Zeit nach dem Ablauf des Ereignisses der Vogelschwarm – und nicht die Epidemie – als realer Retter im Bewußtsein verankert ist – er kam im Auftrag Allahs angeflogen. Der Titel dieser Sure heißt »Al-Fil«, der Elefant:

»*Im Namen Allahs, des Allbarmherzigen. Hast du denn nicht gesehen, wie dein Herr mit den Führern des Elefanten verfuhr? Hat er nicht ihre verbrecherische Absicht zunichte gemacht und einen Schwarm von Vögeln gegen sie gesandt, die Steine aus gebranntem Lehm herabwarfen? So behandelte er sie, daß sie nicht mehr wert waren als abgefressene Halme einer Viehweide.*«

4 Mohammed, der Sohn des Abdallah

Ibn Hischam, einer der ersten Chronisten des Prophetenlebens, berichtet folgende Geschichte über Mohammeds Zeugung:

»*Abdallah wollte eine Frau besuchen, die ebenfalls sein Weib war wie Amina. Er hatte gerade auf dem Acker gearbeitet; Spuren von Dreck hafteten noch an ihm. Abdallah versuchte, diese Frau zu umarmen, doch sie wehrte ab wegen des Ackerdrecks, den er noch an sich trug. Sie vertröstete ihn auf später. Nachdem Abdallah sich gewaschen hatte, wollte er zu Amina gehen. Er kam wieder an jener Frau vorbei, die ihn zu sich rief. Doch jetzt schob er sie von sich und trat wirklich bei Amina ein. Abdallah nahm Amina. Da empfing sie Mohammed. Als Abdallah Amina verließ, kam er wieder am Zimmer jener Frau vorbei und sagte zu ihr: Willst du? Sie gab ihm zur Antwort: Nein! Als du an mir zuerst vorbeigekommen bist, lag zwischen deinen Augen ein weißer Schimmer. Du wolltest nichts von mir wissen und bist zu Amina gegangen. Jetzt aber trägst du diesen weißen Schimmer nicht mehr. Amina hat ihn dir genommen.*«

Der Chronist scheute sich nicht, die Zeugung des Propheten sehr menschlich zu schildern, während die Christen sich immer hüteten, ihren Religionsstifter als Menschen zu sehen, der auf natürliche Weise empfangen worden war.

Erstaunlich an der Geschichte ist, daß der Vater des Propheten mit landwirtschaftlicher Arbeit in Verbindung gebracht wird. Seine Familie, die Banu Koraisch – der Stamm Koraisch –, gehörte zu den angesehenen Kaufmannsfamilien von Mekka. Die Banu Koraisch war Besitzer der größten Karawanen, die Waren nach Zentralarabien brachten; sie besaß das Land um den Brunnen Zemzem, der in der Ebene des Tales um Mekka schon von alters her als heilig verehrt wurde, da er die sonst trockene Gegend mit Wasser versorgte.

Die Kontrolle über das Wasser von Zemzem stand dem Stamm Koraisch zu. Verbunden damit war die Sorge für ein Heiligtum, das direkt neben dem Brunnen lag und das schon damals Kaaba – das heißt Würfel – genannt wurde. Eingemauert in die Wand des Heiligtums war ein schwarzer Stein, wahrscheinlich ein Meteorit von beachtlicher Größe, der als Symbol mächtiger Götter angesehen wurde.

Die Familie Koraisch bestimmte, was in Mekka geschah. Wurde ihr ein anderer Stamm an Einfluß gefährlich, wandten die Stammesscheiks die kluge Methode an, den Konkurrenten durch Heiraten an die Interessen der Banu Koraisch zu binden. Kaum eine der fremden Familien wollte sich mit den mächtigen Herren des Talgrunds von Mekka streiten.

Daß es allerdings in der Großfamilie auch arm und reich, oben und unten gab, ist in einer Klage des Propheten dokumentiert, die in der dreiundvierzigsten Koransure zu finden ist:

»*Ja, wäre die Offenbarung einem der Vornehmen in den beiden Städten mitgeteilt worden!*«

Dann, so meinte der Prophet, hätte es wohl niemand gewagt, Zweifel anzubringen. Zu den Vornehmen der Koraisch gehörte der Sohn des Abdallah also nicht. Diese Klage des Propheten bleibt bestehen, selbst wenn die Überlieferung glauben machen will, er habe vom Augenblick der Geburt an Beachtung gefunden: Selbst der Palast des persischen Herrschers habe in Mohammeds Geburtsstunde gebebt, die heiligen Feuer der Perser seien erloschen. In Mekka hat die Geburt jedenfalls keine Aufmerksamkeit erregt. Einem ärmeren Mitglied der Familie Koraisch war ein Sohn geboren worden – im Jahr, als der Elefant Mekka bedrohte und dann doch nicht besiegen konnte.

Die Großfamilie Koraisch, vielleicht fünftausend Menschen stark, war in einzelne Sippen unterteilt, die nicht alle als gleich wohlhabend galten. Die Sippen stammten zwar alle aus derselben Familienwurzel, doch hatten sie sich unterschiedlich entwickelt. Zwei Sippen überragten an Zahlenstärke und Einfluß die anderen; ihre Namen waren Haschem und Abd Schams. Sie besaßen in der fast nach demokratischen Regeln organisierten Versammlung der würdigsten Sippenvertreter eine gewichtige Mehrheit, die von anderen Sippen nicht gefährdet werden konnte. Abdallah, der Vater von Mohammed, gehörte zur Sippe der Haschem.
Abdallahs Vater wiederum, Abdalmuttalib – der Mann, der von Abraha seine Kamele zurückgefordert hatte –, war mit seinen Karawanen nach Syrien und in den Jemen gereist. Er hatte Geschäftsbeziehungen aufgenommen mit den Großkaufleuten jener Regionen; er besaß Handelsrechte, um die ihn andere beneideten.
Die Überlieferung berichtet, daß dieser Mann das Privileg genossen habe, im Schatten der Kaaba, die damals ein bescheidener Gebäudewürfel gewesen sein muß, für die Nachmittagsruhe eine Liegestatt aufzustellen. Aus Ehrfurcht wagte es kein Mann der Familie, sich zusammen mit Abdalmuttalib auf dieses einfache Bett zu setzen – nur Mohammed, so wird erzählt, habe die Kühnheit besessen.
Der Großvater wurde allerdings bald zur wichtigsten Person in der Familie für Mohammed, da der Junge sehr früh beide Elternteile verlor. Sehr wahrscheinlich ist der Vater schon vor Mohammeds Geburt gestorben, auf dem Rückweg von einer Karawanenreise, die ihn in die Hafenstadt Gaza am Mittelmeer geführt hatte. Medina, das damals noch den Namen Jathrib trug, gilt als Sterbeort von Abdallah. Die Mutter Amina betreute Mohammed, bis er sechs Jahre alt war, dann endete auch ihr Leben. Mutter und Kind waren schon nach dem Tod von Abdallah in den engeren Familienkreis

um Abdalmuttalib aufgenommen worden – in ihm blieb der Junge nun auch nach dem Verlust der Mutter. Vom Großvater lernte Mohammed religiöse Rituale kennen.
Abdalmuttalib sorgte für die Verteilung des Wassers vom heiligen Zemzembrunnen bei der Kaaba an die Pilger, die gekommen waren, um den schwarzen Stein zu verehren. Mohammed begriff frühzeitig, daß für den Handelsplatz Mekka heilige Stätten von Wichtigkeit sind; sie bildeten eine zusätzliche Attraktion neben den regelmäßigen Märkten. Die Kunden kamen nicht nur, um zu kaufen, sie wollten sich auch zugleich eine möglichst glückliche Heimkehr sichern und waren auch dafür bereit, einen Teil ihres Eigentums herzugeben.
Der Großvater, der schon alt war, konnte Mohammed nicht ganz zwei Jahre lang unterrichten, dann starb auch er. Abdalmuttalib hatte noch vor seinem Tode dafür gesorgt, daß Abu Talib, ein Onkel des Jungen, die Erziehung übernahm. Abu Talib war von derselben Mutter geboren worden wie Abdallah, der Vater von Mohammed. Innerhalb der Banu Koraisch war Abu Talib wegen seines Reichtums und wegen seiner Großzügigkeit geschätzt. Die Sippe der Haschem sah in ihm ihren führenden Kopf. Mohammed konnte sich durchaus während seiner Kindheit in der Hand von Männern geborgen fühlen, die Autorität ausstrahlten und sie auch einzusetzen verstanden.
Mohammed sprach später so gut wie nichts über seine Kindheit. Nur einmal, als er einige Männer Tierfutter tragen sah, erzählte er fast beiläufig davon, daß er selbst als kleiner Junge Schafe gehütet habe. Er sah das Erstaunen seiner Zuhörer und bemerkte darauf: *»Es gibt keinen Propheten, der nicht Schafe gehütet hat.«*
Anklänge biblischer Gleichnisse sind in dieser Geschichte zu erkennen, die häufig vom »guten Hirten« und seiner Herde berichten. Andere Überlieferungen ergänzen Mohammeds Bemerkung. Die Frauen aus der Stadt hatten es sich damals weitgehend abgewöhnt, ihre Kinder selbst zu stillen – die Beduinenfrauen nahmen ihnen diese Aufgabe ab. Sie säugten meist fremde Kinder neben ihren eigenen mit. Auch die Mutter des Propheten folgte dieser Sitte: Sie hatte Mohammed als ganz kleines Kind bei einer Frau des Beduinenstammes Hawazim in Pflege gegeben. Sobald er laufen

konnte, wurde er mit den anderen Jungen hinaus auf die Weide geschickt.

Mohammed, so wird berichtet, habe, als er auf das Schafehüten zu sprechen kam, noch dieses Erlebnis erzählt:

»Als ich eines Tages zusammen mit meinem Milchbruder auf die Schafe aufpaßte, da kamen zwei Männer in weißen Gewändern auf mich zu, sie trugen ein goldenes Becken, das mit Schnee gefüllt war. Sie packten mich, öffneten mir den Leib, nahmen mein Herz heraus, schnitten es auf und entnahmen ihm einen schwarzen Blutklumpen, den sie wegwarfen. Dann wuschen sie mein Herz und meinen Leib.«

Die vierundneunzigste Koransure – sie trägt die Bezeichnung »Al-Inschirah«, die Aufschließung – beginnt mit einem Hinweis auf einen derartigen Vorgang:

»Haben wir nicht deine Brust geöffnet, haben dir weggenommen, was dich drückte?«

Doch gibt es gerade für diese Sure unterschiedliche Sinnauslegungen; manche sehen in der Brustöffnung nur einen bildhaften Ausdruck für Allahs Zugang zum Herzen des Propheten. Möglich ist, daß die Geschichte über Mohammeds Erlebnis beim Schafehüten ihre Wurzel im genannten Korantext besitzt.

Daß Mohammed tatsächlich als Junge mit kleinen Arbeiten beschäftigt wurde, berichtet auch der Historiograph Ibn Ishaq, der einhundertundzwanzig Jahre nach dem Tod des Propheten dessen Leben beschrieb. Seine Erzählung folgt allerdings einem bestimmten Zweck – sie soll zeigen, daß ein Christ, der Vertreter einer hochstehenden, überlegenen monotheistischen Religion, frühzeitig die Bedeutung des Propheten erkannt habe. Die Geschichte zeigt, daß ein christlicher Mönch damals durchaus auf zentralarabischem Gebiet als Selbstverständlichkeit galt – das Christentum war weit verbreitet in den Wüstengebieten. Die Geschichte gibt aber auch bereits einen Hinweis auf die erbitterte Feindschaft, die später zwischen dem Propheten und den Juden ausbrechen wird. Ibn Ishaq berichtet:

»Abu Talib zog als Händler mit einer Karawane nach Syrien. Schon während der Vorbereitungen zum Aufbruch wurde er vom jungen Mohammed (Ibn Ishaq nennt ihn auch in den Kindheits-

geschichten »der Prophet«) *bestürmt; der Junge wollte mitgenommen werden, und Abu Talib hatte schließlich nachgegeben. Bosra in Syrien war das Ziel der Karawane. Dort lebte ein Eremit in seiner Klause, der besaß die Bücher der Christen. Dieser Eremit war der Nachfolger von vielen heiligen Männern, die einer dem anderen die Bücher weitervererbt hatten. Die Karawanen aus Mekka waren schon oft an der Hütte der christlichen Mönche vorbeigekommen, doch hatte keiner in Jahrzehnten mit den Männern aus Mekka gesprochen oder sich sonstwie um die Fremden gekümmert. Als aber die Karawane diesmal in der Nähe der Eremitenhütte lagerte, da wollte der Bewohner den Männern aus Mekka ein großes Mahl bereiten. Von seiner Hütte aus hatte der Mönch nämlich gesehen, daß eine Wolke immer eine Person* (den Propheten – sagt Ibn Ishaq) *in der sich nähernden Karawane beschattet hatte. Nachdem diese dann herangekommen war und sich Menschen und Kamele in der Nähe unter einem Baum gelagert hatten, da bemerkte der Einsiedler, wie die Wolke Schatten über den Baum breitete und dessen Zweige sich so über diese eine Person, Mohammed nämlich, bogen, daß er darunter Kühlung fand. Als der Mönch, er hieß Bahira, dies sah, verließ er seine Hütte und sagte zu den Karawanenführern: Ein Mahl ist für euch vorbereitet, Männer von Banu Koraisch. Ich möchte, daß ihr alle zu mir kommt, jung und alt, gleichgültig ob Sklave oder freier Mann. Sie wunderten sich, da der Mönch eine solche Einladung noch nie ausgesprochen hatte, doch sie kamen alle zu ihm. Nur Mohammed blieb bei den Tieren und beim Gepäck zurück, da man ihn als zu jung ansah für das Festmahl. Als nun Bahira sich unter seinen Gästen umsah, da erblickte er den einen nicht, den er zuvor entdeckt hatte und der ein Zeichen tragen mußte, das er aus seinen Büchern kannte. Deshalb sprach der Mönch: Nicht ein einziger von euch, ihr Männer vom Stamme Koraisch, soll meinem Mahl fernbleiben. Bahira erhielt zur Antwort: Keiner, dem es gebührte, zu dir zu kommen, ist ferngeblieben. Nur den Allerjüngsten von uns, den haben wir unter dem Baum zurückgelassen. Bahira aber bat darum, daß man auch den Allerjüngsten zum Festmahl hole. Ein Mann von den Koraisch pflichtete dem Mönch sofort bei: Bei den Göttinnen Lat und Uzza, wir haben Ta-*

del verdient, daß wir den Sohn Abdallahs, der wiederum ein Sohn von Abdalmuttalib ist, nicht mitgebracht haben. Und der eine ging zu Mohammed, trug ihn auf seinen Armen herbei und ließ ihn Platz nehmen unter den Männern von Koraisch. Als Bahira ihn sah, begann er ihn eindringlich zu beobachten. Er suchte nach den Merkmalen, von denen er aus seinen Büchern wußte, daß sie den Einen, der kommen sollte, kennzeichneten. Nachdem die Gäste das Mahl beendet hatten und weggehen wollten, trat Bahira auf Mohammed zu und flehte ihn an: O Knabe, ich bitte dich bei den Göttinnen Lat und Uzza, beantworte mir, was ich dich frage. Die beiden Göttinnen rief der Mönch nur deswegen an, weil er zuvor die Männer von Banu Koraisch bei Lat und Uzza hatte schwören hören. Mohammed erwiderte: Bitte mich nicht bei Lat und Uzza, denn nichts hasse ich mehr als diese beiden! Der Mönch sprach dann: So bitte ich dich bei Gott, mir meine Fragen zu beantworten. Darauf willigte Mohammed ein, und der Mönch erkundigte sich nach den Träumen des Jungen und nach einem bestimmten Zeichen auf dessen Rücken. Er sah auch schließlich an einer markanten Stelle zwischen den Schulterblättern das Siegel der Prophetenschaft. Nachdem er dies alles erfahren hatte, brachte der Mönch Mohammed zu seinem Onkel Abu Talib zurück und fragte ihn: Wie ist dieser Junge mit dir verwandt? Er bekam von Abu Talib zu hören: Er ist mein Sohn. Der Mönch aber glaubte ihm nicht: Das kann nicht sein, denn der Vater ist nicht mehr am Leben. Abu Talib entgegnete: Er ist mein Sohn, weil er der Sohn meines Bruders ist. Bahira fragte weiter: Und was ist mit deinem Bruder geschehen? Die Antwort von Abu Talib: Er ist gestorben, als seine Frau mit dem Jungen schwanger war. Bahira sprach darauf: Nun hast du die Wahrheit gesprochen. Bringe deinen Neffen zurück in die Heimat. Nimm ihn in acht vor den Juden, denn wenn sie an ihm sehen und erkennen werden, was ich an ihm bemerkt habe, werden sie ihm Schlimmes antun. Und der Mönch prophezeite, daß mit Mohammed Außerordentliches geschehen werde.«

Die Banu Koraisch, der die Karawane vor seiner Tür gehörte – das hatte der Mönch rasch begriffen –, glaubte an die Göttinnen al Lat und al Uzza. Ein dritter Name war beim eben zitierten Ge-

spräch nicht gefallen, doch er darf eigentlich nicht fehlen. Drei Göttinnen wurden in jener Zeit im Tal von Mekka verehrt, al Lat, al Uzza und al Manat. Die Menschen, die um den Brunnen Zemzem wohnten, waren überzeugt, daß diese Göttinnen die Töchter eines Gottes waren, der den Namen »Allah« trug. Verschwommen war die Vorstellung von diesem Gott; was er vollbringen konnte, das wußte niemand so recht. Mit Bitten im Herzen näherte man sich schon eher den Heiligtümern der drei Göttinnen, die häufig als durchaus erotische Wesen dargestellt wurden. Von ihnen erhofften sich die Karawanenführer Glück bei den Geschäften in Mekka und Schutz bei der Rückkehr. Mohammed, so erzählt Ibn Ishaq, habe schon als kleiner Junge den Kult um die drei Göttinnen abgelehnt. Wahrscheinlich ist, daß er über viele Jahre hin durchaus den religiösen Bräuchen der Großfamilie Koraisch treu geblieben ist. Der Eindruck, den der Großvater Abdalmuttalib hinterlassen hatte, mußte Wirkung im Geist des jungen Mannes hinterlassen haben.
Die Sippen innerhalb der Banu Koraisch sorgten für die ärmeren Familienmitglieder – und Mohammed, als Waise, mußte zu diesen Ärmeren gerechnet werden. Doch auch in der festen Einbindung in die Gemeinschaft besaß jeder Mann Ansehen nach seiner Position, und sie hing eng mit seinem Vermögen zusammen. Es nützte wenig, daß Mohammed Aufträge klug erledigte, daß er lesen und schreiben lernte, daß er auf Karawanenreisen Erfahrungen sammelte: Ihm schien in Mekka ein untergeordnetes Dasein vorbestimmt. Gerade zur rechten Zeit aber fiel das Interesse einer Frau auf ihn.
Chadidscha Bint Chowailid – »Bint« heißt »die Tochter des . . .« – war eine außergewöhnliche Erscheinung in Mekka. Sie war Unternehmerin; ihr gehörten große Karawanen. Dabei begnügte sie sich nicht mit der Funktion der Kapitaleignerin, sie bewies selbst unternehmerische Initiative. Chadidscha Bint Chowailid bestimmte selbst Ziel, Mannschaft und Ladung ihrer Karawanen; sie überwachte den Verkauf der Waren auf dem Markt von Mekka. Die Unternehmerin leitete ihr Handelsunternehmen mit Hilfe von schreib- und lesekundigen Männern, die in einer Art von Kontor in Chadidschas Wohnhaus arbeiteten. Chadidscha verfügte über männliche Angestellte, die auf ihre Anweisungen hören mußten.

Chadidscha füllte eine Funktion aus, die ihr später im islamischen Reich – oder in den arabischen Staaten der Gegenwart – verschlossen blieb.

Chadidscha war Unternehmerin geworden, weil sie den Karawanenbetrieb von ihren Männern geerbt hatte. Sie war zweimal verheiratet gewesen; zweimal war sie bereits Witwe geworden. Vom ersten Mann hatte sie die Grundlage der Firma übernommen; vom zweiten Mann war das Betriebskapital vergrößert worden. Jetzt war das Handelsunternehmen abgerundet, ein florierender Betrieb, der keine Kapitalzufuhr mehr benötigte.

Mohammed muß etwas mehr als zwanzig Jahre alt gewesen sein, da nahm ihn Chadidscha in ihr Unternehmen auf. Die Anstellung war ein durchaus normaler Vorgang, da Chadidscha zum Stamm der Koraisch gehörte; ungewöhnlich waren allein die Umstände des Engagements. Mohammed konnte als bevorzugt gelten. Der Chronist berichtet, daß der junge Mann Beteiligung am Profit der Karawanen zugestanden bekam, die er selbst begleitete. Die betreffende Textstelle lautet:

»Als Chadidscha von Mohammeds Ehrlichkeit, seiner Zuverlässigkeit und seinem guten Charakter hörte, schickte sie nach ihm und unterbreitete ihm den Vorschlag, als Händler ihre Waren nach Syrien zu bringen. Sie bot ihm dafür mehr als jedem anderen an und stellte ihm noch einen ihrer Sklaven namens Maisara zur Verfügung. Mohammed akzeptierte den Vorschlag. Zusammen mit Maisara und den Waren der Chadidscha machte er sich im Verband einer Karawane auf den Weg nach Syrien.«

Von der Vorbildung des Mohammed für diesen Auftrag ist nichts bekannt. Er gehörte zwar zur Banu Koraisch, deren Mitglieder als besonders erfahren in Handelsdingen galten, doch wird von den Chronisten immer nur sein edler Charakter gelobt, nie seine geschäftliche Begabung. Selbst in den Berichten über die Syrienreise wird der geschäftliche Erfolg nicht Mohammed zugeschrieben, sondern der Unternehmerin Chadidscha die auf dem Markt von Mekka doppelten Profit für die Waren aus Syrien zu lösen verstand; Mohammeds Gewinn für die nach Norden transportierten Waren wird nicht erwähnt.

Maisara, so wird erzählt, habe der Witwe Chadidscha nach der

Rückkehr wunderbare Dinge zu erzählen gewußt. Eine dieser Geschichten überliefert wieder prophetisch zu interpretierende Äußerungen eines christlichen Mönchs:
»*Als Mohammed sich im Schatten eines Baums ganz in der Nähe einer Mönchsklause niederließ, da sprach der Eremit, der dort wohnte, den Sklaven Maisara an und fragte ihn: Wer ist dieser Mann, der sich dort unter den Baum gesetzt hat? Maisara antwortete: Er gehört zum Stamm Koraisch, zu den Hütern der Quelle Zemzem. Der Mönch aber erklärte darauf: Nur Propheten haben sich bisher unter diesen Baum gesetzt.*«

5 Die Witwe Chadidscha heiratet Mohammed ibn Abdallah

Zieht man Übertreibungen ab, so bleibt doch die Gewißheit, daß Mohammed auf die Menschen, die ihm begegneten, schon als junger Mann einen starken Eindruck gemacht hat. Chadidscha, die Witwe von bereits vierzig Jahren, ist mutig genug einzugestehen, daß ihr dieser Angestellte ihrer Firma gefällt. Die Worte sind überliefert, mit denen sie ihm ihre Sympathie mitteilte: »*O Sohn meines Onkels, ich liebe dich, weil wir verwandt sind, weil deine Sippe hohes Ansehen genießt, weil du redlich bist, ehrlich, und weil du einen guten Charakter besitzt.*«
Wieder wird von den geschäftlichen Talenten nicht gesprochen.
Die Witwe Chadidscha, die in zwei Ehen Kinder geboren hatte, zählte noch immer zu den guten Partien in Mekka. Daß dabei ihr Geld von bedeutendem Einfluß auf die Freier war, verschweigen die frühen Chronisten nicht. In ihrer Schilderung war Chadidscha vornehm und reich. Von anderen Vorzügen sprechen sie nicht – eine erstaunliche Zurückhaltung, wohl diktiert von Höflichkeit. Sie läßt sicher Schlüsse auf die Reize der Witwe zu, wobei aus dem Verhalten des Mannes Mohammed während vieler Jahre geschlossen werden kann, daß Chadidscha fehlende körperliche Attraktivität durch Mütterlichkeit zu kompensieren wußte.

Die Anregung zur Eheschließung hatte Chadidscha gegeben, sie wollte Mohammed zum Mann haben. Auch bevor die Regeln des Islams die Sitten in Arabien zu beherrschen begannen, war dieses Verfahren zur Begründung eines gemeinsamen Haushalts unüblich und sittenwidrig. Von den Sippenvorständen der beiden zu Verheiratenden mußte die Anregung zur Ehe ausgehen – den direkt Betroffenen stand die Entscheidung nicht frei. Der Mann durfte kaum selbständig die Partnerin wählen; noch weniger blieb eine solche Initiative der Frau offen.

Mohammed, der die Vorteile des Angebots begriff, mußte darauf bedacht sein, das Verfahren der Verlobung den traditionellen Sitten anzupassen. Er berichtete dem engsten Rat der eigenen Familie von der Bereitschaft der Witwe Chadidscha Bint Chowailid, ihn zu heiraten. Darauf begab sich der Onkel Hamza Ibn Abdalmuttalib in das Haus von Chadidschas Vater Chowailid Ibn Assad und hielt um die Hand der Tochter Chadidscha an. Als Brautgabe bot Hamza zwanzig junge Kamele an. Der Wert dieser Brautgabe richtete sich nach dem Vermögensstand der Frau. Mohammed besaß keine zwanzig Kamele, doch die Sippe half ihm aus der Verlegenheit.

Manche Erzähler berichten von Schwierigkeiten, auf die der Verhandler Hamza Ibn Abdalmuttalib im Elternhaus der Chadidscha gestoßen sein soll. Der Vater, so wissen einige, mußte erst betrunken gemacht werden, bis er bereit war, der Ehe seiner Tochter mit ihrem eigenen armen Angestellten zuzustimmen. Wahrscheinlich ist jedoch, daß der Vater der vierzigjährigen Frau gar nicht mehr gelebt hat, daß einer der jüngeren Brüder des Vaters der Gesprächspartner des Brautwerbers war.

Die Freiheit der Unternehmerin Chadidscha war beschränkt im persönlichen Bereich, und dagegen rebellierte sie nicht. Sie durfte, ohne zu fragen, Karawanen nach Syrien senden und männliche Mitarbeiter engagieren, doch blieb es ihr versagt, den Lebensgefährten frei zu wählen. Allerdings brachte der Zwang zum Einverständnis der Familie für Mohammed einen beachtlichen Vorteil: Der Zustimmung zur Ehe folgte sofort die Aufnahme des bisher armen Sippenmitglieds in die Schicht der Wohlhabenden, denn der Reichtum der Frau wurde selbstverständlich auf den Mann über-

tragen. Da wurde kein Sondervertrag geschlossen mit Abhängigkeitsklauseln für Mohammed; er konnte künftig frei über das Kapital der Chadidscha verfügen.
Die vierzigjährige Frau gebar noch fünf, wenn nicht sechs Kinder. Allein die vier Töchter überlebten die ersten Kindheitsmonate. Ihre Namen: Zainab, Rukaija, Fatima und Um Kulthum. Der Sohn Al Qasim starb, als er noch nicht ganz zwei Jahre alt war. Ob Chadidscha noch einen zweiten Sohn zur Welt brachte, ist ungewiß.
Mohammed war nach der Eheschließung mit Chadidscha ein geachteter Mann in Mekka, und doch kann er nicht zur politisch führenden Schicht der Sippen gehört haben. Selbst die Geschichte vom Wiederaufbau der Kaaba, die Mohammed höchsten Ruhm zuweist, zeigt, daß er an den Entscheidungen der Familie zunächst nicht beteiligt ist. Ibn Ishaq weiß zu erzählen:
»*Als Mohammed* (»der Prophet«) *fünfunddreißig Jahre alt war, entschlossen sich die Koraisch, die Kaaba zu erneuern. Sie hatten aber Angst davor, den existierenden Bau zu zerstören. Die Kaaba war zu dieser Zeit aus Steinen ohne Mörtel aufgeschichtet und nur etwas mehr als mannshoch. Nun war kurz zuvor bei Jeddah das Schiff eines Kaufmanns aus Byzanz gestrandet. Aus den Trümmern des Schiffs holten die Männer der Koraisch das Holz zum Neubau. In Mekka lebte auch ein koptischer Zimmermann, der bereit war, die Arbeiten zu leiten. Doch es gab eine Schwierigkeit: Im Brunnen bei der Kaaba, in den man täglich Opfergaben warf, lebte eine Schlange. Die kroch oft heraus und sonnte sich auf der Mauer der Kaaba. Vor dieser Schlange hatten die Männer von Banu Koraisch Angst. Wenn sich ihr jemand näherte, dann hob sie den Kopf, züngelte und zischte. Eines Tages sonnte sie sich wie gewöhnlich, da flog ein Vogel herbei, der packte die Schlange und trug sie durch die Luft fort. Die Männer sahen darin ein Zeichen, daß sie von göttlicher Seite keine Schwierigkeiten zu befürchten hatten, und sie begannen damit, den Bau der Kaaba abzureißen. Der erste Mann griff nach dem Gemäuer, doch der Stein, den er packte, entfiel ihm. Alle sahen, wie der Stein wieder an seinen Platz zurückglitt. Das Zeichen mit der Schlange erschien ihnen jedoch bedeutsamer, sie wollten sich nicht entmutigen lassen. Die Männer von Koraisch teilten fortan*

die Arbeit unter ihren großen Sippen auf. Auf den ersten, der das Mauerwerk abzutragen begann, blickten sie alle ängstlich. Sie sagten unter sich: Wir wollen sehen, ob ihm in der nächsten Nacht etwas zustößt. Ist das der Fall, dann hüten wir uns, die Kaaba weiter einzureißen. Dann legen wir jeden Stein dorthin zurück, wo er sich vorher befand. Geschieht ihm nichts, dann machen wir weiter. Da dem Mutigen in der Nacht kein Übel zugefügt wurde, machten sich alle wieder an die Arbeit. Sie stießen bald auf die Grundmauer, die einst Abraham aufgeschichtet hatte. Als einer der Männer zwischen zwei der Steine sein Brecheisen stieß, da erbebte ganz Mekka. Die Männer von Koraisch ließen deshalb Abrahams Grundmauer, wie sie war. Die einzelnen Sippen schichteten Steine darauf, bis sie so weit waren, daß der schwarze Stein seinen Platz finden sollte – da gerieten sie in Streit untereinander. Jede Sippe wollte selbst dieses Heiligtum an den Ort setzen, der ihm gebührte. Da schlossen sich plötzlich Gruppen zusammen, Allianzen bildeten sich, Versprechungen wurden gemacht. Wenig fehlte und der Streit wäre mit Fäusten und mit Waffen ausgetragen worden. Dieser Streit dauerte vier Tage lang, bis sie merkten, daß der Unfriede den Koraisch insgesamt schadete. Da sprach einer der Männer, er hieß Abu Umaija und war der Älteste: Ihr Männer von Banu Koraisch! Laßt den ersten, der von außen auf uns zutritt, in diesem Streit entscheiden. Damit waren alle einverstanden. Der erste, der in den Kreis der Koraisch trat, war Mohammed. Von ihm verlangten sie nun das Schiedsgericht. Nachdem sie ihm alles erklärt hatten, bat er darum, daß man ihm ein Tuch bringe. Dann legte er den schwarzen Stein in dieses Tuch hinein und forderte jeweils einen Mann von jeder Sippe auf, einen Zipfel des Tuchs anzufassen. So hoben alle gemeinsam den Stein hinauf zum Platz, wo er hingehörte. Mohammed selbst schob ihn dann noch an die richtige Stelle. Nachdem dies geschehen war, bauten alle Sippen gemeinsam weiter.«

Wenn wir der Überlieferung folgen – andere Quellen stehen nicht zur Verfügung –, dann wurde Mohammed fünf Jahre später zur Offenbarung der ersten Korantexte inspiriert. In der darauffolgenden kritischen Zeit, die voll war von Zweifeln an der Echtheit und am Wert seiner Sendung, fand Mohammed in Chadidscha die

Unterstützung, die ihm zur nötigen Gemütsstärke verhalf. Keinen Augenblick zweifelte sie daran, daß Mohammed der Gesandte des Weltenlenkers sei, das Sprachrohr der alles bewegenden Kraft, von der jede Kreatur abhängt. Sie hatte nur in der ersten Überraschung den Rat ihres Vetters, der sich in den christlichen Büchern auskannte, eingeholt. Aus späteren Worten des Propheten ist die Dankbarkeit herauszulesen, die er für Chadidscha empfand. Als er nach ihrem Tode längst andere, sinnlichere Frauen in seine Familie aufgenommen hatte, dachte er noch immer daran, mit keiner anderen als mit Chadidscha im Paradies leben zu wollen. Die Keimzelle der islamischen Religion, zu deren Grundsätzen bald schon der Glaube an die Bevorzugung der Männer gehörte, bildeten ein Mann und eine Frau – Mohammed und Chadidscha. Diese Frau wurde von Mohammed als durchaus gleichwertiger Partner anerkannt; ihre Meinung war wichtig, ihren Rat wollte er hören. Die Frage ist erlaubt, wie Mohammed reagiert hätte, wenn ihm Chadidscha bei der Rückkehr vom Hügel Hira mit Skepsis, Verärgerung, vielleicht sogar mit Spott begegnet wäre. Möglich ist, daß er die Inspiration verdrängt und schließlich in sich abgetötet hätte. Chadidscha aber gab Mohammed auch dann Kraft, als er die Stimme Gabriels nach jenem ersten und gewaltigen Erlebnis nicht mehr zu hören glaubte, als er selbst darüber nachzudenken begann, ob er nicht das Opfer einer Sinnestäuschung gewesen sei. Erst als die letzten Zweifel gewichen waren, konnte Mohammed beginnen, andere zu überzeugen.

6 Mohammed verlangt Glauben an den einen Gott

»*Im Namen Allahs, des Allbarmherzigen*« – diese Worte hatte Gabriel auf dem Hügel Hira vorgesprochen. Mit diesen Worten wurde Anspruch erhoben auf die Allmacht Allahs. Mohammed lehnte fortan den Glauben ab, daß viele Götter Gewalt über das Schicksal des Menschen hätten.

Bis zu seinem vierzigsten Lebensjahr war Mohammed kaum ein Zweifler an den überkommenen Glaubenstraditionen. Die dreiundneunzigste Koransure gibt einen Hinweis:
»Hat dich Allah nicht befangen im Irrtum gefunden und dich dann recht geleitet?«
Am Ende der dreiundvierzigsten Sure bestätigt Mohammed – wobei er nur Worte, die er von Gabriel vorgesagt bekommt, wiederholt –, daß die Erkenntnis plötzlich über ihn kam.
»So schickten wir auch dir einen Geist mit einer Offenbarung nach unserem Befehl. Vorher wußtest du nichts von der Schrift und vom Glauben.«
Die Überlieferung verbirgt nicht, daß er wenigstens einmal der Göttin al Uzza ein Opfer gebracht habe.
Als der Islam dann den Durchbruch erreichte, wurden die Götter von einst verteufelt. Die Erinnerung daran, daß es früher andere anbetungswürdige Gottheiten gegeben hatte für die Bewohner der Gegend von Mekka, war verpönt. In einem langwierigen, aber gründlichen Prozeß geschah die Ausmerzung des Glaubens an die Vielzahl der Götter. Als dieser Prozeß abgeschlossen war, wußte kaum mehr jemand, welche Macht und welche Aufgabe die Götter einst besessen hatten. Nur die Namen waren noch bekannt.
Die Schilderung ihrer charakteristischen Eigenschaften muß farblos bleiben, da nur wenige Informationen nicht im Kampf des Islams gegen die vielen Götter verlorengegangen sind. Trotz der nur dünnen Wissensschicht, die heute noch vorhanden ist, sei der Versuch einer Analyse der Götterwelt von damals gewagt. Zum Verständnis der Leistung des Propheten ist die Kenntnis von der religiösen Vorstellung nötig, in der Mohammed aufgewachsen ist – allein mit dieser Kenntnis ist die Veränderung zu verstehen, die Mohammed den Menschen Zentralarabiens aufgezwungen hat. Der Verzicht auf die gewohnten übernatürlichen Kräfte fiel schwer; besonders die drei Göttinnen al Uzza, al Lat und al Manat waren mehr als nur heilige Mächte, die anzubeten eben zur Gewohnheit gehörte.
Wer von den drei göttlichen Schwestern die älteste war, das wußte niemand. Aus einer Überlieferung ist abzulesen, daß al Manat als »die dritte« galt, aber keineswegs hatte sie sich einzuordnen unter

oder hinter den beiden anderen – auch wenn im Koran eine derartige Andeutung zu finden ist.
Die Göttin al Manat besaß ein Heiligtum in der Nähe von Mekka, am Weg nach Norden, in Richtung Medina. Das Heiligtum bestand aus einem Stein von tiefschwarzer Farbe. Nach dem Glauben der Araber besaß die Göttin Macht über das Schicksal und über den Tod. Von al Manat konnte die Verlängerung des Lebens erbeten werden; ihr war die Macht zugeschrieben, den Menschen vor Gewalttat und lebensverkürzender Krankheit zu retten. Daraus leitete sich die Bedeutung gerade dieser Göttin ab, denn nichts konnte den Menschen wichtiger sein als die Länge ihres Lebens. Der Name al Manat wird vom aramäischen Wort m'nata abgeleitet, das sich mit »Anteil« übersetzen läßt: al Manat besitzt die Verfügungsgewalt über den Anteil, der dem Menschen an der irdischen Zeit zusteht. Diese Göttin gehört zu den Ältesten der Überirdischen in Arabien. Manche der traditionellen Gottheiten des zentralarabischen Raums besitzen enge Verbindung zu den Gestirnen. Die Göttin al Lat verkörpert die Sonne. Sie wurde im ganzen Bereich der Arabischen Halbinsel verehrt bis weit nach Norden in syrische Regionen hinein. In einem Tal bei Taif, sechzig Kilometer südostwärts von Mekka, stand ihr Heiligtum: ein vierkantiger weißer Felsblock. Al Lat wurde angerufen, wenn Fruchtbarkeit für Herde und Frauen erwünscht war. Die Banu Koraisch hatte zu dieser Göttin ganz besonderes Vertrauen gefaßt.
Al Uzza, die dritte der drei mächtigen weiblichen Wesen, zeigte schon mit ihrem Namen den Anspruch der Macht an – »al Uzza« läßt sich mit »die Starke, die Mächtige« übersetzen. Ihr Heiligtum war im Nachlatal an der Straße von Mekka nach Taif zu sehen. Dort standen drei Akazienbäume eng beieinander. In einem dieser Bäume mußte die Starke, die Mächtige wohnen, doch niemand wußte genau, in welchem. Zwischen den Bäumen befand sich ein Steinklotz, und dahinter lag der Eingang einer Höhle, in der das Blut von Opfertieren ausgegossen werden mußte. In einem einfachen Lehmhaus wohnten Priester, die mit den Gläubigen beteten, die Opfergaben entgegennahmen. In der Vorstellung der Gläubigen bildete diese Göttin eine Einheit mit dem Morgenstern; in seiner Gestalt war sie an jedem Tag hell am Firmament zu sehen.

Die Männer der Banu Koraisch waren überzeugt, daß al Uzza mit ihnen unsichtbar zu Raubüberfällen ziehe, daß sie dabei sei, wenn Dörfer und Karawanen anderer Stämme geplündert werden. Der Kriegsruf der Koraisch hieß: »Al Uzza ist auf unserer Seite, sie hilft nicht euch!« Daß Banu Koraisch eine besondere Beziehung an die Göttin al Uzza band, war anerkannt von den Stämmen Zentralarabiens; diese Erkenntnis hinderte die anderen nicht, ebenfalls diese mächtige übernatürliche Kraft anzubeten.

Die drei Göttinnen galten als selbständige Töchter des männlichen Gottes Allah. Seine Funktion in der vorislamischen Götterwelt aufzuspüren, ist problematisch, da sein Erscheinungsbild vollständig überlagert ist von den Attributen, die Mohammed ihm später zugewiesen hat. Sicher ist, daß die Menschen der Region um Mekka ihn als eine einflußreiche Kraft unter vielen betrachtet haben.

Ein aramäisches Wort »alaha« – so sagt die Wissenschaft – soll die Wurzel des arabischen Begriffs Allah sein. »Allah« heißt »der Gott«. Daß Allah der Schöpfer der Welt gewesen sein könnte, wurde von Götterpriestern der vorislamischen Zeit in Betracht gezogen – deshalb wurde er jedoch nicht besonders verehrt. Viel wichtiger erschien seine Fähigkeit, Regen auf die Erde fallen zu lassen.

Denkbar ist durchaus, daß die Menschen Zentralarabiens Allah zu einem früheren Zeitpunkt als den einen und allmächtigen Gott betrachtet hatten. Er könnte seine Bedeutung verloren haben, weil andere Kräfte seines göttlichen Hofstaats immer stärker hervorgetreten sind – in der Vorstellung der Menschen gewannen die drei Töchter dieses Gottes an Faszination und nahmen bald die Phantasie der Gläubigen ganz gefangen. Zuerst waren al Uzza, al Lat und al Manat nur Verbindungsglieder in der hierarchischen Struktur der Religion: Sie sollten den Kontakt schaffen zwischen Mensch und Allah. Wollte ein Mann Allah um Verlängerung des Lebens bitten, dann wandte er sich, zunächst vielleicht aus Scheu, den einen Gott mit einem kleinen Wunsch zu belästigen, an al Manat; von ihr konnte man erwarten, daß sie als Fürsprecherin diente bei ihrem Vater, dem eigentlichen Herrn über alle Kreaturen. Der Gedanke an die Fürsprecherin verblaßte im Lauf der Jahre – al Manat bekam

nach und nach selbst die Kraft zugesprochen, die Lebenszeit der Menschen zu verlängern. Allah verlor an Attraktivität. Aus den Gebeten verschwand sein Name. Opfer wurden ihm keine mehr gebracht. Die Priester verließen schließlich Allahs Heiligtümer und begaben sich in den Dienst der göttlichen Töchter.
Es wird später, bei der Darstellung der Besetzung von Mekka durch die Moslems, von der Theorie des Orientalisten Günter Lüling zu sprechen sein, nach der die Religion der Menschen von Mekka in der Zeit vor der Einsetzung des Islams christlich orientiert gewesen sei. Nach seiner Meinung hatten die Gläubigen den christlichen Gedanken von der Dreieinigkeit Gottes pervertiert durch eigene Interpretation: Da Gott nicht eine einzige Kraft war, sondern die Macht teilen mußte mit anderen Kräften, die ihm gleich und ebenfalls anbetungswürdig waren, konnte es nicht als abwegig gelten, wenn diese Kräfte von den Gläubigen angesprochen, mit Namen ausgestattet und schließlich sogar bevorzugt wurden. Aus Engeln im Dienste Gottes wurden die drei göttlichen Töchter, die den weit wichtigeren Allah aus der Vorstellung der Menschen verdrängen konnten.
War der Prozeß der Veränderung religiöser Inhalte und Formen erst einmal begonnen, folgte er eigenen Gesetzen. Der Phantasie blieben keine Grenzen gesetzt.
Die Reinheit des monotheistischen Glaubens war aufgegeben. Himmel und Erde füllten sich mit Geistern, die in der Ursprungskonzeption eine Funktion als Diener Allahs besaßen. Ihre Wohnung war ihnen eigentlich im Himmel zugedacht, doch auch sie profitierten von der Aufwertung der sekundären Kräfte in der Hierarchie: Sie begannen, sich auch die Erde zu erobern. Diesen Geistern, den Dschinnen, wurden von den Gläubigen schließlich selbst göttliche Kräfte zugeschrieben; sie konnten ihre Macht unabhängig von Gott anwenden; sie besaßen in der Endphase der Entwicklung selbst die Macht, Urteile über die Menschen zu sprechen.
Niemand kann sagen, ob die religiöse Gedankenwelt der vorislamischen Zeit wirklich durch solche Veränderungen geprägt worden ist. Die Gewalt des Islams hat jedes Wissen um die Vorstufen vernichtet. Geblieben ist allein in der Überlieferung die Erinnerung an

den Kampf des Propheten gegen das Chaos in der Götterhierarchie. Ihm war die Inspiration zuteil geworden, daß es nur einen einzigen, aber allmächtigen Gott geben konnte.

»*La ilah illa 'illah*« – es gibt keinen Gott außer Allah. Mit diesem Glaubensbekenntnis entzieht Mohammed allen Heiligtümern von Göttern und Göttinnen den Status der Verehrungswürdigkeit; der Prophet degradiert al Manat, al Lat und al Uzza zu Idolen, zu falschen Göttern ohne jede Macht und Kraft. Die Grundlage des Glaubens war bisher, daß die drei Göttinnen zu fürchten waren – Mohammed war fortan überzeugt, daß der Gläubige nur einen Gott zu fürchten hatte, den einzigen, der überhaupt existierte. Waren die Göttinnen in der Vorstellung der Menschen von Mekka meist nur in Kriegszeiten in direkter Nähe des gläubigen Volkes zu finden, so kam Mohammed zu der Erkenntnis, daß Allah immer präsent ist, daß es nirgends einen Winkel gibt, in dem man sich vor Allah verstecken kann. Auf dem Hügel Hira hatte Mohammed in der Nacht vom 26. zum 27. Tag des Monats Ramadan begriffen, daß Allah kein abstrakter Gedanke ist, sondern gefährliche oder schutzbietende Realität. Allah, der Herr der Welt, ließ sich nicht täuschen durch die Tricks der Menschen. Mohammed sah in Allah keinen Partner der Erdenbewohner. Allahs Majestät hatte der Prophet im Augenblick der ersten Inspiration erkannt; durch sie erhob sich dieser Gott weit über die Menschen.

Chadidscha erfuhr als erste von Mohammeds Vision der göttlichen Kraft. Der nächste aus der Familie, der Interesse zeigte, war ein zehnjähriger Junge, ein Kind von Verwandten, das seit einigen Wochen im Haushalt des Kaufmanns Mohammed lebte. Sein Name: Ali Ibn Abu Talib. Mohammed hatte den Jungen aufgenommen, weil dessen Sippe in wirtschaftliche Schwierigkeiten geraten war. Die Beteiligung am Wert einer Karawane hatte sich als Fehlinvestition erwiesen. Da das Vermögen nach diesem Mißerfolg geschrumpft war, blieb der Sippe gar nichts anderes übrig, als die Großfamilie um Hilfe zu bitten. Wer konnte, der nahm eines der Kinder aus der verarmten Verwandtschaft bei sich auf. So war Ali in das Haus von Mohammed gekommen. Er wurde der erste Gläubige, der mit Mohammed betete.

Unmittelbar nach dem Erlebnis vom Hügel Hira empfand Moham-

med in sich die Verpflichtung zum täglichen Gebet. Ibn Ishaq, der früheste Berichterstatter über das Leben des Propheten, erzählt: »*Der Engel Gabriel kam zu ihm auf den Höhen von Mekka und grub mit seiner Ferse ein Loch, worauf an dieser Stelle eine Quelle hervorsprudelte. Während der Prophet ihm zusah, vollzog Gabriel die Waschung, um zu zeigen, wie vor dem Gebet die Reinigung durchzuführen sei. Darauf wusch sich Mohammed, genau so, wie er es bei Gabriel gesehen hatte. Dann erhob sich der Engel mit ihm zum Gebet, und der Prophet betete wie der Engel.*«
Gabriel, so wird erzählt, nannte Mohammed auch die Tageszeiten, an denen das Gebet gesprochen werden mußte: bei Anbruch der Morgendämmerung und zur Mittagszeit, wenn die Sonne sich zu neigen beginnt. Das Nachmittagsgebet wird gesprochen, wenn der Schatten, den ein Mensch wirft, so lang ist, wie er selbst. Der Untergang der Sonne ist Zeitpunkt für das erste Abendgebet, und wenn das Abendrot verglimmt, hat der Gläubige zum letzten Mal für diesen Tag Allah anzurufen.
Die Überlieferung berichtet, Mohammed habe einige Gebete tagsüber nicht in seinem Haus, sondern draußen vor der Stadt, in einem Tal der Hügel rings um Mekka, verrichtet. Mit Einbruch der Nacht war er allerdings immer zu Hause. Mohammed hatte sich angewöhnt, den zehnjährigen Jungen auf sein Lager zu betten. Der Junge gefiel Mohammed. Er nahm ihn mit, wenn er Geschäfte zu besprechen hatte – das allerdings kam immer seltener vor, da Mohammeds Interesse am Karawanenbetrieb geschwunden war. Ali begleitete seinen Onkel Mohammed schließlich auch beim täglichen Gang zum Gebet. Abu Talib, der verarmte Vater des Ali, soll sich gewundert haben, was Ali und Mohammed Tag für Tag in den Tälern der kargen Hügel zu suchen hatten. Da er sich Sorgen zu machen begann, so wird berichtet, sei Abu Talib den beiden eines Tages nachgeschlichen. Abu Talib fragte Mohammed: »Was ist das für eine Religion, die du hier praktizierst?« Mohammed soll geantwortet haben: »*Dies ist die Religion des einen und wahren Gottes, die Religion seiner Engel, die Religion seiner Propheten und die Religion unseres Stammvaters Abraham. Mit dieser Religion hat mich Allah zu den Menschen gesandt, und du bist von allen aus unserer Familie der Würdigste, um mit mir den rechten*

Weg zu gehen.« Abu Talib fühlte sich allerdings zu schwach für den Wechsel der religiösen Ansichten: »Ich kann mich nicht vom Glauben meiner Väter trennen.« Den Sohn Ali nahm er jedoch nicht mit. Zu ihm sagte Abu Talib: »Mohammed hat dich nur zum Beten aufgefordert. Bleibe ruhig bei ihm.«

Mehrere Monate lang bewahrte der engste Kreis der Familie das Geheimnis von Mohammeds Vision. Er hatte die Inspiration empfangen, die ihm das Wissen gab, daß nur ein Gott die Welt beherrschte – er war zur Überzeugung gelangt, daß dieser Gott mehrmals täglich angerufen werden mußte. Zusätzliche Einsichten hatte Mohammed bis dahin noch nicht gewinnen können. Ihm selbst erschien der Erkenntnisstand um das Wesen Allahs noch zu gering zu sein für die öffentliche Propagierung einer Glaubensreform.

Als peinlich sah er die Pause an, die in seinen Visionen eingetreten war. Mohammed wartete vergeblich auf neue Mitteilungen von Allah. Er wußte, daß sein Geist ganz nahe war beim Geheimnis um Allahs Ordnung. Desto größer war seine Verzweiflung über die Stille. Die Frage stellte sich dem Propheten, ob dieser eine Gott nach einem würdigeren Mann suche, um ihm die Offenbarung für die Menschen Arabiens anzuvertrauen. Der Gedanke an Selbstmord packte Mohammed. Er überlegte, ob er sich nicht von einem der steilen Hügel bei Mekka stürzen sollte. In dieser gefährlichen Zeit ließ ihn seine Frau Chadidscha nicht im Stich. Sie gab seinem Gemüt die nötige Ruhe für die Monate des Wartens.

Die Befreiung aus der Qual der Unsicherheit geschah überraschend. Der Blick in den Himmel war plötzlich möglich geworden, an einem ganz normalen Tag, in den Räumen des eigenen Hauses. Mohammed hörte wieder die Stimme des Engels.

Der Augenblick der Vision muß für alle, die dabeistanden, ein erschütterndes Erlebnis gewesen sein. Schweiß stand in dicken Perlen auf dem Gesicht des Propheten, sein Körper schüttelte sich. Während der ersten Visionen versuchten Chadidscha, Diener und Dienerinnen dem Hausherrn zu helfen: Sie wollten ihm den Schweiß abwischen, reichten ihm kühlende Getränke – doch er wies sie von sich. Als er spürte, daß in ihm die Spannung sich immer stärker aufbaute, ließ er sich von Chadidscha das Gesicht bedekken. »*Ich habe keine einzige Offenbarung empfangen*«, so sagte Mohammed später, »*ohne das Gefühl, daß mir die Seele aus dem Leib gerissen werde.*«

Die Frage, welche der Korantexte Mohammed während der ersten Visionen offenbart wurden, ist schwer zu beantworten. Der Koran selbst gibt keine Antwort. Die einzelnen Suren wurden vom Propheten nicht in ihrer heutigen Form überliefert. Die Stimme, die er selbst hörte, sprach ihm jeweils nur kleine Textstellen vor, meist fünf bis sechs Sätze zu einem ganz bestimmten Thema. Die Suren, wie sie heute im Koran zu finden sind, verdanken ihre Gestalt späteren Herausgebern der Ursprungstexte. Sie ordneten nach eigenem Gutdünken. Die Anordnung der Suren selbst folgte dem Prinzip, daß die langen Suren vorne im Buch zu stehen haben, die kürzeren Suren hinten. Somit hat die Reihenfolge der Suren nichts mit der Chronologie der Offenbarung zu tun.

Die Wissenschaft hat jedoch Kriterien entwickelt, mit deren Hilfe man untersuchte, welche Thematik den frühen Offenbarungen zugrunde lag. In erster Linie haben Stilstudien Aufschluß gegeben. Die Wissenschaftler gehen heute davon aus, daß die Texte der Frühzeit einen hohen poetischen Schwung besitzen, der in späteren Jahren einem trockeneren Stil weicht. Sie weisen Texte mit hymnischem Charakter den frühen Offenbarungen zu. Satzstrukturen mit zahlreichen Gedankenwiederholungen gehören, nach Meinung der Koranspezialisten, in die Altersphase des Propheten. Kenner des literarischen Erbes der vorislamischen Zeit sind der Meinung, daß die Texte mit hymnischem Charakter in weitgehender Anpassung an christliche Strophenlieder entstanden sind, die den Sängern Zentralarabiens bekannt waren. Daraus läßt sich die Theorie ableiten, daß das zentralarabische Gebiet in jener Zeit von Menschen bewohnt war, denen christliches Gedankengut, wenn auch in abgewandelter Form, vertraut war. Mohammed kann, wenn diese Theorie zutrifft, zweifellos den Duktus christlich-arabischer Hymnen übernommen haben, da er den Zuhörern seine Gedanken in einer sprachlichen Form präsentieren wollte, die ihnen geläufig war. Die Gedanken waren ihm wichtig, nicht die Form. In der Form paßte er sich an.

Zu den traditionellen Sprachelementen zählen die Schwurfor-

meln, die Mohammed zur Einleitung der Offenbarungen während der ersten Jahre benützt. Die Koransure einundneunzig beginnt nach der Nennung Allahs mit einem Hymnus, der auch in eine Dichtung jener Zeit passen würde:
»*Im Namen Allahs, des Allbarmherzigen. Bei der Sonne und ihrem Strahlenglanz und bei dem Mond, der auf die Sonne folgt, und bei dem Tage, wenn er die Sonne in ihrer Pracht zeigt, und bei der Nacht, der sie bedeckt, und bei dem Himmel und bei dem, der ihn baute, und bei der Erde und bei dem, der sie ausbreitete, bei der Seele und bei dem, der sie formte.*«
Die zweiundneunzigste Sure verwendet, nach der Anrufung Allahs, diese Beschwörung:
»*Bei der Nacht, wenn sie alles mit Finsternis bedeckt, und bei dem Tage, wenn er strahlend hell ist.*«
Diese traditionellen Sprachelemente haben dem Propheten allem Anschein nach gerade in der ersten Zeit der Offenbarung den Vorwurf eingebracht, er sei eben auch einer der zahlreichen Dichter, die durch schöne Worte die Zuhörer zu begeistern versuchen. Die Männer von Mekka stellten sich die Frage: »Sollen wir wegen eines verrückten Poeten unsere Götter aufgeben?« In der siebenunddreißigsten Koransure ist diese Frage überliefert. Mohammed hielt wenig von den Dichtern, sie waren, nach seiner Meinung, Verirrte, die sich durch böse Geister haben irreführen lassen – sie bildeten allerdings eine Gefahr für die Menschen, die ihren Worten lauschten: Auch sie könnten durch die Wortflut verführt werden. Mohammed läßt sich durch die Stimme, die ihm die Offenbarungen eingibt, bestätigen, daß er nichts zu tun habe mit den Dichtern. In die sechsunddreißigste Sure ist diese Bestätigung eingeführt:
»*Wir haben den Mohammed nicht die Kunst des Dichtens gelehrt. Er hat sie nicht nötig.*«
Unter der Voraussetzung, daß die Kriterien der Wissenschaft stimmen, lassen sich Texte aus verschiedenen Lebensabschnitten von Mohammed herauspräparieren. Zu den ersten Offenbarungen gehören die Koranstellen, die sich mit der Ordnung zwischen Himmel und Erde befassen. Dem Menschen wird sein Platz zugewiesen: Aus einem Samentropfen entsteht er, zur Drangsal ist er geschaffen, das Grab ist ihm als letzter Ort auf Erden beschieden.

»Was auf Erden ist, zerfällt. Nur das herrliche Antlitz deines Herrn dauert ewig.«
Dem hinfälligen Menschen steht Allah gegenüber, der die Welt erschaffen hat, der dem Menschen das Leben auf der Erde ermöglicht.
Daß der eine, allmächtige Gott durchweg »Allah« genannt wird, stand in der Zeit der Offenbarung nicht immer fest. Über Monate hin gab ihm Mohammed den Namen »Rahman« – der Erbarmer. Diese Bezeichnung muß in Mekka bisher nie für einen Gott gebraucht worden sein. Allerdings hatte ihn der Jemenbeherrscher Abraha durchaus benützt. Die fünfundzwanzigste Koransure gibt einen Hinweis, daß der Name »Rahman« in Mekka als ungewöhnlich empfunden wurde:
»Wenn zu den Ungläubigen gesagt wird: Betet Rahman an, dann antworten sie: Wer ist Rahman?«
Möglich ist, daß Mohammed den Namen »Allah« vermeiden wollte, weil dieser von den Menschen in Mekka für einen der Götter des bisherigen Kultes gebraucht worden war. Doch bald zeigte es sich, daß mit der Weiterverwendung des Begriffs »Allah« weniger Verwirrung zu stiften war, als mit der Neueinführung des Namens »Rahman«. In der siebzehnten Sure wird versucht, die Verwirrung zu beenden:
»Nennt ihn Allah oder Rahman. Wie ihr ihn auch anruft, das ist gleichgültig. Er hat die herrlichsten Namen.«
In ihm sieht Mohammed den Herrn über Leben und Tod. Er bestimmt, wem der Einzug ins Paradies gestattet ist.
In der Ordnung der Religion Zentralarabiens war bislang kein Platz gewesen für ein Weiterleben nach dem Tode. Al Uzza, al Lat und al Manat hatten kein Paradies versprochen, in das der Mensch nach einer guten Lebensführung einziehen kann. Mohammed aber will zeigen, daß der Mensch im Tode nicht das Ende zu sehen braucht – der Tod ist nur ein Tor zu einer nächsten Stufe der Existenz.
Von Allahs Kenntnis der Dinge, von seiner Weisheit werden auch dem Propheten nur Bruchstücke mitgeteilt. Mohammed brüstet sich nicht damit, er kenne das ganze Heilige Buch, den Urkoran, den allein Allah aufbewahre und der Vergangenheit, Gegenwart

und Zukunft der Welt zum Inhalt habe. Wie dieses Buch aussieht, weiß Mohammed allerdings: Die Worte sind niedergeschrieben auf einem Pergamentband, das weder aufgerollt noch geknickt ist. Das Pergamentband liegt auf einem langen Tisch, der von Engeln bewacht wird.

Aus dem Buch Allahs sind schon anderen Propheten vor Mohammed Teile zugänglich gemacht worden. Den Juden und den Christen war zuvor schon die Wahrheit mitgeteilt worden – sie gehörten zu den »Schriftbesitzern«. Die Menschen in Zentralarabien, in der Mitte der Arabischen Halbinsel, aber waren seit langem nicht mehr vom einen, allmächtigen Gott angesprochen worden. Für sie speziell hatte nun Allah Mohammed als Gesandten ausgewählt. Er sollte von Allahs Macht künden – in der Sprache, in der sie sich tagtäglich ausdrückten. Der Engel Gabriel sprach zu Mohammed im Dialekt der Bewohner von Mekka; Mohammed verstand ihn und bewahrte seine Worte.

Der Auftrag, den der Gesandte Allahs zu hören überzeugt war, hieß: »*Gib bekannt, was dir befohlen wird. Warne deine nächsten Verwandten vor der Strafe Allahs.*«

Viele Monate lang bestand die Gemeinde der Gläubigen, die sich zu dem einen Gott Allah bekannten, aus vier Personen: aus Mohammed, seiner Frau Chadidscha, dem noch sehr jungen Ali und einem freigelassenen Sklaven, der zum Haushalt von Mohammed gehörte. Zaid Ibn Haritha hieß der Freigelassene, ein intelligenter und vielbelesener Mann aus dem Stamm Kalb. Er arbeitete im Kontor von Mohammeds Handelsfirma und hatte dem Firmeninhaber imponiert durch Kenntnis der christlichen Religion. In seinem Stamm war Zaid Ibn Haritha mit dem Christentum in Verbindung gekommen, da einige der Sippen von Banu Kalb christliche Riten praktizierten. Von Zaid Ibn Haritha hat Mohammed wahrscheinlich auch Näheres über die Person Christi gehört. Mohammed ließ später spüren, daß er positive Informationen über Christus erhalten hatte: Er bestritt dem christlichen Verkünder nie seinen Rang als Prophet des einen Gottes.

Ibn Ishaq, der Autor der ersten Prophetenbiographie, bemerkte schon, daß die Offenbarungen des Propheten von den Zeitgenos-

sen in Mekka nicht als revolutionäre Besonderheit empfunden wurden. So außergewöhnlich war es nicht, daß jemand Visionen hatte und für den von ihm entdeckten Gott eine Vorrangstellung in der Götterwelt forderte. Mohammed wurde in Ruhe gelassen, weil er die bestehende Götterordnung schonte. In den ersten Offenbarungen des Mohammed wurden al Uzza, al Lat und al Manat überhaupt nicht erwähnt. Da die drei Göttinnen nicht angegriffen wurden, brauchten sich auch ihre Anhänger nicht zu wehren. Für Mohammed selbst stand eindeutig fest, daß es keine Existenzberechtigung mehr geben konnte für Priester der Religion von den »Töchtern Allahs«, doch in seinen Äußerungen war er vorsichtig.
Zunächst wollte er nur die eigene Sippe vor dem nahe bevorstehenden Jüngsten Gericht warnen. Doch als er die Großfamilie deshalb zusammenrief, da schlug ihm Entrüstung entgegen. Von seinem Neffen Abu Lahab wurde Mohammed angeschrien: »Es wird Zeit, daß du verreckst.« Der Neffe warf dazu mit Steinen. Mohammed antwortete später mit den Fluchworten der einhundertundelften Sure:
»*Verfaulen sollen die Hände des Abu Lahab und er selbst. Sein Vermögen und alles, was er sich erworben hat, sollen ihm nichts helfen. Zum Verbrennen wird er in das flammende Feuer kommen, mit ihm sein Weib, die Holz herbeitragen muß, und an ihrem Hals soll ein Seil hängen, geflochten aus Fasern eines Palmbaums.*«
Die Gemeinde um Mohammed wuchs unter solchen Umständen nur langsam. Der Kaufmann Abu Bakr, der nach Mohammeds Tod Nachfolger als Chef des islamischen Staates werden sollte, bekannte sich in dieser Zeit der Stagnation zur religiösen Reformbewegung des Propheten. Abu Bakr war einige Jahre jünger als Mohammed und blickte von Anfang an mit großer Ergebenheit zum Gesandten Allahs auf. Durchweg konnte Mohammed jüngere Menschen leichter faszinieren als Männer und Frauen, die älter als er selbst waren. Die Mehrzahl der ersten vierzig Anhänger des Propheten bildeten Söhne aus den etablierten Sippen der Großfamilien. Der Glaube, den Mohammed predigte, wurde zunächst von einer ganz bestimmten Schicht angenommen: Jüngere Männer, zwi-

schen fünfundzwanzig und dreißig Jahren, die sich darauf vorbereiteten, die Väter aus der Führung der Sippen zu verdrängen, sahen im Glauben an die Grundsätze des Reformers Mohammed eine Chance, sich von der noch herrschenden Clique zu unterscheiden. Zu diesen »Aufsteigern« stießen Männer aus der unteren Schicht der Handwerker und der freigelassenen Sklaven. Sie fanden keine Anerkennung innerhalb der bestehenden Herrschaftshierarchie; die führenden Männer der Koraisch hatten den Kontakt zu den politisch und damit auch religiös Rechtlosen verloren. Die Handwerker und Freigelassenen wurden nicht bedacht, wenn es um die Verteilung von Gewinn ging; sie durften sich auch nur am Schluß der Prozessionen zu den Heiligtümern der Göttinnen bewegen.

Diese Unterprivilegierten sahen in Mohammed einen Parteigründer im modernen Sinne. Er vertrat kein radikales Programm – das erwartete die untere Schicht der Bewohner Mekkas auch gar nicht. Daß die Weltordnung umgestürzt werden würde, davon war nicht die Rede. Gleichmacherei predigte Mohammed nicht. In der siebzehnten Koransure wird die Bevorzugung einzelner als unumstößlicher Faktor der göttlichen Ordnung durch Gabriels Worte festgesetzt:

»*Sieh nur, wie wir schon in diesem Leben die einen vor den anderen bevorzugen.*«

Diese Worte hinderten den Propheten nicht, für einen Ausgleich zwischen den Extremen von arm und reich zu arbeiten. Aber nie hat er sich Jesus zum Vorbild genommen, der sagte, eher komme ein Kamel durch ein Nadelöhr als ein Reicher in den Himmel. Besitzt jemand Reichtum, begeht er, nach Meinung des Propheten, kein Unrecht – er ist nur verpflichtet, den Armen etwas von seinem Reichtum abzugeben. Mohammed propagiert soziales Verhalten, das ein Nebeneinander der Bevölkerungsschichten ermöglichen soll. Daß die Auseinandersetzung mit den etablierten Kräften nicht leicht sein würde, war allen bewußt, die den Reformator Mohammed unterstützen wollten.

Mohammed selbst hatte seine Schwierigkeiten, wenn er gefordert war, sich zu den Armen zu bekennen. Der Verstand sagte ihm, daß er die arme Schicht ansprechen mußte; doch da er von Geburt her verbunden war mit den Wohlhabenden, spielte ihm sein Unter-

bewußtsein manchmal Streiche. Während eines Gesprächs mit einem reichen Mann aus Mekka hatte sich ihm ein blinder Bettler genähert, der um eine kleine Unterstützung flehte. Mohammed, der den Reichen von seinen religiösen Vorstellungen überzeugen wollte, verjagte den Bettler mit harten Worten. Sofort war Mohammed betroffen über die eigene Handlungsweise. In der achtzigsten Koransure gibt Mohammed die Rüge weiter, die Gabriel ausspricht: »*Wenn jemand reich ist, so kommst du ihm entgegen und fragst nicht, ob er aufrichtige Absichten hat. Kommt jemand zu dir, den Kummer erfüllt, so hast du keine Zeit, mit ihm zu reden.*«
Diese Rüge wurde Teil der Offenbarung – sie kann als Beweis gelten für die Aufrichtigkeit des Propheten.
Der Prophet wußte um die Wirkung der Provokation, wenn es darum ging, einen neuen Gedanken bekanntzumachen. In voller Absicht setzte er sich gerade mit den Ärmsten seiner Anhänger in den Schatten der Kaaba. Dieser Platz war den Vornehmsten der Banu Koraisch reserviert. Sofort gab es Gerede in Mekka. Der Chronist Ibn Hisham überlieferte das, was die Leute damals sagten: »So sehen sie also aus, die Gefährten des Mohammed. Gerade sie soll Allah ausgewählt haben. Ausgerechnet sie sollen nun Bescheid wissen über den rechten Weg und über die Wahrheit.«
»*Wende dich ab von den Gotteslästerern, die dem einen Gott andere Götter beigesellt haben.*«
Mit dieser Offenbarung erst spitzt sich der Konflikt in Mekka zu. Mohammed hielt die Meinung nicht mehr zurück, die sich in seinem Kopf gegen die Göttinnen gebildet hatte. Der Adel von Banu Koraisch sah bald Grund, Beschwerden zu formulieren: »Mohammed hat unsere Götter beschimpft, unseren Glauben geschmäht, er macht unsere Ansichten lächerlich, er bezichtigt unsere Väter des Irrtums.« Mohammed, der sich zum Gesandten des einen und einzigen Gottes berufen fühlte, hatte mit der Agitation gegen die »Töchter Allahs« begonnen. Er sah eine Gotteslästerung in dem Gedanken, Allah, der Schöpfer aller Menschen und jeglicher Kreatur, könne Kinder gezeugt haben wie ein normaler Mann. Er hatte Erkenntnisse gewonnen, die einen solchen Glauben als absurd erscheinen ließen.
Stimmen wurden laut während der Ratssitzung des Stammes, die

forderten, man solle den religiösen Frevler ganz einfach erschlagen. Andere warnten davor, eine Blutschuld auf sich zu laden. Sie verlangten, daß ein Gespräch mit Mohammed geführt werden müsse, um zu klären, welche Absichten er überhaupt verfolge.
Die Einladung zu diesem Gespräch erging, und Mohammed folgte ihr gern, weil er glaubte, die führende Schicht der Banu Koraisch überzeugen zu können. Doch er wurde sofort mit massiven Vorwürfen konfrontiert: »Du hast deinen Stamm vor ein schwieriges Problem gestellt. Du trägst den Pilz der Spaltung in die Reihen der Koraisch. Du hast Gemeinheiten über unsere Götter gesagt.« Der Ankläger, sein Name war Abu Walid, unterbreitete dann Vorschläge, um den Fall beizulegen: »Du hast diesen Streit angezettelt. Wir wissen nicht, warum. Vielleicht willst du uns erpressen. Wieviel willst du? Wir sind bereit zu bezahlen. Vielleicht hast du Lust auf Macht bekommen. Wenn das so ist, werden wir dich ganz rasch nach oben setzen in unserem Rat. Nichts soll mehr ohne dich beschlossen werden. Wenn du von einem bösen Geist besessen bist, den du nicht loswerden kannst, so wollen wir einen Arzt suchen und ihn von unserem Geld bezahlen. Er soll dir Heilung bringen und wenn es uns ein Vermögen kostet. Es kommt häufig vor, daß jemand von einem solchen Geist befallen ist. Der Kranke wird umgetrieben und weiß sich nicht zu helfen.« Mohammed antwortete mit dem Hinweis, Allah habe ihn als Warner gerade in diese Region der Welt geschickt: »*Nehmt ihr meine Worte an, so wird es euer Glück im Diesseits und im Jenseits sein. Lehnt ihr mich ab, so will ich geduldig Allahs Ratschluß erwarten, bis Er zwischen uns richtet.*«
Die fünfundzwanzigste Koransure nennt die Zweifel, die damals die Männer von Mekka bewegten:
»*Was für ein Gesandter ist das doch! Er nährt sich von Speisen und geht auf dem Markt umher wie wir selbst. Wenn nicht ein Engel zu ihm herabsteigt und sich als Prediger neben ihn stellt oder wenn ihm kein Schatz aus dem Himmel herabgeworfen wird oder wenn ihm sein Gott kein Gartengrundstück zur Verfügung stellt, aus dem er Profit ziehen kann, so glauben wir ihm nicht.*«
In den Suren des Korans spiegelt sich die negative Meinung, die damals in Mekka laut über Mohammed geäußert wurde:

»*O du, der du dich des Korans rühmst, du bist wahnsinnig – er spricht seine Offenbarungen nur nach und ist verrückt – er ist ein Wahrsager und ein Spinner – ein böser Geist ist in ihn gefahren – er ist ein Besessener – dieser Mohammed ist nichts anderes als ein Zauberer.*«

Die Zweifler verlangten Beweise dafür, daß Mohammed der Gesandte Allahs sei. Sie wollten von ihm das Datum des von ihm für die nahe Zukunft prophezeiten Weltuntergangs genannt bekommen. In der neunundsiebzigsten Sure gibt Mohammed Antwort:

»*Nur Allah allein kennt die bestimmte Zeit.*«

Ernst gemeint waren die Fragen alle nicht. Die Wortführer von Banu Koraisch ließen jetzt sehr deutlich spüren, daß sie eigentlich nur daran interessiert waren, Mohammed zu verspotten: »Wenn du schon keines unserer Angebote annimmst, dann veranlasse doch deinen Herrn, der dich zu uns geschickt hat, er möge diese trockenen Berge hier ringsum wegbewegen, um uns ebenes Land zu schenken; er möge darin Flüsse entspringen lassen wie im Irak und in Syrien. Vielleicht kann er auch unsere verstorbenen Ahnen wiedererwecken. Dann werden wir sie fragen, ob du die Wahrheit sprichst oder nicht. Bestätigen sie deine Worte und kannst du bewirken, worum wir dich gebeten haben, so glauben wir dir und sind überzeugt, daß du der Gesandte Allahs bist.« Der Prophet reagierte auf die Provokation mit kühlem Kopf: »*Um solche Beweise zu erbringen, bin ich nicht zu euch geschickt worden. Eine Offenbarung habe ich euch zu bringen.*«

Mohammed, so wird erzählt, muß sich weiteren Spott gefallen lassen: »Wenn du schon nichts für uns tun willst«, sagte der Älteste aus dem Rat der Koraisch, »so sorge wenigstens für dich selbst. Bitte deinen Gott, dir einen Engel an die Seite zu stellen, der deine Worte bestätigen kann. Bitte ihn auch, er möge dir Gärten und Häuser, goldene und silberne Schätze schicken. Ganz offensichtlich bist du dem Geld hinterher. Mit den Schätzen deines Herrn könntest du auf dem Markt gute Geschäfte machen. Wir würden dann sofort glauben, daß du bei deinem Herrn in großem Ansehen stehst. Wenn ihm unsere Worte nicht gefallen, so kann er den Him-

mel in Stücken auf uns herabstürzen lassen. Du hast uns doch schon gesagt, daß deinem Gott dies möglich sei.«
Daß die Koraisch nicht verzichten wollten auf ihre überkommene Religion, das begriff Mohammed während dieses Gesprächs. Da war einer der Vornehmsten aufgestanden und hatte voll Haß gerufen: »Wir beten die Töchter Gottes an und sonst niemanden. An dich werden wir so lange nicht glauben, bis du uns deinen Gott und seine Engel als Zeugen gebracht hast!« Ein anderer meinte: »Ich werde bestimmt nicht an dich glauben. Erst wenn ich gesehen habe, wie du auf einer Leiter zum Himmel emporsteigst und mit vier Engeln wieder zurückkommst, die bezeugen, was du sagst. Ja, wahrscheinlich werde ich nicht einmal dann an dich glauben!«
Als der Prophet den Kreis verlassen hatte, da sprach ein angesehener Mann ganz offen aus, was nun fast alle dachten: »Wir müssen ihn umbringen. Ich schwöre, ich werde ihm morgen auflauern mit einem Stein, so groß, daß ich ihn kaum packen kann. Wenn er sich beim Gebet niederbeugt, werde ich ihm den Schädel einschlagen.«
Dieser Mann wollte nur die Sicherheit haben, nach der Tat nicht der Blutrache der nächsten Verwandten des Propheten zum Opfer zu fallen. Er erhielt die Garantie, auf keinen Fall für den Mord am Propheten zur Rechenschaft gezogen zu werden.
Doch die Mordtat wurde nicht ausgeführt. Dem zum Töten Entschlossenen fiel im entscheidenden Augenblick der Stein aus der Hand. Er erklärte die plötzliche Lähmung so: »*Als ich auf Mohammed zutrat, da stand ich plötzlich vor einem Kamelhengst. Der hatte einen so mächtigen Kopf und so große Zähne, wie ich sie noch nie an einem Kamel gesehen hatte. Ich glaubte, das Tier wolle mich fressen.*« Mohammed fand eine andere Erklärung für die Erscheinung, die der Täter gesehen hatte. Er sagte: »*Das war Gabriel, der Engel. Er hätte den Mann gepackt, wenn ich in Gefahr geraten wäre.*«
Derjenige, den so überraschend der Mut verlassen hatte, blieb einer der giftigsten Hetzer gegen Mohammed und dessen Anhänger. Bekannte sich einer aus dem Stand der Kaufleute zum neuen Glauben, dann bekam er zu hören: »Wir werden keine Geschäfte mehr mit dir machen. Keiner wird bei dir kaufen oder an dich verkaufen. Du wirst bald ruiniert sein.« Männer aus der oberen Schicht der

Sippen wurden mit solchen Worten geschmäht: »Du hast den Glauben deines Vaters verlassen. Dieser Glaube aber war besser als der deine. Wir werden dich für schwachsinnig erklären lassen. Dein Ansehen wird so weit sinken, daß niemand mehr mit dir reden wird.« Diejenigen, die nicht im Schutz einer starken Sippe standen, wurden geschlagen oder mit dem Tod bedroht. Mit roher Gewalt sollten sie dazu gezwungen werden, die drei Göttinnen wieder zu verehren und den Glauben an Allah aufzugeben.

Mohammed selbst blieb vorläufig verschont von weiteren Anschlägen gegen Leben und Gesundheit. Der Vater des jungen Ali, des ersten Gläubigen nach Chadidscha, beschützte ihn. Abu Talib hatte die Zeit der wirtschaftlichen Schwierigkeiten, die ihn gezwungen hatten, den Sohn aus dem Haus zu geben, überstanden. Er weigerte sich zwar, den Glauben des Mohammed anzunehmen, da er den Göttinnen al Uzza, al Lat und al Manat treu bleiben wollte, doch imponierte ihm der Mut dieses Verwandten. Wann immer im Rat der Koraisch einer aufstand, um den Tod des Mohammed zu fordern, fand Abu Talib vernünftige Worte, die jeden Hitzkopf beruhigten.

Dem äußeren Anschein nach war ein Glaubensstreit entbrannt in Mekka, in Wahrheit aber wurde um ökonomische Interessen gerungen. Die Banu Koraisch beherrschte das Geschäftsleben in der Stadt am Kreuzweg der Karawanen. Sie profitierte davon, daß die Karawanenführer hier Rasttage einlegten, daß sie Waren verkauften und andere Güter zum Weitertransport erwarben. Der Handel am Ort lag in der Hand der Familie Koraisch. Sie kontrollierte auch den religiösen Bereich in Mekka. Das Wasser vom Brunnen Zemzem, für dessen Verteilung die Banu Koraisch zuständig war, wurde an Fremde nicht umsonst abgegeben; wer nicht zur Familie gehörte, der bezahlte für das heilige Wasser mit Münzen. Wer sich Glück von einer der drei Göttinnen erbitten wollte, der kaufte sich Opfertiere bei den Händlern der Banu Koraisch. Durch diese Art von Geschäft waren viele Sippen in Mekka reich geworden.

So abwegig war die Furcht nicht, daß der Streit um Allah und die Göttinnen finanzielle Einbußen bringen könnte. Die Gefahr bestand, die Gläubigen würden, unsicher geworden, auf das Wasser aus der heiligen Quelle verzichten und die Opfer vor den Götterheiligtümern unterlassen. Dem Ansehen der Stadt konnte es nur schädlich sein, wenn Unsicherheit herrschte über die Macht der Götter und wenn über deren Status diskutiert wurde. Die fremden Gläubigen verlangten Sicherheit, daß sie den Weg zu den Heiligtümern von Mekka nicht umsonst zurücklegten, daß ihre Gebete den richtigen Adressaten fanden. Das war der Grund, warum das Problem »Mohammed« rasch gelöst werden mußte.

7 Mohammed gibt nach – und bereut diese Schwäche

Der Prophet hatte keineswegs im Sinn, der Banu Koraisch das profitreiche Geschäft zunichte zu machen – dazu fühlte er sich doch zu sehr als Mitglied der Großfamilie. Er stellte sich ganz im Gegensatz zur Meinung fast aller übrigen Familienmitglieder vor, daß seine Religionsreform die Stadt Mekka noch attraktiver machen könnte.

Seinen Gott sah Mohammed als allmächtig an. Diesem Gott gab er eine Heimstätte in Mekka; die Kaaba sollte als »Haus Allahs« gelten. War der irdische Wohnsitz des allmächtigen Gottes in Mekka, dann wurde diese Stadt zum Mittelpunkt der Welt. Eine solche Stadt mußte doch erst recht ein Anziehungspunkt für die Menschen sein. Er wunderte sich, daß die reichen Kaufleute der Banu Koraisch diese Chance nicht sahen. Ihm fehlte aber das Verständnis für die Kollegen nicht. Er konnte ihre Gefühle und ihre Sorge verstehen: Sie hatten einfach Angst vor neuen Ideen, die Unruhe brachten und die der Kontinuität der Einnahmen schaden konnten. So ließ er sich zu einem Kompromißangebot verleiten.

Es wird erzählt, Mohammed habe um diese Zeit seinen Gott gebeten, die schroffe Ablehnung der drei Göttinnen zu mildern. Er wollte Allah veranlassen, eine Verständigungsformel zu finden, die eine Beilegung des Streites ermögliche. Lange mußte Moham-

med diesmal auf die Inspiration warten. Nach tagelangem Beten erst hörte er die Stimme, die ihm vertraut war. Sie stellte die Frage: »*Was denkt ihr wohl von al Lat und von al Uzza und von al Manat, der dritten Göttin?*« Die Antwort gab die Stimme selbst: »*Ihre Fürsprache ist sicher erwünscht.*« Mit dieser Offenbarung war das Prestige der drei Göttinnen wieder aufgewertet. Sie schloß die Kluft zwischen der Mehrzahl der Mitglieder von Banu Koraisch und den Anhängern des Propheten. Rasch erfuhren die wichtigen Männer des Stammes von der Anerkennung der bisherigen Stadtgötter durch Mohammed. Sie beschlossen, daß ein Festmahl die Versöhnung besiegeln sollte. Doch dieses Festmahl mußte ausfallen. Die Versöhnung konnte nicht stattfinden, weil Mohammed die Kompromißformel widerrief. Seine Gegner trugen daran eine nicht geringe Schuld – zu laut hatten sie ihren Spott über die Nachgiebigkeit des Gesandten Allahs ausgesprochen. Da ging die Äußerung eines Sippenchefs von Mund zu Mund, die beißend scharf feststellte: »Zum ersten Mal hat ihn sein Gott etwas Vernünftiges sagen lassen.« Mohammed erkannte, daß er einen Fehler gemacht hatte. Die Nachgiebigkeit hatte den Wert seiner Offenbarung insgesamt in Frage gestellt. Wenn Allah seine Meinung ändern konnte im Falle der drei Göttinnen, dann war mit Recht zu erwarten, daß er auch in anderen strittigen Fragen wankelmütig wurde. Damit war der Religion des Propheten die stabile Basis entzogen. Jederzeit konnte künftig Mohammeds Kompetenz bezweifelt werden. Wenn al Uzza, al Lat und al Manat als wahre Göttinnen anerkannt wurden, dann mußten auch die Priester der drei akzeptiert werden. Wenn diese Priester auf den Gedanken kamen, Meinungen der Göttinnen zu offenbaren, gab es für Mohammed keine Möglichkeit, die Kompetenz der Konkurrenz zu bezweifeln. Aus dieser Erkenntnis heraus entschied sich Mohammed dafür, die Offenbarung über die Rechtmäßigkeit der Göttinnen als falsch zu erklären. Der Engel Gabriel, so wird berichtet, sei dem Bedrängten zu Hilfe gekommen; er habe die Schuld auf sich genommen. Gabriel soll Mohammed gestanden haben, daß er selbst für kurze Zeit der Versuchung des Satans erlegen sei – auch er sei nicht frei von Irrtümern.
Der Widerruf korrigierte den Fehler der Anerkennung von Idolen

nicht ganz. Die Anhänger von Mohammed mußten sich erneut nach der Glaubwürdigkeit der Offenbarung fragen lassen: Wenn schon der Engel Gabriel nicht als sichere Quelle der Inspiration gelten konnte, auf wen war dann noch Verlaß, da doch Mohammed abhängig war von der Vermittlung des Engels zwischen Allah und ihm?
Das Selbstbewußtsein Mohammeds als Prophet der Araber überstand diese Krise nicht ganz intakt. In den Überlieferungen finden sich Andeutungen von Zweifeln des Gesandten Allahs. Er soll sich gefragt haben, ob es nicht klüger sei, sich selbst einzuordnen in eine bereits existierende monotheistische Religion. Und er habe dabei an das Christentum gedacht. Die Moslems insgesamt lehnen allerdings diese Deutung ab.
Die Männer von Banu Koraisch, die ihre traditionelle Religion verteidigten, sahen eine Chance, ihren Gegner vollends aus der seelischen Balance zu bringen. Sie stachelten die reichen Verwandten in Taif an, eine Protestdelegation zu Mohammed nach Mekka zu schicken. Die Koraischiten von Taif verwalteten das Heiligtum der al Lat; sie verdienten am Opfer der Gläubigen, die hierher pilgerten, um Fruchtbarkeit für Familien und Herden zu erbitten. Da Mohammed seine Abscheu über diese Praxis nicht verbarg, begann die Protestdelegation das abtrünnige Clanmitglied zu beschimpfen. Anzunehmen ist, daß Mohammed während des Streits auch bedroht wurde. Von nun an gab es keinen Kompromiß mehr zwischen der Partei der Göttinnen und den Anhängern der Religionsreform.
Mohammed selbst blieb weiterhin an Leib und Leben unbehelligt. Der Schutz, den ihm Abu Talib garantierte, erwies sich als wirksam. Die Gläubigen aber, die ihm Treue zeigten und selbst keinen Halt in einer starken Sippe besaßen, waren den Koraisch schutzlos preisgegeben: Niemand gab ihnen Arbeit, niemand trieb Handel mit ihnen, der Zugang zur Kaaba blieb ihnen verschlossen.
Mohammed mußte einen Ausweg suchen, wenn er den bedrängten Haufen zusammenhalten wollte. In Mekka konnten die Männer und Frauen nicht bleiben – Auswanderung schien eine Hoffnung zu bieten. Mohammed besaß als Kaufmann Kenntnis von Abessinien. Mit diesem Königreich drüben über dem Roten Meer, trieb

die Banu Koraisch Handel; aus den fruchtbaren Gegenden Abessiniens bezogen die Händler in Mekka Lebensmittel. Mohammed wußte, daß dort ein toleranter König herrschte. In dieses Land schickte Mohammed einen Teil seiner Anhänger. Ibn Ishaq verzeichnet die Zahl der Auswanderer: »Ohne die Söhne, die sie als Kleinkinder bei sich hatten, zogen dreiundachtzig Menschen nach Abessinien.«

Überliefert ist die Erzählung der Emigrantin Um Salama: »Als wir in Abessinien ankamen, wurden wir vom Negus sehr gut aufgenommen. Wir konnten in Sicherheit unseren Glauben ausüben und Allah dienen, ohne daß wir mißhandelt wurden oder üble Reden zu hören bekamen.«

Aus dem Bericht von Um Salama ist zu erfahren, daß die Banu Koraisch zwei Männer zum Negus entsandten, die durch Geschenke – hauptsächlich Lederwaren – die Auslieferung der Emigranten erreichen sollten.

Bei den Beratern des Negus fanden die zwei Gegner der Prophetenanhänger mit diesen Worten Gehör: »In das Land eures Königs sind einige verirrte Geister von uns geflohen. Sie haben sich gelöst vom Glauben ihres Volkes. Sie haben eine neue Religion erfunden, von der wir überhaupt nichts begreifen. Wir bitten euren König, daß er uns diese verirrten Geister zurückschickt.« Trotz des positiven Urteils der Berater über diese Bitte ließ sich der Herrscher von Abessinien nicht beeinflussen – die Anhänger des Propheten durften bleiben. Er beschied: »Die Offenbarungen des Propheten dieser Einwanderer und die Worte Jesu stammen aus derselben göttlichen Quelle.«

Die beiden Männer der Koraisch, sie hießen Amr und Abdallah, gaben jedoch ihre Mission nicht so schnell auf. Amr, so wird berichtet, sagte nach der ersten Audienz zu seinem Reisegenossen: »Morgen werde ich ihm etwas erzählen, was sie nicht überleben werden. Ich werde ihm sagen, daß sie der Meinung sind, Jesus sei nur ein Mensch gewesen.« Trotz der Warnung von Abdallah, daß er auch mit dieser Aussage wohl wenig erreiche, begab sich Amr am nächsten Tag wieder zum Herrscher.

Die Worte des Dialogs zwischen beiden sind erhalten. Amr sagte: »O König, sie behaupten eine Ungeheuerlichkeit von Jesus. Gib

Befehl, daß sie zu dir kommen und dann frage sie, was sie von Jesus halten.« Der Herrscher, ein bedingungsloser Anhänger des Christentums, interessierte sich für den Standpunkt der Prophetenanhänger zum Wesen Christi. Er ließ sie fragen und erhielt diese Antwort: »Unser Prophet hat uns offenbart, daß Jesus der Diener Gottes ist, sein Prophet, sein Geist und sein Wort.« Mit dieser Antwort gab sich der Herrscher zufrieden: »Wahrlich, Jesus ist nicht mehr als das, was du gesagt hast.«

Die Geschichten um die Emigration der Gläubigen nach Abessinien weisen darauf hin, daß der Prophet noch immer, auch in seiner Offenbarung, den Kontakt zum Christentum bestehen ließ. Die Ansichten, die Mohammed bisher geäußert hatte, strebten gar nicht so sehr weg vom Standpunkt der Christen.

Die gemeinsame Glaubensbasis für Christen und Prophetenanhänger bildete die Einsicht, daß es nur einen einzigen Gott geben kann, wobei es gleichgültig sein durfte, welchen Namen er trägt. Die Glaubensreform, die Mohammed durchsetzen wollte, hatte das Ziel, die Araber zum Monotheismus zu bekehren, den zuvor bereits Juden und Christen für sich akzeptiert hatten. Dem Propheten stand die Möglichkeit noch immer offen, seine kleine Gemeinschaft von nicht einmal hundert Gläubigen den christlichen oder den jüdischen Religionsgruppen anzunähern. Die Unsicherheit, welcher Weg der richtige sei, wurde durch die Bekehrung eines jungen Mannes beendet, der bisher den Propheten mit außerordentlicher Härte abgelehnt hatte.

8 »Führe mich zu Mohammed, damit ich Moslem werde«

Eigentlich wollte der junge Mann den Propheten töten. Mit dem Schwert in der Hand betrat er das Haus, in dem sich Mohammed aufhielt. Auf die Frage, was er mit der Waffe vorhabe, antwortete er: »Ich will Mohammed umbringen. Er hat unseren Stamm gespalten, er hat Streit unter uns gebracht. Mohammed hat die Religion der Koraisch geschmäht und ihre Götter beschimpft. Dafür soll er sterben.« Ein Mann, der bisher nicht offen gezeigt hatte, daß er selbst zu den Anhängern von Mohammed zählte, sagte darauf bissig: »Willst du nicht lieber zu deiner eigenen Familie gehen und dort nach dem Rechten sehen?« Von diesem Mann erfuhr der Attentäter, daß seine eigene Schwester und deren Mann das Bekenntnis zu Allah bereits abgelegt hatten.

Omar Ibn al Chattab hieß der erbitterte Gegner des neuen Glaubens. Er gehörte dem Clan der Koraisch an, und obgleich er nicht den einflußreichen Sippen zugeordnet war, besaß er durch sein persönliches Auftreten im Rat des Stammes hohes Ansehen. Durch die bissige Bemerkung von seiner zornigen Entschlossenheit abgelenkt, begann Omar Ibn al Chattab zu begreifen, daß er in der Tat nicht Mohammed umbringen sollte, wenn sich in der eigenen engeren Familie schon der neue, verwerfliche Glaube eingenistet hatte. Er mußte sich erst mit Schwester und Schwager befassen.

Als Omar durch die Tür des Hauses seiner Schwester trat, da hörte er, wie sie Texte rezitierte, die ihm unbekannt waren. Die Wut stieg in ihm hoch, denn er konnte sich denken, daß die Schwester die Offenbarung des Propheten wiederholte. Omar konnte sich nicht zurückhalten, er drang in das Zimmer der jungen Frau ein und schlug ihr auf den Kopf, bis sie blutete.

Kaum war Omar wieder bei Sinnen, bereute er seine Unbeherrschtheit. Um seine Schwester, die hysterisch schrie, zu beruhigen, bat er darum, daß er die Texte lesen dürfe, die sie zuvor rezitiert hatte. Nach einigem Zögern der Schwester bekam Omar das Schriftblatt in die Hand. Es enthielt den Anfang der zwanzigsten Sure des Korans – die damals noch nicht ihre heutige Redaktionsform gefunden hatte. Der Text lautete:

»Im Namen Allahs, des Allbarmherzigen. Den Koran haben wir dir nicht offenbart, um dich dadurch unglücklich zu machen, sondern er diene nur zur Ermahnung für die Gottesfürchtigen. Er ist herabgesandt von dem Schöpfer der hohen Himmel und der Erde. Ihm, dem Allbarmherzigen, der auf seinem Thron sitzt, gehört alles, was in den Himmeln und was auf der Erde und was dazwischen und was unter der Erde ist. Daher ist es nicht nötig, daß

du mit lauter Stimme sprichst; denn Allah kennt das Geheimste und Verborgenste. Allah! Außer ihm gibt es keinen Gott.«
»Welch schöne und edle Worte!« – das war die Reaktion des Omar Ibn al Chattab. Und er zog sofort die Konsequenz: »Führe mich zu Mohammed, damit ich Moslem werde.« Abdallah Ibn Mas'ud, einer der ersten Gläubigen, kommentierte später dieses Ereignis so: »Wir konnten so lange nicht unsere Gebete bei der Kaaba verrichten, bis Omar Moslem wurde. Nachdem er zum Islam übergetreten war, bekämpfte er die Koraisch, bis er bei der Kaaba beten konnte und bis auch wir dort mit ihm beteten.«
Die rasche Bekehrung des Omar verhärtete nur die Fronten. Die Banu Koraisch nahm jetzt die Gefahr ernst. Der Rat der Ältesten beschloß, einen Boykott über die Anhänger des Propheten zu verhängen. Im einzelnen wurde festgelegt: Keine Ehen durften künftig geschlossen werden zwischen Mitgliedern der Gruppe um Mohammed und Männern oder Frauen der Großfamilie Koraisch – von Anhängern des neuen Glaubens sollte nichts gekauft werden; nichts durfte an sie verkauft werden. Über das Resultat der Besprechung wurde ein Protokoll verfaßt, das, als mahnende Urkunde, an der Kaaba sichtbar aufgehängt wurde. Den Schreiber des Protokolls verfluchte Mohammed. Allah, so wird erzählt, erhörte den Fluch und ließ einige Finger der Schreiberhand absterben.
Zum Vorteil der kleinen Gruppe erwies sich die gemeinsame Front der Gegner des Propheten bald schon als uneins. Da war Hischam Ibn Amr, verwandt mit der engeren Sippe des Gesandten Allahs, der nachts sein Kamel vor die Stadt hinaustrieb, damit es hinübertrabe zum Lagerplatz der Gläubigen, die Mekka verlassen hatten. Das Kamel war beladen mit Lebensmitteln, Wasserschläuchen und Kleidungsstücken. Er durchbrach die Boykottverpflichtung damit nicht, denn von einem Verbot der Schenkung war in der Urkunde keine Rede – sie war folglich auch nicht verboten. Trotzdem mußte er fürchten, daß ihm ein fanatischer Prophetengegner auflauerte. Doch Nacht für Nacht wiederholte er seine mutige Tat.
Insgeheim versuchte Hischam Ibn Amr auch andere Familienmitglieder zu überzeugen, daß die Einhaltung des Boykotts keine

ehrenvolle Tat sei. Sein Argument: »Können wir noch essen, trinken und uns kleiden, während so viele aus der Sippe Haschem und andere sich nichts zu essen kaufen können? Sie müssen verhungern und sind doch enge Verwandte von uns.« Seine Worte erregten Mitleid. Nach und nach gaben immer mehr der wichtigen Männer der Banu Koraisch zu erkennen, daß sie eigentlich mit dem Boykott nichts zu tun haben wollten. Sie setzten schließlich durch, daß der Familienrat das Dokument von der Kaaba entfernen ließ. Die Gläubigen durften wieder einkaufen und verkaufen. Die Gefahr des Hungertodes war vorüber.

9 Mohammed erzählt von der nächtlichen Reise nach Jerusalem

Diese Worte des Propheten sind überliefert:
»Während ich an der Kaaba schlief, kam Gabriel zu mir und stieß mich mit dem Fuß an. Ich setzte mich auf, sah aber nichts in der Dunkelheit und legte mich wieder hin. Da kam der Engel ein zweites Mal und stieß mich mit dem Fuß. Wieder setzte ich mich auf, legte mich aber erneut hin, denn da war weit und breit in der Nacht niemand zu sehen. Schließlich kam Gabriel zum dritten Mal und stieß mich an. Diesmal ergriff er mich am Oberarm. Ich erhob mich, und da stand ein weißes Reittier vor mir, halb Maultier und halb Esel. An den Schenkeln hätte es zwei Flügel, mit denen es seine Hinterbeine vorantrieb, während es seine Vorderbeine dort aufsetzte, wohin sein Blick reichte. Als ich mich dem Tier näherte, um aufzusteigen, da scheute es. Doch der Engel Gabriel legte ihm die Hand auf die Mähne. Da hielt es still, so daß ich aufsteigen konnte.«
Zusammen mit Gabriel, so wird berichtet, ritt Mohammed in derselben Nacht noch nach Jerusalem. Da das Reittier weit ausgreifen konnte mit den Vorderbeinen, glich der Ritt eher einem Flug. In Jerusalem angekommen, fand Mohammed eine Schar früherer Propheten des einen und allmächtigen Gottes – Abraham, Moses

und Jesus gehörten dazu. Von Gabriel wurde Mohammed zum Vorbeter bestimmt. Nach den Gebeten wurden dem Gesandten Allahs zwei Gefäße gereicht. Das eine der Gefäße war mit Wein gefüllt, das andere mit Milch. Mohammed griff nach der Schale mit der Milch und trank davon. Die Schale mit dem Wein aber ließ er unbeachtet. Gabriel sprach darauf: »*Du bist recht geleitet, Mohammed. Der Wein ist euch verboten.*«
In Mohammeds eigenen überlieferten Worten sei das Erlebnis der nächtlichen Reise weitererzählt:
»*Nachdem ich in Jerusalem gebetet hatte, wurde mir eine Leiter gebracht. So etwas Schönes hatte ich noch nie gesehen. Es war die Leiter, auf die Todgeweihte ihre Augen richten, wenn das Ende naht. Gabriel ließ mich auf ihr hinaufsteigen, bis er mich zu einem der Himmelstore brachte, das man das Hütertor nennt. Es wird bewacht von einem Engel namens Isma'il, dem zwölftausend Engel unterstehen. Jedem einzelnen von ihnen gehorchen wiederum zwölftausend andere Engel. Doch die Heerscharen des Herrn kennt nur Er allein. Als ich durch das Hütertor geführt wurde, da fragte der Engel Isma'il: Wer ist dies, Gabriel? Von Gabriel erhielt Isma'il zur Antwort: Dies ist Mohammed! Isma'il fragte weiter: Ist er gesandt worden? Und Gabriel sprach: Ja! Darauf erflehte Isma'il die Güte Allahs über mich.*«
Mohammed sah zuerst den untersten Himmel. Ein Mann saß dort, an dem die Seelen der verstorbenen Menschen vorüberziehen mußten. Er trennte die guten und die schlechten Seelen. Gabriel erklärte die Aufgabe dieses Mannes und nannte seinen Namen: »*Dies ist dein Vater Adam. Die Seelen der Gläubigen erfreuen ihn. Die Seelen der Ungläubigen erfüllen ihn mit Abscheu.*« Da waren Männer zu sehen, die aßen faustgroße glühende Steine, die beim Darmausgang wieder den Körper verließen. Mohammed erfuhr, daß diese Verstorbenen das Eigentum von Waisen veruntreut hatten. Andere hatten aufgeblähte Bäuche; Kamele traten auf den Körpern dieser Männer herum. Gabriel sprach: »*Dies sind jene, die sich von Wucher genährt haben.*« Mohammed sah viele Männer, die stinkendes Fleisch essen mußten, während sie das gute Fleisch, das auch neben ihnen lag, nicht anrühren durften. Die Erklärung von Gabriel lautete: »*Das sind jene Männer, die*

sich nicht die Frauen nahmen, die Allah ihnen erlaubte. Sie sind zu jenen Frauen gegangen, die Allah ihnen verboten hatte.« Mohammed sah auch, wie Frauen bestraft wurden. An den Brüsten wurde aufgehängt, wer seinem Mann ein Kind unterschob, das dieser nicht gezeugt hatte.

Im zweiten Himmel aber befanden sich diejenigen, die in früherer Zeit schon an den einen und einzigen Gott geglaubt haben. Da hielten sich Jesus und Johannes auf. In einer Etage darüber waren die Räume von Joseph, dem Sohn Jakobs, und von Aaron, dem Sohn des Imran. Im sechsten der Himmel aber konnte Mohammed Moses entdecken, *»einen Mann von dunkler Farbe, großem Wuchs und einer gekrümmten Nase«*. Mohammed berichtete weiter: *»Und der Engel Gabriel brachte mich in den siebten Himmel. Dort sah ich einen Mann in reifem Alter auf einem Stuhl am Tore zum Paradiese sitzen, durch das an jedem Tag siebzigtausend Engel traten, die erst am Tag der Auferstehung wieder durch dasselbe Tor zurückkehren werden. Nie habe ich einen Mann gesehen, der mir ähnlicher war, und Gabriel sprach: Dies ist dein Stammvater Abraham. Schließlich betrat Gabriel mit mir das Paradies.«* Von dort wußte Mohammed in diesem Zusammenhang nur zu erzählen, daß er ein Mädchen erblickte *»mit dunkelroten Lippen«*, die ihm außerordentlich gefiel.

Am Abend vor dem Erlebnis der nächtlichen Reise hatte sich Mohammed im Hause einer Frau aus dem weiteren Familienkreis aufgehalten. Diese Frau, sie hieß Um Hani, hatte der Prophet früher einmal heiraten wollen; die Heiratspläne waren damals gescheitert, weil Mohammed vor der Ehe mit Chadidscha fast völlig mittellos war. Der Um Hani nahm Mohammed die Absage, für die allein ihre Sippe verantwortlich war, nicht übel. Er besuchte sie häufig. Um Hani berichtete von jener Nacht der Jerusalemreise: Mohammed hatte das zweite Nachtgebet verrichtet und war gleichzeitig mit uns zur Ruhe gegangen. Kurz vor dem Anbruch der Morgendämmerung weckte er uns. Nachdem wir zusammen das Morgengebet gesprochen hatten, erzählte er: *»Wie du gesehen hast, Um Hani, habe ich gestern das zweite Nachtgebet bei dir im Hause verrichtet. Dann aber begab ich mich nach Jerusalem und betete dort. Das Morgengebet aber habe ich hier bei euch gesprochen.«*

Um Hani gab, so wird erzählt, den klugen Rat, den Leuten in Mekka nichts von der Nachtreise zu erzählen – auch den Gläubigen nicht: »Sie werden dich einen Lügner nennen und beschimpfen.«
Sie behielt recht; selbst diejenigen, die überzeugt waren, daß Mohammed der Gesandte Allahs war, verlangten einen Beweis für den nächtlichen Flug. Mohammed blieb diesen Beweis nicht schuldig. Er schilderte, daß er in der Dunkelheit an einer Karawane vorbeigekommen sei, die in einem Tal lagerte. Ein Kamel sei vor seinem Reittier erschrocken und sei davongerannt. Er, Mohammed, habe angehalten, um den Karawanenführern bei der Suche zu helfen. Man könne diese Karawane doch sicher finden und die Männer befragen.
Einen zweiten Beweis, so wird überliefert, habe der Gesandte Allahs vorlegen können: »*Auf dem Weg nach Jerusalem war ich an dem Berge Dadschnan vorbeigekommen. Auch dort lagerte eine Karawane. Die Männer schliefen gerade. Sie hatten einen großen Wasserbehälter bei sich, über den sie eine Decke gebreitet hatten. Ich nahm die Decke ab und trank den ganzen Eimer leer. Diese Karawane zieht derzeit von der Höhe Baida herunter. Voran geht ein Kamel in der Farbe des Sandes. Es ist beladen mit zwei Säcken, von denen der eine schwarz ist.*« Die Legende weiß, daß die Gläubigen die Beweise untersucht und für stichhaltig befunden hätten.
Die Wirklichkeit jener Jahre des Glaubensstreits in Mekka spiegelt wohl eher die Überlieferung, die davon spricht, daß Mohammed von vielen einflußreichen Männern von Banu Koraisch verspottet worden sei. Die Geschichten, die er erzählte, fanden außerhalb des Kreises seiner engsten Vertrauten nur geringen Glauben. Auf seinen Appell – »*So sprecht: Es gibt nur den einen Gott, und sagt euch los von allem, was ihr bisher angebetet habt*« – antworteten die Wortführer der Banu Koraisch: »Willst du alle Götter zu einem Gott machen? Du bringst uns wahrhaftig einen seltsamen Glauben.«
Der Anfang der sechsunddreißigsten Sure muß in dieser Zeit entstanden sein. Er zitiert Worte Allahs an den Propheten:
»*Im Namen Allahs, des Allbarmherzigen. Bei diesem Koran voll der Weisheit: Du bist einer der Gesandten Allahs, um den richti-*

gen Weg zu lehren. Offenbarung des Allmächtigen und Allbarmherzigen ist es, daß du ein Volk ermahnst, dessen Väter nicht gewarnt worden sind und welches daher sorglos und leichtsinnig dahinlebte. Das Urteil ist bereits über die meisten von ihnen gesprochen worden; denn sie können nicht glauben. Ketten haben wir ihnen um den Hals gelegt, welche bis an das Kinn reichen, so daß sie ihre Köpfe in die Höhe gereckt halten müssen. Vor und hinter sie haben wir Riegel geschoben und sie mit Finsternis so bedeckt, daß sie nicht sehen können. Es ist ganz gleich, ob du ihnen predigst oder nicht, sie werden nicht glauben. Mit Erfolg wirst du nur dem predigen, welcher der Ermahnung des Korans folgt und den Allbarmherzigen selbst im Verborgenen fürchtet. Diesem verkündige gnadenvolle Vergebung und ehrenvolle Belohnung. Wir werden dereinst die Toten wieder lebendig machen, und wir schreiben nieder, was sie vorausgeschickt und was sie zurückgelassen haben. Wir vermerken alles in einem Buche.«

Spürbar ist die Verzweiflung, daß die Zahl der Bekehrten nicht zunahm. Der Durchbruch, der sich mit dem Bekenntnis des Omar angekündigt hatte, war ausgeblieben. Der Prophet sah sich sogar gezwungen, den Bericht von den wunderbaren Erlebnissen in jener Nacht der Reise nach Jerusalem auf magere Worte in der Offenbarung zu reduzieren. Nur zwei Sätze sind in der siebzehnten Sure diesem Ereignis gewidmet: »*Lob und Preis sei ihm, der seinen Diener zur Nachtreise zum heiligen Tempel von Jerusalem geführt hat. Diese Reise haben wir gesegnet, damit wir ihm unsere Zeichen zeigen: Allah hört und sieht alles.*«

»Allah ist zu nachsichtig!« Dieser empörte Ausruf wird Abu Bakr zugeschrieben, einem der wichtigen Männer unter den Prophetenanhängern. Der Anlaß war ein alltäglicher Vorgang: Abu Bakr war bei der Kaaba mit Schmutz beworfen worden, und die Männer aus Mekka, die dabeistanden, hatten nur gelacht. Ihre Schadenfreude gab denen Mut, die schon lange Lust hatten, die Mitglieder der seltsamen Sekte zu hänseln. So wurde Mohammed bald darauf mit blutigen Tiereingeweiden beworfen; als er sich zum Beten neigte, bekam er Sand ins Gesicht geworfen.

Die Gefahr war groß, daß sich aus den Hänseleien Tätlichkeiten und schließlich Mordanschläge entwickelten. Die Sicherheit vor einem wirklichen Attentat erlosch, als der Onkel Abu Talib starb. Zwar war er bis zur letzten Stunde nicht Moslem geworden, doch er hatte seine Sympathie für Mohammed nie verborgen. Dieser positive Standpunkt hatte bisher noch immer ausgereicht, um die Hitzköpfe der Banu Koraisch von brutaler Gewalttat abzuhalten. Der Tod des Abu Talib wirkte sich sofort aus: Die Drohungen wurden aggressiver, bösartiger.

Mohammed fühlte sich in Mekka gebunden, solange seine Frau Chadidscha noch lebte. Ihr Unternehmen war zwar im Verlauf der religiösen Unruhen in Mekka zusammengebrochen, da sie – zusammen mit ihrem Mann – aus dem Kreis der zum Markt zugelassenen Händler ausgeschlossen worden war. Arm war die Familie trotzdem nicht geworden, sie lebte vom Kapital, das Chadidscha schon in die Ehe mitgebracht hatte. Als sie starb, war Mohammed wirklich heimatlos. Chadidscha war die letzte Bindung an Mekka gewesen. Da sein Stamm, die Banu Koraisch, ihn ausgestoßen hatte, begann er nach einem anderen Familienverband zu suchen, von dem er Aufnahme und Schutz erwarten konnte.

Sechzig Kilometer südöstlich von Mekka, damals zwei Tagesreisen entfernt, liegt die Stadt Taif. Das Heiligtum der Göttin al Lat befand sich dort, der Sonnengöttin, die Macht besaß über die Fruchtbarkeit von Frauen und Haustieren. Gerade in Taif, im Zentrum der ihm so verhaßten Götzenanbeterei, suchte Mohammed Verbündete. Dabei dachte er gar nicht daran, unbedingt Anhänger für seine Glaubensreform zu finden – er brauchte vor allem Schutz für seine Person. Diesen Schutz konnte er nur durch Aufnahme in den Verband eines Stammes finden. Die Großfamilie mußte dann garantieren, daß auf jeden Fall ein Anschlag gegen Leib und Leben des Propheten, gleichgültig, von wem er ausgeführt wird, durch einen Rächer vergolten würde. Allein die Tatsache, nicht allein zu stehen, nicht vogelfrei zu sein, Teil eines Stammes zu sein, der den Schutz übernimmt, gab den Menschen zu jener Zeit Protektion vor Verbrechen und politischen Mördern.

Mohammed wurde in Taif übel aufgenommen. Erstaunlich ist, daß er sich Hoffnungen gemacht hatte. Mit Hohn empfingen ihn die Honoratioren der Stadt. Sie fragten, ob ihm nicht der Schutz seines Gottes genüge, der doch angeblich allmächtig sei – wie könnten sie,

die schwachen Bewohner der Stadt Taif, ihm mehr Sicherheit bieten als Allah, als dessen Gesandter er sich doch ausgebe.
In Taif wohnte der Stamm Taqif, der beste Handelsbeziehungen zu Banu Koraisch hielt. Die Händler jenes Stammes waren an einer Intensivierung der Wallfahrten reicher Leute aus Mekka zum Heiligtum der Göttin al Lat interessiert. Hätten die Männer von Banu Taqif Mohammed bei sich aufgenommen, so wäre das von der Mehrheit der Banu Koraisch als Provokation empfunden worden. Streit mit Mekka hatten die Bewohner von Taif in der Vergangenheit immer vermieden; sie dachten gar nicht daran, sich mit diesem Sonderling Ärger in die Stadt zu holen. Mohammed wurde schon wenige Stunden nach seiner Ankunft mit Fußtritten auf den Wüstenpfad in Richtung Mekka getrieben.
»Der Mensch treibt Götzendienst, weil er sich reich geworden fühlt.« Dieser Satz stand häufig im Mittelpunkt der Predigten, mit denen Mohammed auf dem Markt von Mekka Anhänger unter den Beduinen zu gewinnen suchte, die als Kaufende und Verkaufende nach Mekka kamen. *»Euch richtet die Sucht nach mehr Eigentum zugrunde.«* Er prophezeite ein furchtbares Strafgericht denen, die sich durch Eigentum vom Dienst an Allah abhalten lassen. In sprachlichen Bildern, die damals durchaus die Phantasie der Menschen zu packen verstanden, malte er die Qualen der Strafen aus. Die Fremden auf dem Markt hörte diesem Prediger gern zu. Doch sie wurden häufig durch Zurufe von Männern, die in Mekka wohnten und mit Mohammed Erfahrungen gemacht hatten, aus ihrer Stimmung des wohligen Gruselns gerissen. Meist stellte einer die provozierende Frage, ob nicht die Strafe Allahs, die sowieso unausweichlich hereinbrechen müsse, schon möglichst bald Mekka treffen könne. Er wolle gerade dieses Ereignis noch zu Lebzeiten beobachten können. Der Prophet, so wird erzählt, soll häufig durch solche Zwischenrufe zornig erregt worden sein. In der zwölften Sure findet Mohammeds Empörung ihren Niederschlag:
»Und sie sagen noch, warum beschleunigt Allah nicht, was uns als Strafe am Tag der Abrechnung zugemessen ist? Sind sie so sicher, daß ihnen nicht unverhofft eine Strafe von Allah komme und daß die Stunde des Gerichts ohne Vorankündigung hereinbricht.«

Einige der Fremden auf dem Markt von Mekka ließen sich nicht durch die Zwischenrufe stören. Sie wollten ins Gespräch kommen mit dem seltsamen Mann, der den Willen und die Gedankengänge des Weltschöpfers und Weltlenkers zu kennen vorgab. Sehr rasch begriffen sie, daß er sie deshalb angesprochen hatte, weil er sie um Protektion bitten wollte, um Aufnahme in ihren jeweiligen Stamm. Kaum war diese Bitte ausgesprochen, brachen die an religiös orientierten Gesprächen interessierten Männer die Unterhaltung ab. Die Forderung nach der Schutzpflicht für Mohammed wiesen die Stämme Kinda und Kalb zurück.

Vielfältig war die Meinung der Bewohner von Mekka und der Fremden über Mohammed. Ein Besessener sei er, sagten die einen; andere nannten ihn immer noch einen Dichter, wieder andere stuften ihn als einen Wahrsager ein. Auch die Ansicht fehlte nicht im breiten Spektrum von Meinungen, Mohammed sei politischer Agent. In der Sure fünfundzwanzig spiegelt sich eine milde Form dieses Vorwurfs wider:

»*Es sagen die Ungläubigen: Es ist alles Schwindel. Mit Hilfe gewisser anderer Leute erdichtet er Lug und Trug. Und sie sagen: Hirngespinste sind es, die er aufschreibt, nachdem sie ihm vorgesagt wurden morgens und abends.*«

Die Gerüchte sind abwegig; Mohammed war nicht der Agent fremder Mächte. Trotzdem ist der Blick wichtig auf das politische Umfeld jener Jahre. Die Region von Mekka, so abgelegen von den großen Heerstraßen sie auch war, befand sich im Kräftefeld der politischen Mächte der Zeit.

10 »Besiegt sind die Römer im nahen Lande«

Nach der üblichen Einleitung »*Im Namen Allahs, des Allbarmherzigen*«, der auch den Anfang der dreißigsten Sure ziert, findet sich dort die historische Feststellung: »*Besiegt sind die Römer im nahen Lande.*« Dann folgte die Prophezeiung: »*Doch nach der Niederlage werden sie Sieger sein in einigen Jahren.*«

Die dreißigste Sure trägt die Bezeichnung »Al Rum« – Rom. Dieser politisch-geographische Begriff steht jedoch in der Vorstellung des Propheten für das Griechisch-Römische Reich, dessen Hauptstadt Konstantinopel war. Die historische Feststellung, die Mohammed trifft, bezieht sich auf die Niederlage des Griechisch-Römischen Reiches in der Auseinandersetzung mit den Persern im Jahre 614 n. Chr. Aus dem persisch-byzantinischen Grenzgebiet am Oberlauf des Tigris waren die Reiterheere der Perser nach Westen losgebrochen. Sie eroberten im Jahre 614 Jerusalem – auf dieses Ereignis spielt Mohammed an, darauf bezieht sich die geographische Bezeichnung »im nahen Lande«. Mit der Einnahme von Jerusalem war jedoch der Siegeszug der Perser nicht abgeschlossen: Sie drangen durch die heutige Türkei vor und bedrohten schließlich die gegnerische Hauptstadt Konstantinopel.

Seit Jahrzehnten schon bekämpften sich die beiden Großmächte Persien und das griechisch-römische Byzanz. Verschieden waren die Ideologien dieser Mächte: Die Religion des Zarathustra war Staatsideologie im Iran. Im Mittelpunkt dieser Lehre steht der Kampf des Guten gegen das Böse. Der Sieger ist vorbestimmt: Das Gute wird am Ende der Zeit dominieren. Der Herr und Schöpfer alles Guten ist Ahura-Mazda. Er herrscht über Ordnung, Tugend und Heiligkeit. Dem Guten steht das Böse gegenüber; an dessen Spitze steht Ahriman. Der Herr des Bösen gewinnt Anhänger, erzielt zeitweise Erfolge. Die Religion des Zarathustra sieht nicht den offenen Endkampf zwischen Gut und Böse am Tag des Jüngsten Gerichtes vor – der Erlöser bestimmt den Ausgang der eher geistigen Auseinandersetzung. Dieser Erlöser wird aus der Familie der leiblichen Nachfolger Zarathustras stammen; er begründet das ewige Reich des Guten, der Reinheit.

Die wichtigste Schicht im persischen Reich war eine weitverzweigte Priesterhierarchie, die den Zusammenhalt der Armee und der Reichsverwaltung garantierte.

Christlich nannte sich der oströmische Staat, der an Ordnung und Zivilisation dem Perserreich unterlegen war. Mit blutigem Terror hielten sich die Herrscher an der Macht. Ihre Hauptstadt aber hatte

das eigentliche Rom längst überflügelt. Die Stadt am Tiber lag verwüstet, von Menschen verlassen. Die Hagia Sophia in Konstantinopel war dem politisch orientierten Christentum wichtiger geworden als die päpstlichen Paläste auf den Hügeln Roms. Konstantinopel galt als die Hauptstadt der Welt.
Persien, der Konkurrent im Streit um die Beherrschung der Welt, erstreckte sich vom Euphrat bis zum Indus im Osten. Seine Hauptstadt lag am Tigris, ganz in der Nähe des heutigen Bagdad.
Eigentlich war die Metropole eine Ansammlung von sieben Städten; die größte unter ihnen war Ktesiphon. Der König der Könige regierte dort in Prunkpalästen, gottähnlich erhaben über sein Volk, umgeben von Großwürdenträgern. Wer sich dem König näherte, als Untertan, der nicht zum Hof gehörte, der hatte sich auf die Knie niederzuwerfen. In Persien entwickelte sich das Ritual despotischer Macht, das bis in die Gegenwart von orientalischen Herrschern praktiziert worden ist. Gold, Silber, Perlen, Rubine, Smaragde galten als Attribute des Königs der Könige. Das Volk hatte dafür zu sorgen, daß der Reichtum weiter anwuchs in Ktesiphon, daß der Hof und die Priester über riesige Schätze verfügen konnten. Für kurze Zeit hatte es Herrscher gegeben, die daran dachten, die Last der Untertanen zu erleichtern. Lange hielten sie sich nicht auf dem Thron, da die Höflinge kaum bereit waren, auf Vorteile zu verzichten.
Abseits der Zone, in der die Machtansprüche der beiden Großreiche aufeinandertrafen, lag die Arabische Halbinsel – ein riesiges Wüstengebiet, das keine Reichtümer zu bieten hatte, das zu keiner lohnenden Invasion reizte. Die Regierenden in Konstantinopel versprachen sich Beute vom Einfall ins nördlicher gelegene Land an Euphrat und Tigris. Die Perser wiederum wurden angelockt durch den Reichtum der byzantinischen Hauptstadt und von den legendären Schätzen der unbekannten Staatengebilde im Osten des Indus. Vom eigentlichen Arabien gilt allein das Gebiet des »Fruchtbaren Halbmonds«, das sich von Gaza aus über den Küstenstreifen bis Syrien hinzog, als strategisch wichtig, da es die Brücke bildete zum Niltal, das in jener Zeit ebenfalls als Quelle des Reichtums galt. Drinnen im heißen Land, das wußten die Herrscher in Konstantinopel und in Ktesiphon, lebten die Men-

schen in Armut. Sie besaßen keine Häuser, sondern Zelte. In Byzanz nannte man sie »die im Zelt Lebenden«. Auf griechisch heißt das Zelt »Skene« – daraus bildete sich unter weitgehender Veränderung das Wort Sarakenoi; dieses Wort ist die Wurzel unseres Begriffes »Sarazenen«.
Die Sarakenoi besiedelten einzelne Flecken des riesigen Wüstenterritoriums. Erträgliche Lebensbedingungen fanden sie nur an den Wasserstellen. Dort waren für Mensch und Tier die Wassermengen verfügbar, die im heißen Klima existenznotwendig waren. Allein in den Oasen um die Quellen wuchsen Futterpflanzen für Kamele, Pferde, Esel, Hammel. Diese Tiere ermöglichten wiederum das Leben der Sarakenoi; die Menschen tranken die Milch der Kamelstute, sie aßen das Fleisch von Kamel und Hammel. Datteln der Palmen ergänzten die Nahrung. Die Sarakenoi lebten bescheiden. Selbst der geringste Ansatz zum Luxus fehlte den Zeltbewohnern, die keine festen Siedlungsplätze besaßen.
Feste Städte gab es nur ein Dutzend in einem Gebiet, das fast halb so groß ist wie Europa. Permanent sprudelnde Quellen waren die Voraussetzung für bleibende Siedlungen. Taif, Mekka und Medina waren die wichtigsten Städte im Bereich der Wüsten Zentralarabiens. Hier lebten jeweils einige hundert Handwerker und Händler. Geringer Wohlstand konnte sich entwickeln, der allerdings keineswegs vergleichbar war mit dem Besitz der Städter in Byzanz und Persien. Die Sarakenoi besaßen keineswegs die ganze Arabische Halbinsel. Im südlichen Zipfel, im Küstengebiet des Roten Meeres und des Golfs von Aden, lebten Menschen, die sich bereits größere Städte gebaut hatten, die einen höheren Lebensstandard besaßen. »Arabia felix« nannten die Geographen des Westens diese Region um die Städte des Südens auf der Halbinsel – »Glückliches Arabien«. Dort lebten Menschen, die sich »Araber« nannten – dieser Name wurde später auf alle Bewohner der Halbinsel zwischen dem Indischen Ozean, dem Roten Meer und dem Persischen Golf angewandt.
Glückliches Arabien hieß dieser Landstrich schon allein durch seine geographische Struktur. Die Berge im Süden waren nicht trocken und kahl. An ihren Hängen sprudelten Wasserquellen; sie waren bewachsen von Bäumen, Sträuchern und eßbaren Nutz-

pflanzen aller Art. Das Land war nicht leergebrannt von der ewig sengenden Sonne. Im Süden zogen regelmäßig Wolken auf, die Niederschläge brachten. »Arabia felix« war ein gutes Land für seine Bewohner. Die Perser und Byzantiner, die nichts wissen wollten von der Wüstenzone, zeigten durchaus Interesse an der Region, die das Gebiet der beiden heute existierenden jemenitischen Staaten umfaßt. Der Grund für dieses Interesse lag in der beherrschenden Position des Berglandes an den Handelsrouten auf dem Wasser, die von den indischen Staaten nach Ägypten und nach Afrika führten.

Der Einfluß der Großmächte auf die südarabischen Städte hatte die Zersplitterung der Macht zur Folge. Byzanz und Persien bot den Städtern Schutz an; miteinander konkurrierende Städte nahmen sich selten denselben Protektor. So wurde der Streit zwischen Persien und Byzanz auch in das »Arabia felix« getragen. Das arme Zentralarabien blieb davon verschont. Zu Beginn der Lebenszeit des Propheten hatte noch die Gefahr bestanden, daß ein Heer aus dem Gebiet von Jemen – kommandiert von Abraha – die Stadt Mekka bedrohte. In den Jahren der Offenbarungen war die Sorge vor der Invasion aus dem Süden gering geworden. Die Menschen in Zentralarabien konnten sicher sein vor äußerer Bedrohung.

Eine bestimmte Schicht der Sarakenoi zog Profit aus der einzigartigen Situation Zentralarabiens. Die Wüste war eine neutrale Zone – keine der beiden Großmächte wollte sie annektieren. Die Neutralität gab einigen Leuten in Mekka die Chance, ihre Dienste beiden Seiten anzubieten. Durch permanente Kriegführung verhinderten Persien und Byzanz, daß kostbare Waren – Seidenstoffe, Gewürze, Edelsteine und Edelmetalle – auf dem Landweg von indischen Handelszentren nach Westen transportiert werden konnten. Die Unterbrechung der Transportrouten schadete beiden Staaten. Sie bemühten sich um Ersatzwege; und für beide gab es nur eine Lösung: Die Waren mußten per Schiff in die südarabischen Häfen gebracht werden und von dort aus über Land auf die Märkte von Persien und Byzanz.

Die Sarakenoi, die über Kamele verfügten, die wegen ihrer körperlichen Konstitution in der Lage waren, schwere Lasten zu trans-

portieren, boten sich als Vermittler und Transporteure an. Sie gründeten Organisationen, die modernen Speditionen glichen. Mekka wurde zum wichtigsten Umschlagplatz; die Stadt lag genau im Mittelpunkt zwischen den südarabischen Hafenstädten und den ersten Märkten der Byzantiner im Westen und der Perser weiter ostwärts. In Mekka lagerten noch die Karawanen beider Zielrichtungen gemeinsam – in der nächsten Stadt, in Jathrib, trennten sich die Wege: Die Karawanen für Byzanz zogen nach Palästina weiter; wer nach Persien wollte, schlug den Wüstenpfad zum Zweistromland, zu Euphrat und Tigris, ein.
Bei dieser politischen Konstellation ist es keineswegs erstaunlich, daß die Verdächtigung entstehen konnte, Mohammed sei der Agent einer auswärtigen Macht. Zwar wurden weder die Perser noch die Byzantiner von der Absicht getrieben, die Handelsstädte an der Kamelroute durch militärische Präsenz zu kontrollieren, doch gaben sich beide Mächte alle Mühe, in den Städten Situationen zu schaffen, die für sie günstig waren – die Byzantiner sahen gern die Gründung einer probyzantinischen Partei, und auch die Perser waren auf der Suche nach Parteigängern. Gern gesehen wurden solche Bemühungen in Mekka nicht. Wer sich dazu hergab, den Agenten zu spielen, der wurde schief angesehen. Da die Haltung des Mohammed ohnehin den wichtigen Männern in Mekka mißfiel, trauten sie ihm auch zu, politischer Agent zu sein.
Mohammeds Sympathien im Streit der Großmächte neigten Byzanz zu, dem oströmischen Staat, den er »Al Rum« nannte. Die Parallelen zwischen seiner Gottesauffassung und der christlichen Position zu Gott, die in Byzanz offiziell von den Staatsorganen vertreten wurde, bestimmten diese Haltung: Beide, der Herrscher in Byzanz, und Mohammed, glaubten an den einen allmächtigen und zugleich barmherzigen Gott, der sowohl Schöpfer als auch Lenker der Welt ist. Den christlichen Standpunkt begriff Mohammed eher als die komplizierte Struktur der persischen Staatsreligion. Die Zeit der Überlegungen lag noch nicht so lange zurück, in der Mohammed selbst die Idee nicht für ausgeschlossen hielt, seine Glaubenswelt stärker am Christentum zu orientieren.
Der Satz »*Besiegt sind die Römer im nahen Lande*« ist im bedauernden Sinn gemeint. Den Sieg der Perser sah Mohammed per-

sönlich sehr ungern. Die Prognose »*doch nach der Niederlage werden sie Sieger sein in wenigen Jahren*« wird ihm selbst Trost gegeben haben. Tatsächlich geht die Unglücksphase von Byzanz schon nach etwas mehr als einem Jahrzehnt zu Ende: Der Erfolg beginnt mit Offensiven in Richtung Osten, die siegreich enden.

Die Moslems sind bis heute stolz darauf, daß ihr Prophet frühzeitig die Zukunft im Kampf der beiden Machtgiganten richtig vorausgesagt hatte. Doch als die byzantinischen Siege die politische Welt von damals überraschten, da war Mohammed bereits als Chef eines eigenen Staates etabliert, da war er selbst zu einer Kraft im Gang der Geschichte geworden. Als er, persönlich noch machtlos, die Prophezeiung vom späteren Sieg der eben geschlagenen »Römer« auszusprechen wagte, da erntete er dafür in Mekka nur bitteren Hohn. Kaum jemand in der Stadt liebte die Perser mehr als die Byzantiner, doch man wußte Realitäten zu berücksichtigen und einzukalkulieren. Eine dieser Realitäten war das Versagen der byzantinischen Armee in der Verteidigung der Palästinalinie gegen die persischen Reiterheere. Der einzige, der die Realität wieder einmal anders sah, sie sogar ins Gegenteil verkehrte, war der Sonderling Mohammed – das war die Meinung der Mehrheit der Männer in Mekka. Sie sahen im Rückzug der Truppen von Byzanz die Niederlage der gesamten monotheistischen Richtung, deren örtlicher Vertreter eben Mohammed war. Viele stellten sich die Frage, ob nicht die drei Göttinnen al Manat, al Lat und al Uzza jetzt eingreifen müßten, um Mekka von diesem monotheistischen Propagandisten Mohammed zu befreien.

11 Mohammed trifft Vorbereitungen zur Auswanderung

Trotz der schroffen Ablehnung, die Mohammed in Taif erfahren hatte, gab er die Suche nach einem Zufluchtsort nicht auf. Viele Stammeschefs kamen aus der weiten Umgebung nach Mekka auf den Markt. Immer wieder suchte Mo-

hammed Kontakt zu ihnen, bat sie um ihre Protektion – immer wieder bekam er zu hören, daß der Nutzen wohl nur einseitig wäre.
Die Hoffnungslosigkeit fand ein Ende, als Mohammed in Verbindung trat mit Männern aus der Stadt Jathrib, dem nächsten wichtigen Marktort an der Karawanenroute von Mekka nach Norden – doch immerhin 350 Kilometer entfernt. Dort hatten die Menschen bereits eine Ahnung vom einzigen und allmächtigen Gott. Sie hatten von den Juden erfahren, daß es einen solchen Weltenherrscher geben mußte.
Seit Jahrhunderten schon war die Gegend von Jathrib durch jüdische Stämme besiedelt gewesen, die aber längst weitgehend arabische Sitten angenommen hatten. Nur ihrer Gottesidee waren sie treu geblieben. Die Herrschaft über die Stadt Jathrib hatten die Juden verloren, als zwei starke arabische Stämme – die Großfamilien Aus und Chasradsch – vom Jemen her auf der Suche nach Siedlungsgebiet entlang der Küste des Roten Meeres nach Norden zogen. Die Aus und die Chasradsch lagerten sich schließlich rings um die Stadt, bauten eine eigene Zeltsiedlung auf und bestimmten bald allein schon durch ihre große Zahl das Leben auf dem Markt und an der Wasserstelle. Die Juden, in die Defensive gedrängt, sprachen davon, daß ihnen ein Retter prophezeit sei, der dem ganzen jüdischen Volk Ruhm, Glanz und Herrlichkeit geben werde. Dieser Retter werde im Auftrag ihres Gottes kommen. Ihnen, den Juden, sei gesagt, alle Welt habe sich vor ihnen zu beugen, da sie das auserwählte Volk Gottes seien. Da die Juden ihren Glauben mit Überzeugungskraft vortrugen, blieben ihre Worte nicht ohne Wirkung auf die Araber. Die Männer der Stämme Aus und Chasradsch dachten darüber nach, ob nicht sie selbst, die Araber insgesamt, eher dazu geeignet wären, Gottes auserwähltes Volk zu sein. Wenn jemand zu den Männern von Aus und Chasradsch vom einzigen, allmächtigen Gott sprach, so hatte er gewonnen, sobald er Gedanken über die besondere und bevorzugte Position der Araber in Worte zu kleiden wußte. Dem Propheten Mohammed war diese Gabe gegeben.
Doch nicht nur der Neid auf den ruhmverheißenden Glauben der Juden machte die arabischen Stämme von Jathrib reif für einen religiösen Führer – die Stämme suchten dringend nach einer Klammer,

die sie zusammenhielt. Zwar hatten sie gemeinsam die Stadtherrschaft den Juden abgenommen, doch danach war die Gemeinsamkeit zu Ende gewesen. Die beiden Stämme stritten gegeneinander. Aus geringfügigen Familienfehden waren Konflikte entstanden, die in Mordtaten gipfelten. Die Aus und die Chasradsch trieben keinen Handel mehr miteinander; sie gestatteten keine Ehen mehr zwischen Männern und Frauen aus den verfeindeten Großfamilien, sie überfielen sich gegenseitig. Wer zum Stamm Aus gehörte, der lebte getrennt von den Angehörigen des Stammes Chasradsch. Häufig jedoch überstiegen Gruppen die niederen Lehmmauern, die als Trennung dienten zwischen den Stadtteilen. Sie brachen in die Häuser der Gegner ein und töteten die Bewohner. So schwächten sich die beiden Clans gegenseitig. Alle Versuche vernünftiger Männer, den Bürgerkrieg durch Schiedsgerichte zu beenden, waren bisher erfolglos verlaufen und hatten nur zu neuen Mißverständnissen und Streitereien geführt. Der latente Bürgerkriegszustand vergiftete das Dasein der Bewohner von Jathrib, ohne daß sie die Kraft gefunden hätten, sich selbst zu helfen.

Die Araber von Jathrib hatten nie das Geschick besessen, ihrem Markt überregionale Bedeutung zu geben. Das Warenangebot war beschränkt auf die Güter, die am Ort erzeugt wurden. Wer zum Beispiel Waren aus Metall erwerben wollte, mußte sich vom Markt in Mekka beliefern lassen. Um gehobene Bedürfnisse befriedigen zu können, zogen mehrmals im Jahr kleine Kamelkarawanen von Jathrib nach Mekka zum Einkauf.

Auch mit diesen Männern kam Mohammed ins Gespräch. Zunächst sah er nur geringen Nutzen darin, sich an eine Stadt, die ihre Lebenskraft im Bruderkampf verlor, anzulehnen. Doch bald bedrängten ihn die Fremden aus Jathrib, mehr von sich selbst zu erzählen. Ibn Ishaq berichtet den ersten Dialog zwischen Mohammed und einigen Männern von Stamm Chasradsch.

»*Mohammed sagte: Wollt ihr euch nicht setzen, damit ich mit euch sprechen kann? Da setzten sie sich zu ihm. Er erzählte ihnen von der Erhabenheit Allahs, legte ihnen den Islam dar und trug ihnen Texte aus dem Koran vor. Allah hatte bei ihnen den Weg zum Islam schon vorbereitet, denn sie lebten in ihrer Heimat mit Juden zusammen. Dieses Volk besitzt die Schrift und das Wis-*

sen um den einen Gott. Der Stamm Chasradsch aber glaubte noch immer an viele Götter und an Götzen. Im Gespräch mit Mohammed erinnerten sie sich an die Drohung, die einst von den Juden der Stadt gegen sie, die Neuzugewanderten, ausgesprochen wurde. Diese Drohung lautete so: Bald wird ein Prophet gesandt werden. Seine Zeit ist angebrochen. Wir werden ihm folgen und euch mit seiner Hilfe töten. Da nun Mohammed so überzeugend von Gott sprach, meinte einer der Zuhörer plötzlich: Männer! Wisset! Das ist wahrlich der Prophet, mit dem die Juden uns gedroht haben. Wir müssen handeln, daß sie nicht vor uns zu einer Übereinkunft mit ihm kommen.«
Ibn Ishaq erzählt, die Männer vom Stamm Chasradsch hätten schon beim ersten, noch abtastenden Gespräch, begriffen, daß Mohammed ihnen von Nutzen sein konnte. Sie sollen sich mit diesen Worten verabschiedet haben: »Unsere Stadt ist durch Feindschaft und Streit gespalten. Vielleicht kann sie Allah durch dich wieder einigen. Wir reiten zurück nach Jathrib und werden mit unserem Stamm über deine Sache reden und den Männern deine Religion erläutern. Wenn du es fertigbringst, daß wir die Feindschaft aufgeben, wird ringsum kein Mann leben, der mächtiger ist als du.«
Die Kaufleute aus dem Stamm Chasradsch ritten zurück nach Jathrib mit dem Gefühl, daß ihnen ein Vertrag mit Mohammed Nutzen bringen konnte. Sie ließen ihre Gedanken nicht nur durch politische Motive leiten; sie fühlten die Notwendigkeit einer Reform der Sitten in ihrer Stadt. Als Folge des Bürgerkriegs waren alle einst bestehenden moralischen Traditionen zerbrochen. Die Armut, die direkte Konsequenz des ständigen Streits, hatte zu Verzweiflungstaten geführt: Kinder, die nicht ernährt werden konnten, wurden sofort nach der Geburt erschlagen. Eigentum war nicht mehr sicher. Um in den Besitz von Lebensmitteln oder Tauschwaren zu kommen, erschlugen sich die Mitglieder der Großfamilien. Gesetze gab es keine mehr, nachdem die alten Stammestraditionen nicht mehr galten. Mohammed hatte ihnen von einer Ordnung erzählt, die Allah gefällig war und die dem Menschen Würde gab. Setzten sie Mohammed als Gesetzgeber ein in ihrer Stadt, stieg die Chance, das moralische Chaos zu überwinden.
Ein Jahr lang blieben die Männer vom Stamm Chasradsch aus.

Doch dann kam eine Delegation von zwölf angesehenen Personen. Sie besaßen die Autorität, Absprachen mit Mohammed zu treffen. Ibn Ishaq zitiert den Bericht eines Augenzeugen: »*Ich war dabei, als die erste Huldigung stattfand. Wir trafen jedoch keine Vereinbarung, die uns zum Kampf für die Sache des Propheten gegen seinen eigenen Stamm verpflichtet hätte. Wir versprachen aber, neben Allah keine anderen Götter zu stellen, nicht zu stehlen, nicht Unzucht zu treiben, unsere Kinder nicht zu töten, unsere Nachbarn nicht zu verleumden und ihm, Mohammed, in allen Rechtsfragen zu gehorchen.*«

Die erste Funktion, die Mohammed in der Verwaltung der Stadt Jathrib übernahm, konzentrierte sich auf die Gesetzgebung. Er selbst begab sich zunächst nicht nach Jathrib. Mohammed blieb zunächst in Mekka, schickte aber einen Kenner des Korans und der darin verankerten Rechtsvorschriften in die Stadt im Norden. Diesem Mann gelang es innerhalb eines Jahres, den Stamm Chasradsch vollständig zum Islam zu bekehren und beim Stamm Aus wenigstens Interesse zu wecken. Der Erfolg bei den Chasradsch hat auch damit zu tun, daß Mohammed mütterlicherseits mit diesem Stamm verwandt war. Sie folgten mit einem gewissen Familienstolz den Lebensregeln, die der außergewöhnliche Blutsverwandte aufgestellt hatte.

Trotz der Zurückhaltung des Stammes Aus gegenüber der neuen Gesetzgebung erlosch der Bürgerkrieg, der Jathrib so lange zerrissen hatte. Die Fehden wurden nach und nach beigelegt. Überfälle, die Menschenleben kosteten, gab es keine mehr. Die Führung des Stammes Chasradsch hielt die Zeit für gekommen, die Absprachen in feste Eidesformeln zu bringen. Genau zwei Jahre nach den ersten Gesprächen zwischen Mohammed und den fremden Kaufleuten lagerte wieder eine Gruppe von Männern aus Jathrib vor der Stadt – dreiundsiebzig, so sagt die Überlieferung, sollen es gewesen sein; zwei dieser Männer hatten auch Frauen mitgebracht. Sie waren unter dem Vorwand nach Mekka gekommen, die Heiligtümer der drei Göttinnen besuchen zu wollen. Sie absolvierten auch alle Rituale, als ob sie noch immer in al Uzza die höchste Gottheit sehen würden. In der Nacht jedoch trafen sie sich mit Mohammed nach der Art von Verschwörern in einer Schlucht weit

außerhalb von Mekka. Vor den Männern von Banu Koraisch sollte die Intensität der Kontakte des Koraisch-Sohnes mit den Herren von Jathrib verborgen bleiben – denn bei diesem Treffen wurde von Krieg gesprochen. Die Fremden waren unter sich einig, daß die Allianz mit Mohammed zu militärischen Konflikten mit Mekka führen mußte. Die Überlieferungen sind sich darin einig. Die Konsequenz: »Wer Mohammed wählt, der wählt Krieg« war allen bewußt. Abbas, der Sohn des Ubada, sprach den wahren Inhalt dieser Allianz mit deutlichen Worten an: »Ihr huldigt ihm auf den Krieg gegen alle Menschen, gegen die hellhäutigen und gegen die dunklen.« Er verschweigt auch nicht die möglichen Folgen eines Krieges: Männer von Jathrib werden sterben; das Eigentum aller Stadtbewohner kann zur Beute des Gegners werden. Das Risiko schreckte keinen. Sie hatten sinnlose Bruderkriege in der eigenen Stadt hinter sich gebracht – sie wollten künftig ertragreiche Kriege gegen andere arabische Städte führen. Durch Beutefeldzüge sollte die wirtschaftliche Situation von Jathrib verbessert werden.
Die Delegation aus Jathrib war überzeugt, in Mohammed einen idealen Partner gefunden zu haben. Er besaß das Talent zum Gesetzgeber, und er hatte die Gabe, die zerstrittenen Stämme Chasradsch und Aus zu versöhnen – wobei die stabilste Klammer darin bestand, daß er beiden Stämmen Beute in Aussicht stellte. Voraussetzung für Erfolg, daran ließ Mohammed keinen Zweifel, war der Verzicht auf jeglichen Bruderstreit in der eigenen Stadt. Es existierte für die Männer von Chasradsch, von Aus und für Mohammed nur ein Gegner: die Banu Koraisch. Mohammed war entschlossen, die eigene Familie für ihre hartnäckige Ablehnung seiner Ideen zu bestrafen. Den Fremden bot er mit voller Absicht das Eigentum seiner Blutsverwandtschaft als Beute an. Mohammed sagte, daß er dazu von Allah den Auftrag erhalten habe. Da die Banu Koraisch den Islam nicht annehmen wolle, habe sie Feindschaft gegenüber Allah bewiesen. Die zweite Sure des Korans gibt Allahs Worte zu diesem Sachverhalt wieder:
»*Und kämpft gegen sie, bis niemand mehr versucht, zum Abfall vom Islam zu verführen, und bis nur noch Allah verehrt wird.*«
Die Eidesformel, die Mohammed in jener Nacht in der Schlucht draußen vor Mekka sprach, verbrämte die wahren Machtverhält-

nisse. Mohammed überließ darin die Absteckung der politischen und der militärischen Ziele dem Ratschluß seiner Partner. Mohammed gebrauchte diese Worte: »*Ich gehöre zu euch und ihr gehört zu mir. Ich bekämpfe den, den ihr bekämpft. Ich werde in Frieden leben mit dem, der von euch in Frieden gelassen wird.*« So wurde der Bund geschlossen zwischen der Delegation aus Jathrib und Mohammed. Ibn Ishaq setzt seinem Bericht über dieses Ereignis noch eine besondere Pointe auf: »Es wird behauptet, daß auch die beiden Frauen huldigten, doch pflegte der Prophet Frauen nicht die Hand zu geben.«

Die Delegation kehrte heim, Mohammed aber blieb noch in Mekka. Er wies nur seine Kampfgenossen darauf hin, daß der Umzug nach Jathrib unmittelbar bevorstehe. In das Bündnisabkommen hatte Mohammed auch die kleine Gemeinde seiner Gläubigen eingeschlossen. Auch sie sollten Bügerrecht in Jathrib bekommen.

Daß sich die Bekehrung der Familien der Banu Chasradsch und der Banu Aus nicht ohne Reibereien und Streit vollzog, zeigt eine Geschichte, die sich in der Überlieferung erhalten hat: Einige der Sippen waren nicht bereit, ihren Glauben an viele Götter aufzugeben. Auch Amr Ibn Djamuh hielt an seiner Überzeugung fest, allein al Manat könne ihn durch Leben und Tod geleiten. Auf eine Holzfigur, die al Manat darstellte, wollte Amr Ibn Djamuh nicht verzichten. Dieser Mann war nicht irgend jemand in Jathrib; er gehörte zu den führenden Köpfen der Stadt und zu den wenigen, die auch in der Zeit des Bürgerkriegs Respekt genossen hatten. Trotz seiner Verdienste konnte er nicht mit toleranter Duldung seiner Überzeugung durch die Anhänger des neuen Glaubens rechnen.

Wenige Wochen nach Rückkehr der Delegation aus Mekka wurde dem Amr Ibn Djamuh die Figur der al Manat gestohlen. Einige junge Männer hatten sie in der Nacht entwendet und in die Jauchegrube geworfen. Voll Hohn machten sie Amr Ibn Djamuh am Morgen darauf aufmerksam, daß er seine Göttin in den Fäkalien finden könne. Ohne zu klagen zog sie der angesehene Mann selbst aus der Jauchegrube heraus. Er reinigte sie, bestäubte sie mit guten Düften und stellte sie wieder an ihrem Platz in seinem

Hause auf. In der nächsten Nacht, so wird berichtet, holten die Allah-Gläubigen wieder die Göttinnenstatue ab und ließen sie zum zweitenmal in der Jauchegrube verschwinden.

Am nächsten Morgen reagierte Amr Ibn Djamuh schon ungehaltener. Sein Ärger richtete sich gegen die Diebe, aber doch auch schon ganz deutlich gegen al Manat selbst. Nach seiner Meinung hätte sie sich gegen den Schimpf wehren müssen, den man ihr antat. In der darauffolgenden Nacht band er der Holzfigur sein eigenes Schwert um. Dann sagte er ihr ins Gesicht: »Wenn du etwas wert bist, wenn Kraft in dir ist, wehre dich doch gegen deine Beleidiger. Jetzt hast du das Schwert, jetzt kannst du dir selbst helfen.«

Zum dritten Mal aber lag am frühen Morgen das Bild der Göttin al Manat in den Fäkalien. Das Schwert hatten die Diebe abgenommen und ihr dafür einen toten Hund umgebunden – die schlimmste Beleidigung, die überhaupt möglich war.

Die Geschichte von Amr Ibn Djamuh und seiner Erfahrung mit der Machtlosigkeit der Göttin al Manat, die als Tochter Allahs galt, endet mit der Bekehrung des bisher so hartnäckigen Gegners der Prophetenanhänger. Für ihn galten die Gesetze der Ehre. Eine Göttin, die es zuließ, daß ihr Standbild dreimal in die Jauchegrube versenkt wurde, einmal sogar zusammen mit einem toten Hund, mußte als ehrvergessen gelten. Amr Ibn Djamuh wollte sich nicht beflecken mit der Berührung des toten Hundes. Er ließ Hund und Götzenbild in der Grube liegen. Er folgte dem Beispiel seines Sohnes und bekannte sich fortan auch zum Propheten Mohammed und dessen Gott.

12 Mohammed verläßt Mekka

Die ersten Gläubigen hatten die Stadt der Koraisch schon wenige Wochen nach der Abreise der Jathrib-Delegation verlassen. Mit abreisenden Karawanen machten sie sich auf den Weg nach Norden. In bisher ganz ungewöhnlicher Spaltung wurden manche Sippen zerrissen, zu deren Tradition es immer gehört hatte, eng und unverbrüchlich zusammenzuhalten. Abu Bakr verlud einen Teil seines Hausrats auf Kamele und bat den Propheten zur Genehmigung des Umzugs nach Jathrib – sein Sohn Abd al Rahman aber, der Erbe und Augapfel seines Vaters, zeigte den festen Willen, in Mekka zurückzubleiben.

Abu Bakr erhielt von Mohammed erst die Genehmigung zur Auswanderung, als der Prophet einem Anschlag entkommen war, den die Koraisch gegen ihn ausgeheckt hatten. Der Grund für die Gewalttat waren Informationen, die zuerst als Gerüchte, dann als handfeste Aussagen in Mekka zu hören waren. Sie besagten, Mohammed habe mit den Fremden den offenen Krieg gegen die eigene Verwandtschaft vereinbart. Die Banu Koraisch sah plötzlich Grund, sich bedroht zu fühlen. Kaum hatten sich die Informationen verdichtet über die Ereignisse in der Schlucht vor Mekka, kaum wußten die Ältesten Bescheid über die Absprachen und den Schwur, da beschlossen sie, daß Mohammed getötet werden müsse. Doch die Stammestraditionen standen zunächst der Verwirklichung dieses Beschlusses entgegen: Selbst wenn Mohammed als ausgestoßen betrachtet wurde aus seiner Sippe, so waren dennoch seine nächsten Familienangehörigen verpflichtet, seinen Tod zu rächen, wenn er von jemandem ermordet wurde – so befahl es das Gesetz der Blutrache.

Die Banu Koraisch wollten diese Schwierigkeit durch einen Trick umgehen. Die Ältesten fanden die Idee, jede Sippe möge einen Mann mit einem scharfen Schwert ausstatten und ihn zu bestimmter Zeit in der Nacht vor das Haus des Mohammed schicken. Alle Bewaffneten sollten dann gleichzeitig eintreten und auf den Ausgestoßenen einschlagen – so würde sich die Blutschuld auf viele verteilen; die nächsten Familienmitglieder würden sich in diesem Fall sicher mit einem Blutgeld zufriedengeben, ohne zur Revanche ein Leben aus dem Kreis der Mörder zu fordern. Mohammed muß jedoch von diesem Anschlag erfahren haben, denn er lag nicht in seinem Bett, als die Mördergruppe das Haus betrat.

Mohammed hatte es sich zur Gewohnheit gemacht, ganz früh am Morgen oder ganz spät am Abend seinen klugen Anhänger Abu Bakr zu besuchen. Abu Bakr, so wird erzählt, sei verwundert gewesen, als der Prophet zur Mittagsstunde bei ihm erschien – das geschah am Tag nach dem Mordanschlag. Abu Bakrs Tochter Aischa, ein Mädchen von neun Jahren, hat diesen Bericht über die Geschehnisse jener Mittagsstunde hinterlassen:

»*Mein Vater sagte, als er Mohammed erblickte: Zu dieser Stunde kommt der Prophet nur, wenn etwas geschehen ist. Mohammed trat ein, mein Vater bot ihm seinen eigenen Platz an. Nur ich und meine Schwester Asma befanden sich im Raum. Eigentlich wollte der Prophet, daß wir Frauen hinausgingen, doch mein Vater setzte durch, daß wir bleiben durften. Dann sagte Mohammed: Allah hat mir die Erlaubnis erteilt, nach Jathrib zu ziehen.*«

Für Abu Bakr war dies eine wichtige Nachricht, denn er selbst hatte Mohammed mehrfach und eindringlich gebeten, ihn aus Mekka zu entlassen, damit er in Jathrib für die Sache des Propheten nützlich sein könne. Auf jede dieser Bitten hatte der Prophet geantwortet: »*Warte nur ab! Allah gibt dir bestimmt den passenden Reisegefährten.*« Jetzt erfuhr er, daß Mohammed selbst zum Aufbruch entschlossen war und daß er, Abu Bakr, zum Reisegefährten bestimmt war. Aus dieser Vorgeschichte erklärt sich Abu Bakrs Reaktion, über die seine Tochter Aischa berichtet: »*Bei Allah, noch nie habe ich jemanden so vor Freude weinen gesehen wie damals meinen Vater. Er sagte dem Propheten sofort, daß er bereits zwei Kamele vorbereitet habe. Durch ein kleines Rückfenster an der Rückseite des Hauses machten sie sich davon zu einer Höhle außerhalb von Mekka. Dort versteckten sie sich.*«

Mohammed und Abu Bakr hielten sich verborgen, weil sie fest damit rechneten, daß die Banu Koraisch Verfolger losschickte, um die Flüchtlinge zurückzuholen. Seit zwischen dem Propheten und den Fremden aus Jathrib Kriegspläne besprochen wurden, galt Mohammed als gefährlicher Gegner. Ihn aus Mekka zu seinen Verbündeten fliehen zu lassen, war Leichtsinn. Aus den Erzählungen von Aischa wissen wir, daß die Banu Koraisch hundert Kamele für denjenigen als Belohnung ausgesetzt hatte, der Mohammed und Abu Bakr wieder nach Mekka zurückbringen würde. In der neunten Sure deutet der Prophet die Stimmung in der Höhle während der drei Wartetage an: »*Wenn ihr ihm* – gemeint ist Mohammed – *nicht beisteht, so hat ihm doch Allah beigestanden, da ihn die*

Ungläubigen vertrieben hatten. Als sie in der Höhle waren, da sprach er zu seinen Begleitern: Seid nicht betrübt! Allah ist mit uns! Da schickte uns Allah seine Himmelsruhe. Heerscharen kamen zur Stärkung, die sonst niemand gesehen hat. So blieb die Verfolgung vergeblich. Der Plan Allahs aber gelang.«

Für die Strecke von dreihundertundfünfzig Kilometern brauchten die beiden Emigranten über eine Woche. Sie benützten nicht die normalen Wege, da sie Sorge hatten, einer Koraisch-Karawane zu begegnen, deren Führer sie vielleicht mit Gewalt wieder nach Mekka zurückgebracht hätte. Einen Teil der Strecke legten sie im Küstenbereich des Roten Meeres zurück; dann benützten sie Gebirgspfade. Abu Bakr hatte schon Tage zuvor einen vertrauenswürdigen Führer gefunden, der die Wasserstellen auch an den Pfaden außerhalb der Karawanenrouten kannte. Am 24. September des Jahres 622 – nach unserer Zeitrechnung – erreichten Mohammed und Abu Bakr die Stadt Jathrib.
Erhalten ist im Wortlaut der Bericht eines Mitglieds der Großfamilie Chasradsch von der Ankunft des Propheten:
»*Wir hatten schon gehört, daß Mohammed Mekka verlassen hatte. Wir erwarteten sein Kommen jeden Tag. Unmittelbar nach dem Morgengebet warteten wir auf dem steinigen Feld vor der Stadt. Wir blieben dort, bis uns die stechende Sonne von dort vertrieb. Keinen Schatten gab es in dieser Gegend. Die Tage des Wartens gehörten noch zur heißen Jahreszeit. An einem Tag waren wir gerade wieder zurückgekehrt in die Kühle unserer Häuser, da kam ein Jude vorbei, der wußte, auf wen wir warteten. Dieser Jude sagte: Er ist da, euer erwarteter Glücksbringer! Da gingen wir wieder hinaus und sahen den Propheten zusammen mit dem etwa gleichaltrigen Abu Bakr. Die meisten von uns hatten Mohammed noch nie gesehen. Als sie sich um ihn drängten, wußten wir nicht, welcher von beiden der Prophet war. Erst als der eine sich erhob, um mit seinem Umhang dem anderen Schatten zu spenden, da begriffen wir, welcher der Gesandte Allahs war.*«

13 Mohammed in Jathrib/Medina

Jeder der Bewohner von Jathrib, wenn er ein Haus hatte und ein gewisses Maß an bescheidenem Wohlstand, wollte Mohammed bei sich aufnehmen. Als kluger Mann nahm er keines der zahlreichen gastfreundlichen Angebote an. Er ritt auf seinem Kamel durch die Stadt, bis das Tier absolut nicht mehr weiterzutreiben war. Die Stelle, an der das Tier störrisch verharrte – es war ein Platz zwischen den Häusern, auf dem einige Dattelpalmen standen – beanspruchte Mohammed für sich. Hier, so bestimmte er, sollte die Moschee und sein Wohnhaus gebaut werden. Der Besitzer des Platzes war glücklich, dem Gesandten Allahs den Platz und die Dattelpalmen schenken zu dürfen.

»*Lob sei Allah! Ich preise Ihn und erflehe Seine Hilfe.*«

Mit diesen Worten begann der Prophet seine erste Predigt in Jathrib. Dem einen und einzigen Gott wollte er diesen neuen Lebensabschnitt widmen: »*Bei Allah nehmen wir Zuflucht vor unseren eigenen Sünden und dem Übel unserer Taten. Wen Allah leitet, der kann gar nicht in die Irre gehen. Geht aber einer in die Irre, so wird er nicht von Allah geleitet. Ich bekenne: Es gibt nur einen einzigen Gott, und Gott hat neben sich keine Gefährten. Das beste Wort ist der Koran, das Buch Allahs. Laßt nicht eure Herzen verstocken vor Allahs Wort. Verehrt Allah und fürchtet ihn. Liebt euch untereinander im Geiste Allahs. Wahrlich Allah erzürnt, wenn der Bund mit ihm gebrochen wird. Friede sei mit euch.*«

Wenige Wochen nach der Ankunft verfaßte Mohammed ein Dokument, das als Grundgesetz für den Stadtstaat Jahrib gelten konnte. Der Text regelt Fragen der Blutschuld, der Auslösung von Gefangenen unter den Stämmen der Stadt, die sich zum Propheten bekannten. Mohammed schreibt vor, daß niemand, der seine Schulden nicht bezahlen kann, deshalb von der Gemeinde der Gläubigen aufgegeben werden darf. »*Niemand soll einen Gläubigen töten, weil ein Ungläubiger dies fordert. Niemand hilft einem Ungläubigen gegen einen Gläubigen.*« Mohammed formt mit diesen

Sätzen die Gemeinschaft der Gläubigen und trennt sie ab von den übrigen Menschen.

Dem kommenden Krieg ist ein wesentlicher Teil des Dokuments gewidmet. Mohammed setzt zunächst die Gleichheit aller Kämpfer fest: »*Bei jedem Feldzug wechseln sich die Teilnehmer im Kommando ab. Die Gläubigen rächen für einander das im Heiligen Kampf vergossene Blut.*« Der Gegner wird definiert: Der Krieg richtet sich eindeutig gegen die Banu Koraisch. Mohammed verlangt Härte, selbst von denen, die noch nicht den Glauben angenommen haben: »*Kein Ungläubiger aus Jathrib gewährt der Banu Koraisch Schutz für Güter oder Personen, noch setzt er sich für ein Mitglied dieses Stammes gegen einen Gläubigen ein.*«

Für stadtinterne Rechtsprobleme werden Regeln aufgestellt: »*Einem Gläubigen, der dem Inhalt dieses Dokuments zugestimmt hat und der an Allah und an das Jüngste Gericht glaubt, dem ist es nicht erlaubt, einem Verbrecher zu helfen oder ihm Zuflucht zu gewähren. Auf dem, der dieser Vorschrift zuwiderhandelt, liegen der Fluch und der Zorn Allahs am Tage des Jüngsten Gerichts. Durch nichts kann er sich von dieser Schuld reinigen. In jeder Frage, in der ihr unter euch uneins seid, wendet euch an Allah und Mohammed.*« Mit dieser Verordnung machte sich Mohammed zum obersten Schiedsrichter in der Stadt. Da er allein die Fähigkeit besaß, Allahs Befehle zu hören, war die Einbeziehung Allahs in den Prozeß der Urteilsfindung in Streitfragen eine leere Floskel – die Gläubigen riefen in Zukunft immer den Propheten an, wenn zwischen verschiedenen Standpunkten entschieden werden mußte. Die Funktion Allahs ist am Ende des Dokuments genau fixiert: »*Allah wacht über die gewissenhafteste und ehrlichste Ausführung dieses Vertrags. Allah ist der Schutzherr derer, die ehrlich und gottesfürchtig sind. Mohammed ist der Gesandte Allahs.*«

Von der Stunde des Einzugs in Jathrib an zeigte sich Mohammed als dominierende Erscheinung in der Stadt. In seinem Auftreten erinnerte nichts mehr an den Verfolgten, der eigentlich Schutz suchte vor der Familie, der er angehörte. Keine Spur von Bescheidenheit zierte seine Person. Nicht er mußte dankbar sein – im Gegenteil, die Menschen von Jathrib hatten Allah zu danken, daß

er ihnen seinen Gesandten geschickt hatte. In Mekka war Mohammed von der Mehrzahl der übrigen Einwohner immer an seiner Vergangenheit gemessen worden: Er war ein Kaufmann gewesen, ein Mitglied der respektierten Gesellschaftsschicht, von dem erwartet werden konnte, daß er sich benahm wie andere Männer seines Standes auch. Mohammed aber hatte in Mekka die Ordnung der Schichten und Stände durchbrochen: Zum Kreis seiner Gläubigen gehörten zwar auch wohlhabende Männer, doch diejenigen waren in der Überzahl, die nichts besaßen und die nicht angesehen waren in der Gesellschaft. In Mekka galt Mohammed als einst erfolgversprechender Geschäftsmann, der durch skurrile Handlungsweise seine Firma ruiniert und das Geld seiner Frau verschleudert hatte. In Jathrib aber belastete ihn keine Vergangenheit. Hier konnte er mit dem Anspruch absoluter Unfehlbarkeit auftreten, den er selbst noch in Mekka in den Korantext eingefügt hatte. Er findet sich in der zehnten Sure:
»Einem jeden Volk ist ein Gesandter geschickt worden. Wenn dieser Gesandte kam, hörte man auf ihn. Er wurde nicht in Frage gestellt.«
Die Menschen in Jathrib waren überzeugt, Mohammed sei der ihnen von Allah zugedachte Gesandte, der Vermittler zwischen Allah und ihnen. Niemand kann folglich höher gestellt sein in der Stadt als Mohammed. Schon bald verlor sich der Name Jathrib im Wortschatz der Bewohner der ganzen Region. Sie nannten die Siedlung »Medinat al Raßul« – die Stadt des Propheten. Daraus entwickelte sich in der Umgangssprache das gebräuchliche Wort »Medina«, das ganz einfach »Stadt« bedeutet. Es konnte sich deshalb leicht einbürgern, weil die Bezeichnung »Medina« zuvor schon üblich war, wenn man von Jathrib als einem Gerichtsort sprach – in der »Stadt« war früher, ehe der Bürgerkrieg ausgebrochen war, schon immer Recht gesprochen worden. Der Gesandte Allahs setzte diese Tradition fort.
Dreiundfünfzig Jahre alt war Mohammed, als er in Medina endlich die Basis fand, um seine Überzeugung in der Praxis zu erproben. Dreizehn Jahre waren vergangen seit jener Nacht auf dem Berg Hira. Ursprünglich hatte Mohammed geglaubt, von Allah einzig zur Bekehrung der Banu Koraisch, der eigenen Familie, gesandt zu

sein; jetzt hatte ihn dieser allmächtige Gott an einen anderen Platz gestellt, außerhalb des ersten engeren Wirkungskreises – und trotzdem gab er das Ziel nicht auf, dem Koraisch-Clan seinen Willen aufzuzwingen.

Aus der unmittelbaren täglichen Bedrohung befreit, konnte Mohammed mit der Ordnung des Rituals seiner Religion beginnen. In Mekka wäre es völlig falsch gewesen, durch ein Signal die Stunde des Gebets anzuzeigen. Jeder laute Ruf hätte den Zorn der Gegner geweckt. Dort war Zurückhaltung angebracht gewesen. In Medina aber war es notwendig, der großen Zahl von Gläubigen den korrekten Zeitpunkt der Verneigung vor Allah mitzuteilen. Die Juden von Medina ließen eine Trompete ertönen; Mohammed dachte zuerst daran, diesen Brauch zu kopieren, doch rasch spürte er, daß damit jederzeit Verwechslungen möglich waren. Dann fertigte ein Handwerker in seinem Auftrag eine hölzerne Klapper an. Mohammed wollte einen Mann durch die Straßen ziehen lassen, der die Gläubigen mit dem Geräusch der Klapper auf ihre Gebetspflicht hinweisen sollte. Einer der Emigranten aus Mekka hatte einen besseren Gedanken. Im Traum war er ihm eingefallen. Er sagte, so wird erzählt, diese Worte zu Mohammed:

»In der vergangenen Nacht sah ich einen Mann im Traum, der an mir vorüberging. In einen grünen Umhang war er gekleidet, und er trug eine Klapper in der Hand. Ich bat ihn darum, daß er mir diese Klapper verkaufe. Dieser Mann erwiderte mit der Frage, zu welchem Zweck ich diese Klapper brauche. Ich antwortete ihm, daß wir damit die Menschen der Stadt zum Gebet rufen könnten. Der Mann mit der Klapper aber sagte, er wisse eine bessere Methode. Auf meine neugierige Frage nach dieser Methode sagte er: »Besser als das Geräusch der Klapper ist der Ruf Allahu akbar, Allahu akbar, Allahu akbar – Allah ist der Größte. Der Rufer soll auch diese Sätze vernehmen lassen: Ich bekenne, daß es nur einen einzigen Gott gibt. Ich bekenne, daß Mohammed der Prophet Gottes ist. Auf zum Gebet! Auf zum Gebet! Auf zum Gebet!« Als Mohammed von diesem Traum erfahren hatte, soll er gesagt haben: *»Wahrlich, ein wahrer Traum.«* Er gab sofort die Order, daß der Ruf der menschlichen

Stimme künftig die Gläubigen mahnen solle, ihre Pflicht gegenüber Allah zu erfüllen. Am gleichen Tage noch wurde auch der erste Muezzin in der Geschichte des Islams ernannt. Kaum war dessen Stimme vom höchsten Haus aus in Medina zu hören mit dem Ruf »*Allahu akhbar!*«, da verließ Omar – von den Honoratioren der Stadt Mekka war er einst der erste, der den neuen Glauben angenommen hatte – sein Haus, um den Propheten aufzusuchen. Zu Mohammed sagte Omar, er habe in der Nacht zuvor geträumt, daß genau auf diese Weise, mit Hilfe eines Rufers, die Stunde des Gebets anzukündigen sei. Mohammed sah in der Verdoppelung des Traums den Beweis dafür, daß die Anregung zum Gebetsruf von Allah selbst ergangen sei.

14 Mohammed sieht seine Feinde unter den Juden

Unsicherheit herrscht bei den Wissenschaftlern bis heute in der Frage, wie die Juden in die Gegend von Jathrib gekommen sind. Vielfältig sind die Erklärungen, die angeboten werden. Da ist die Theorie zu finden, diese Stämme seien Flüchtlinge aus Palästina, die nach den antirömischen nationalistischen Aufständen des Bar Kochba nach Süden ausgewichen seien. Andere Theorien besagen, die Judenfamilien von Medina seien ursprünglich Araber gewesen, die nur den jüdischen Glauben angenommen hätten. Für diese zweite Erklärung existieren deutliche Anhaltspunkte: Viele der Sitten in den Judenclans entsprachen genau den arabischen Traditionen. Eine trennende Barriere zwischen Juden und den im Zustand der fast totalen Ungläubigkeit verharrenden Arabern von Jathrib gab es nicht – sie heirateten sogar untereinander.

Mohammed muß über die Situation in Jathrib informiert gewesen sein, als er sich entschloß, Mekka zu verlassen. In der Stadt im Norden waren die Juden – diese Tatsache konnte ihm nicht entgangen sein – eine starke politische Kraft. Zwar war ihre Bedeutung geschwächt gewesen durch die zahlenmäßig überlegenen Araberstämme, die einst, einer Flut gleich, nach Norden gekommen waren, doch der Bürgerkrieg zwischen den Stämmen Aus und Chasradsch hatte das arabische Bevölkerungselement geschwächt und den Juden wieder Einfluß gegeben. Sie waren jedoch nicht so stark, daß sie die Aufnahme des ehrgeizigen Flüchtlings aus Mekka hätten verhindern können. Die Erzählungen stimmen in der Beurteilung überein, die jüdischen Familien seien voll Sorge und Skepsis gewesen über die Entwicklung, die sich mit dem Erscheinen des arabischen Propheten anbahne. Mohammed, der zunächst nicht an einer Konfrontation interessiert war, versuchte durch persönliche Kontakte die wichtigen Männer der Juden in Medina zu Verbündeten zu machen. In seinen Forderungen war er zunächst sehr zurückhaltend: Er verlangte nur die vertragliche Zusicherung der Juden, daß sie keinen Feind gegen die Gläubigen in Medina unterstützen. Damit verlangte er nicht zuviel.

Das Dokument, das die Beziehungen regelt zwischen den Bewohnern von Medina und Mohammed enthält auch Paragraphen, die sich auf die Juden beziehen. Festgelegt ist darin die Pflicht der jüdischen Familien, Steuern zu bezahlen: »*Wie die Gläubigen, so sind auch die Juden verpflichtet, Steuern abzuführen. Vereinbart ist freundliche gegenseitige Beratung in allen Fällen. Keiner wird den Partner betrügen.*« Die Namen der Großfamilien sind erwähnt, für die das Dokument Gültigkeit haben soll.

Mohammed suchte die Übereinstimmungen zu betonen zwischen seiner und der jüdischen Vorstellung vom einen, einzigen und allmächtigen Gott. Er sah in den Juden ein Volk, das von Gott »die Schrift« ausgehändigt bekommen hatte, früher sogar als die Araber, die erst durch seine Person, durch ihn, Mohammed, mit der göttlichen Wahrheit vertraut gemacht wurden.

Die Gemeinsamkeit der Basis beider Religionen war auch zu erkennen aus der Gesichtsrichtung, die vom Gläubigen während des Gebets zu beachten war. Während sich Mohammed in Mekka aufgehalten hatte, wendete er sein Gesicht keineswegs zur Kaaba, wenn er seine Gebetsworte sprach. Nach Norden, in Richtung Jerusalem blickte er. Dort war der Ort, wo sich die Mehrzahl der Propheten der monotheistischen Religion aufgehalten hatten – dorthin hatte sich auch Mohammed, in der Nachtreise, begeben, um einige der Propheten früherer Zeit zu treffen und in die Himmel aufzusteigen.

Im Konflikt um die Bedeutung der beiden heiligen Orte Mekka und Jerusalem entschied sich Mohammed zunächst für Jerusalem. Als sich der Prophet noch in Mekka aufhielt, bekam einer der Gläubigen, der bereits nach Jathrib unterwegs war, Gewissensbisse, weil er beim Gebet mit dem Gesicht in Richtung Jerusalem der Kaaba den Rücken zuwenden mußte. Dieser Mann hielt eine solche Körperhaltung während der Verneigung vor Allah für unziemlich. Seine Weggenossen lachten ihn aus, und da sie selbst ohne zu zögern den Blick nach Jerusalem wandten, folgte er schließlich ihrem Beispiel. Doch er sorgte dafür, daß sich Mohammed mit diesem Problem beschäftigte. Vom Propheten erfuhr er, seine Sorge sei unnötig gewesen, denn Jerusalem besäße Priorität vor allen anderen anbetungswürdigen Orten. Jerusalem aber war damals vor allem den Juden heilig. Zu diesem Zeitpunkt störte dieser Umstand den Propheten nicht. Er war nicht daran interessiert, seine Religion abzugrenzen von der Überzeugung der Juden.

Die fünfte Sure des Korans – nach wissenschaftlicher Erkenntnis bekam Mohammed die Inspiration dazu in Medina – erlaubt sogar Heiraten zwischen den Anhängern des Propheten und Jüdinnen: *»Es ist euch gestattet, freie keusche Frauen zu heiraten von denen, welche die Schrift vor euch erhalten haben.«*

Mohammed war zu dieser Zeit noch bestrebt, die Identität seiner Glaubenslehre mit der Ideologie der »Schriftbesitzer« insgesamt zu beweisen. Er fühlte sich den Propheten, die vor ihm gelebt hatten, keineswegs überlegen, sondern gleichgeordnet. Sie waren von Gott den Juden und den Christen geschickt worden – er aber war dazu bestimmt, den Arabern vom Wesen Gottes zu künden.

Die dritte Sure, auch ihre Worte stammen aus Medina, geht mit dem Angebot an die Juden, sich auf die Gemeinsamkeiten zu besinnen, recht weit. Der Text beginnt mit dem Befehl Allahs »*Sprich!*«. Die Worte, die der Prophet äußert, sind die Worte, die Allah aus dem Mund seines Gesandten den Gläubigen mitteilen will:

»*Ihr Schriftbesitzer, laßt uns zu einer Vereinbarung kommen. Wir wollen kein anderes Wesen neben Gott setzen. Wir wollen keinen anbeten, als diesen einen und einzigen Gott.*«

Allah gibt dem Propheten sogar die Erlaubnis, den Kompromiß unter Verzicht auf die Einhaltung der getroffenen Vereinbarung zu suchen:

»*Weigern sie sich, die Gemeinsamkeit anzuerkennen, so sprecht: Seid wenigstens Zeuge, daß wir wahrhaft gottergeben sind.*«

Die Überlieferungen stimmen überein in der Meinung, Mohammed sei von den Juden zurückgewiesen worden. Manche hätten auch nur aus Neugierde und Heuchelei den Glauben des Propheten angenommen. Ibn Ishaq erzählt:

»*Zaid, der Sohn des Lusait, gehörte zu den jüdischen Rabbis, die sich nicht wirklich zu Mohammed bekannten, sondern nur den Glauben vortäuschten. Als sich Mohammeds Kamel einmal verirrt hatte, sprach dieser Zaid: Mohammed behauptet, er erhielte Botschaft aus dem Himmel. Dabei weiß er nicht einmal, wo sein Kamel ist. Der Prophet erfuhr von diesen Worten. Allah ließ ihn wissen, wo sich das Kamel befand, und Mohammed konnte sprechen: Ich weiß nur die Dinge, die Allah mich wissen läßt. Er gab den Ort an, wo sich das Halfter des Kamels im Baumgeäst verfangen hatte – es wurde tatsächlich auch bald dort gefunden.*«

Dieselbe Quelle spricht von den Handgreiflichkeiten, die schon nach wenigen Wochen der Anwesenheit des Propheten in der gereizten Stimmung nicht mehr zu vermeiden waren. Die Juden witzelten über den Mann aus Mekka, der sich »Gesandter Allahs« nannte. Sie kamen in die Moschee mit der Absicht, das Gebet durch Getuschel zu stören. Wurden sie hinausgewiesen, so reizten sie die Gläubigen mit Worten wie: »Wir werden uns doch in diesem Dattelspeicher hier aufhalten können!« Auf dem Platz, wo jetzt die Moschee stand, befand sich bis zur Ankunft der Mekka-Emigranten das Lagerhaus für Datteln. Die Anhänger des Propheten reagierten mit Ohrfeigen und Fußtritten auf den Spott der Juden.

Das Klima in den Beziehungen zwischen den beiden Religionen verschlechterte sich von Woche zu Woche. Der Prophet fühlte sich Provokationen ausgesetzt. Die Erzählungen berichten darüber, daß er jedoch immer die richtige Antwort fand:

Eines Tages, so wird erzählt, kam eine Gruppe jüdischer Rabbis zu Mohammed. Der Wortführer sagte: Wenn du uns vier Fragen, die wir dir stellen, beantwortest, dann folgen wir dir und glauben an dich. Mohammed ging auf diesen Vorschlag ein. Er verlangte jedoch das Versprechen dieser Juden beim einen und einzigen Gott, daß sie zu ihrem Wort stehen. Sie gaben die verlangte Zusage. Darauf forderte Mohammed sie auf zu fragen.

Die erste Frage der Rabbis lautete: Sage uns, wie es sein kann, daß ein Sohn seiner Mutter ähnlich sieht, da der Same doch vom Mann stammt? Mohammed antwortete: Beim einzigen und allmächtigen Gott und bei Seinen Zeichen für die Kinder Israels! Wißt ihr nicht, daß der Same des Mannes weiß und dick, der Same der Frau aber gelb und dünn ist. Die Ähnlichkeit richtet sich danach, welcher der beiden Samen auf dem anderen zu liegen kommt. Die Rabbis erkannten diese Antwort als richtig an. Sie wollten nun wissen, wie es mit dem Schlaf des Propheten bestellt sei. Mohammed erwiderte: Meine Augen schlafen, mein Herz wacht. Auch mit dieser Replik waren die Rabbis zufrieden und fragten weiter: Sage uns, was Israel sich selbst verboten hat. Mohammed sprach: Wißt ihr nicht, daß es am liebsten Kamelmilch trank und Kamelfleisch aß, daß es sich dies aber selbst verbot, um Gott für die Rettung aus schwerer Krankheit zu danken? Die vierte und letzte Frage der Rabbis hieß: Was weißt du vom Geist? Die Antwort des Propheten der Araber: Gabriel ist der Geist, und er kommt zu mir! Mit diesen Worten, so wird erzählt, seien die Rabbis höchst unzufrieden gewesen. Sie sagten: Gabriel ist uns ein Feind. Er bringt uns schlimme Zeit und Blutvergießen. Da Gabriel, nach den eigenen Worten des Mohammed, der besondere Verbündete der Anhänger Allahs sei, könnten sie, die Juden, nicht Mohammeds Glauben annehmen.

Sie hielten sich nicht an ihr Versprechen, ihn nach Beantwortung der vier Fragen als Propheten anzuerkennen. Worte in der zweiten Sure erinnern an dieses Erlebnis des Propheten:

»*Wehe dem, der ein Feind Gabriels ist. Gabriel gab auf Allahs Geheiß die Inspiration des Korans, die das erfüllt, was schon früher an Weissagung vorhanden war, als eine Richtschnur und frohe Verheißung für die Gläubigen.*«

Mohammed war immer noch der Meinung, auf intellektueller Ebene die jüdischen Stämme für sich gewinnen zu können. Auseinandersetzungen brachen auf wegen der Frage, ob Abraham Jude gewesen sei. Dieses Problem war nicht unwichtig, da beide Bevölkerungsgruppen, die Juden und die Araber, in Abraham ihren Stammvater sahen. Für Mohammed war der Sachverhalt eindeutig, wie Worte der dritten Sure beweisen:

»*Ihr Schriftbesitzer! Streitet euch doch nicht über die Person Abrahams. Erst nach seinem Tod wurden Thora und Evangelium herabgesandt. Habt ihr denn keinen Verstand? Streitet über Dinge, die ihr wissen könnt. Warum über Dinge streiten, die ihr nicht wissen könnt? Allah allein nur weiß es, ihr aber nicht. Abraham war weder Jude noch Christ. Er war fromm und reinen Glaubens. Unter denen, die ihm folgen, stehen Abraham am nächsten: der Prophet Mohammed und die Gläubigen.*«

Abraham repräsentiert in der Vorstellung des Mohammed den reinen und unverfälschten Glauben. Immer stärker wird die Überzeugung, das Judentum und das Christentum seien höchst unvollkommene Manifestationen dieses Glaubens. Im gleichen Maße wächst der Wille, die eigene Anhängerschaft abzugrenzen gegenüber den bisherigen Religionen der Schriftbesitzer. In dieser Entwicklungsphase wird es geschehen sein, daß Mohammed einen eigenen Namen fand für die Mitglieder seiner Gemeinde. Derjenige, der sich zur »*wahren Religion*« bekennt, wird fortan »*Muslim*« genannt – das Wort heißt »*Einer, der sich Allah ausgeliefert hat*«. Abraham, so sagt Mohammed, war der erste der Muslime. Die Gesamtheit seiner Religion nannte Mohammed »*Islam*« – dieser Begriff läßt sich übersetzen mit »*Hingabe*«. Das Wort »*Islam*« ist abgeleitet aus dem arabischen Verb »*aslama*« – »sich unterwerfen«.

In der Auseinandersetzung mit dem Anspruch der Juden entwickelt Mohammed seinen Gedankengang weiter: Abraham war nicht nur der erste Muslim, sondern auch derjenige, der im Auftrag Allahs ein Bethaus errichtete und den Menschen als religiöser Gerichtsherr vorstand. In der zweiten Sure spricht der Prophet als Inspirierter mit den Worten Allahs von der Position des Abraham nach der Einsetzung zum Hohenpriester: *Als ich für die Menschen ein Bethaus errichten wollte, das auch als Zufluchtsstätte gedacht war, und sagte »Haltet die Stätte Abrahams als Bethaus«, da schlossen wir einen Bund mit Abraham und Israel, daß sie dieses Haus vom Götzendienst rein hielten.*

Nach dieser Offenbarung konnte Mohammed Jerusalem nicht mehr als Blickpunkt für die Betenden beibehalten. Jerusalem – das war der Ort, den sich die Juden zum Zentrum eines messianisch orientierten Königreichs wünschten. Wenn die Abtrennung seiner Ideologie vom jüdischen Glauben wirkungsvoll sein sollte, mußte Mohammed für die Muslime einen anderen Platz wählen, der den Mittelpunkt ihrer Glaubenswelt bilden konnte. Die Stelle, an der nach den Worten Allahs Abraham gelebt hatte, das Vorbild aller Muslime, galt fortan als Blickpunkt für die Betenden. Der Ärger über die Juden hatte Mohammed zur Änderung der Blickrichtung veranlaßt – die Kaaba wurde zum wichtigsten Heiligtum des Islams.

Die Juden, so sagt Mohammed, haben die Reinheit des Glaubens verraten. Ihre religiöse Geschichte schildert er in der zweiten Sure: *»Ein Teil hat wohl Allahs Wort vernommen und auch begriffen, dann aber haben sie es mit Absicht verdreht, gegen besseres Wissen und obgleich sie die Folgen kennen mußten. Begegnen sie den wahrhaft Gläubigen, so sagen sie: Auch wir glauben.«*

Innerhalb weniger Monate hat sich Mohammeds Position gegenüber den Juden völlig verändert. Zu Beginn des Aufenthalts in Medina hatte er die Juden gebeten: *»Seid wenigstens Zeuge, daß wir wahrhaft gottergeben sind.«* Jetzt hält er es für Anmaßung, wenn die Juden sagen: *»Auch wir glauben.«*

Vielfältig sind die konkreten Vorwürfe, die Mohammed gegen die Juden erhebt: *Sie haben den Bund mit Gott gebrochen, den Moses auf Sinai in ihrem Auftrag geschlossen hatte; sie haben die ihnen übertragene Schrift durch Anfügungen verdorben; sie haben Offenbarungen unterdrückt und in ihrer Schrift ausgelassen.*

Die Abrechnung mit den angeblichen Fehlern der Juden findet sich in der zweiten Sure. Allah spricht mit der Zunge des Propheten: *»Als Wir mit den Kindern Israels einen Bund schlossen, befahlen Wir: Verehrt nur Allah allein. Seid gut zu euren Eltern und Ver-*

wandten. Seid gütig zu Waisen und Armen. Verrichtet die Gebete und gebt euren Teil zum Almosen. Doch bald darauf wurdet ihr abtrünnig, und ihr seid abgefallen vom Bund mit Ausnahme weniger. Einen weiteren Vertrag schlossen Wir mit euch: Vergießt kein Blut der eurigen und vertreibt niemanden aus seinem Haus. Ihr bezeugtet, daran festhalten zu wollen. Doch bald danach erschlugt ihr einander und vertriebt euch aus den Häusern.«

Mohammed bezeichnet die Juden als halsstarrig in ihrem Irrglauben:

»Wir offenbarten bereits Moses die Schrift und ließen ihm noch andere Boten folgen. Wir rüsteten Jesus, den Sohn Marias, mit überzeugender Wunderkraft aus und gaben ihm den heiligen Geist. Aber sooft ein Bote kam mit den Offenbarungen, da blieben sie böse im Sinn und ungläubig. Einen Teil der Gesandten des einen Gottes haben sie des Betruges beschuldigt. Den anderen haben sie umgebracht.«

Eingefügt werden muß an dieser Stelle, daß sich Mohammed mit diesem »Wir« keinesfalls selbstherrlich neben Allah setzt. Er ist bescheiden: Er gibt die Worte Allahs weiter – und Allah gebührt wohl der Majestätsplural.

Die ideologische Basis für eine härtere Stufe der Auseinandersetzung mit den Juden war bereitet. Mohammed hatte längst den Entschluß gefaßt, entweder die Juden zu unterwerfen, oder sie aus der Region von Medina zu vertreiben. Ein Nebeneinander der beiden Religionen hielt er für ausgeschlossen. Inzwischen war er von seinen inneren Stimmen überzeugt worden, von Allah mit der Korrektur der bestehenden Religionen beauftragt zu sein. Er allein, daran glaubte Mohammed jetzt fest, war zum Vorbeter aller Menschen eingesetzt, die an den einen, allmächtigen Gott glaubten.

15 Mohammed provoziert die ungläubigen Verwandten

Die Männer von Banu Koraisch vergaßen die Gefahr. Mohammed und die übrigen Unruhestifter hatten Mekka verlassen. Die Ruhe war zurückgekehrt in die Marktstadt. Die Bewohner von Mekka sahen im Ablauf der Ereignisse einen Sieg der drei Göttinnen al Uzza, al Lat und al Manat über den Mann, der ihre Existenz bestritten hatte. Die Göttinnen hatten schließlich den Frevler zur Flucht gezwungen – davon war der Koraisch-Clan überzeugt. Zwar wußten alle wichtigen Männer in Mekka, daß während der Vertragsabsprachen zwischen Mohammed und den Vertretern der Stämme aus Jathrib/Medina über Krieg gesprochen worden war; doch die Zeit löschte die Erinnerung an die Drohung aus. In Mekka nahm man die Erfolge und die Schwierigkeiten zur Kenntnis, die Mohammed eng an die Stadt im Norden fesselte. Niemand glaubte, daß der Emigrant die Kraft zu aggressiven Aktionen gegen die einstige Vaterstadt besaß.

An einen Angriff gegen die Stadt Mekka dachte Mohammed allerdings nicht. Die Entfernung von dreihundertfünfzig Kilometern ließ selbst die kriegslüsternsten Berater in seiner Umgebung vor dem Sturm auf Mekka zurückschrecken. Andere Methoden boten sich schon eher an, um der Banu Koraisch Schaden zuzufügen – Methoden, die zur Tradition gehörten in den Wüstengebieten Arabiens.

War eine Stadt zu Wohlstand gekommen, erregte sie immer den Neid der Nachbarstädte. Die Ärmeren versuchten der reichen Stadt einen Teil ihres Besitzes abzujagen. Die Quelle des Wohlstands waren stets die Handelskarawanen, die besondere Waren transportierten. Gelang es, diese Karawanen zu plündern, dann war der Konkurrenzstadt Schaden zugefügt, und die Angreifer verfügten nun über die Seidenstoffe, Gewürze oder Perlen.

Eine gewisse Vorsicht war jedoch geboten bei diesen Überfällen: Die Begleiter der Karawanen durften nicht verletzt oder gar getötet werden. Gab es Opfer unter den Attackierten, dann folgte ganz selbstverständlich die Rache durch die Familie des Verwundeten oder Getöteten. Im besten Fall konnte die Schuld mit Geld abgegolten werden. Meist aber lauerten die Rächer den Mördern auf, um sie schließlich zu töten. Dieser Tod löste wieder den Zwang zur Blutrache aus – so entstand jeweils eine Kette von Mordanschlägen, die viele Menschenleben forderte. Die Einsicht, daß die Blutrache zur sinnlosen Töterei führte, hatte die Konsequenz, daß ein Angreifer bei Überfällen Rücksicht auf das Leben der Männer nahm, die die Karawanen begleiteten.

Mekka, der bedeutende Handelsplatz, verfügte über viele Karawanen. Wenn sie nach Norden zogen, nach Syrien, dann machten sie meist Rast in Jathrib/Medina. Sie konnten aber auch in der Küstenregion bleiben, dann zogen sie in einer Entfernung von hundert Kilometern an der Stadt vorbei. In Mohammeds Einflußbereich gerieten sie in jedem Fall. Er besaß gute Chancen, Karawanen der Banu Koraisch in seine Hand zu bekommen. Sollten Reitertrupps aus Mekka den überfallenen Transporten zu Hilfe kommen wollen, so hatten sie den langen Weg nach Norden zurückzulegen. Ehe die Karawanenbesitzer in Mekka überhaupt von dem Überfall erfuhren, waren die Angreifer bereits wieder nach Medina heimgekehrt. Möglichkeiten zur Rettung der Karawane gab es nicht. Vorkehrungen konnten getroffen werden, die das Maß der Sicherheit erhöhten: Eine Karawane mit starker Begleitmannschaft galt als Risiko für die Angreifer, doch dem Eigentümer minderte sie die Rendite. Bewaffnete kosteten Geld; das Wasser und die Lebensmittel, die von ihnen verbraucht wurden, mußten mittransportiert werden und verringerten die Ladekapazität für Waren. So achteten die Transportunternehmer jener Zeit darauf, den Karawanen nur die unbedingt nötige Zahl von Männern mit auf den Weg zu geben. Mohammed aber konnte, wenn er über eine genügende Anzahl an Kämpfern verfügte, auf dem kurzen Weg von Medina aus mit starker Übermacht aufbrechen. Alle Vorteile im Wüstenkrieg lagen auf seiner Seite.

Trotz dieser Vorteile wollte Mohammed die Auseinandersetzung nicht mit einer unvorbereiteten Truppe beginnen. Um seine Männer zu trainieren, befahl er Ritte zu bestimmten Zielen in der Wüste. Begleitet von Bewaffneten – manchmal waren es nur zwanzig Männer, manchmal aber achtzig –, besuchte er Wasserstellen, Oasen und Lagerplätze der Stämme ringsum. Er machte sich und die künftigen Kämpfer mit der Topographie des Kampfgebietes vertraut, und er demonstrierte den Stammesscheikhs die Wendigkeit und Schlagkraft seiner Truppe. Wenn er die Beduinenfürsten wieder verließ, hatten sie Respekt vor den bewaffneten Reitern aus Medina. Wollte Mohammed seine Pläne realisieren, war er angewiesen auf den Respekt und auf die Sympathie der Männer in der Wüste: Er brauchte das Wasser der Oasen und das Informationssystem der Stämme. Nur von ihnen konnte Mohammed erfahren, wenn sich eine Karawane der Wüstenzone von Medina näherte. Die Beduinenscheikhs wußten über alle Reisenden Bescheid, die den Ritt durch die riesigen Sandwüsten antraten.

Die Schicht der Kämpfer sollte nach Mohammeds Willen in der sozialen Struktur des Islams bevorzugt werden. Der Prophet wollte denen, die mit ihm ritten, besondere Ehrungen zuteil werden lassen. In der zweiten Sure wird diese Bevorzugung als Gesetz festgelegt:

»*Die Gläubigen, welche nicht durch Krankheit verhindert zu Hause sitzen bleiben, sondern ohne Grund so handeln, haben nicht gleichen Wert mit jenen, die Vermögen und Leben für die Religion Allahs verwenden. Die für Allah Gut und Blut wagen, werden vor den ruhig zu Hause Bleibenden mit einer weit höheren Stufe vor Allah begnadet werden. Zwar hat Allah allen das Paradies versprochen, doch werden diejenigen, die sich aufopfern, vor denen, die zurückbleiben, von Allah bevorzugt mit Vergebung und Barmherzigkeit.*«

Beim ersten wirklichen Kampf mit Männern der Banu Koraisch war allerdings Mohammed selbst nicht dabei. Er hatte ein Dutzend der Emigranten, die mit ihm nach Jathrib/Medina gekommen waren, weit in den Süden geschickt; sie sollten den Karawanenverkehr auf der Route von Taif nach Mekka beobachten. Auf diesem Weg kamen Waren aus den südarabischen Häfen in die Handelsstadt, die dann dort umgeladen und nach Syrien weitergeschickt wurden. Wenn Mohammed wußte, welche Handelsgüter unterwegs waren, konnte er, als erfahrener Kaufmann, seine Schlüsse ziehen über Zeitpunkt und Art des Weitertransports.

Das Kommando über die Expedition in den Süden gab Mohammed einem Mann, der ihm während der Trainingsexpeditionen als tüchtig aufgefallen war. Sein Name war Abdallah Ibn Dschahsch. Ihm vertraute Mohammed beim Abschied ein Schreiben an, dessen Siegel erst zwei Tage nach dem Ausritt aus Medina erbrochen werden durfte. Mohammed wies Abdallah Ibn Dschahsch ausdrücklich darauf hin, daß keiner der Reiter dieser Expedition zur Befolgung der im versiegelten Schreiben fixierten Anordnungen gezwungen werden durfte – was ihn im Süden erwartete, erfuhr der Expeditionskommandeur nicht.

Nach einem Ritt von zwei Tagen erbrach Abdallah Ibn Dschahsch dem Wunsch des Propheten gemäß das Siegel, dann entfaltete er das Blatt und las: »*Wenn du diese Worte vor dir hast, reite weiter bis zur Siedlung Nachla zwischen Taif und Mekka. Lauere dort den Koraisch auf und versuche zu erfahren, was sie vorhaben.*«

Ganz offensichtlich enthielt dieser Befehl nicht den Auftrag, einen Überfall auszuführen, und trotzdem – so wird erzählt – habe Abdallah Ibn Dschahsch seinen Begleitern diese ernste Ansprache gehalten: »Der Prophet hat mir verboten, einen von euch zu etwas zu zwingen. Wer von sich aus bereit ist, den Märtyrertod zu erleiden, der kann mit mir weiterreiten. Wer nicht den Märtyrertod sterben will, der kehre zurück nach Medina. Ich auf jeden Fall handle nach dem Befehl des Propheten.« Genau dieses aber tat Abdallah Ibn Dschahsch nicht.

Mohammed hatte guten Grund, das Ziel der Expedition, die so weit in feindliches Gebiet vorstieß, niedrig anzusetzen. Unklug wäre es gewesen, eine Karawane anzugreifen, die sich derart nahe bei ihrem Bestimmungsort befand – die Siedlung Nachla, von der Mohammed in seinem Befehl geschrieben hatte, lag nur etwa dreißig Kilometer von Mekka entfernt. Abdallah Ibn Dschahsch aber mißdeutete Mohammeds Anweisung völlig; ob er mit Absicht oder nicht eigenmächtig handelte, darüber vermerken die Überlieferungen kein Wort.

Die Reiterexpedition stieß bei Nachla auf eine Karawane der Koraisch, die unterwegs war nach Mekka. Der Karawanenführer war mißtrauisch gegenüber den fremden, bewaffneten Reitern, doch er ließ sich beruhigen, als sie ihm versicherten, sie seien

Pilger, unterwegs zu den Heiligtümern der drei Göttinnen. In der Nacht aber überfielen diese Reiter den Karawanenführer und seine drei Männer. Einen Mann töteten sie, zwei nahmen sie gefangen, einer entkam nach Mekka.

Das Gefühl, ein Unrecht zu begehen, hatte die Reiter aus Medina schon vor dem nächtlichen Angriff befallen. Der Monat Rajab ging gerade zu Ende – er war damals ein heiliger Monat, und die Araber hüteten sich, seine Heiligkeit durch Überfälle und Mord zu stören. Dieser Monat garantierte vier Wochen lang Sicherheit vor Gewalttat. Als die Männer aus Mekka auf die Karawane trafen, da fehlte noch ein Tag bis zum Abschluß der Schutzzeit. Die Mitglieder der Expedition aus Medina berieten, ob sie unter diesen Umständen nicht besser auf den Überfall verzichten sollten. Abdallah Ibn Dschahsch sagte: »Wenn wir sie in dieser Nacht nicht angreifen, dann erreichen sie die Stadt. Dort sind sie vor uns sicher. Töten wir sie aber heute, so geschieht das gerade noch im heiligen Monat.«

Lange diskutierten sie, ob die alte Sitte des Verzichts auf jeden Kampf während des Rajab überhaupt noch gültig sei, ob nicht die Lehre des Propheten solche bisherigen Traditionen umgestoßen habe. Schließlich machten sie sich Mut zum Entschluß, die alte Sitte einfach zu vergessen. So geschah der erste Angriff der Prophetenanhänger gegen Mitglieder der Banu Koraisch unter Bruch bisher geltender Verhaltensregeln, die fast Gesetzeskraft besaßen.

Abdallah Ibn Dschahsch brachte die Beute – Leder, Wein und Rosinen – und die zwei Gefangenen nach Medina, ohne von Verfolgern aus Mekka behelligt zu werden. Die Führung der Banu Koraisch reagierte zunächst nicht, weil sie die Nachricht, die Karawane sei zwischen Taif und Mekka von einem Trupp aus der Stadt weit im Norden überfallen worden, gar nicht glauben wollten. So viel Verwegenheit hatten sie Mohammed und seinen Anhängern gar nicht zugetraut.

Abdallah Ibn Dschahsch war überzeugt, einen bedeutenden Erfolg für die Sache des Propheten errungen zu haben. Seine Männer erwarteten Lob von Mohammed – und wurden gerügt. Mohammed wies sofort bei der Rückkehr der Expedition darauf hin, daß er keinen Befehl zum Angriff gegeben habe – die Expedition habe nur den Auftrag gehabt, die Situation auf den Handelsstraßen zu erkunden – vor allem aber sei ein Kampf im heiligen Monat Rajab nach seiner Ansicht nicht zulässig. Er rührte die Beute nicht an und gab auch keine Anweisung, was mit den Gefangenen zu geschehen habe. Mohammed war sich der Auswirkung der Übertretung gültiger Traditionen bewußt: Künftig galt er als Gesetzesbrecher, als Mann, der sich selbst außerhalb der Legalität befand und somit auch keinen Rechtsschutz erwarten konnte. Nachdem der erste Schock überwunden war, zögerten die Verantwortlichen in Mekka nicht, Propaganda gegen Mohammed zu betreiben. Sie schickten Reiter zu den Stämmen ringsum mit der Parole: »Mohammed und die Seinen haben den heiligen Monat verletzt. Sie haben während dieser Zeit Blut vergossen, fremdes Eigentum geraubt und Männer gefangengenommen.« Das Ansehen des Propheten sank sofort rapide ab. Er wurde für ein Verbrechen verantwortlich gemacht – folglich konnte er nicht der rechte Mann sein, eine Religion der Gerechtigkeit zu predigen.

Ein Problem stellte sich, das sofort gelöst werden mußte: Zwei Männer der Expeditionsgruppe waren seit der Nacht des Angriffs verschwunden. Niemand konnte Auskunft geben, ob sie bei der Attacke erschlagen worden waren, ob sie sich – vielleicht verwundet – in der Wüste verirrt hatten. Unwahrscheinlich war, daß sie vom Gegner gefangengenommen worden waren; dazu waren die Angegriffenen gar nicht in der Lage gewesen. Mohammed aber wollte diese Möglichkeit doch nicht ganz ausschließen. Schließlich war einer der Gegner nach Mekka entkommen. Mit der Präsentation der Gefangenen in Mekka, als Beweis für den Überfall, mußte Mohammed rechnen. Doch nichts derartiges geschah. Zu seiner Verblüffung erhielt Mohammed Besuch von einer Delegation der Banu Koraisch, die, ohne sich mit Vorwürfen aufzuhalten, für die Herausgabe der beiden Karawanenbegleiter, die sich in Gefangenschaft der Mohammedanhänger befanden, ein Lösegeld anboten. Damit war auszuschließen, daß sich die Vermißten in Mekka aufhielten, denn in diesem Fall hätte die Delegation einen Austausch vorgeschlagen. Mohammed akzeptierte das Lösegeld und gab die zwei Gefangenen frei.

Mit dieser Maßnahme gab Mohammed allerdings seinen Standpunkt auf, an der Affäre vollständig unbeteiligt zu sein. Die Gäste aus Mekka ritten zurück, doch in der eigenen Stadt gärte die Unruhe. Von Mohammed war klare Stellungnahme verlangt. Zur rechten Zeit spürte er in sich die Inspiration zu einer Offenbarung, die eben dieses Thema berührte. So konnte er den Spruch über Recht oder Unrecht des Angriffs im heiligen Monat Rajab der allerhöchsten Autorität, dem allmächtigen Allah, überlassen. Der betreffende Text findet sich in der zweiten Sure. Mohammed gab auch diesmal – darauf legte er großen Wert – nur die Worte Allahs weiter:

»Befragen sie dich über Kampf im heiligen Monat, so gib diese Antwort: Schlimm ist es, Kämpfe in diesem Monat zu führen, doch abzuweichen von Allahs Weg und Gläubige aus der Stadt und aus der heiligen Kaaba zu vertreiben, ist noch weit schlimmer und wiegt schwerer bei Allah. Die Verführung zum Götzendienst ist ein größeres Verbrechen als ein Überfall im heiligen Monat.«

Die Bewohner von Medina gaben sich zufrieden mit dieser Belehrung – die Diskussionen um die Rechtmäßigkeit des Angriffs auf die Mekkakarawane hörten auf. Auch das Rätselraten um die zwei Vermißten fand ein Ende: Sie kamen von selbst zurück nach Medina. Ihr Kamel – die beiden ritten zusammen auf einem Tier – sei unmittelbar vor dem nächtlichen Angriff scheu geworden und habe sie weit vom Kampfplatz fortgetragen; sie hätten dann die Orientierung verloren. Von Mohammed ist keine Äußerung erhalten, aus der abzulesen ist, ob er den Worten der beiden Männer glaubte oder nicht.

Den um sein Seelenheil besorgten Expeditionsführer Abdallah Ibn Dschahsch tröstete Mohammed mit dieser Offenbarung, die ebenfalls in die zweite Sure eingegliedert wurde:

»Jene, die glauben und ausziehen, um für Allahs Religion zu kämpfen, die dürfen Allahs Barmherzigkeit gewärtig sein. Allah ist versöhnlich und barmherzig.«

Diese Worte Allahs lösten das letzte Problem, das mit dem Überfall an der Straße von Taif nach Mekka zusammenhing. Nun konnte sich Mohammed mit der Beute befassen: Die Kamele der Karawane waren hauptsächlich mit wertvollem Leder und mit getrockneten Weinbeeren beladen. Die Expeditionsteilnehmer erhielten einen Anteil; Mohammed bedachte auch sich selbst; der Rest, immer noch ein recht beachtlicher Wert, wurde der neugeschaffenen Stadtkasse von Medina zugeschlagen. Mohammed hatte sich entschlossen, die Finanzlage der Gemeinde durch Beutezüge zu verbessern.

16 »Ich habe Kamele den Tod tragen sehen«

Der Erfolg in der Expedition in den Süden brachte innenpolitische Konsequenzen für Medina. Die Einwohner, die schon vor Mohammeds Ankunft in der Stadt gelebt hatten, waren zwar durch ihr Abkommen mit den Zugewanderten zur Teilnahme an möglichen Kämpfen gegen die Banu Koraisch verpflichtet; doch hatte Mohammed für den Ritt nach Süden nur Männer ausgewählt, die mit ihm aus Mekka gekommen waren. Als die ursprünglichen Bewohner sahen, daß die Expeditionsteilnehmer reich mit wertvollen und zugleich leicht verkäuflichen Waren belohnt wurden, da sprachen auch sie den Wunsch aus, bei derartigen Unternehmungen mitzumachen. Auf der Liste der Kampfbereiten standen schon bald über dreihundert Namen. Die meisten davon gehörten zu den Stammbewohnern von Jathrib. Sie erhielten von Mohammed die Bezeichnung »Ansar«; dieses Wort kann mit »Helfer« übersetzt werden. Mohammed sprach sie meist mit der Bezeichnung »Ansar al Nabi« an – »Helfer des Propheten«. Die Emigranten und die Ansar wurden schon wenige Wochen nach dem so glücklich verlaufenen ersten Beutezug zu einer gemeinsamen Bewährungsprobe eingesetzt.

Das Informationsnetz, das Mohammed organisiert hatte, funktionierte ausgezeichnet. Überall in den Stämmen, die draußen um die Wasserstellen lagerten, waren seine Agenten tätig. Sie schickten schnelle Kamelreiter los, wenn sie im Besitz von Informationen waren über die Bewegungen von Karawanen auf den Wüstenrouten. Mohammed sammelte diese Informationen und bestimmte nach reiflicher Abwägung das Angriffsziel.

Über den Zeitpunkt, an dem die größte Karawane der Banu Koraisch, die Hauptkarawane des Jahres 624, von Syrien her den Weg in Richtung Mekka nahm, wußte Mohammed Bescheid. Der Chef der Begleitmannschaft war Abu Sufjan Ibn Harb – ein Mann von Reichtum und Einfluß in der Handelsstadt. Obgleich er selbst Kaufmann war, hatte Abu Sufjan die militärische Aufgabe des Karawanenkommandos übernommen, weil er selbst einen Großteil seines Vermögens in die Waren und den Transport investiert hatte. Abu Sufjan, zehn Jahre älter als Mohammed, war keineswegs naiv; daß die Karawane gefährdet war, wenn sie durch Gebiete zog, die nahe bei Medina lagen, war ihm wohl bewußt. Die Berichte der Moslems besagen, Abu Sufjan habe jeden Reiter, der aus dem Süden, aus der Gegend von Medina, kam, genau befragt, ob er unterwegs ungewöhnliche Vorgänge beobachtet habe. Von einem solchen Reiter soll er erfahren haben, Mohammed sei entschlossen zum Angriff auf die Jahreskarawane. Abu Sufjan nahm diese Information ernst. Er reduzierte das Marschtempo der Karawane, um Zeit zu gewinnen. Sofort schickte er einen Reiter los mit eiligen Depeschen an die Führung der Koraisch in Mekka. Aus der Stadt sollten Hilfstruppen auf Kamelen ihm entgegenziehen. Mit seinen siebzig Bewaffneten fühlte er sich einem Angriff der Moslems nicht gewachsen.

Schon vor der Ankunft des Reiters, den Abu Sufjan losgeschickt hatte, war Unruhe ausgebrochen in Mekka. Von einem Traum wird berichtet, den die Schwester des al Abbas gehabt habe – al Abbas, ein Onkel von Mohammed, gewinnt später als Mittelsmann zwischen Mohammed und Mekka an Bedeutung. Dieser Traum sagte die Ankunft eines Kamelreiters bei den ersten Häusern von Mekka voraus, der schrie: »Ihr Saumseligen, rückt aus zum Ort eures Todes!« Al Abbas erzählte in der Stadt von diesem seltsamen Traum, doch er wurde angefeindet mit der Bemerkung, es genüge, daß einer aus Mekka es nicht lassen könne, den Propheten zu spielen; jetzt würden die Frauen dem einen Verrückten auch noch nacheifern. Einer meinte: Erfüllt sich der Traum innerhalb von drei Tagen nicht, dann werden wir einen Zettel an die Kaaba

heften mit der Mitteilung, die ganze Sippe des al Abbas sei verlogen und müsse gemieden werden. Tatsächlich soll dann am dritten Tag der Reiter des Abu Sufjan eingetroffen sein.
Die Kaufleute sahen die Notwendigkeit rascher Hilfe ein. Jeder von ihnen hatte investiert in das Projekt dieser wichtigen Karawane. Sie konnten sich alle den Verlust der Waren nicht leisten. Selbstverständlich organisierten sie die Zusammenstellung einer Entsatztruppe. Von ihrer Stärke berichteten die arabischen Erzähler: 950 Mann sollen sich zur Rettung der Karawane gemeldet haben. Damit waren fast alle wehrtüchtigen Männer von Mekka bereit, auszurücken.
Den führenden Köpfen von Banu Koraisch fiel gerade noch rechtzeitig ein, daß beim Auszug der 950 Kämpfer die Stadt nicht mehr verteidigt werden konnte. Da die Banu Koraisch aber im Streit lagen mit der Großfamilie Kinana, die in der Nähe von Mekka siedelte, war die Situation gefährlich; wenn die Kinana angriffen während der Abwesenheit der Waffenträger, dann war Mekka verloren: Die Kinana könnten ungehindert plündern, verbrennen und vergewaltigen. Der Stamm Kinana, der im Grunde verwandt war mit den Koraisch, erklärte sich bereit, in dieser besonderen Notlage einen Waffenstillstand zu schließen. Die Führung des Stammes war nicht daran interessiert, aus der Situation wenig ehrenvollen Profit zu ziehen. Die Koraisch konnten allerdings nie ganz sicher sein, ob der Waffenstillstand ernst gemeint war. Er hätte auch eine Falle sein können. Für den Koraisch-Clan blieb nur die Wahl, entweder das gewaltige Risiko einzugehen, das in der Absprache mit den Kinana lag, oder die Jahreskarawane aufzugeben. Sie zogen es vor, dem Ehrenwort der Kinana zu trauen: Die 950 Kämpfer machten sich auf den Weg nach Norden, dem gefährdeten Warentransport aus Syrien entgegen.
Dem Propheten war der Aufbruch der Entsatzgruppe verborgen geblieben. In Mekka lebte zu dieser Zeit niemand, der so zu Mohammed hielt, daß er ihm hätte geheime Nachrichten zukommen lassen. Doch auch ohne Ahnung von der Gefahr war diese militärische Operation problematisch für den Führer der Moslems. Zwar hatten ihm die Bewohner von Medina Schutz versprochen und Beteiligung an kriegerischen Aktionen, auch konnte sich

Mohammed keineswegs über die Zahl der freiwilligen Kämpfer beklagen; und doch gab es einen Faktor der Unsicherheit. Die Absprachen waren unbestimmt geblieben in der Frage, ob auch Kriegszüge in Gebiete, die weit außerhalb des Stadtbereiches liegen, von den Ansar, den Helfern, unterstützt werden müssen. Mohammed geriet für kurze Zeit in Sorge, die Männer von Medina seien vielleicht als Partner nicht ganz so verläßlich, wie er angenommen hatte. Er sprach seine Zweifel offen aus.

Die Antwort eines wichtigen Mannes der Ansar überliefert Ibn Ishaq: »*Wir glauben an das, was du uns gesagt hast. Du verkündest uns die Wahrheit. Darauf haben wir mit dir einen Bund geschlossen. Wir folgen dir und gehorchen. Wohin du gehen willst, dahin gehen wir mit. Selbst wenn du uns auffordern würdest, das Meer zu durchqueren, und würdest dich vor uns hineinstürzen, wir würden dir alle folgen, und keiner bliebe zurück. Wir haben nichts dagegen, daß du uns morgen gegen den Feind führst. Wir sind standhaft und treu. Allahs Segen wird mit uns sein.*«

Mohammed muß mittlerweile erfahren haben, daß aus Mekka Bewaffnete heranziehen. Er muß auch seine Kampfgefährten inzwischen informiert haben, daß die Gefahr dieses Unternehmens nicht mehr darin liege, in ein Handgemenge zu kommen mit der Begleitmannschaft der Karawane – weit mehr zu fürchten war eine offene Schlacht mit der Entsatztruppe, die aus Süden vorrückte. Wenn die historischen Quellen korrekt berichten, dann zeugt die Reaktion des Propheten auf die Antwort der Ansar von der Ehrlichkeit des Führers der Gläubigen. Mohammeds Worte lauten in der Überlieferung: »*Kommt mit und bewahrt euren Mut. Allah hat mir versprochen, daß wir eine Sache erreichen werden. Entweder erobern wir uns die Karawane, oder wir besiegen die Reiter von Koraisch. Bei Allah, mir ist jetzt, als sähe ich schon die geschlagenen Feinde.*« Drei bewaffnete Verbände bewegten sich aufeinander zu, ohne daß sie jeweils immer die Position des anderen wußten: die Karawane, die Entsatztruppe aus Mekka und Mohammeds Reiter aus Medina. Abu Sufjan, der Karawanenführer, konnte nicht sicher sein, daß die Rettung rechtzeitig bei ihm eintreffen würde. Er verließ sich deshalb weiterhin auf seinen Instinkt und auf sein Geschick. In großem

Bogen umkreiste er die langsam dahinziehende Karawane. Er suchte Spuren und befragte die einsamen Wüstenreiter. So kam er auch zum Brunnen der kleinen Oase von al Badr. Von dem Mann, der die Quelle sauberhielt, erfuhr Abu Sufjan, daß kurz zuvor zwei Reiter an der Wasserstelle waren, zwei Unbekannte, die ihre Schläuche gefüllt und sich dann wieder entfernt hatten. Abu Sufjan erfuhr sehr schnell, woher die Reiter gekommen waren: Er ging zu der Stelle, wo sich die Kamele der beiden Reiter befunden hatten, dann nahm er etwas von dem Dung in die Hand, der dort herumlag und zerbröselte ihn. In diesem Dung fand Abu Sufjan Dattelkerne. Da es nur in Jathrib/Medina Sitte war, die Kamele mit Datteln zu füttern, schloß er aus diesem Fund ganz richtig auf die Herkunft von Tier und Reiter. Er wußte nun, daß die Gefahr in der Nähe lauerte. Schnell änderte Abu Sufjan die Marschrichtung der Karawane – sie verließ den direkten Weg nach Süden und wich zur Küste aus; die Reiter des Propheten aber warteten in Sichtweite der normalen Kamelroute.

Wenige Stunden später fühlte sich Abu Sufjan sicher. Er wußte, daß der Gegner die Finte des Hakenschlagens nicht entdeckt hatte. Für ihn war jetzt die Mission der Entsatztruppe überflüssig geworden. Er schickte wieder einen Reiter aus, der dem Verband der Bewaffneten aus Mekka den Rat geben sollte, wieder umzukehren, da die Karawane in Sicherheit sei.

Der Bote erfüllte seinen Auftrag. Die Führung der Koraisch-Reiter nahm die Nachricht von der Rettung der Karawane zur Kenntnis, doch sie zog nicht die Konsequenz, die Abu Sufjan erwartet hatte. Im Rat der führenden Köpfe setzte sich rasch die Meinung durch, jetzt sei die beste und vielleicht die einzige Gelegenheit, Mohammed zu bestrafen und zu töten. Da sie sich nun schon einmal entschlossen hatten, mit Energie Krieg zu führen, wollten sie auch dabei bleiben. Dem Appell zur energischen Fortsetzung des Feldzuges folgten nur wenige der Reiter nicht; die Mehrzahl blieb zusammen.

In den frühen Erzählungen der Moslems finden sich auch Hinweise auf die Bemühungen und den Erfolg des Propheten beim Sammeln von Informationen. Vor den beiden Männern, die ihre Wasserschläuche füllten, waren drei andere aus den Reihen der Pro-

phetenanhänger bei der Tränke von al Badr gewesen; sie hatten dort zwei Bewaffnete aus der Koraisch-Entsatzreiterei angetroffen und mitgenommen zum Lagerplatz der Moslems.
Gehörten die zwei Verhafteten zum Begleitpersonal der Karawane, oder waren sie Mitglieder der Kampfeinheit von Banu Koraisch? Die Antwort auf diese Frage interessierte die Moslems; an äußerlichen Kennzeichen war die Zugehörigkeit nicht zu ersehen. Die Frager ließen sich vom Wunschdenken beherrschen. Sie wollten nur die eine Antwort hören: »Wir gehören zur Jahreskarawane, die reich beladen nach Mekka unterwegs ist.« Die Gefangenen gaben jedoch zunächst an, sie seien Reiter der Entsatztruppe. Diese völlig korrekte Antwort paßte der Moslemführung nicht. Die Frager schlugen so lange auf die zwei wehrlosen Männer ein, bis diese wunschgemäß sagten, sie seien Kameltreiber der Jahreskarawane. Jetzt sahen sich die Moslems dem Erfolg nahe. In ihrer Reichweite, so glaubten sie, befand sich die Transportkolonne, die ihnen nach geringer Anstrengung als Beute zufallen mußte. Sicher fühlten sie sich nun vor der Reiterei der Banu Koraisch.
Mohammed aber war sofort skeptisch über das Ergebnis der Befragung. Als die Gefangenen, durch Prügel zur Antwort gezwungen, die Wahrheit verdrehten, war Mohammed nicht dabei. Abseits vom Lagerplatz hatte er sein Gebet verrichtet. Auf den Bericht der zuständigen Moslemkommandeure antwortete er so: »*Zuerst haben sie die Wahrheit gesagt, doch da habt ihr sie geschlagen. Kaum hatten sie gelogen, da war euch die Antwort recht, und ihr habt sie in Ruhe gelassen. Sie gehören wirklich nicht zur Karawane, sondern zur Truppe der Koraisch.*«
Daß seine Kampfgefährten betroffen und verblüfft waren, störte Mohammed wenig.
Er kümmerte sich nun selbst um die Befragung. Vor ihm standen zwei Männer, die wußten, wie die Situation des Feindes war; diese Informationsquelle mußte er ausnützen. Die Position des Lagers der Koraisch verrieten sie ihm sofort: »Es befindet sich hinter der Sanddüne, die dort hinten das Tal abschließt.« Auf die Frage, wie viele Männer dort lagern, erhielt er die Antwort: »Viele«. Mohammed sah, daß sie nicht in der Lage waren, eine halbwegs präzise Zahl zu nennen.

Mohammed fragte weiter: »Wie viele Kamele schlachten sie denn?« Die Antwort war· »Sie schlachten manchmal neun und manchmal auch zehn Kamele.« Diese Information war nützlich: Mohammed konnte nach seinen Erfahrungen aus den Angaben schließen, daß die Reitergruppe des Koraisch-Clans zwischen neunhundert und tausend Mann zählte.

Vielerlei erfuhr die Moslemführung in diesen Stunden. An der Wasserstelle von al Badr waren zwei Mädchen belauscht worden, die miteinander stritten: Die eine war der anderen Geld schuldig. Die Schuldnerin meinte: »Morgen, spätestens übermorgen kommt die große Karawane. Da ist Geld für mich zu holen bei den Männern. Sind sie wieder weg, dann kann ich dir alles zurückzahlen.« Die Moslemführung schloß aus diesem Gespräch, daß die Karawane sich auf dem normalen Weg befand, der die Oase al Badr berührte.

Mohammed, der Kommandeur dieser militärischen Aktion, beharrte durchaus nicht immer darauf, daß allein sein Standpunkt und sein Urteil Gültigkeit besäßen. In militärischen Fragen hörte er auf die Fachleute. Hubab Ibn Mundhir war ein Mann mit Kriegserfahrung. Ihm behagte die Wahl des Lagerplatzes bei al Badr nicht: Mohammed hatte ein Tal gewählt, das keinerlei Ausweichmöglichkeit zuließ. Hinter der Platzwahl steckte Absicht – Mohammed wollte seinen Kämpfern keine Möglichkeit zur Flucht lassen.

Hubab Ibn Mundhir aber sah eher einen Vorteil in schneller Beweglichkeit. Man konnte dem Propheten jedoch nicht so einfach widersprechen, schließlich sprach aus ihm der Geist Allahs. Hubab Ibn Mundhir fand die richtigen Worte: »Dieser Platz hier, der keine Bewegungsfreiheit läßt, ist er dir von Allah zugewiesen worden, oder hast du ihn nach deinem eigenen Verstand gewählt?« Mohammed gab zu, daß er ohne göttliche Inspiration gehandelt habe. Hubab zögerte keinen Augenblick. Er belehrte Mohammed ganz einfach: »O Gesandter Allahs! Dies ist kein geeigneter Platz, um einen Kampf durchzustehen. Uns bleibt nur eines, das Lager abzubrechen und uns bei den Quellen aufzustellen. Wir wählen die Wasserstellen, die dem Feind am nächsten liegen. Die anderen

Brunnen dahinter schütten wir zu. Bei unserer Quelle aber legen wir ein breites Becken an mit einem Vorrat an Wasser. Wenn dann der Kampf losbricht, dann haben wir zu trinken. Der Feind aber leidet Durst.« »*Dein Rat ist ausgezeichnet*«, soll Mohammed dem Hubab Ibn Mundhir geantwortet haben. Er folgte der Anweisung des erfahrenen Mannes sofort.

Mohammed spürte, daß es klug war, sich nicht länger um militärische Belange, zumindest während dieses Feldzugs, zu kümmern. Einer der Männer, die um ihn waren, hatte die Lage des Propheten sofort begriffen. Er sagte: »O Gesandter Allahs! Wir bauen dir ein Zelt auf, in dem du dich aufhalten kannst, geschützt vor dem heißen Sonnenlicht. Daneben pflocken wir dir dein Reitkamel an. Wenn wir dann auf den Feind treffen und siegen, ist das eine gute Sache. Geht die Sache aber übel aus, dann besteigst du das Reittier und begibst dich zurück nach Medina zu den Ansar, die zurückgeblieben sind. Sie werden dich gut aufnehmen, denn sie respektieren dich genauso wie wir. Hätten sie gewußt, daß es zum Kampf mit einem Heer der Koraisch-Kämpfer kommen wird, so wären sie selbstverständlich mitgezogen. Allah wird dich durch sie schützen!« Mohammed, so wird erzählt, dankte dem Mann und segnete ihn. Das Zelt wurde gebaut, und der aus der Entscheidungsposition verdrängte bisherige Anführer des Feldzugs verbrachte die wichtigen Stunden des Kampfes im Schatten.

Die Berichte stimmen darin überein, daß Mohammed am frühen Morgen zuerst den Angriff der Koraisch entdeckt habe.

Mohammed soll ihren Anmarsch so kommentiert haben: »*Bei Allah! Da kommen die Koraisch voll Eitelkeit und Stolz. Sie führen Krieg gegen Allah und gegen den Gesandten Allahs.*« In der achten Koransure ist eine Anspielung darauf zu finden:

»*Prahlend verließen sie ihre Häuser, um sich den Menschen unterwegs zu zeigen.*«

Die Überlieferungen, die erhalten sind, berichten die Ereignisse aus der Sicht der Moslems. Neutrale Erzählungen sind nicht erhalten geblieben. Die Handlungen und Diskussionen der Gegner des Propheten sind von den frühen Historikern festgehalten worden im Bewußtsein, diese Gegner seien ganz selbstverständlich die Bösen und die Verdammten. Ihnen wurden Zweifel an der eigenen Haltung zugestanden. Überlegungen der Gegner sind in die Berichte eingefügt worden, die sich damit befassen, ob nicht Mohammed doch noch Sympathie verdiene. Im Falle der Kriegsberichte über die Geschehnisse bei der Wasserstelle von al Badr werden die Ängste der Männer von Koraisch geschildert, vor allem ihre Gefühle, dieser Kampf sei, wie er auch ausgehe, sinnlos und sogar schädlich für alle Araber. Utba Ibn Rabi'a – er wurde in diesem Kampf getötet – war, den Berichten zufolge, der Wortführer der Skeptiker und soll diese kurze Rede gehalten haben:

»*Männer von Koraisch. Nichts werdet ihr gewinnen durch den Kampf gegen Mohammed und seine Gefährten. Siegen wir, dann können wir uns nicht mehr gegenseitig in die Augen sehen, weil wir die eigenen Verwandten umgebracht haben. Es ist besser, wir kehren um und überlassen Mohammed seinem Schicksal. Vielleicht bringen ihn die anderen Araber um, dann seid es ihr wenigstens nicht gewesen. Wir sollten nichts unternehmen, was wir uns dann vorwerfen müssen.*«

Verflogen war die unbedingte Entschlossenheit, die Gelegenheit zu nützen, um der religiösen Agitation des Mohammed jetzt ein Ende zu machen.

Einer, der von einem Erkundungsritt zurückkam, sprach Worte, die auch nicht geeignet waren, Mut zu machen: »Ich habe Kamele den Tod tragen sehen. Das waren Kamele aus Jathrib. Sie trugen den Tod auf dem Rücken. Keiner von ihnen wird umgebracht werden, ehe er nicht einen von uns umgebracht hat. Wenn sie dann so viele von uns getötet haben, wie sie selbst sind, kann dann das Leben noch schön sein?«

»Eure Lungen haben sich mit Angst gefüllt!« Das war die Replik derjenigen aus der Koraisch-Sippe, die eine Entscheidung suchten. Die Entschlossenen unterschieden sich von den Vorsichtigen meist in einem ganz wesentlichen Punkt: Von ihnen befand sich kein direkter Blutsverwandter in den Reihen der Prophetenanhänger. Utba Ibn Rabi'a sprach deshalb davon, daß man sich als Verwandtenmörder nach dem Sieg nicht mehr gegenseitig in die Augen sehen könne, weil sein eigener Sohn zum engsten Kreis um

Mohammed zählte. Er mußte sich von den Scharfmachern vorwerfen lassen, er sei nur deshalb für den Abzug ohne Entscheidungskampf, weil er diesen Sohn nicht gefährden wolle. Utba Ibn Rabi'a konnte dagegen nicht argumentieren. Er schwieg, kämpfte und fiel.

Die Schlacht von al Badr begann mit Attacken einzelner Männer aus der Koraisch-Truppe, die sich besonders auszeichnen wollten. »Ich schwöre, ich werde aus ihrem Wasserbecken trinken!« Mit diesem Aufschrei stürzte sich der Koraischite Aswad, das Schwert in der Hand, gegen die erste Verteidigungslinie der Moslems. Er traf auf Hamza, einen Onkel des Propheten; der schwang seine Waffe und schlug dem angreifenden Aswad ein Bein ab. Der Verwundete schleppte sich noch, um seinen Schwur wahrzumachen, bis zum Wasserbecken der Moslems. Aswad trank daraus, doch er verblutete auch zugleich. Rot färbte sich das Trinkwasser der Prophetengefährten.

Auch Mohammeds Zweifel spiegeln sich in den Erzählungen. In der Anfangsphase des Kampfes soll er gesagt haben: »*O Allah, wenn diese Männer erschlagen werden, dann lebt niemand mehr, der Dich anbetet!*« Nervosität muß im Zelt geherrscht haben, in dem sich Mohammed aufhielt. Abu Bakr, der bei ihm war, fuhr Mohammed schließlich an: »Dieses andauernde Beten, diese ständigen Bitten werden deinem Gott lästig fallen. Er hat dir den Sieg versprochen. Er wird sein Versprechen halten.« Nach diesem unwilligen Ausbruch des Abu Bakr schlief Mohammed ein. Doch sein Schlaf war unruhig. Träume und Visionen bedrängten ihn. Als Mohammed aufschreckte, sagte er: »*Allahs Hilfe ist gekommen. Gabriel ist da. Er führt ein Pferd am Zügel. Die Vorderzähne des Pferdes sind von Staub bedeckt.*«

Bei dieser ersten wichtigen Schlacht verkündete Mohammed den Glaubensgrundsatz, daß der Kämpfer, der für den Islam stirbt, sofort durch den Einzug ins Paradies belohnt wird: »*Jeder, der standhaft und um Allahs Lohn gegen den Feind kämpft, mit dem Blick nach vorn und ohne zurückzuweichen, der wird, wenn er den Tod findet, von Allah ins Paradies eingelassen.*« Als der Prophet diese Worte sagte, stand neben ihm Umair Ibn Humam, der gerade eine Kampfpause machte und eine Handvoll Datteln aß. Umair überlegte einen Augenblick lang, dann fragte er Mohammed: »Ist es wirklich so, daß mich nur der Augenblick des Todes vom Paradies trennt?" Als Mohammed nickte, da warf Umair die Datteln weg, packte sein Schwert und begann wieder zu kämpfen. Er suchte den Tod und fand ihn schließlich auch, überzeugt, den Schritt zu tun über die Schwelle des Paradieses.

Die zum Kampf entschlossenen Führer der Koraisch-Truppe hatten zu Beginn der Auseinandersetzung geglaubt, mit ihrer Übermacht sehr rasch eine Entscheidung zu ihren Gunsten erzwingen zu können. Die größere Kampfkraft der Moslems wog jedoch die zahlenmäßige Überlegenheit der Koraisch bei weitem auf. Mohammeds Kämpfer siegten.

In der achten Sure des Korans sind Reflexionen zu finden über den Verlauf der Schlacht von al Badr:

»*Als Allah euch versprochen hatte, daß einer der beiden Heerhaufen euch unterliegen sollte, da hofftet ihr, daß euch die schlechter bewaffnete Karawane in die Hände falle. Aber Allah wollte, um die Wahrheit seines Wortes zu bestätigen, die Wurzel der Ungläubigen ausrotten, damit sich die Wahrheit offenlege und damit die Anbetung falscher Götter ein Ende finde, wenn sich die Götzendiener auch widersetzten. Als ihr Allah um Beistand anflehtet, da antwortete er euch: Wahrlich, ich will euch mit Tausenden von Engeln beistehen, die hintereinander folgen sollen.*«

Diese achte Sure trägt die Bezeichnung »al Anfal« – die Beute. Ausgelöst wurde ihre Offenbarung durch den Streit der Sieger untereinander um das Eigentum der Verlierer und um Ansprüche auf die Gefangenen, die einen Teil der Beute darstellten. Jeder wollte vom Sieg profitieren: Die Kämpfer und diejenigen, die zum Schutz des Propheten beim Zelt geblieben waren. Beide Gruppen begannen noch in der Endphase des Kampfes damit, den Toten der Koraisch die Kleider auszuziehen, ihren Schmuck abzustreifen, ihre Schwerter einzusammeln. Kaum war der Sieg errungen, begann die Plünderung der Zelte. Die Koraisch hatten auf den Feldzug vielerlei mitgenommen: Lebensmittel, Wein, teuere Gewänder, Geschenke für gastfreundliche Stammesfürsten, Pferde und Kamele, Geld, aber auch Sklavinnen. Um diese Güter stritten die

Gläubigen. Die Offenbarung des Anfangs der achten Sure machte der Auseinandersetzung ein Ende. Sie beginnt mit der Einleitungsformel: »*Im Namen Allahs, des Allbarmherzigen.*«
Doch dann packt Mohammed sofort das Problem an – wobei die Worte, die Mohammed spricht, wiederum als Äußerung Allahs zum Propheten gedacht sind:
»*Sie werden dich über die Beute befragen. Antworte: Die Verteilung der Beute ist Sache Allahs und seines Gesandten. Darum fürchtet Allah und legt diese Angelegenheit friedlich bei und gehorcht Allah und seinem Gesandten, wenn ihr wahre Gläubige sein wollt.*«
Eine konkrete Anweisung ist in der Mitte der Sure anzutreffen. Sie lautet:
»*Wisset, wenn ihr Beute macht, so gehört der fünfte Teil davon Allah und dem Gesandten und dessen Verwandten, den Waisen und den Armen. Wenn ihr nur an Allah glaubt und an das, was wir am Siegestag unserem Diener herabgesandt haben, an jenem Tag, an welchem die beiden Heere aufeinandertrafen. Allah ist über alle Dinge mächtig.*«
Nach Abzug des fünften Teils, über den Mohammed verfügen konnte, wurde die Beute der Schlacht von al Badr auf alle Beteiligten gleichmäßig verteilt.
Der arabische Historiker Ibn Ishaq zieht dieses Fazit der Schlacht von al Badr: »Die Gesamtzahl der Muslime, die am Kampf teilnahmen, betrug 314. Auswanderer aus Mekka waren mit 83 in der Gesamtzahl vertreten. Die Helfer aus Medina zählten 231. Davon wiederum waren 170 vom Stamme des Chasradsch und 61 vom Stamme Aus. Von den Auswanderern verloren 6 ihr Leben. Von den Helfern aus Medina starben 8. Aus dem Stamm Koraisch wurden 50 Männer erschlagen, 43 wurden gefangengenommen.«

Mekka hatte seine erfahrensten Kämpfer verloren, die Männer mit der größten Entschlußkraft. Abu Sufjan, der Karawanenführer, aber war mit Waren und Kamelen wohlbehalten in der Handelsstadt angekommen. Sein Einzug in den Markt gab den Menschen von Mekka nicht geringen Trost in der Depression, die von den üblen Nachrichten ausgelöst worden war. Abu Sufjans Rat war

künftig gefragt, wenn von kriegerischen Unternehmungen geredet wurde. Trotz der großen Verluste war die Banu Koraisch nicht gewillt, die Niederlage hinzunehmen. An Kapitulation dachte niemand in Mekka. Sehr bald schon begann die Wiederaufrüstung von Kampftruppen für die Revanche. Daß die bessere Ideologie gesiegt hatte, zu dieser Erkenntnis kam keiner der führenden Köpfe in Mekka. Die Niederlage wurde eher als deprimierender Zufall gesehen.
Der Sieg war dem Propheten zur rechten Zeit zugefallen. Wie er selbst in der achten Sure sagte, hat diese Schlacht die Wahrheit über seine Sendung bestätigt – er hatte den Sieg vorausgesagt, und seine Kämpfer hatten gewonnen. Künftig war kein Zweifel mehr erlaubt an seinen Worten, die ja als Worte des allmächtigen Gottes anzusehen waren. Jahrelang hatte Mohammed auf eine derartige Bestätigung gewartet. Jetzt waren die Skeptiker beschämt. Mohammed nützte die günstige Stimmung in Medina aus. In den vergangenen Monaten hatten eine Frau und ein Mann die Kühnheit besessen, Spottgedichte auf den Propheten zu schreiben. Auf Wunsch von Mohammed wurden die beiden getötet. Niemand protestierte dagegen, daß eine Hinrichtung ohne Urteil stattfand.
Die Stämme der Beduinen, die bisher ganz selbstverständlich Mekka als die gewichtigste politische und militärische Macht in der Region betrachtet hatten, begannen stärker die Verhältnisse in Medina zu beachten. Männer und Frauen mit poetischer Begabung hatten sich schnell den Stoff der Schlacht für sprachgewaltige Darstellung angeeignet: Lange Dichtungen feierten Mohammed und seine Kämpfer.
»Der Prophet, umringt von Kämpfern des Stammes Aus, wie eine Festung war der Ring!
Niemand konnte eindringen.
Andere stürmten vor mit dem Banner.
Staubwolken wirbelten auf ringsum.
So stießen sie auf den Feind, und jeder bezwang seine Angst vor dem Tod.«
Diese Dichtungen wurden bald auch bei den Stämmen draußen in den Oasen gesungen, vorgetragen von wandernden Sängern. In sternklaren, kühlen Nächten wurde so die poetische Propaganda

für Mohammed und seinen Glauben weitergetragen. Die Verse, die über die Verlierer gedichtet wurden, zerstörten das Prestige der Koraisch:
»*Zum Brennholz wurden die Koraisch fürs Feuer der Hölle.*
Jeder, der Allah verleugnet, findet dort seinen Platz.
Das Feuer wird geschürt, das sie alle verschlingt.«
Abu Sufjan, der starke Mann in Mekka, wurde von den Poeten als religiöser Verbrecher geschildert, der sich dem Gebot des einen Gottes widersetzte:
»*Er wird in diesem Leben bald Schande ernten,*
Und in der Hölle muß er für ewig ein Kleid aus Pech tragen.«
Die Zuhörer empfanden Schadenfreude; sie gönnten den stolzen Männern aus Mekka die Niederlage und die Schmähreden. Doch sie waren klug genug, die Beduinen der Wüste, um aus der Poesie nicht unbedingt auf Veränderungen in der politischen Realität zu schließen. Mekka blieb auch weiterhin ein wichtiger Markt und eine reiche Stadt. Die Schlacht von al Badr hatte Medina noch nicht an die Stelle von Mekka gerückt. Triumphgesänge phantasievoller Männer wurden in erster Linie als Zeitvertreib empfunden. Die Beduinen konnten sich begeistern über wortreiche Epen, die in der Schilderung vom Ende der Schlacht gipfelten: »*Dann warfen wir die toten Koraisch in den Brunnen von al Badr.*« Die Propaganda der Poeten löste allerdings einen Effekt aus: Medina wurde bekannt; die Namen des Propheten und seiner Gefährten prägten sich in die Köpfe der Beduinen ringsum ein. Die Schmach des Überfalls auf die Karawane der Koraisch war vergessen.

17 Der Streit mit den Juden verschärft sich

Wenige Wochen nach der Schlacht ereignete sich ein Zwischenfall, der die Feindseligkeit zwischen Arabern und Juden aufflammen ließ. Auf dem kleinen Markt zwischen den Zelten eines jüdischen Stammes hockte eine arabische

Frau bei ihren Waren. Sie bot Lebensmittel an. Einige junge Juden wollten ihr einen Streich spielen: Sie banden den Rock der Frau so an einen Zeltpfosten fest, daß er, als sie sich erhob, von ihrem Körper gerissen wurde – sie stand mit nacktem Unterleib auf dem Markt, zum Gespött der jungen Juden. Ein Moslem, der sich ebenfalls auf dem Markt des jüdischen Stammes aufhielt, ärgerte sich über das Gelächter ringsum. Er schlug auf den Juden, den er für verantwortlich für die Beleidigung hielt, so lange ein, bis dieser junge Mann tot war. Der Moslem wiederum starb nur wenige Augenblicke später unter den Hieben der Juden.

Mohammed, der nie vergessen konnte, daß die Juden, trotz seiner Verhandlungsbemühungen, seine Gotteslehre und seinen Herrschaftsanspruch in Medina abgelehnt hatten, zeigte keinerlei Neigung, diesen Fall auf sich beruhen zu lassen. Sein Standpunkt war: Auf dem Markt des jüdischen Stammes Qaynuqa war eine arabische, islamische Frau beleidigt worden. Anstatt dieser Frau zu helfen, hatten die gestandenen Männer auf dem Markt in das Gelächter der jungen Burschen eingestimmt. Mohammed sah darin den eigentlichen Kern der Beleidigung. Nach seiner Meinung war damit nicht nur die Ehre dieser Frau und ihrer Familie, sondern aller Moslems angetastet worden. Die Ehre verlangte, daß diese Beleidigung gerächt wurde.

Der Sieger von al Badr hatte ein derartiges Ansehen gewonnen bei den Bewohnern von Medina, daß ihm niemand zu widersprechen wagte. Die Kämpfer, die an der Schlacht teilgenommen hatten, stellten sich Mohammed sofort wieder zur Verfügung für eine militärische Auseinandersetzung mit dem jüdischen Clan Qaynuqa.

Auch die Juden bereiteten sich auf Krieg vor; die Männer besetzten die bereits präparierten festungsähnlichen Bauten – sie waren aus Lehmziegeln errichtet –, die zwischen den Wohnzelten standen. Die Führung des Stammes wußte, daß Gefahr heraufzog. Die harte und entschlossene Kampfweise der Moslems war bekannt geworden. »Al Badr« war ein Schreckenswort für alle, die im Streit mit Mohammeds Anhängern lagen. Der Stamm Qaynuqa versuchte deshalb auf dem Verhandlungsweg zu einem Einverständnis mit den Moslems zu kommen. Einzelne einflußreiche Männer in Medina bemühten sich darum, die Kontakte zu knüpfen

– ohne Erfolg. Der wichtigste Fürsprecher der Juden, Ibn Ubaji, der in den Jahren vor Mohammeds Ankunft in Medina respektiert worden war, mußte es sich gefallen lassen, an der Tür von Mohammeds Haus abgewiesen zu werden. Er kam ins Handgemenge mit der Wache, die den Eingang kontrollierte. Dabei wurde Ibn Ubaji unsanft behandelt. Einer der Wachhabenden warf ihn gegen die Wand. Ibn Ubaji verletzte sich dabei im Gesicht; er blutete aus der Nase. Als die Führung des jüdischen Clans von der Machtlosigkeit ihres Fürsprechers erfuhr, bot sie durch direkte Gespräche den Moslems Kompensation für die verletzte Ehre der Frau, ihrer Familie und der islamischen Bevölkerung von Medina insgesamt an, doch Mohammed schickte die Delegation zurück. Er hatte insgeheim über das Schicksal dieser jüdischen Sippe bereits entschieden.

In dieser Phase des Konflikts war nie davon die Rede, daß der Stamm Qaynuqa zum Zeichen der Buße die Religion des Islams annehmen sollte. Mohammed hatte die Standfestigkeit der jüdischen Stämme in religiösen Fragen begriffen. Da die Unterwerfung im Glauben nicht möglich war, wollte der Moslemführer die Juden ganz aus Medina vertreiben.

Die Belagerung der Siedlung des Stammes Qaynuqa begann. Tag und Nacht hielten die Moslems den Kreis der Bewaffneten um die Zelte und die stabilen Lehmbauten geschlossen. Die Großfamilie mit etwa tausend Menschen verfügte nur über eine unbedeutende Wasserquelle innerhalb des Belagerungsrings. Kinder, Frauen und Männer hatten Durst. Fünfzehn Tage lang hielten die Juden aus, in der Hoffnung, der eine oder andere ihrer früheren Freunde könnte Mohammed passable Bedingungen für die Kapitulation abringen. Die Freunde setzten sich auch in der Tat bei wichtigen Gefährten von Mohammed ein, ohne auch nur das geringste zu erreichen.

Als der Stamm Qaynuqa nach über zwei Wochen der Entbehrungen und Durstqualen kapitulierte, da gewährte Mohammed den Verlierern keine ehrenhaften Bedingungen. Er dekretierte den Abzug der Großfamilie aus Medina. Innerhalb von drei Tagen mußten diese Juden die Stadt verlassen. Während dieser Frist konnten sie Gelder einsammeln, die sie ausgeliehen hatten – keine

Überlieferung berichtet, ob sie damit erfolgreich waren. Nicht mitnehmen durften die Ausgewiesenen ihre Werkzeuge zur Fertigung von Waffen. In der Technik der Herstellung von Schwertern und Rüstungen waren die Schmiede des Stammes Qaynuqa besonders tüchtig gewesen. Mit den Werkzeugen wollten sich die Moslems diese Technik aneignen.

Die Stammesmitglieder zogen fristgerecht aus der Stadt. Sie hatten keinerlei Unterstützung erfahren von den anderen jüdischen Bewohnern des Siedlungsbereichs von Medina. Eher hatten noch einige Vertreter des arabischen Stammes der Aus Mitleid gezeigt. Es wird berichtet, Mohammed habe durchaus mit dem Gedanken gespielt, die Männer des jüdischen Stammes töten zu lassen und die Frauen als Sklavinnen zu verkaufen. Von Männern der Sippe Aus sei Mohammed darauf hingewiesen worden, daß er für einen Tötungsbefehl kein Verständnis bei ihnen finden könne. Seinen Standpunkt verteidigte Mohammed mit den Worten: »*Die Ungläubigen, die durchaus nicht glauben wollen, werden von Allah als das ärgste Vieh betrachtet.*«

Wen Mohammed haßte, den verfolgte er mit äußerster Hartnäckigkeit. Den jüdischen Bewohnern verzieh er nicht, daß sie seine Annäherungsbemühungen zurückgewiesen hatten – doch mehr noch war er wütend über ihren Spott. Die gescheiten Köpfe der Juden kannten ihre Heilige Schrift, und sie bemerkten wohl gewisse Parallelen zwischen seinem Glaubenskodex und ihrem eigenen. Sie waren überzeugt, Mohammed habe lange Passagen der jüdischen Schrift in seine Korantexte übernommen; habe den Inhalt dabei allerdings meist verändert und verdreht. Die Spötter lasen aus den Veränderungen ab, daß Mohammed den Sinn der Schrift nicht begriffen habe; in seinem Unverstand liege die Ursache für die Verdrehung von Sinn und Inhalt. Auf solche Vorwürfe reagierte der Prophet besonders bitter.

Ka'b Ibn al Ashraf war ein solcher Spötter mit scharfer Zunge. Sein Vater war Araber gewesen, die Mutter Jüdin. Ka'b selbst bekannte sich zum jüdischen Glauben. Seine satirische Begabung war bisher hoch geschätzt worden in Medina, viel belacht wurden seine Sprüche, die meist die Schwächen der lokalen Mächtigen glossierten. Narrenfreiheit war ihm gewährt worden zur Zeit der Bürgerkriege.

Mit der Ankunft von Mohammed in Medina aber änderte sich die psychologische Situation: Witz war nicht mehr gefragt und wurde nicht mehr akzeptiert in der religiös-politischen Auseinandersetzung. Mohammed durfte kaum dulden, daß seine Offenbarungen ins Lächerliche gezogen wurden; sie hatten als Worte Allahs zu gelten und waren damit der Beurteilung durch menschlichen Verstand und Witz entzogen. Wer die Worte Allahs lächerlich machte, der beging ein Verbrechen an diesem einzigen und allmächtigen Gott. Gotteslästerer aber sollten mit dem Tode büßen.

Der Spötter Ka'b besaß ein festes Haus in Medina. Seinen Unterhalt verdiente er zeitweise durch Verkauf von Milchprodukten. Auf dem Grundstück, das zum Haus gehörte, weideten Kamelstuten, von denen die Milch stammte.

Die Moslems behaupteten später, Ka'b habe sich nach der Schlacht von al Badr in Mekka aufgehalten, um die Menschen dort zu rascher Rache an Mohammed aufzufordern. Wenig wahrscheinlich ist jedoch, daß Ka'b eine derart weite Reise unternommen hat, daß er sich überhaupt in diesem Maße aktiv engagierte in der Auseinandersetzung zwischen den Städten. Ihm genügte das leicht hingesagte Wort, der Witz des Augenblicks, die Pointe. Die Moslems haben die Erinnerung an diese Pointen getilgt; kein einziger dieser Sprüche ist erhalten geblieben. Anzunehmen ist allerdings, daß viele Pointen den Propheten zur Zielscheibe nahmen. Als der Hohn unerträglich wurde, soll Mohammed die böse Frage gestellt haben: »*Wer befreit mich von diesem Mann?*« Für die Gläubigsten der Moslems galt diese Frage als Befehl zum Mord. Mohammed Ibn Maslama fühlte sich direkt angesprochen; er versprach, den Propheten zu rächen. Mohammed schwieg – er hatte schon alles gesagt!

Ka'b hatte vom Zorn des Propheten der Araber gehört. Er spürte, daß sich Unheil über ihm zusammenzog. Sein Haus verriegelte er; die Kamelstuten holte Ka'b in den Schuppen. Die Juden, in deren Kreis er wohnte, versprachen, ihn und seine Tiere zu versorgen, damit er das schützende Haus nicht zu verlassen brauchte. Trotzdem ließ sich der witzige Gegner des Islams in einer Nacht aus seiner Tür locken. Mohammed Ibn Maslama und eine Anzahl seiner Freunde lamentierten vor dem Haus über ihre Notlage: Sie brauchten Lebensmittel für eine kleine Karawane, die sich schon am anderen Morgen auf den Weg machen müsse. Sie hätten gehört, Ka'b sei in der Lage, sie zu beliefern. Als Ka'b die Tür öffnete, packten ihn die Moslems und zerrten ihn vollends aus dem Haus. Ka'b schrie laut um Hilfe, doch die Juden, die rings in der Nachbarschaft lebten, trauten sich nicht aus den Häusern. Einige entzündeten zwar Feuer auf ihren Dächern – ein üblicher Brauch, wenn Gefahr drohte –, wodurch sich jedoch keiner abhalten ließ, die geplante Tat auszuführen. Ka'b wurde vor seinem Haus ermordet. Zur Stunde des Gebets am anderen Morgen zeigte sich Mohammed befriedigt über die Entschlossenheit seiner Anhänger in der Erfüllung seiner Wünsche.

Einer der Beteiligten, sein Name war Abbad Ibn Bishr, soll diesen poetisch formulierten Bericht über den Tod des Ka'b verfaßt haben:

»*Ich rief ihn, und er überhörte den Schrei nicht, sondern er zeigte sich oben auf seinem Haus. Ich sagte: Wir wollen dir dankbar sein, wenn du uns Korn und Datteln lieferst; unser Panzerkleid können wir dir als Pfand lassen. Da dachte er, wir seien Leute, die Waren brauchen und nicht arm sind. Er kam eilig von seinem Haus herunter und sagte: Ihr seid wegen einer wichtigen Sache gekommen. Wir aber hatten scharfe Schwerter in der Hand, die schon viele Ungläubige getötet hatten. Mohammed Ibn Maslama hielt ihn umschlungen mit Pranken, die stark waren wie die eines Löwen, dann streckten wir ihn nieder. Wir schlachteten ihn wie ein Opfertier. Darauf ritten wir fünf edlen Männer mit dem Kopf des Ka'b zurück. Wir waren Muster an Zuverlässigkeit und Treue, und Allah war der sechste dabei. Wir kehrten heim nach dem herrlichen Sieg.*«

Die an Zahl noch immer starke jüdische Bevölkerungsgruppe in Medina entschloß sich nach dem Mord an Ka'b Ibn al Ashraf, das Verhältnis zwischen Juden und Moslems durch einen Vertrag zu regeln, der Pflichten und Rechte genau ordnen sollte. Mohammed nahm die Bereitschaft der jüdischen Führer, künftig enger mit ihm zusammenzuarbeiten, entgegen. Der Fortgang der Ereignisse zeigt aber, daß ihm der Wille mangelte zur dauerhaften Kooperation.

Etwa ein Jahr nach dem Mord an dem Satiriker Ka'b brach Mohammed Streit vom Zaun mit der jüdischen Sippe der al Nadir – dieser Sippe hatte die Mutter von Ka'b angehört; zu ihr hatte sich Ka'b selbst bekannt. Um das Blutgeld für einen Erschlagenen aufbringen zu können – Mohammeds Anhänger waren in vielerlei Fehden verwickelt –, forderte Mohammed der kooperationsbereiten Großfamilie al Nadir einen beachtlichen Betrag ab. Die Juden fragten sich, warum sie mehr bezahlen sollten, als die Moslems in Medina – sie luden zu Verhandlungen ein.

Die Gespräche fanden im Schatten eines Lehmhauses statt. Mohammed und die übrigen Mitglieder der Moslemdelegation saßen mit dem Rücken an die Hauswand gelehnt. Die jüdischen Verhandlungspartner entschuldigten sich plötzlich für die Unhöflichkeit, die Gäste allein lassen zu müssen, doch sei es ihre Pflicht, für ein ordentliches Festmahl zu sorgen. Mohammed und die Seinen fanden es merkwürdig, daß ihre Gegenüber verschwunden waren. Dieses Benehmen war jedenfalls ungewöhnlich. Schließlich stand Mohammed auf und verschwand zwischen den Häusern. Als er nicht wiederkam, entfernten sich auch die übrigen Moslems nach und nach. Von den Juden hatte sich keiner mehr blicken lassen.

Im Hause des Mohammed trafen sich alle wieder. Der Prophet erklärte:

Er habe eine göttliche Offenbarung erlebt, dort im Schatten des Lehmhauses. Die Stimme habe wieder zu ihm gesprochen und habe gesagt, die Juden seien weggegangen, weil sie die Absicht hätten, einen riesigen Stein vom Dach zu rollen, der ihn, den Propheten, töten solle. Vom Engel Gabriel habe er den Befehl erhalten, sofort wegzugehen. Von Gabriel sei auch die sofortige Bestrafung der Juden angeordnet worden.

Mohammed schickte sofort ein Ultimatum an den Stamm al Nadir: Innerhalb von zehn Tagen haben sämtliche Mitglieder der Großfamilie Medina zu verlassen; wer sich nicht an die Anordnung hält, der wird mit dem Tode bestraft. Allerdings sollten dem Clan die Dattelpalmen in ihrem bisherigen Siedlungsgebiet auch weiterhin gehören. Mohammed versprach, daß die Männer von al Nadir auch aus der Ferne über die Produkte aus den Palmengärten verfügen

können. Der jüdische Stamm antwortete auf das Ultimatum erst gar nicht.
Ob die Führung von al Nadir die Ermordung des Propheten plante oder nicht – über diese Frage wurde in Medina gar nicht diskutiert. Die Gläubigen waren auf jeden Fall überzeugt, daß der Anschlag vorgesehen war, denn schließlich hatte ja Gabriel, im Auftrage Allahs, die Absicht vom Attentat mitgeteilt. Die Skeptiker aber schwiegen. Zweifel an der Echtheit der Offenbarungen des Propheten waren zu diesem Zeitpunkt in Medina nicht mehr erlaubt. So stand auch niemand offen auf, um gegen das Ausweisungsurteil zu protestieren. Nur insgeheim rieten einzelne Persönlichkeiten der jüdischen Großfamilie, sich nicht alles gefallen zu lassen, schließlich hätte sie doch keineswegs ein Unrecht getan, da ja nicht einmal ein Attentatsversuch unternommen worden sei. Auch Ibn Ubaji, der sich im Falle der Qaynuqafamilie noch persönlich für die Juden eingesetzt hatte, sandte diesmal nur brieflichen Zuspruch mit dem Versprechen der Solidarität bei gutem oder üblem Ausgang des Streits. Aus den Schreiben konnte die Stammesführung aber auch entnehmen, daß Ibn Ubaji Hilfe von außerhalb der Stadt organisieren werde. Der Rat der Ältesten von al Nadir beschloß auf Grund dieser Nachrichten dem Propheten Widerstand zu leisten.
Mohammed hat von den Briefen des Ibn Ubaji gehört, wie diese Sätze aus der neunundfünfzigsten Sure beweisen.
»Hast du die Heuchler noch nicht beobachtet? Sie sagten zu den nicht Rechtgläubigen, den jüdischen Schriftbesitzern: Solltet ihr vertrieben werden, so wollen wir mit euch auswandern und wir versagen jedem, der uns gegen euch aufhetzen will, auf immer den Gehorsam. Werdet ihr aber angegriffen, so wollen wir für Beistand sorgen.«
Mohammed wagte in dieser Sure eine Prognose auf den Ausgang des Streits:
»Allah wird bezeugen, daß sie Lügner sind. Denn wenn jene angegriffen werden, dann stehen ihnen die Heuchler nicht bei. Und leisten sie ihnen auch Beistand, so kehrten die Heuchler ihnen im Kampf doch den Rücken. Geholfen wäre ihnen damit nicht. Fürwahr, die Gläubigen sind stärker, weil Allah Schrecken

in das Herz der Gläubigen geworfen hat. Die Juden wollen nicht einmal in offener Feldschlacht mit euch kämpfen, sondern nur in befestigten Häusern, hinter Mauern. Wenn sie allein sind, reden sie allerdings groß vom Kriegsmut.«

Auf das Ultimatum hatte der Stamm al Nadir durch Ausbau der befestigten Häuser reagiert. Selbstverständlich wich er der direkten Konfrontation aus. Der jüdische Stamm war an Zahl den Kampftruppen der Moslems weit unterlegen; die Bewaffneten der Juden hätten kaum lange standhalten können. Mohammed mußte sich, wie zuvor schon im Kampf gegen die Sippe Qaynuqa, auf zeitraubende Belagerung einlassen. Er wußte ein Mittel, um den Feind zum Einlenken zu zwingen – doch es widersprach jeglichem Recht, das damals zwischen den arabischen Stämmen galt.

Das Wichtigste, was der Stamm al Nadir besaß, waren die Palmgärten. Während die Sippe mit ihren rund tausend Angehörigen in den festungsähnlichen Gebäuden auf eine glückliche Wendung des Krieges wartete, ließ Mohammed an jedem Belagerungstag eine Anzahl der Dattelpalmen fällen und verbrennen. Mit Entsetzen sahen die Juden, wie dieser stolze Besitz in sturer Gründlichkeit zerstört wurde. Etwas derartiges hatte sich bisher in Arabien nicht ereignet: Fast als heilig galten die Palmen; doch nicht aus religiösen Gründen wurden sie respektiert, sondern weil sie unersetzbar waren als Spender von Nahrung. Die lange Zeit, die sie zum Wachstum benötigten, machte sie wertvoll. Kein Angreifer hatte jemals so barbarisch gehandelt und hatte solche Pflanzen zerstört. Zwischen den Völkern Arabiens galt die Absprache, Palmenhaine unangetastet zu lassen. Nur Abu Sufjan, der Feldherr aus Mekka, hatte nach der Schlacht von al Badr, aus Wut über die Niederlage, einige kleinere Palmenhaine in der Nähe von Medina zerstört.

Auch Abu Sufjan war damals hart getadelt worden – vor allem von seinem Stamm in Mekka. Mohammed aber war vorzuwerfen, daß er nicht aus Wut, sondern kaltblütig und mit Vorbedacht die Zerstörung der Dattelpalmen befahl.

Die Juden, so wird erzählt, versuchten durch Zurufe Mohammed zur Vernunft zu bringen: »Du hast bisher mutwillige Zerstörungen verboten und hast alle getadelt, die sich nicht an dieses Gebot hielten. Warum schlägst du unsere Palmen ab und verbrennst sie?«

Die Proteste nützten nichts. Doch später, nach dem erfolgreichen Ende der Belagerung, waren auch einige der Gläubigen unglücklich über die Gewalttat. Erst eine Offenbarung beruhigte die Emotionen. Dieser Text ist eingegliedert in das erste Viertel der neunundfünfzigsten Sure:

»*Wer sich Allah widersetzt, gegen den ist Allah auch streng im Bestrafen. Wieviel Palmen ihr auch gefällt habt, wieviel Palmen ihr habt stehenlassen auf ihren Wurzeln, was auch geschah, es war Allahs Wille, um die Übeltäter mit Schmach zu bedecken.*«

Der Stamm al Nadir verteidigte sich genausolang wie zuvor die Qaynuqa-Sippe: Nach fünfzehn Tagen unterwarfen sich die jüdischen Männer und Frauen dem Willen Mohammeds. Sie baten darum, daß die zuvor von Mohammed im Ultimatum geforderten Bedingungen gelten sollten: Die jüdische Familie müßte auswandern, dürfte jedoch das Ernterecht behalten. Der Moslemführer lehnte diese Bitte jetzt ab. Sein Standpunkt: Der Stamm al Nadir sollte künftig nicht mehr über die Ernte aus seinem bisherigen Besitz an Palmen verfügen können. Trotz der Vernichtungsaktion während der Belagerung waren noch Tausende von Palmen erhalten geblieben. Sie stellten einen gewaltigen Reichtum dar und waren jetzt Bestandteil der Beute.

Die tausend Juden des Stammes al Nadir verließen Medina. Sie konnten ihr bewegliches Eigentum mitnehmen, nur die Waffen sowie Gold und Silber mußten zurückgelassen werden. Da der Stamm über sechshundert Kamele verfügte, gelang es ihm, vieles von seiner Habe zu retten. Die Lastkamele wurden auch mit dem Bauholz beladen, das die Männer von al Nadir aus ihren Lehmhäusern rissen. Die Moslems sahen mit Unbehagen, wie sich die Beute verminderte.

Wäre Mohammed seiner eigenen Anweisung gefolgt, dann hätte er die Palmenhaine, die Waffen, samt Silber und Gold, nach Abzug eines Fünftels für sich selbst, unter die Teilnehmer an der Belagerung verteilen müssen. Doch Mohammed brach diesmal mit der Regel: Er gab sich selbst die Verfügungsgewalt, mit der Begründung, die Reiterei von Medina sei nicht gebraucht worden in diesem Krieg; die Beute sei überhaupt nicht durch einen Feldzug erobert worden, sondern mehr durch die Kraft und Macht des Pro-

pheten selbst. Den beutehungrigen Moslems sagte Mohammed, diese Entscheidung sei in dieser Form von Allah selbst getroffen worden. Die entsprechende Offenbarung gehört, wie andere Korantexte über diese Begebenheiten, zur neunundfünfzigsten Sure:
»*Die Beute, welche ihr bei ihnen machtet, die Allah seinem Gesandten allein und ungeteilt gewährte, die brachtet ihr nicht hoch zu Roß oder als Kamelreiter ein, sondern Allah gibt seinem Gesandten Macht, zu überwältigen, wen er will. Allah ist dieser Gewalt mächtig.*«
Mohammed verfügte über die Beute, aber durchaus nicht als Egoist. Der Landbesitz des vertriebenen jüdischen Stammes ging in eine Art von Stiftung über, der Mohammed allerdings präsidierte. Aus dem Ertrag der Stiftung wurde künftig der Lebensunterhalt der Familien und Einzelpersonen finanziert, die mit Mohammed aus Mekka gekommen waren. Diese Menschen hatten bisher von Zuwendungen der Ansar, der Helfer, gelebt. »*Damit Reichtum nicht ausschließlich nur immer unter den Reichen im Kreise bleibe*«, deshalb sei die abweichende Entscheidung über die Beuteverteilung von Allah getroffen worden.
Der Stiftung gibt Allah eine schlichte, jedoch sehr strenge Satzung. In der neunundfünfzigsten Sure ist sie wiedergegeben:
»*Was der Gesandte Allahs euch gibt, das nehmt an, und was er euch versagt, dessen enthaltet euch. Fürchtet Allah, denn er ist streng im Bestrafen.*«

18 »Wein ist Satanswerk«

Die Überlieferungen stimmen darin überein, daß Mohammed zur Zeit der Auseinandersetzung mit dem jüdischen Stamm al Nadir seinen Anhängern den Weingenuß verbot. Die betreffende Textstelle, sie gehört zur fünften Sure des Korans, lautet:
»*O Gläubige! Der Wein, das Spiel, die Götzenbilder und das Wer-*

fen von Losen sind verabscheuungswürdig und ein Werk des Satans. Beschäftigt euch nicht damit, dann wird es euch wohlergehen. Durch Wein und Spiel will der Satan nur Feindschaft und Haß unter euch stiften und euch vom Denken an Allah und von der Verrichtung des Gebets abbringen.«

In Offenbarungen, zu denen der Prophet noch in Mekka inspiriert worden war, fehlt die Verurteilung alkoholischer Getränke. In der sechzehnten Sure ist der Beweis dafür zu finden, daß Mohammed in den ersten Jahren seiner Gesetzgebung für die Gläubigen den Wein noch unter die guten Gaben Allahs rechnet:

»Und von der Frucht der Palmbäume und den Weintrauben erhaltet ihr berauschende Getränke und gute Nahrung.«

Die behutsame Veränderung des Standpunkts läßt sich im Koran verfolgen. Unmittelbar im Zusammenhang mit der Behandlung des Konflikts, ob im Heiligen Monat Krieg geführt werden dürfe oder nicht, spricht Mohammed erneut vom Wein, wobei er sich wieder nur als Medium für die Äußerung Allahs sieht. Allah gibt in der Offenbarung der zweiten Sure diese Anweisung an den Propheten:

»Auch über Wein und Spiel werden sie dich befragen. Sage den Fragern: In beiden liegt Gefahr der Versündigung – doch in beiden liegt auch Nutzen für die Menschen.«

Dieser Standpunkt, der fast noch als positiv für Wein und Spiel angesehen werden kann, wird durch einen Zusatz verändert: *»Der Nachteil überwiegt jedoch den Nutzen.«*

Dem Wein wird immer noch zugestanden, daß er, durch seine berauschende Wirkung, dem Menschen angenehme Stunden bereiten kann. In den Darstellungen des Propheten aus der frühen Zeit der Offenbarung von den Schönheiten des Paradieses fehlt auch der Hinweis nicht, daß an jenem Versammlungsort der Glücklichen *»Becher, Kelche und Schalen voll fließenden Weines«* gereicht werden. Mohammed stellt sich allerdings vor, daß der Wein des Paradieses keine Kopfschmerzen erzeuge, daß er die schönen Gefühle erwecke und nicht die Gedanken bis zur Besinnungslosigkeit vernoble. Vom Wein des Paradieses erwartete Mohammed einen hohen Qualitätsstandard. In der Tat werden die alkoholischen Getränke, die auf den Märkten der Dörfer und

Städte in Arabien angeboten wurden, von miserabler Güte gewesen sein. In Tonkrügen und Schläuchen standen die Getränke der Hitze ausgesetzt; da verwandelte sich auch gut gekelterter Wein zu üblem Fusel. Wie geschätzt die Weinbuden der Märkte waren, ist den Dichtungen jener Jahre zu entnehmen. Sie stimmen alle darin überein, das Leben sei nicht wert gelebt zu werden, wenn es nicht drei schöne Aspekte darin gäbe: den Wein, den Kampf und die Gesellschaft eines schönen Mädchens.
Dazu gesellte sich meist noch ein viertes Vergnügen: das Glücksspiel. Markierte Holzstäbchen lagen in einem Kasten, der so lange geschüttelt wurde, bis eines dieser Stäbchen herausfiel. Ob jemand gewonnen oder verloren hatte, das war an der Markierung abzulesen. Gespielt wurde um hohen Einsatz, meist um Kamele. An einem Abend konnte leicht eine ganze Herde verspielt werden.
Eine Art von gesellschaftlichem Zwang zur Teilnahme am Glücksspiel hatte sich entwickelt. Wer nicht mitmachte, der galt als Geizhals, der wurde verlacht und verspottet. Da Ehre und Ansehen dem einzelnen wichtig waren, konnte kaum einer den Spott ertragen; da er nicht Außenseiter sein wollte, spielte er eben mit. Der Wein half zur Überwindung der Hemmungen. Amr Ibn Kulthum, einer der arabischen Dichter, lobte den Wein deshalb, weil er aus Geizhälsen freigebige Männer machte.

Das Weinverbot des Propheten ist nicht isoliert zu sehen. Es schließt das Glücksspiel mit ein. Präzise gesagt, verlangt Mohammed die Schließung der Weinbuden, der damaligen Gastwirtschaften, in denen die Glücksspiele hauptsächlich stattfanden. In die disziplinierte Ordnung der Gesellschaft, die dem Propheten vorschwebte, paßten diese Bereiche der männlichen Freiheit nicht: Künftig sollte den Beduinen keine Möglichkeit mehr gegeben werden, ihr Glück im Spiel zu erproben. Der soziale Gedanke war der wichtigste Antrieb für Mohammed: Er wollte den Mitgliedern seiner Gemeinde das Unglück der Verluste beim Spiel ersparen. Häufig genug waren Sippen völlig verarmt, weil der Mann, der die Verfügungsgewalt über das Eigentum der Großfamilie besaß, Palmenhaine und Kamelherden im Glücksspiel verloren hatte.
Ein Faktor mag allerdings in den Überlegungen des Propheten mit-

gewirkt haben, der auch erklärt, warum das Verbot alkoholischer Getränke gerade in die Zeit der Auseinandersetzung mit den Juden fällt: Die Weinbuden waren durchweg Eigentum von Juden oder Christen. Den Betrieb einer Wirtschaft sah der Araber nicht als ehrenvolle Tätigkeit an. Der Handel mit Wein, Spielgerät und Mädchen war in Mekka und in Medina gerne den Juden und Christen überlassen worden. Daß die Weinbuden auch Orte waren, an denen Propaganda getrieben wurde, an denen ideologischer Einfluß ausgeübt werden konnte, das war Mohammed sicher bewußt geworden. Die Juden und Christen erkannten ihn als Propheten nicht an – Mohammed konnte sich nicht vorstellen, Religion und Politik werde aus den Gesprächsthemen in den Weinbuden verbannt. Er fürchtete in ihnen Zentren des Widerstands gegen seine Person und seinen Glauben. So entzog er ihnen die Existenzgrundlage, indem er Juden und Christen das Recht zum Betrieb von Weinbuden nahm: Sie durften keinen Wein mehr ausschenken und kein Spielgerät mehr verleihen.

Das Weinverbot war ein Schritt zur ideologischen Festigung der Gemeinde aller Gläubigen. Nötig war er deshalb, weil äußere Niederlagen die Unfehlbarkeit des Propheten in Frage gestellt hatten. Nach der Schlacht von al Badr hatte Mohammed darauf verweisen können, daß der Sieg allein seiner Beziehung zu Allah zu verdanken war. Nach der Schlacht von Uhud war Mohammed in Verlegenheit, die Ursache der Katastrophe zu erklären.

19 »Euer Ungehorsam ist schuld an der Niederlage«

Abu Sufjan, der einst die Jahreskarawane gerettet hatte, während seine Genossen bei al Badr getötet wurden, in Gefangenschaft gerieten oder flohen, hatte bei der Ankunft der Karawane in Mekka geschworen: »Eher werde ich mir mein Haupt nicht waschen, bis ich Rache genommen habe an Mohammed.« Der Gedanke an Revanche beschäftigte viele Köpfe in Mekka. Der Rachedurst hatte aber weniger mit der Sorge zu tun, es werde den Moslems in Medina gelingen, einen konkurrierenden Handelsplatz einzurichten, nachdem das Prestige der Handelsherren von Mekka erst ruiniert war – Triebkraft war ganz einfach die Wut über die Demütigung, die sie erfahren hatten. Die meisten der Kaufleute folgten deshalb dem Appell, den Erlös aus dem Verkauf der wertvollen Waren, die den Moslems bei al Badr entkommen waren, für einen neuen Feldzug gegen Medina zu verwenden. Die Finanzierung einer neuen Großkarawane im Syriengeschäft unterblieb. Die Kaufleute besaßen nicht die finanziellen Mittel, um die Doppelbelastung durchstehen zu können: Sie standen vor der Wahl zwischen Investition in der Wiederaufrüstung oder im Geschäft. Sie entschieden sich für die Wiederaufrüstung. Einzelne Unternehmer, die für sich das Risiko wagten, mit kleineren Karawanen die syrischen Kunden weiterhin zu bedienen, machten böse Erfahrungen. Selbst wenn sie die Küstenroute mieden, und Medina im Osten umgingen, fielen sie in die Hände der Moslems. Jeder Verlust, und war die Karawane noch so klein, erinnerte die führenden Köpfe der Banu Koraisch an die Schmach, nicht mehr die alleinigen Herren zu sein in Arabien.

Abu Sufjan rekrutierte ein Heer von dreitausend Männern – eine beachtliche Zahl für die damalige Zeit. In Mekka allein hatten sich nicht so viele kampfwillige und kampffähige Männer gefunden; Abu Sufjan hatte Werber ausschicken müssen zu den Stämmen, die ringsum in den Tälern wohnten. Sie ließen sich gegen Geld dazu bewegen, Kontingente für das Mekkaheer zu stellen. Die Beduinen vermieteten den Handelsherren von Mekka auch ihre Transportkamele: Über dreitausend Lasttiere standen dem Befehlshaber Abu Sufjan schließlich zur Verfügung.

Die berittene Truppe setzte sich in Bewegung nach Norden. Frauen zogen mit; sie sollten die Kämpfer anstacheln durch Versprechungen und anfeuernde Gesänge. Die Beteiligung der Frauen geschah nach alter Tradition, doch vorteilhaft wirkte sie sich nicht aus. Aus Rücksicht auf die weiblichen Expeditionsmitglieder wurden in kurzen Abständen Pausen eingelegt mit langwierigen Abspeisungen, die in ausgesprochenen Gelagen endeten. So kam das Heer aus Mekka nur langsam voran. Den Agenten des Propheten in den

Oasen, an den Wasserstellen stand viel Zeit zur Verfügung, um ihre Meldungen nach Medina zu schicken. Mohammed war vom Anfang des Kriegszugs der Mekkaner an außerordentlich präzise über den Gegner informiert.

In die Emigranten und die Ansar fuhr der Schreck, als sie davon erfuhren, in welcher Stärke das Mekkaheer heranrückte. Mohammed, so wird berichtet, konnte die Moslems mit diesen Worten trösten: »*Ich hatte einen guten Traum. Zwei Kühe habe ich gesehen und an der Spitze meines Schwertes eine Scharte. Meine Hand steckte ich in eine starke Panzerung. Sie soll, davon bin ich überzeugt, Medina bedeuten. Ich meine deshalb, wir sollten in Medina bleiben, Dringen sie in die Stadt ein, werden wir sie hier bekämpfen.*«

Das Traumgesicht veranlaßte Mohammed zur reinen Verteidigungsstrategie, doch die wichtigen Männer in seiner Anhängerschaft waren sich nicht einig. Heftig wurden die Diskussionen ausgefochten, ob es nicht klüger sei, dem Feind draußen vor der Stadt, im offenen Feld entgegenzutreten. Die Befürworter der offensiven Verteidigung fürchteten das Risiko, die Koraisch-Kämpfer in den engeren Stadtbereich hereinzulassen. Die Gegner der Feldschlacht beriefen sich auf die Inspiration des Propheten. Ibn Ubaji, der Mann, der den Juden in den stadtinternen Auseinandersetzungen zu helfen versuchte, stellte sich auf die Seite der Gegner einer offensiven Auseinandersetzung. Ibn Ishaq überlieferte die Worte des Ibn Ubaji: »O Gesandter Allahs! Bleibe hier in Medina und laß dich nicht dazu verleiten, zu den Feinden hinauszuziehen. Bei Allah, noch nie haben wir die Stadt verlassen, um einen Feind zu bekämpfen, ohne daß wir schwere Verluste erlitten. Noch nie ist ein Gegner in die Stadt eingedrungen, ohne daß wir ihm Verluste zufügten. Lasse den Gegner, wo er ist. Bleiben sie draußen, dann sind sie in einer schlechten Lage. Wenn sie aber in die Stadt kommen, werden wir sie überfallen können. Frauen und Kinder werden von den Häusern herunter Steine auf die Eindringlinge herabwerfen. Sie werden eine böse Überraschung erleben.«

Erstaunlich ist an dieser Rede das Argument, die Bewaffneten von Medina hätten außerhalb der Stadt noch nie einen Kampf mit positiver Schlußbilanz beendet. Ibn Ubaji scheint den Erfolg der

Schlacht von al Badr vergessen zu haben, der weit draußen vor Medina erstritten worden war. Vielleicht ließ sich Mohammed von den Worten des Ibn Ubaji in genau entgegengesetztem Sinn beeinflussen; der Ratschlag erschien ihm sicher verdächtig. Zur Überraschung der Moslems trat Mohammed mit umgelegtem Brustpanzer vor sein Haus, ganz offensichtlich entschlossen, die Kampfentscheidung draußen vor der Stadt zu suchen. Diese Wendung mißfiel nun wiederum denen, die bisher hinausziehen wollten zum Kampf. Sie argumentierten jetzt so: »O Gesandter Allahs! Wir haben dich wohl dazu überredet, deine Meinung zu ändern. Dazu hatten wir jedoch kein Recht. Bleibe hier in der Stadt, wenn es dein Wille ist.« Mohammed aber wollte seine Meinung jetzt nicht mehr ändern. Er entgegnete: »*Es ziemt sich nicht für einen Propheten, wenn er seine Rüstung einmal angelegt hat, sie wieder auszuziehen, noch ehe er gekämpft hat.*« Ibn Ubaji sah sich daraufhin veranlaßt, Mohammed die Zusammenarbeit aufzukündigen. Mit ihm entschied sich ein Drittel der Kämpfer gegen den Standpunkt des Führers aller Moslems. Ihnen hatte Ibn Ubaji aus der Seele gesprochen, als er sagte: »Ich weiß nicht, warum wir uns draußen umbringen lassen sollen!«

Bei einer Betrachtung der Struktur der Stadt Medina jener Jahre fällt auf, daß Mohammed nicht so unrecht hatte, als er den Gedanken an die Verteidigung in der Stadt selbst aufgab. Medina war nicht ein in sich geschlossener Gebäudekomplex mit Häusern, die nur durch enge Straßen voneinander getrennt sind. Festungsartig aufgebaut war Medina keineswegs. Verstreut in der fruchtbaren Ebene waren einzelne Gruppierungen von Häusern, umgeben von Palmenhainen und Weideplätzen. Ein für den Angreifer unvorteilhafter Straßenkampf brauchte nicht stattzufinden; die Straßen waren nie so eng, daß die Koraisch-Kämpfer durch Steine, die von den Dächern gerollt wurden, ernsthaft hätten gefährdet werden können. Verhielt sich der Angreifer taktisch geschickt, dann konnte es ihm leicht gelingen, die einzelnen Gebäudekomplexe zu isolieren, zu belagern und auszuhungern. Rettung gab es dann keine mehr vor der Rache der Eindringlinge aus Mekka. Mohammed hatte schon bei der Belagerung des jüdischen Stammes Qaynuqa genügend eigene Erfahrungen in dieser Art von

Kriegsführung machen können. Er wußte, daß dem Belagerten nur noch das Glück helfen kann. Darauf wollte er sich nicht verlassen. Er blieb dabei: Der Krieg wird draußen geführt.
Das Tal von Medina ist umkränzt von Bergen. Im Osten und im Westen liegen Haufen erstarrter Lava, die ein Vulkan einst an diesen Platz geschleudert hatte. Zackige, höhere Hügel begrenzen die Ebene im Süden und im Norden. Die nördliche Erhebung, sechs Kilometer vom Mittelpunkt entfernt, trägt den Namen Uhud.
Auf den Feldern zwischen der Stadt und dem Uhudhügel wuchs Getreide. Gerade diese Gegend wählte sich das Reiterheer aus Mekka als Lagerplatz. Hier fanden die dreitausend Kamele reiche Nahrung, da die Gerstensaat längst aufgegangen, aber noch nicht reif war. Im Frühjahr 624 nach unserer Zeitrechnung fanden die zu berichtenden Ereignisse statt – die Moslems zählen das Jahr 3; ihre Rechnung beginnt mit dem Zeitpunkt der Emigration des Propheten nach Medina.
Dreitausend Koraisch-Kämpfer lagerten in den Kornfeldern. Die Anhänger Mohammeds waren dieser Truppe ganz beachtlich unterlegen: Nach Abfall des Ibn Ubaji und seiner Männer folgten dem Moslemführer noch siebenhundert Bewaffnete. Sie zogen aus Medina hinaus dem Feind entgegen. Die Männer aus Mekka schauten gelassen zu, bis die Moslems eine günstige, schwer angreifbare Position bezogen hatten. Ein Angriff während der Aufbauphase der Moslemfront hätte den Kampf frühzeitig beendet. Doch die Leute aus Mekka bewiesen wieder einmal ihre Schwerfälligkeit.

Mohammed hatte eine genaue Vorstellung von der Schlachtordnung an diesem Tag. Fixpunkt war eine kleine Erhebung am linken Flügel. Dort wurden die Bogenschützen postiert. Diese Kampfabteilung war fünfzig Mann stark. Sie erhielt, die Überlieferung berichtet dies, folgenden Tagesbefehl: »Haltet uns die Reiterei der Koraisch mit Pfeilen vom Leibe, daß sie uns nicht in den Rücken fallen können. Ob die Schlacht für uns günstig verläuft oder nicht, haltet in jedem Fall die Stellung, damit sie uns nicht aus der Richtung angreifen können, in der ihr euch befindet.«
Die Auseinandersetzung begann mit Zweikämpfen, aus denen sich aber rasch Gefechte von Gruppen gegeneinander entwickelten.

Die Männer aus Mekka vertrauten auf ihre Übermacht, keiner zweifelte am sicheren Sieg. Die siebenhundert Kämpfer des Propheten aber hatten begriffen, daß sie sich nur durch äußerste Anstrengung retten konnten vor der Vernichtung durch die Koraisch-Sippe. Mit Verzweiflung und Todesmut schlugen sie um sich, und das Wunder geschah: Schon nach wenigen Kampfminuten wich die Truppe aus Mekka. Die Anfeuerungen der Frauen, ihre Versprechungen höchster Lust als Belohnung nützte nichts. Die Koraisch-Front löste sich auf. Die Flucht begann. Mit Jubel stürzten sich die Moslems auf das verlassene Lager des Gegners. Jeder einzelne machte sich daran, auf eigene Faust zu plündern.
Da wollten auch die fünfzig Bogenschützen nicht mehr abseits auf ihrem Hügel stehen. Nach ihrer Meinung war die Schlacht gewonnen, nun wollten sie ebenfalls mit dem Aufsammeln der Beute beginnen. Um den Tagesbefehl des Propheten kümmerten sie sich nicht mehr; sie ließen Pfeil und Bogen liegen und rannten dem gegnerischen Lager zu.
Unter den Mekka-Kämpfern gab es einen Mann, der später im Dienste der Moslemherrscher seine überragende taktische Begabung beweisen konnte. Am Tag der Uhudschlacht blitzte sein Genie bereits auf. Dieser Mann hieß Khaled Ibn Walid. Er war es, der die Disziplinlosigkeit der islamischen Bogenschützen zuerst wahrnahm. Innerhalb von Augenblicken gelang es ihm, ein Dutzend Reiter mitzureißen. Ehe die Bogenschützen begriffen, was vorging, waren sie schon von den angreifenden Reitern erschlagen. Was Mohammed hatte verhindern wollen, das traf ein: Die gegnerische Reiterei befand sich im Rücken der Moslems. Da gab es keine Kampflinie mehr, um den Feind aufzuhalten. Die Koraisch-Reiter waren überall und trieben die Moslemgruppen auseinander. Als dann noch der Schrei zu hören war »Mohammed ist tot!« da brach der Widerstand zusammen. Die Moslems flohen ohne Besinnung in Richtung Medina. Niemand besaß die Kraft, sie aufzuhalten.

Mohammed war nicht tot; er war verwundet und blutete. Das Visier seines Gesichtsschutzes war ihm in den Mund gedrungen und hatte ihm die Schneidezähne ausgebrochen. Die Überlieferungen sind sich nicht einig, ob Mohammed von einem Schwertstreich oder von einem Steingeschoß getroffen worden war. Mit Hilfe seiner Begleiter gelang ihm die Flucht auf die Anhöhe des Hügels Uhud. Seine Korpulenz, so wird von den frühen Chronisten ganz ehrlich berichtet, sei ihm dabei sehr hinderlich gewesen.

Die Männer des Koraisch-Stammes waren erschöpft nach diesem Erfolg, an den sie selbst überhaupt nicht mehr geglaubt hatten. Jetzt war die Stunde der Frauen gekommen. Sie verstümmelten die Leichen der gefallenen Moslems durch Abschneiden von Nasen, Ohren und Gechlechtsteilen. Die Leichenstücke wurden von den Frauen getrocknet – und später als Schmuckstücke um Hals und Arme getragen. Die Frau des Kommandeurs Abu Sufjan fiel dabei als besonders aktiv auf. Sie riß einem Toten die Leber heraus und biß hinein. Der Name dieser Frau war Hind. Sie galt fortan bei den Moslems als besonders scheußliches Beispiel einer Feindin der wahren Religion. Ihr Mann Abu Sufjan fühlte sich veranlaßt, vor dem Abzug vom Schlachtfeld den Moslems, die sich in den Steinhalden der Hügel verbargen, den eigenen Standpunkt gegenüber den Taten seiner Frau zuzurufen: »Es gab Verstümmelungen an euren Gefallenen. Mir ist das, was geschehen ist, weder recht noch unrecht. Ich habe es weder befohlen noch verboten.«

Ihm war berichtet worden, Mohammed sei gefallen im Kampf. Damit wäre für ihn, den Kommandeur der Mekkatruppe, das eigentliche Kriegsziel erreicht gewesen. Doch zu seiner Enttäuschung mußte er hören, daß seine Information falsch war. Er verließ das Schlachtfeld mit der Vorahnung, der Kampf am Hügel Uhud sei wohl kaum der letzte blutige Streit mit den Anhängern des Propheten gewesen. Auf den Gedanken, jetzt gleich den Krieg weiterzuführen, die demoralisierten Moslems bis Medina zu verfolgen, um – wenn möglich – Mohammed zu fangen, kam Abu Sufjan nicht.

Mohammed aber rechnete mit einem zweiten Schlag; er verhielt sich vorsichtig. Er schickte den Ali, der einst als kleiner Junge mit ihm die ersten Gebete des neuen Glaubens gesprochen hatte, den abziehenden Koraisch-Reitern nach mit der Anweisung: »*Folge ihnen und beachte, was sie tun. Versuche zu erkennen, was sie vorhaben. Wenn sie auf ihren Kamelen reiten und die Pferde seitlich mitführen, wollen sie nach Mekka zurückkehren. Reiten sie aber auf den Pferden und führen die Kamele neben sich, dann liegt ihr Ziel näher, dann wollen sie nach Medina.«* Mohammed gab sich entschlossen, in diesem Fall die Verteidigung der Stadt wenigstens zu versuchen. Alis Mitteilung, die Männer aus Mekka würden auf Kamelen reiten, die Pferde aber seien ohne Reiter, beruhigte die Führung der Moslems. Erstaunlich war freilich, daß sich die Koraisch auf den weiten Weg zurückmachten, ohne auch nur die geringste Beute erobert zu haben. Medina mußte ihnen eigentlich als lohnendes Ziel erscheinen. Obgleich sie wußten, daß Mohammed bei allem guten Willen keine wirksame Verteidigung hätte organisieren können, verzichteten die Koraisch auf die Plünderung. Als Ursache für die Zurückhaltung mag gelten, daß sie sich nicht der Gefahr aussetzen wollten, von den in Medina zurückgebliebenen Kämpfern überfallen zu werden. Sie waren vom Abzug der dreihundert Männer informiert, die auf Ibn Ubaji gehört hatten. Da sie den Grund nicht kannten für das Ausscheiden eines Drittels der Kampfkraft des Gegners, reagierten die Koraisch mit Vorsicht. Sie hatten dem Propheten eine Lehre erteilt, davon waren sie überzeugt. Als Sieger verließen sie die Ebene von Medina.

Als die Gefahr vorüber war, stieg Mohammed herunter vom Uhudhügel. Sichtbar erschüttert sah er die verstümmelten Leichen. Um ihn zu beruhigen, verpflichteten sich die Männer, die um ihn standen, zur Rache: »Bei Allah, wenn wir eines Tages siegen werden, dann wollen wir die toten Gegner verstümmeln, so wie nie bisher ein Araber zugerichtet worden ist.«

Mohammed war von der Sorge getrieben, diese Niederlage untergrabe sein Ansehen. In den Familien, die Tote zu beklagen hatten, wurde bereits darüber gesprochen, Allah habe offenbar diesmal seinem Gesandten nicht geholfen. Nach dem Sieg von al Badr hatte Mohammed deutlich gesagt, ihm selbst sei die Macht gegeben, den Gegner zu schlagen, wann er nur wolle. Die Offenbarung eines Teils der dritten Sure machte dem gefährlichen Gerede ein Ende. Mohammed wurde inspiriert zu dieser Erklärung:
»*Allah hatte bereits ein Versprechen eingelöst, das er euch ge-*

geben hat. Auf sein Geheiß habt ihr den Feind geschlagen. Doch dann wurdet ihr widerspenstig. Euer Ungehorsam ist schuld an der Niederlage!«

Eigentlich haben die Moslems gesiegt – das ist der Kern dieser Offenbarung. Als die Bogenschützen Mohammeds Befehl nicht beachteten, reizten sie Allahs Zorn. So wurden schließlich alle mit der Niederlage bestraft. Allah gab den Ereignissen auch deshalb diese Wendung, daran ließ Mohammed keinen Zweifel, weil er zeigen wollte, daß niemand ungestraft Anordnungen des Gesandten Allahs mißachten darf.

Mohammed bemühte sich, die Gemütsdepression abzumindern, die sich unter den Emigranten und den Helfern in Medina breitmachte. Am Tag nach der Beisetzung der Toten wurde das Heer der Moslems schon wieder einberufen. Mohammed führte die Männer hinaus vor die Stadt. Die Truppe folgte wenige Kilometer weit dem Weg, den die Koraisch-Reiter am Vortag gezogen waren. In der Nacht wurde ein riesiges Feuer angezündet, das weithin über die Hügel zu sehen war. Als sich die Koraisch von diesem Licht nicht anlocken ließen, da triumphierte Mohammed. Er redete mit großem Geschick seinen Männern ein, die Koraisch-Führung habe damit die Überlegenheit der Moslems eingestanden. Die islamischen Poeten aber schilderten schon bald den Schrecken, der das Heer aus Mekka befallen habe, als das Feuer am Horizont sichtbar geworden sei. In der achten Sure des Korans ist die Stimmung festgehalten, die nach dem ereignislosen Zug vor die Stadt in Medina herrschte:

»Zwanzig der Gläubigen, die standfest sind, werden zweihundert der Gegner überwinden. Hundert der Gläubigen werden über tausend der Ungläubigen siegen.«

Die Verlustzahlen der Schlacht von Uhud gaben allerdings keine Ursache zu diesem Optimismus: Mohammed hatte vierundsiebzig Kämpfer verloren – die Koraisch-Truppe aber nur zweiundzwanzig. Besonders hart waren die Ansar betroffen, die Helfer, sie hatten allein siebzig Tote zu beklagen, die Emigranten nur vier.

Mohammed, der an schmerzhaften Wunden nicht nur am Gesicht, sondern auch an der Schulter litt, führte seine Männer schon nach wenigen Tagen in die Stadt zurück. Dort wurde er gebraucht, um den Zusammenhalt der Stämme zu sichern. Manche der wichtigen Männer des Stammes der Aus machten sich Gedanken darüber, ob es nicht klug wäre, den Mann aus Mekka, dem so viele Tote anzulasten waren, wieder aus der Stadt zu schicken.

Mohammeds Autorität reichte aus, die Solidarität des unruhigen Stammes mit dem Schicksal der Emigranten zu verklammern. Unvorhergesehene Schwierigkeiten entstanden in der Beziehung zu den Großfamilien, die als Beduinen im Bereich der Stadt lebten. Mohammed erfuhr durch seine Agenten von den Plänen des Asadclans, über Medina herzufallen und die Stadt auszuplündern. Bemühungen, dem Stamm durch militärische Aktionen zu zeigen, wer Herr ist in jener Wüstenregion, schlugen fehl. Die Beduinen wichen vor den berittenen Stoßtrupps der Moslems einfach aus.

In dieser Zeit kam ein Mann des Stammes Amir nach Medina, der Neigung zeigte, den Islam anzunehmen. Allerdings wollte er in der Gemeinschaft, in der er lebte, nicht als Außenseiter gelten. Wenn es gelinge, so meinte er, auch die anderen Mitglieder der Großfamilie Amir zu bekehren, werde er dem Propheten huldigen. Mohammed – überzeugt, sein Reservoir an Kämpfern erweitern zu können – schickte einige seiner besten Korankenner zum Stamm Amir; die bewaffneten Begleiter eingerechnet, umfaßte die Bekehrungsmission vierzig Männer. Nur ein einziger von diesen vierzig kam nach Medina zurück. Er war, schwer verwundet, einem Gemetzel entkommen. Die Führung des Stammes Amir hatte überhaupt nicht daran gedacht, den Glauben zu ändern; sie hatten die Aufforderung zur Bekehrung und zur Unterwerfung als Beleidigung empfunden. Ohne den Missionaren Gelegenheit zu geben, ihr Anliegen zu erläutern, befahl der Chef der Amir den Mord an den vierzig Männern aus Medina.

Mohammed befand sich in schwacher Position: Er besaß keine ausreichende Zahl an Kämpfern, um die Amir zu bestrafen. In Einzelfällen war es möglich, ganz erbitterte Feinde durch entschlossene Agenten ermorden zu lassen. Diese Agenten schlichen sich durchweg bei den künftigen Opfern mit der Bemerkung ein, sie seinen unversöhnliche Feinde der Moslems. Mohammed hatte nichts dagegen, daß diese Kriegslist angewandt wurde; für ihn zählte nur der Erfolg.

Nicht jedes Mordunternehmen schloß jedoch erfolgreich ab. Abu Sufjan, der Organisator des Feldzuges der Männer aus Mekka nach Uhud, sollte umgebracht werden. Amr Ibn Umaija, ein Draufgänger, der sich bereits mehrfach bei derartigen Aufträgen bewährt hatte, wurde von Mohammed für dieses gefährliche Vorhaben ausgewählt. Zu Hause, in seiner Heimatstadt Mekka, mußte Abu Sufjan ermordet werden, in seiner normalen Umgebung; nur dort war er ungeschützt anzutreffen. Der Nachteil war, daß auch Amr Ibn Umaija aus Mekka stammte, daß er in der Handelsstadt vielen der Kaufleute von früher her bekannt war. Tatsächlich wurde Amr in der Nähe der Kaaba erkannt und bedroht. Mit Mühe nur entkam der Moslem aus Mekka. Auf dem Wege nach Norden erstach er einzelne Wüstenwanderer, die als Mitglieder der Koraisch identifiziert werden konnten. Trotz des Scheiterns in Mekka selbst – dem Abu Sufjan hatte sich Amr nie genähert – sprach sich Mohammed lobend über das Unternehmen aus.

Auch seine Gegner waren nicht zimperlich in der Anwendung von Gewalt, doch entkam Mohammed den Anschlägen. Ibn Ishaq berichtet von einem solchen Fall:

»*Ein Mann vom Stamm Uharib fragte seine Stammesgenossen, ob er ihnen nicht einen Gefallen tun würde, wenn er Mohammed tötete. Sie fragten zurück: Wie willst du das anstellen? Seine Antwort: Ich werde ihn meuchlings ermorden. Dieser Mann begab sich tatsächlich zum Propheten, der gerade auf dem Boden saß, das Schwert über die Knie gelegt. Mohammed, darf ich mir dein Schwert betrachten? fragte der Mann mit der Mordabsicht. Mohammed gab ihm die Waffe. Ungerührt schaute der Prophet zu, wie der Mann das Schwert durch die Luft schwang. Der Mann fragte: Mohammed, hast du denn keine Angst vor mir? Der Prophet antwortete: Nein, weshalb sollte ich denn vor dir Angst haben? Darauf sagte der Mann: Fürchtest du dich auch dann nicht, wenn ich dein Schwert in der Hand habe und du wehrlos bist? Der Prophet erwiderte mit sicherer Stimme: Nein, denn Allah wird mich vor dir schützen. Da mußte der Mann gestehen, daß Allah ihn wenige Sekunden zuvor schon daran gehindert habe, den Todesstreich zu führen. Als er das Schwert durch die Luft schwang – entschlossen, den tödlichen Schlag zu tun –, habe er Allahs Willen in sich gespürt, und das Schwert sei langsam zu Boden gesunken.«*

Ein Jahr nach der Schlacht von Uhud war die Macht des Propheten in Medina wieder gefestigt. In diesem Jahr hatte er Kritiker und Nörgler aus der Stadt vertrieben und den Einfluß der jüdischen Stämme reduziert. Die Opposition in seinem Stadtstaat war weitgehend zerbrochen. Mohammed fühlte sich stark genug, wieder militärische Operationen außerhalb der Stadt auszuführen.

Die Überlieferungen berichten, nach Abschluß des Kampfes beim Hügel Uhud sei zwischen Abu Sufjan und Omar vereinbart worden, daß sich die Heere nach Ablauf eines Jahres bei al Badr wieder treffen, um noch einmal eine Entscheidung zu suchen. Mohammed, so wird erzählt, habe sich an diese Abmachung gehalten. Auch Abu Sufjan sei mit einer bewaffneten Reitertruppe in Mekka aufgebrochen. Mit diesen Worten sei jedoch von ihm der Feldzug beendet worden: »Männer von Koraisch! Für uns ist nur ein fruchtbares Jahr günstig, wenn wir in weiter Entfernung von Mekka kämpfen wollen. In einem fruchtbaren Jahr können unsere Kamele Sträucher abweiden. Die Stuten geben uns dann genügend Milch. Dieses Jahr aber ist zu trocken. Ich kehre deshalb um und empfehle euch, mir zu folgen. Ein anderer Zeitpunkt wird uns günstiger sein zum Kampf mit Mohammed.«

Die Moslems warteten über eine Woche beim Brunnen von al Badr. Es war gerade die Zeit des jährlichen Marktes, auf dem meist Waren angeboten wurden, die es sonst nur in der Handelsstadt Mekka zu kaufen gab. Mohammed und die Reiter, die mit ihm gezogen waren, nutzten die Zeit zum Einkauf. In manchen Berichten über diesen seltsamen Feldzug klingt der Zweifel an, ob nicht der Besuch des Jahrmarkts von al Badr überhaupt der wahre Grund für den Ritt hinaus in die Oase gewesen sei. Möglich ist, daß der militärische Aspekt von den Moslems hinzugefügt wurde, um einen Propagandaerfolg erzielen zu können. Da die Koraisch nicht erschienen waren, erklärten sich die Moslems zum Sieger. Beachtenswert ist in diesem Zusammenhang die Herkunft des Berichts vom Rückzug der Koraisch-Reiter – auch er stammt aus islamischen Quellen.

20 Mekka mobilisiert zehntausend Mann gegen Mohammed

Schuld am großen Krieg zwischen Moslems und ihren Gegnern – darin sind sich alle frühen Berichterstatter einig – tragen die jüdischen Stämme. Sie schreckten die Koraisch – die geringe Neigung zeigten, Kriege zu beginnen, die nur die Geschäfte störten – aus ihrer Lethargie auf. Sie appellierten an die Verantwortung der politischen Führung in Mekka für die Sicherheit der Handelswege zwischen Syrien und dem Jemen. Als besonders heimtückisch empfanden die Moslems, daß die Agitatoren der jüdischen Stämme, um Sympathien für sich zu gewinnen, die Anbetung der drei Göttinnen al Manat, al Lat und al Uzza für besser hielten als die Verehrung Allahs. Mohammed ärgerte sich darüber, da doch die Juden, als »Besitzer der Schrift« – gemeint ist damit die Kenntnis vom allmächtigen Gott –, einen solchen Verrat an der monotheistischen Idee nicht begehen durften. In der vierten Sure des Korans ist dieser Ärger zu spüren:

»*Habt ihr jene gesehen, die einen Anteil am Wissen um die Schrift erhalten haben? Sie glauben wieder an falsche Gottheiten und sagen über die Ungläubigen, daß sie eher auf dem rechten Weg seien als die Gläubigen. Die so sprechen, die hat Allah verflucht. Wen Allah verflucht hat, dem kann niemand mehr helfen. Die Hölle wird schlimm brennen.*«

Die Bereitschaft zum Krieg wuchs schließlich in Mekka. Die herrschende Schicht der Kaufleute war daran interessiert, daß wieder normale Verhältnisse auf den Karawanenrouten herrschten. Doch sie kalkulierten ihre Kampfstärke und begannen wieder zu zweifeln: Mit dreitausend Kriegern waren sie bei Uhud gerade noch gegen siebenhundert Moslems erfolgreich gewesen. Sie rechneten sich ihre Chancen im kommenden Konflikt aus: Wahrscheinlich war, daß alle Ansar beim neuen Angriff auf der Seite des Propheten stehen würden – für diesen Fall mußten die Koraisch vorsorgen. Zehntausend Mann, darin waren sich alle einig, wurden bei diesem Feldzug benötigt. Sie selbst besaßen nicht genügend Männer, um auch nur ein Viertel dieser Kampfstärke stellen zu können.

Mitglieder der jüdischen Stämme übernahmen die Anwerbung von Truppen im Namen der Stadt Mekka. Mit der Handelsstadt als zentralem Partner bildete sich eine Koalition unterschiedlicher Verbündeter, die nur vom Willen zusammengehalten wurden, möglichst viel Beute zu machen. Den Kämpfern aus den Beduinenstämmen war es gleichgültig, welche Ideologie in Medina geglaubt wurde: Sie waren auch nicht zu beeindrucken durch Parolen von der Freiheit der Karawanenwege. Sie suchten nur eine möglichst bequeme Gelegenheit zum Plündern.

Mohammed bemerkte in dieser Vorbereitungszeit des neuen Krieges wachsende Unruhe bei den Stämmen in der Wüste. Sobald er Nachricht erhielt von der Konzentration bewaffneter Gruppen in den Oasen, schickte er Reiterabteilungen mit dem Auftrag los, die Ansammlungen zu zerstreuen. Mohammed hatte Sorge, die Stämme im Norden von Medina könnten ihre Interessen mit denen der Kaufleute von Mekka vereinigen. Die Folge wäre eine Unterbrechung der Wege zwischen Syrien und Medina gewesen. Eine derartige Isolation mußte verhindert werden.

Im Februar des Jahres 627 brach das Zehntausendmannheer vom Sammelplatz bei Mekka auf. Nach islamischer Zeitrechnung – sie beginnt mit der Auswanderung des Propheten von Mekka nach Medina – fällt dieses Ereignis in das fünfte Jahr.

Kommandeur des Heeres war wieder Abu Sufjan. Er achtete diesmal auf schärferes Marschtempo. Eine derart große Menschenansammlung war in der Wüste nur schwer zu ernähren; vor allem machte die Versorgung mit Trinkwasser Schwierigkeiten. Nur durch rasche Ankunft bei den Wasserstellen vor Medina konnten Tage schlimmen Durstes vermieden werden. Klug war auch der Plan, die riesige Truppe in zwei getrennte Einheiten aufzuspalten, die sich auf verschiedenen Routen fortbewegten. Nach der Ankunft wurde die Trennung beibehalten: Die Lagerplätze befanden sich im Norden und im Westen der Stadt. Die Kämpfer vom Stamm der Koraisch gehörten zu denen, die im westlichen Lager Position bezogen.

Mohammeds Informationsnetz hatte wieder ausgezeichnete Dienste geleistet. Er wußte, daß diesmal die Entscheidung erzwungen werden sollte. An einen Kampf in der offenen Feldschlacht war

nicht zu denken. Diskussionen, wie sie vor dem Gefecht am Hügel Uhud geführt worden waren, unterblieben. Mohammed gab von Anfang an Befehl, die Stadt zur Verteidigung einzurichten. Ein Perser, der zum Islam übergetreten war und der militärische Erfahrungen besaß, gab dem Propheten gute Ratschläge. Er regte an, dort, wo ausnahmsweise die Häuser eng beieinander standen, die Zwischenräume zu vermauern. Sein wichtigster Vorschlag aber war, die freien Flanken der Stadt durch einen Graben zu schützen. Im ganzen Gebiet der Araber hatte niemand bisher etwas derartiges gesehen. Die Moslems wunderten sich, warum sie angewiesen wurden, Erde auszuheben; manche empfanden diese Arbeit als unwürdig und drückten sich vor ihr. In der vierundzwanzigsten Sure des Korans ist die Klage über die Drückeberger zu finden:
»Die wahren Gläubigen sind diejenigen, die an Allah und seinen Gesandten glauben und die, wenn sie an einer gemeinsamen Sache mit ihm arbeiten, nicht weggehen, ohne ihn vorher um Erlaubnis zu bitten.«
Die arabischen Legenden bewahren die Erinnerung an Wunder, die der Prophet in den Tagen des Grabenbaus bewirkt haben soll. Von einem Mädchen wird folgendes erzählt:
Es hatte von seiner Mutter den Auftrag erhalten, dem Vater, der vor der Stadt am Graben schaufelte, eine Handvoll Datteln zu bringen. Auf dem Weg begegnete ihr der Prophet, der die Arbeiten inspizierte. Mohammed bat das Mädchen, ihm die Datteln zu geben, und sie gehorchte. In der Hand des Propheten vermehrten sich die Datteln rasch; sie fielen herunter in ein Tuch, doch auch dort vermehrten sie sich. Mohammed rief alle Arbeiter herbei, sie sollten zum Essen kommen. Alle tausend Arbeiter, so berichtet die Legende, seien von den Datteln satt geworden.
Mohammed hatte immer Wert darauf gelegt, nicht mit einem Zauberer oder Wundertäter verwechselt zu werden, der seine Anhänger durch erstaunliche Taten faszinierte und an sich band. Er war der Gesandte Allahs, für den es unwürdig gewesen wäre, die Gläubigen zu verblüffen. So gesehen verwundert die Zahl der Berichte über außergewöhnliche Umstände, über nicht erklärbare Vorgänge, die alle mit diesem seltsamen Graben zu tun hatten, der vor Medina entstand:

An einer Stelle des Grabens, so lautet eine dieser Geschichten, *bereitete ein großer Fels im Sand den Arbeitern Mühe. Sie versuchten das Gestein zu zerschlagen, doch sie hatten keinen Erfolg. Mohammed hörte von ihren Klagen. Ohne sich lange zu besinnen, ließ er ein Gefäß bringen, das mit Wasser gefüllt war. Dann spuckte Mohammed in das Wasser und betete lange und ausführlich. Als er fertig war mit dem Gebet, schüttete er das Wasser über den Fels. Ein Augenzeuge soll über die Wirkung des Wassers berichtet haben:* »Bei Allah, der Mohammed als Propheten mit der Wahrheit zu uns gesandt hat. Der Felsbrocken zerfiel zu Sand. Die Arbeiter hatten keine Mühe mehr mit ihm.«
Auch der Perser, der den Rat zum Grabenbau gegeben hatte – sein Name war Salman –, hinterließ einen Bericht, in dem ein Felsklotz vorkam:
»Ich arbeitete an einer Stelle des Grabens, wo ich mich sehr mit einem Felsen abzuplagen hatte. Der Prophet war in meiner Nähe, und da sah er, daß ich mit meiner Arbeit nicht vorankam. Er stieg zu mir in den Graben und nahm mir mein Werkzeug, eine Hacke, aus der Hand. Dreimal hieb er damit auf den Felsen ein. Jedesmal leuchtete ein heller Lichtstrahl auf. Ich fragte Mohammed: O Gesandter Allahs, der du mir teurer bist als Vater und Mutter. Was ist das, was da aufleuchtet unter der Hacke, wenn du mit ihr zuschlägst? Er fragte mich aber: Hast du das wirklich gesehen, Salman? As ich seine Frage mit einem Ja beantwortete, sprach er: Das erste Aufleuchten bedeutet, daß Allah mir den Jemen geöffnet hat. Das zweite Aufleuchten ist die Verheißung des Islams für Syrien. Das dritte Aufleuchten gilt dem Osten.«
Sechs Tage lang dauerten die Arbeiten am Graben. Er war gerade so breit ausgehoben worden, daß ein Pferd nicht darüberspringen konnte. An vielen Stellen waren die Wände vom Einsturz bedroht; der sandige Boden bot schlechte Voraussetzungen für die Stabilität der Grabenwände. Doch als die Koraisch-Truppe anrückte, erfüllte der Graben seinen Zweck. Er hielt den Feind zunächst ab.
Die Moslems in Medina waren überzeugt, die Belagerung durchstehen zu können. Voll Zweifel, so berichten die Überlieferungen, seien jedoch die Juden gewesen, die noch in der Stadt lebten. Von der Wirkung des Grabens hielten sie nichts. Sie ließen sich von der

großen Zahl der Gegner beeindrucken. Zehntausend Feinde bedrängten Medina – nie hatte es ein so großes Heer gegeben in Arabien. Undenkbar war es den Juden, daß die Moslems dieser Übermacht standhalten könnten. Dreitausend Mann hatte Mohammed aufzubieten; weniger als ein Drittel der Kampfstärke des Gegners. Manche Stimme regte sich in der kleiner gewordenen jüdischen Gemeinde, die Hoffnung setzte auf die Niederlage der Moslems.

Eine jüdische Großfamilie war bisher von Mohammed nicht aus Medina ausgewiesen worden: der Stamm Kuraiza. Die Juden, die mit der Banu Koraisch zum Kriegszug aufgebrochen waren, versuchten Kontakt zu bekommen mit den Glaubensgenossen in der Stadt. Doch der führende Kopf der Großfamilie Kuraiza weigerte sich, Verrat an seinen Abmachungen mit Mohammed zu begehen. Vielfältig waren die Bemühungen der jüdischen Agenten: Es gelang ihnen, Männer mit Briefen in die Stadt zu schmuggeln, in denen die Kuraiza dringend gebeten wurden, mit Mohammed zu brechen. Schließlich konnten sie doch noch ein Treffen vereinbaren, am Rande des jüdischen Stadtviertels, wo Medina nicht durch Mauer und Graben geschützt wurde. Unter moralischem Druck gab der Verantwortliche der Kuraiza das Versprechen ab, die angreifenden Juden in kritischer Lage zu unterstützen – sollten sie fliehen müssen, konnten sie fortan Hilfe erwarten von den Juden aus Medina, die bei den Stämmen draußen über gute Beziehungen verfügten.
Mohammed erfuhr von den Kontakten zwischen den jüdischen Kämpfern auf der Seite der Koraisch und den mit ihm durch Vertrag verbundenen Juden. Er hielt es allerdings für klug, vorläufig nichts zu unternehmen, um nicht Unruhe in die Stadt zu bringen. »*Entmutigt nicht die Leute in dieser Lage*« – das war seine Parole.
Mutlosigkeit hatte Eingang schon in viele Herzen gefunden in Medina. Die Unzufriedenheit ist sogar noch in den Berichten aus jener Zeit zu finden, die ganz sicher vielerlei Phasen der Reinigung im Sinne einer positiven Einstellung zum Islam zu überstehen hatten. Mu'attib Ibn Quschair war einer von denen, die lauthals auf die

Zustände schimpften. In den Chroniken ist dieser Zornausbruch erhalten geblieben: »Mohammed versprach uns goldene Zeiten. Wir sollten die Schätze von Persien und Rom aufzehren können. Doch was ist in Wirklichkeit passiert? Wir können nicht einmal mehr sicher auf den Abtritt gehen.« Mu'attib Ibn Quschair übertrieb: Nahezu einen Monat lang blieben die Belagerer ruhig draußen vor der Stadt. Nur vereinzelte Pfeile flogen in die Straßen, verletzt wurde niemand.

Mit der Untätigkeit wuchs jedoch die Unzufriedenheit. Die Bewohner von Medina diskutierten über ihre Chancen. Wasser und Lebensmittel besaßen sie genügend, um eine lange Belagerung aushalten zu können. Sie mußten ganz einfach die größere Geduld beweisen, sie mußten den Koraisch an Besonnenheit überlegen sein, dann allein hatten sie Aussicht, der Gefahr zu entgehen.

Die Belagerer, zehntausend Mann stark, waren kaum von der Vernichtung bedroht, doch fürchteten sie, bei erfolglosem Ausgang des Feldzugs ihr Gesicht in Arabien zu verlieren – Gesichtsverlust aber war oft mehr gefürchtet als der Tod. Verstand es der Prophet, als Lenker des Stadtstaates von Medina, dem Feind einen Abzug zu ermöglichen, der den Stämmen ringsum als für die Koraisch zufriedenstellendes Ende des Feldzugs präsentiert werden konnte, dann war der glimpfliche Ausgang des Konflikts möglich. Sehr viel länger als einen Monat konnte das Heer aus Mekka von seiner Führung nicht in der Belagerungslinie gehalten werden. Die Männer von Koraisch, vor allem aber ihre Hilfskämpfer aus den Beduinenstämmen waren ausgezogen, um rasche Beute zu machen und möglichst schnell wieder mit beladenen Kamelen nach Mekka zurückzukehren. Aus ideologischen Gründen hatte keiner der Belagerer die Strapazen des weiten Ritts auf sich genommen. Mohammed versuchte deshalb eine Lösung zu finden, die den materiellen Wünschen der Belagerer, oder wenigstens eines Teils von ihnen gerecht wurde. Mohammed begann vorsichtig mit Separatverhandlungen, wobei er sich die schwächsten Glieder der Belagerungskette aussuchte: die Beduinen, die im Grunde gar nichts gegen Mohammed hatten.

Der Stamm Ghatafan war nicht abgeneigt, mit Mohammed Bedingungen für den Abzug auszuhandeln. Sie waren schließlich bereit, das Bündnis mit dem Clan der Koraisch aufzukündigen, wenn sie dafür mit einem Drittel der kommenden Jahresernte an Datteln von Medina entschädigt würden. Der Preis war hoch, doch Mohammed glaubte, ihn bezahlen zu müssen, da er sich selbst auf einen Teil der Bewohner seiner eigenen Stadt nicht verlassen konnte. Er hatte die Verschwörung der jüdischen Familien zu fürchten.

Der Vertrag mit dem Stamm Ghatafan brauchte nur noch unterzeichnet zu werden, als Mohammed sich entschloß, die einflußreichen politischen Köpfe der Emigranten und der Helfer zu informieren. Auf Zufriedenheit mit dem Vertragstext stieß er nirgends. Gleich die ersten Gesprächspartner erkundigten sich, wie gewohnt mit Vorsicht, ob Allah die Verhandlungen gebilligt habe: »O Gesandter Allahs, ist dies ein Schritt, von dem du allein möchtest, daß er geschieht, oder handelst du im Auftrag Allahs. Dann müssen wir dir allerdings gehorchen, nicht jedoch, wenn du den Vertrag nur uns zuliebe abschließen willst.«

Mohammed antwortete, er habe sich ganz allein zum Vertragsabschluß durchgerungen: »*Ihre Angriffswucht möchte ich abschwächen.*« Damit war für die Führungsschicht von Emigranten und Helfern die Entscheidung gefallen: Dem Vertrag mit dem Stamm Ghatafan stimmten sie nicht zu. Die überlieferte Stellungnahme der mit Mohammed kooperierenden Führungsschicht in Medina zeigt eindeutig, daß die Männer eine Schmach darin sahen, ein Drittel der Jahresernte an Datteln weggeben zu müssen: »O Gesandter Allahs! Solange wir den gleichen Glauben besaßen, wie jene Leute, solange wir überzeugt waren vom Wert vieler Götter, da hatten sie sich überhaupt nicht für unsere Datteln interessiert. Sollen wir ihnen jetzt etwas schenken? Allah hat uns mit dem Islam ausgezeichnet. Er hat uns auf den rechten Weg des Glaubens geführt, und er machte uns berühmt – durch dich. Bei Allah, einen solchen Vertrag haben wir nicht nötig. Uns bleibt noch immer unser Schwert. Allah wird richtig entscheiden.«
Derjenige, der so sprach, zerriß die vorbereitete Vertragsurkunde.

Die Stimmung der Belagerer und der Belagerten wurde immer gereizter. Die Reiter der Koraisch und ihrer Verbündeten hatten in den ersten Wochen ihrer Untätigkeit über den Graben gespottet, dann hatten sie ihn als feige Kriegslist der Moslems abgetan. Nach Ablauf eines Monats erschien er ihnen als großes Ärgernis, als Herausforderung. Wochenlang hatte es niemand gewagt, den Sprung über den Graben zu versuchen, da wollte endlich ein kriegserfahrener Mann, Amr Ibn Abdwudd, ein Beispiel geben. Die sonst in den Araberkriegen üblichen Zweikämpfe hatten bisher nicht stattgefunden, weil der Graben auch die Einzelkämpfer trennte. Amr Ibn Abdwudd wurde von einem persönlichen Motiv getrieben, wenn er den Kampf suchte: Er war im Kampf bei al Badr verwundet worden, hatte die Niederlage erlebt, aber nicht den Sieg von Uhud; für ihn stand die Revanche noch aus. Nun waren seine Wunden geheilt. Er fühlte in sich die Kraft zur Rache. So setzte er mit einem Pferd zu einem gewaltigen Sprung an und erreichte tatsächlich den Grabenrand auf der Seite der Moslems.

Die Überlieferung berichtet, für den betreffenden Grabenabschnitt sei an diesem Tag Ali, der Schwiegersohn des Propheten, zuständig gewesen. Ali nahm die Aufforderung zum Zweikampf an, und tötete Amr Ibn Abdwudd, der ein enger Verwandter war – denn schließlich gehörte auch Ali zum Stamm der Koraisch.

Mit dem Tod des Amr Ibn Abdwudd endete der einzige ernsthafte Versuch, einen Entscheidungskampf zu erzwingen. Die Belagerer machten sich nach und nach mit dem Gedanken vertraut, ohne das geringste Ergebnis wieder nach Mekka zurückkehren zu müssen. Die Belagerten waren noch immer wohl versorgt, den Koraisch aber fehlten die Lebensmittel. Zur Schlacht von Uhud waren sie vor Medina angelangt, als die Getreideernte noch nicht ganz reif war; die grünen Pflanzen konnten an die Kamele verfüttert werden. Noch vor diesem Krieg aber, der künftig den Namen Grabenkrieg tragen würde, hatten die Bauern von Medina das Getreide einholen können – das Heer von Mekka war erst später im Jahr aufgebrochen. Bei den Koraisch herrschte Not für Mensch und Tier. Dazu machte sich Argwohn breit, einer der Verbündeten werde sich, bestochen von Mohammed, aus der Allianz davonschleichen. Es gelang dem Propheten, den Keim zur Zwietracht draußen vor dem Graben wachsen zu lassen. Ibn Ishaq beschreibt, wie die Moral der Feinde zerstört wurde.

Zusammengefaßt verliefen die Ereignisse so: Da schlich Nu'aim

Ibn Mas'ud vom Stamm Ghatafan zu Mohammed und sagte: »O Gesandter Allahs! Ich bin Moslem geworden. Allerdings weiß man in meinem Stamm nichts davon. Ich möchte euch Moslems helfen. Was kann ich tun? Mohammed antwortete: »*Du bist einer von ihnen und trotzdem bist du einer von uns. Versuche Argwohn auszustreuen, der unsere Gegner schwächt. Krieg ist nun einmal Betrug.*« Nu'aim ging zuerst zu den Chefs des jüdischen Stammes Kuraiza. Er kannte sie von früher, da er zu den wenigen gehörte, die schon einmal in Medina waren. Den Bekannten aus früherer Zeit sagte Nu'aim Ibn Mas'ud, er sei voll Zuneigung zu ihnen, und voll Sorge über ihre Zukunft. Er gab ihnen einen Rat, den er in viele Worte hüllte: »Die Koraisch und die Ghatafan sind nicht in derselben Lage wie ihr. Eure Heimat ist Medina. Hier habt ihr alles, was euch gehört, hier leben eure Kinder und Frauen. Ihr könnt Medina nicht irgendwohin verlassen. Die Koraisch und die Ghatafan sind vor diese Stadt gezogen, um gegen Mohammed und seine Gefährten zu kämpfen. Ihr wiederum seid Verbündete von Mohammed. Doch eure Gegner sind in anderer Lage als die Moslems und ihr. Ihr Besitz ist nicht hier, weder ihre Frauen noch ihre Kinder leben in Medina. Sobald sie eine günstige Gelegenheit sehen, werden sie zu Besitz, zu Frauen und Kindern zurückkehren. Euch werden sie dann allein lassen mit Mohammed, dem ihr aber in keiner Weise gewachsen seid. Wenn ihr eure Lage ändern wollt, müßt ihr mit den Koraisch und den Ghatafan gegen Mohammed kämpfen. Allerdings solltet ihr erst im Kampf mitmachen, wenn die Koraisch und Ghatafan Geiseln gestellt haben, angesehene Männer, die dafür bürgen, daß ihre Stämme euch nicht über Nacht im Stich lassen. Wenn sie die Geiseln gestellt haben, dann könnt ihr mithelfen, Mohammed zu vernichten.« Die Führer des Kuraizastammes, so erfuhr Ibn Ishaq, fanden den Rat des Nu'aim Ibn Mas'ud ganz vorzüglich. Sie beschlossen, den Koraisch-Clan aufzufordern, ihnen fünf Männer als Geiseln zu stellen.

Nu'aim aber begab sich – er kannte Schleichwege, die nicht vom Graben unterbrochen waren – hinaus zu den Koraisch. Er sei gekommen, so meinte Nu'aim, um den Herren der Koraisch ein Geheimnis anzuvertrauen, daß die Koraisch aber für sich behalten sollten. Als sie ihm absolute Vertraulichkeit versprachen, sagte

Nu'aim: »Ihr müßt wissen, daß die Juden von Banu Kuraiza ihre Feindschaft zu Mohammed inzwischen beendet haben. Sie haben ihm sogar den folgenden Vorschlag gemacht: Wenn du willst, dann werden wir für dich aus den Stämmen Koraisch und Ghatafan einige wichtige Männer anlocken. Wir ergreifen sie dann und übergeben sie dir. Du kannst ihnen die Köpfe abschlagen lassen. Damit ist schon die Zahl deiner Feinde reduziert. Mohammed«, so berichtete Nu'aim, »hat den Juden alles verziehen und sie beauftragt, ihren Plan auszuführen. Die Kuraiza werden kommen und um die Stellung von Geiseln bitten. Wenn ihr klug seid, dann gebt ihnen keinen einzigen Mann. Die Bitte um Geiseln ist nur ein Vorwand. Ihr werdet die Männer nie wiedersehen.« Dem eigenen Stamm Ghatafan gab Nu'aim denselben Rat, und da Nu'aim ein angesehener Mann war, mißtrauten sie ihm nicht.

Der Plan war psychologisch geschickt ausgedacht und brachte für Mohammed das gewünschte Resultat: Der Kommandeur des Koraisch-Heeres, Abu Sufjan, entschloß sich, die Moslems energisch anzugreifen. Zur Vorbereitung der Schlacht schickte er einen Agenten über die Frontlinie zum Führer des Kuraizaclans mit dieser Botschaft: »Wir haben hier keinen festen Platz, auf dem wir bleiben können. Not herrscht. Kamele und Pferde verenden. Wir müssen zum Schluß kommen. Haltet euch bereit zum Kampf, damit wir Mohammed ein für allemal vernichten.«

Die Antwort, die der Agent zurückbrachte, verblüffte Abu Sufjan. Zunächst, so wird berichtet, hätten die Juden darauf hingewiesen, daß gerade der Sabbat begonnen habe. In dieser Zeit verbiete ihr Gott jegliche Vorbereitungen zum Krieg. Sie sagten: »Euch ist sicher wohlbekannt, was denen geschah, die den Sabbat verletzten. Außerdem kämpfen wir so lange nicht mit euch gegen Mohammed, bis ihr uns Bürgen zur Verfügung stellt. Sie sollen bei uns bleiben und nicht zurückkehren dürfen. Erst wenn Mohammed geschlagen und getötet ist, werden wir ihnen die Freiheit wiedergeben. Wir haben nämlich Sorge, daß ihr, wenn ihr kein Glück habt im Kampf, schnellstens eure Kamele besteigt und nach Hause reitet. Dann sind wir hier völlig allein und können überhaupt nichts mehr ausrichten gegen Mohammed.«

Als er diese Antwort erhalten hatte, war Abu Sufjan völlig überzeugt, daß Nu'aim Ibn Mas'ud recht gehabt hatte mit der Warnung vor den verräterischen Juden. Noch einmal wagten Agenten den gefährlichen Weg in die Stadt hinein; Abu Sufjan wollte die Koalition zwischen den Stämmen Koraisch, Ghatafan und Kuraiza retten, doch die bisherigen Partner blieben bei ihrer Forderung nach Geiseln. Da die Partner sich weigerten, Geiseln zu stellen, zerfiel die Allianz.

Die Nachricht vom Abfall der Kuraiza entmutigte Abu Sufjan völlig. Er holte die wichtigsten Männer zusammen und informierte sie, daß er die Situation als aussichtslos ansah: »Wir haben kein festes Lager. Kamele und Pferde verenden. Kein Futter gibt es für sie. Die Banu Kuraiza haben ihr Wort gebrochen. Seht den heftigen Sturm. Wir können kein Feuer unter den Kochkesseln halten. Brecht eure Zelte ab. Ich habe beschlossen, heimzukehren.« Noch am selben Tag ritten die Bewaffneten des Stammes Koraisch ab; die Männer von Ghatafan folgten ihnen sofort.

Mohammed hinterließ einen eigenen Bericht von den Ereignissen der Grabenschlacht, die so recht eigentlich keine Schlacht war. Dieser Bericht des Propheten ist in der dreiunddreißigsten Sure enthalten:

»O Gläubige, erinnert euch der Gnade Allahs. Als die Heere der Ungläubigen gegen euch heranzogen, da schickten wir ihnen einen Wind entgegen und ein Heer von Engeln, das ihr nicht sehen konntet. Allah beobachtete damals euer Tun. Als nun die Feinde von der Anhöhe im Osten und aus der Niederung im Westen gegen euch herankamen und ihr eure Augen aus Angst abwandtet und das Herz euch vor Furcht bis an die Kehle stieg, da dachtet ihr so mancherlei über Allah nach. Die Gläubigen wurden geprüft, und ein gewaltiges Zittern und Beben ergriff sie. Die Heuchler und die Kleingläubigen sagten: Allah und sein Gesandter haben uns etwas vorgemacht. Eine andere Gruppe meinte: Medina ist kein sicherer Ort mehr. Wieder andere ersuchten den Propheten heimgehen zu dürfen und sagten: Unsere Häuser sind vor dem Feind unbeschützt. Die Häuser waren aber keineswegs ohne Schutz, sondern diejenigen, die solches sagten, wollten nur die Flucht ergreifen. Wäre der Feind von allen Seiten in die Stadt eingedrungen und hätte er sie aufge-

fordert, mitzumachen bei der Verfolgung der Gläubigen, sie hätten sich bestimmt beteiligt. Sie hatten aber zuvor doch Allah versprochen, nicht den Rücken kehren zu wollen.«

Die führende Schicht von Mekka hatte eine blamable Niederlage erlitten. Bald bekamen sie Spottlieder zu hören, die um das eine Thema kreisten: Das starke Heer ist eigentlich von einem Loch in der Erde, einem Graben nämlich, besiegt worden. Diese Geschichte war den Beduinen Anlaß zu herzlichem Gelächter. Der wahre Grund für die Niederlage der Banu Koraisch ist in der Größe ihres Heeres zu suchen. Abu Sufjan war davon ausgegangen, daß die numerische Überlegenheit den Sieg sichern mußte. Er machte eine Erfahrung, die das Gegenteil bewies: Die Kämpfer in ihrer großen Zahl behinderten einander; sie nahmen sich gegenseitig den Mut zum Risiko. Darüber hinaus konnte das Riesenheer nicht ernährt werden; Fleisch und Mehlprodukte herbeizuschaffen für zehntausend Männer war so gut wie unmöglich. Notgedrungen bestand die Truppe aus vielerlei Stammeselementen mit unterschiedlichem Ehrgeiz und unterschiedlichen Zielen. Mohammed hatte es geschickt verstanden, einen Keil zwischen die verschiedenen Gruppen zu treiben.

21 »Die Engel haben die Waffen noch nicht abgelegt«

Vom Rand des Grabens aus blickte Mohammed mit den Unterkommandeuren der Emigranten und der Ansar dem abziehenden Mekkaheer nach, dann befahl auch er die Räumung der Stellungen. Doch am selben Tag noch, um die Mittagszeit, erschien – so wird erzählt – der Engel Gabriel dem Propheten. Der Engel sei auf einem Maultier geritten. Er habe einen Turban aus Brokat getragen, und auch der Sattel des Maultieres sei aus Brokat gefertigt gewesen. Gabriel soll Mohammed im Ton der Überraschung gefragt haben, warum er denn schon die Waffen niedergelegt habe. Auf den Einwand, die Feinde seien abgezogen, der

Krieg habe ein Ende gefunden, reagierte Gabriel mit diesen Worten:
»*Die Engel haben ihre Waffen noch nicht abgelegt. Ich selbst komme gerade von der Verfolgung der Feinde zurück. Allah, er ist erhaben und mächtig, gibt dir den Befehl, gegen die Banu Kuraiza vorzugehen. Ich begebe mich jetzt zu ihnen und lasse sie erbeben.*«
In der Tat befiel die Angst vor der Abrechnung die Juden, die noch in Medina lebten. Sie kannten Mohammeds Zorn. Sie hatten Erfahrungen mit seiner Unbarmherzigkeit gemacht, als die Bruderstämme aus der Stadt vertrieben worden waren. Als sie vom Abzug der Koraisch und der Ghatafan erfuhren, zogen sie in die befestigten Häuser, die für solche Alarmfälle vorbereitet waren. Für kurze Zeit hatten sie die Hoffnung besessen, Mohammed mit Hilfe der Belagerer aus der Stadt zu treiben. Diese Hoffnung hatten sie nun zu büßen, das wußten sie. Eine Chance, sich gegen die Moslems zu wehren, gab es für sie nicht. Sie konnten nur an die Ansar, an die islamisch gewordene Stammbevölkerung von Medina appellieren, daß sie, in Erinnerung an frühere Zeiten, ein gutes Wort einlegten bei der Führung der Moslems. Die Chefs der Banu Kuraiza beschworen die Männer des Stammes Aus, doch nicht zu vergessen, wie die Juden einst die Zuwanderung der arabischen Stämme gestattet hatten. Sie glaubten, ein Recht zu haben auf Schonung. Doch Mohammed bereitete, ungerührt von den Appellen an die Araber, die Vernichtung des Stammes Kuraiza vor.
Zur Mittagszeit hatte Mohammed den Entschluß gefaßt – den Berichten nach auf Wunsch des Engels Gabriel –, der jüdischen Präsenz in Medina ein Ende zu bereiten. Noch vor dem Nachmittagsgebet sollten sich alle Bewaffneten vor den Lehmfestungen der Kuraiza treffen. Seinen Schwiegersohn Ali schickte er mit der Fahne voraus.
Die befestigten Häuser der Juden waren würfelförmige Baukomplexe, aus Lehmziegeln aufgemauert; Fenster besaßen sie nur im oberen Stockwerk; auch die Eingänge waren nur über Leitern erreichbar. In diesen finsteren Höhlen erwarteten Kinder, Frauen und Männer die Entscheidung über ihr Schicksal.
Keiner der Vertrauten des Propheten empfand irgendwelche Sym-

pathie für den jüdischen Stamm. Ali, als Schwiegersohn Mohammeds eine wichtige Person in der Führung des Stadtstaates Medina, schürte noch die Wut des Gesandten Allahs. Er habe »häßliche Worte« gehört über den Propheten, als er an den jüdischen Häusern vorbeigegangen sei, erzählte Ali seinem Schwiegervater. Mohammed konnte seinen Ärger nicht verbergen; er selbst schrie zu den Fenstern der Juden hinauf: »O ihr Brüder der Affen!«
Aus islamischer Quelle sind die Diskussionen der jüdischen Führer untereinander überliefert. Drei Möglichkeiten, so glaubte einer, stünden den Juden noch offen: »Eine Möglichkeit ist, daß wir diesem Mann folgen und ihm glauben. Die Ereignisse zeugen wohl davon, daß er ein gesandter Prophet ist. Man kann sagen, er sei derjenige, den ihr in eurer Schrift vorausgesagt findet. Wenn ihr Mohammed anerkennt, dann werden euer Leben, euer Besitz, eure Kinder und Frauen sicher sein. Wenn ihr diesen Vorschlag nicht annehmen wollt, dann mache ich euch einen anderen. Wir töten unsere Frauen und Kinder und sind danach unbelastet für einen entschlossenen Kampf gegen Mohammed und seine Genossen. Sterben wir, so hinterlassen wir keine Nachkommenschaft, die ein schlimmes Schicksal erleiden würde. Siegen wir aber, dann werden wir andere Frauen und Kinder haben. Solltet ihr auch diesen zweiten Vorschlag ablehnen, so gibt es noch eine dritte Möglichkeit: Heute ist die Nacht zum Sabbat. Ich nehme an, Mohammed und die Seinen werden sich ganz sicher vor uns fühlen. Steigen wir doch von den Türmen hinab. Vielleicht können wir sie überraschen.«
Diejenigen, die ein Recht hatten, mitzusprechen im Rat der Banu Kuraiza, lehnten die drei Vorschläge rundweg ab. Die Unterwerfung kam deshalb nicht in Frage, weil dieser Schritt den Verzicht auf den bisherigen Glauben und damit auf die Thora bedeutet hätte. Gegen die Tötung der Frauen und Kinder wurde als Argument vorgebracht: »Was wäre ohne sie noch Schönes am Leben.« Der dritte Vorschlag scheiterte, weil niemand die Verantwortung für den Kampf am Sabbat auf sich nehmen wollte: »Wir sollen den Sabbat schänden? Das hat keiner getan, ohne daß er in einen Affen verwandelt worden ist!« Der Mann, der die Vorschläge gemacht hatte, resignierte: »Seit eure Mutter euch auf die Welt gebracht hat, habt ihr euch noch zu nichts entschließen können.«

Über drei Wochen lang harrten die Kuraizafamilien in den Festungen aus, dann mußten sie kapitulieren. Sie erhofften sich eine ähnliche Behandlung wie die Bruderstämme Qaynuqa und al Nadir – sie hatten auswandern müssen unter Zurücklassung der unbeweglichen Habe. Damit hatten sich die Kuraiza abgefunden.
Viele fürchteten mit einiger Berechtigung, daß sich Mohammed mit einem solchen Urteil diesmal nicht begnügen würde. Ein Unterhändler hatte ihnen schon mitgeteilt, Mohammed habe vor, ihnen allen die Köpfe abschlagen zu lassen. Vom Stamm Aus aber besaßen sie das Versprechen, daß eine derartige Gewalttat gegen die Juden verhindert werden würde. Die Männer von Banu Aus setzten Mohammed unter massiven Druck, er möge das Urteil über die Kuraiza einem Mann aus ihren Reihen überlassen. Mohammed stimmte zu, behielt sich aber die Auswahl der Person des Richters vor.
Der Kuraiza-Clan war überzeugt, gerettet zu sein. Die Juden konnten sich nicht vorstellen, daß jemand, der zum Stamm Aus gehörte, ein Todesurteil über ihre Sippe fällen würde; die Männer der Banu Aus hatten sich doch mit Festigkeit für die Begnadigung oder zumindest für eine milde Behandlung der Kuraiza eingesetzt. Doch alle, die an eine Gnadenlösung dachten, täuschten sich; Mohammed wußte einen raffinierten Ausweg, um die längst geplante Vernichtung des ihm verhaßten Stammes Wirklichkeit werden zu lassen. Er ernannte Sa'd Ibn Mu'adh zum Richter.
Sa'd Ibn Mu'adh war einer der wenigen, die während des Grabenkriegs verwundet worden waren. Ein Pfeil hatte ihn getroffen. Auf Anweisung Mohammeds war er auf den Gebetsplatz gebracht worden. Dort bemühte sich eine Frau aus dem Stamme Aslam, sie hieß Rufaida, um die Verwundeten; sie brachte die Männer in einem Zelt unter und behandelte die Wunden mit Kräutersalben. Für Sa'd Ibn Mu'adh, das hatte sie sofort gesehen, konnte es keine Rettung mehr geben – und Mohammed war vom Zustand des Mannes informiert. Daß Sa'd Ibn Mu'adh nicht mehr lange zu leben hatte, war in seinen Überlegungen von Bedeutung.
Als Sa'd Ibn Mu'adh zum Richter ernannt war über den jüdischen Stamm Kuraiza, da wurde der schwerverwundete Mann auf einen Esel gehoben. Sa'd, so wird berichtet, sei außerordentlich beleibt

gewesen, so daß der Transport des Verwundeten nur unter Schwierigkeiten möglich war. Unterwegs wurde Sa'd bedrängt von seinen Begleitern, die wie er selbst zum Stamme der Aus gehörten: Er wurde gebeten, milde zu urteilen über die Juden. Seine Antwort aber ließ nicht viel Hoffnung auf Barmherzigkeit: »Ich bin am Ende meines Lebens angekommen. Da rührt es mich wenig, wenn ihr mich tadeln werdet. Ich habe eine Entscheidung im Sinne Allahs zu fällen.« Obgleich sie nun den Standpunkt des Richters kannten, verpflichteten sich auch die Männer der Banu Aus, unbedingt die Entscheidung des Sa'd Ibn Mu'adh zu akzeptieren und auszuführen. Als alle wichtigen Männer das unbedingte Versprechen abgegeben hatten, in gar nichts vom Urteil abzuweichen, sprach – so besagt die Überlieferung – Sa'd Ibn Mu'adh diese Worte: »So entscheide ich, daß die Männer der Banu Kuraiza getötet und die Frauen und Kinder als Sklaven gefangengenommen werden. Der Besitz der Banu Kuraiza soll aufgeteilt werden.«

Eine Untersuchung, ob der jüdische Stamm wirklich Schuld auf sich geladen hatte, wurde nicht durchgeführt. Recht oder Unrecht waren auch nicht der Maßstab für das Urteil. Ohne daß Sa'd Ibn Mu'adh die Gründe für seinen Spruch mit Mohammed diskutiert hatte, wußte er, welcher Standpunkt für die Gemeinschaft der Moslems nötig war: Solidarität mit Andersgläubigen mußte zu Streit innerhalb des Stadtstaates führen, zu einem Wiederaufleben der Bürgerkriegsauseinandersetzungen, die seit der Ankunft des Propheten erloschen waren. Sa'd Ibn Mu'adh wollte ein Beispiel dafür geben, daß Solidarität künftig nur noch innerhalb der Glaubensgemeinschaft möglich sein sollte. So wurden die Juden geopfert – aus politischen Gründen.

Unmittelbar nach dem Urteilsspruch ritt Mohammed auf den Markt von Medina. Dort wurden auf seinen Befehl hin Gräben ausgehoben. In Gruppen wurden die Männer der Banu Kuraiza enthauptet; die Leichen warfen die Moslems in die Gräben.

Bis sie zu den Gräben geführt wurden, begriffen die einzelnen Gruppen nicht, was ihnen bevorstand. Ka'b Ibn Asad, der die drei Alternativen während der Belagerung aufgezeigt hatte, öffnete ihnen die Augen: »Die hinweggebracht werden, kommen niemals zurück. Es ist der Tod, der auf uns wartet, bei Gott.« Siebenhunert Männer starben innerhalb weniger Stunden. Als das grausame Geschäft zu Ende war, wurden die Gräben über den Toten zugeschüttet. Der staubige Marktplatz sah aus wie zuvor. Bald dachte niemand mehr an die Juden, die einst als selbständige Gemeinde mit in Medina gelebt hatten, denn die Frauen und Kinder der Banu Kuraiza wurden auf fremden Märkten gegen Waffen und Pferde eingetauscht. So blieben keine lebenden Erinnerungen an die jüdische Gemeinde mehr in Medina. Bis auf eine Ausnahme: Mohammed behielt für sich selbst eine der schönsten Frauen der Banu Kuraiza – eine Witwe, die Raihana hieß. Sie wurde in seinen Haushalt aufgenommen, als Sklavin. Mohammed soll ihr die Heirat angetragen haben, doch sie meinte, so wird erzählt, es sei wohl einfacher für beide, wenn sie Sklavin bliebe. Raihana wollte auch zunächst am Judentum festhalten, wurde aber schließlich doch Moslem. Diese Entscheidung brachte Mohammed aus der Schwierigkeit, erklären zu müssen, warum er anderen Moslems den engen Kontakt mit Juden verbot, sich selbst aber eine Ausnahme zugestand. Die fünfte Sure, in Medina offenbart, sagt deutlich:

»O Gläubige, nehmt weder Juden noch Christen zu Freunden, denn sie sind nur untereinander Freunde. Wer von euch sich mit ihnen einläßt, der ist einer von ihnen.«

Zwar lebten auch weiterhin einzelne Juden, meist Händler, im Bereich der Stadt. Sie waren jedoch keine politische Kraft mehr – und allein am politischen Machtfaktor hatte sich Mohammed in dieser Auseinandersetzung orientiert. Er duldete keine eigenständige Bevölkerungsschicht in der Stadt, die ihn nicht als Autorität gelten ließ.

Sa'd Ibn Mu'adh starb wenige Stunden nach der Vollstreckung des Urteils, das er gesprochen hatte. Mohammed erfuhr von der Aufnahme dieses Mannes in den Himmel durch den Engel Gabriel, der ihm mitteilte, Allah habe die Pforten weit öffnen lassen, damit dieser Gerechte eintreten könne. Gabriel, so wird erzählt, habe die Exekutionen für richtig gehalten; damit waren die Kritiker in den Reihen der Moslems zum Schweigen gebracht. »Sa'd Ibn Mu'adh hat sich das Paradies verdient«, sagte Abu Bakr »die Toten aber werden für alle Ewigkeit in der Hölle bleiben.«

22 »Euer Gefährte irrt nicht und täuscht sich nicht«

In der dreiundfünfzigsten Sure stehen die Worte dieser Kapitelüberschrift. Noch vor der Auswanderung nach Medina sind sie von Mohammed ausgesprochen worden. Die Fortsetzung des Textes lautet so:

»Er redet nicht nach eigener Willkür, sondern ihm ist Allahs Offenbarung zuteil geworden. Der Mächtige und Starke hat ihn gelehrt. So ist er zum vollkommenen Propheten geworden.«

Mohammed spricht über sich selbst, über den Wahrheitsgehalt seiner Worte. In Mekka hatte er sich noch verteidigen müssen gegen den spöttischen Vorwurf, er gebe als Offenbarung seines Gottes aus, was ihm gerade so in den Kopf komme. Die Ereignisse nach der Ankunft in Medina ließen den Spott verstummen. Selbst die vorsichtigsten Skeptiker mußten zugeben, daß er immer recht behielt. Dazuhin wurden manche Menschen zu Zeugen der Begegnung des Propheten mit seinem Auftraggeber, mit Allah. Nicht im Verborgenen geschahen die Offenbarungen, sondern durchaus in der Öffentlichkeit.

Wenn der Augenblick reif war für eine Verkündung, dann fiel Mohammed meist zu Boden. Die Gesichtsfarbe wurde zuerst blaß, dann rot. Die Umstehenden hatten den Eindruck, Fieber habe Mohammed befallen. Selbst wenn die Luft kalt war in den Nächten der kühleren Jahreszeit, traten ihm große Schweißtropfen auf die Stirn. Waren diese Anzeichen zu sehen, dann wußten die Menschen, daß er ein Lederkissen unter seinem Kopf benötigte. Sein Atemrhythmus veränderte sich dann. Der Prophet röchelte, wenn er Luft holte; manche sagten, sein Atem erinnere an das Schnauben eines Kamels; sein Bewußtsein verlor Mohammed nie – deshalb ist wohl die Meinung hinfällig, der Prophet hätte an epileptischen Anfällen gelitten. Seine Gegner hatten schon frühzeitig diese Erklärung für die seelischen und körperlichen Veränderungen gegeben, denen Mohammed von Zeit zu Zeit unterworfen war:

Mohammed sagte selbst, in den Augenblicken der Offenbarung höre er eine Stimme, manchmal auch mehrere. Er vernahm Worte

und Sätze. Sprach die Stimme nicht, dann dröhnte ihm ein Glockenton in den Ohren, den er als quälend empfand. Mohammed teilte mit, wem die Stimme, die ihm Allahs Wort diktierte, gehörte:
»*Ich schwöre bei den Sternen, welche sich vorwärts und rückwärts schnell bewegen und verbergen und bei der anbrechenden Nacht und bei der neuanbrechenden Morgenröte: Der Koran enthält die Worte Gabriels, der viel vermag und der beim Besitzer des himmlischen Throns in Ansehen steht. Ihm gehorchen die Engel, und er ist ohne Falsch.*«
Die Texte, die Mohammed vorgesprochen bekommt und die er weitergeben muß an die Gläubigen, sind – nach Mohammeds Vorstellung – dem großen und umfassenden Buch entnommen, das in der Hand Allahs ist. Eigene Zutaten sind dem Propheten nicht erlaubt. Er muß in der fünfundsiebzigsten Sure sogar Kritik Allahs hinnehmen, er habe voreilig Dinge gesagt, die ihm noch gar nicht offenbart worden seien:
»*Laß deine Zunge sich nicht verlaufen bei der Offenbarung. Es ist unsere Sache, die Worte zusammenzustellen und herzusagen. Wenn wir sie hergesagt haben, so ist es deine Sache, sie wieder herzusagen.*«
In der Sprache der Araber wandte sich Gabriel an den Propheten. Die zwanzigste Sure gibt darüber Auskunft:
»*Den Koran haben wir deshalb in arabischer Sprache offenbart und denselben mit vielerlei Drohungen und Verheißungen durchflochten, damit die Menschen* (gemeint sind die arabischen Menschen) *dadurch Allah fürchten und die Erinnerung an ihre Pflichten in ihnen geweckt werde. Dafür sei Allah, der König, der Wahrhaftige, hochgepriesen.*«
Dieselbe Sure enthält die Rüge, Mohammed möge dem Engel Gabriel nicht ins Wort fallen, wenn der ihm den Koran verkünde; er solle geduldig abwarten, bis die Offenbarung einer Textstelle beendet sei und er den Inhalt richtig verstanden habe.
Omar, der einer der ersten Gläubigen in Mekka gewesen war, sprach häufig seine Überzeugung aus, Mohammed stehe ohne Zweifel mit Gabriel und mit Allah in Verbindung. Omar galt als kritischer Geist, der nicht leicht für eine Sache zu begeistern war. Ironie war ihm allerdings nicht fremd. So rühmte er sich, dreimal

mit der Offenbarung Allahs in Einklang gewesen zu sein. Einmal habe er zum Propheten gesagt, »wie wäre es denn, wenn wir Abrahams Haus zur Betstätte für die ganze Welt machen würden« – und prompt sei eine Koransure mit genau diesem Inhalt geoffenbart worden. Ein anderes Mal habe er Mohammed empfohlen, seinen Frauen zu verbieten, mit Fremden zu reden, wenn nicht ein Vorhang sei zwischen ihnen und dem Menschen, der nicht zum Haushalt gehört – Allah habe kurz danach den Text aus der dreiunddreißigsten Sure mitteilen lassen:

»*Wenn ihr etwas Notwendiges mit den Frauen des Propheten zu bereden habt, dann sprecht mit ihnen hinter einem Vorhang. Dies trägt zur Reinheit eurer und ihrer Herzen wesentlich bei.*«

Einen dritten Fall nennt Omar: Er habe einmal die Frauen im Harem des Propheten bei einem Streit zur Vernunft gebracht mit der Bemerkung, der Prophet könne leicht bessere Frauen finden, wenn er sich scheide von denen, die immer streiten. Zu seiner Überraschung habe Allah dann in einer Offenbarung genau dieselben Worte mitteilen lassen. Sie sind in die Mitte der sechsundsechzigsten Sure eingefügt:

»*Wenn er sich von euch scheidet, so kann es sehr leicht sein, daß sein Herr ihm zum Tausch andere Frauen gibt, welche besser sind als ihr, nämlich gottergebene, wahrhaft gläubige, demutsvolle, fromme und enthaltsame, die teils schon mit Männern zusammen waren, teils aber noch Jungfrauen sind.*«

Omars Ironie trifft den rein persönlichen Aspekt mancher Verkündigungen, die Probleme im Haushalt des Propheten regeln, und sie trifft den praktischen, tagespolitischen Teil der Offenbarungen des Propheten. Die Ironie wird von den übrigen Gläubigen kaum verstanden worden sein – und das war auch beabsichtigt, denn die Sendung Mohammeds durfte nicht in Frage gestellt werden. Daß der Engel Gabriel und Allah Mohammed die Richtung wiesen, erleichterte die Lenkung des Stadtstaates Medina. Hinter dem Propheten standen die höchsten Autoritäten, die es überhaupt geben konnte. Das Bewußtsein von der Größe und Macht Allahs mußte unangetastet bleiben. Auch Mohammed profitierte davon, denn er war der Verkünder der göttlichen Entscheidungen.

Das theologische Gebäude des Islams war in seinen großen Strukturen noch in Mekka fertig geworden. Allah, die Himmel, das Paradies, der Mensch, das waren seine Bestandteile. Sie wurden weiterentwickelt, verbal ausgeschmückt, in Beziehung zueinander gebracht.

»Das irdische Leben ist nur ein Spiel, ist nur eine Häufung von Täuschungen. Wer dem Irdischen allein nachstrebt, der hat schwere Strafe verdient. Wer dem Irdischen entsagt, auf den wartet Versöhnung mit Allah und sein Wohlgefallen.«

Allah ist allwissend:

»Kein Mißgeschick trifft ohne seinen Willen ein. Allah kennt das Innere des menschlichen Herzens. Siehst du nicht ein, daß Allah weiß, was in den Himmeln und was auf Erden ist? Nicht drei Menschen können heimlich miteinander sprechen, ohne daß Allah nicht der vierte sei. Nicht fünf Menschen können beieinanderstehen, ohne daß er nicht der sechste sei. Mögen es aber noch weniger oder auch mehr sein, er ist bei ihnen, wo sie auch sind, und am Tage der Auferstehung wird er ihnen anzeigen, was sie getan haben, denn Allah weiß alles.«

Mohammed, als Gesandter des allmächtigen Gottes, verdient besondere Behandlung. Die neunundvierzigste Sure spricht davon:

»O Gläubige! Entscheidet nichts, ohne daß ihr mit dem Gesandten Allahs gesprochen habt. Erhebt nicht eure Stimme in der Gegenwart des Propheten. Sprecht nicht so frei zu ihm, wie ihr das untereinander zu tun pflegt, denn sonst sind eure Handlungen vergeblich, ohne daß ihr es merkt. Die ihre Stimme in der Gegenwart des Gesandten Allahs dämpfen, deren Herzen hat Allah geöffnet. Die meisten derer, die dem Gesandten von außen in die inneren Zimmer zurufen, kennen nicht die schuldige Ehrerbietung. Wenn sie mit Geduld warten, bis der Gesandte Allahs zu ihnen herauskommt, das wäre schicklicher für sie. Doch Allah ist versöhnend und barmherzig.«

Anlaß zu der Koranstelle, die das »innere Zimmer« betrifft, sollen zwei Männer gegeben haben – sie werden in den Überlieferungen namentlich genannt –, die Mohammed von der Straße aus gerufen haben, als er bei einer seiner Frauen zur Mittagsruhe war.

23 Der Mensch Mohammed

Kein Bild aus jener Zeit kann uns einen Hinweis geben, wie Mohammed aussah. Spätere Darstellungen richten sich nach den verbalen Beschreibungen der Zeitgenossen. Sie stimmen in diesen Zügen überein: Er war von stämmiger Statur mit breiten Schultern und umfangreichem Bauch. Den normal großen Araber jener Zeit überragte er nicht. Rauhe und große Hände, lange Unterarme, einen großen Mund, mageres Gesicht, das länglich geformt war, diese Merkmale stehen der Phantasie zur Verfügung, um sich die Gestalt vorstellen zu können. Sein Haarwuchs soll stark gewesen sein, sowohl auf dem Kopf als auch am Kinn. Die Farbe der Haare war schwarz, einen deutlichen Kontrast dazu bildete die sehr helle Hautfarbe.

Die Überlieferungen besagen, daß Mohammed durch rasche Bewegungen aufgefallen sei. Wenn er zu Fuß ging, eilte er meist den anderen voraus. Wer auch immer Details mitteilte aus dem Erscheinungsbild des Propheten, der beschrieb ihn im Blickwinkel des Gläubigen. Die Gedichte, die seine Person bespotteten, sind nicht erhalten.

Der größte Stolz eines arabischen Mannes sind seine Söhne. Mohammed mußte erleben, daß alle seine Söhne schon als kleine Kinder starben. In den Berichten aus dem Leben des Propheten sind Episoden enthalten, die seine Neigung zu Kindern und ganz besonders zu männlichen Kindern zeigen. Die kleinen Jungen nahm Mohammed besonders gern in den Arm. Als einer dieser Jungen bei einer solchen Gelegenheit den Ärmel seines Umhangs naß machte, da schlug die Mutter auf den Kleinen ein. Mohammed wies sie zurecht: »*Du hast meinem Sohn weh getan*«. Als die Frauen des Haushalts ihm den Umhang wegnehmen wollten, um ihn zu waschen, da weigerte sich Mohammed den Mantel auszuziehen mit dem Argument, nur wenn ein Mädchen ein Kleidungsstück naß mache, müsse dieses gewaschen werden. Spürbar wird in diesem Bericht die Sehnsucht nach Söhnen, die von den Arabern am meisten gewünscht werden.

Von der Kinderfreundlichkeit des Propheten sprechen alle Berichte. Zahlreich sind die Geschichten, in denen erzählt wird, wie Mohammed traurige Jungen und Mädchen getröstet habe – mit manchen spuckte er sogar um die Wette. Als besondere Auszeichnung galt bei den gläubigen Familien die Geste des Propheten, ein Kind zu sich auf den Kamelsattel zu heben. Ob er aus echtem Gefühl handelte oder aus Berechnung? Beantworten läßt sich diese Frage nicht. Die Wirkung seiner Handlungen war allerdings beachtlich; sie verhalfen ihm zu einer außerordentlichen Popularität in Medina, insbesondere in der Zeit nach dem »Grabenkrieg«, als der äußere Erfolg die Bereitschaft schuf, immer mehr populäre Züge an Mohammed zu finden. Er weinte mit den Kindern, deren Vater gerade gestorben war; er trauerte mit den Witwen. Hatte eine kinderreiche Familie nichts zu essen in Medina, dann schickte ihr Mohammed Lebensmittel. Die Vorstellung entstand vom Propheten als dem sorgenden Vater der Stadt – und niemand darf behaupten, diese Vorstellung sei falsch. Die Gläubigen konnten seiner Vorsorge immer sicher sein.
Beachtenswert ist sein mit Beharrlichkeit vorgetragener Hinweis, Allah verlange vom Menschen, daß er gerecht handle, auch gegenüber Schwächeren.
In der dreiunddreißigsten Sure läßt er Allah fragen:
»Haben eure Sklaven an den Gütern teil, welche wir euch gegeben haben, und sind sie euch gleichgestellt?«
Mohammed verlangt nicht die Freilassung der Sklaven, obgleich er selbst manchen Sklaven zum freien Mann machte. Die Antwort, die er erwartet, heißt *»Nein, gleichgestellt sind sie nicht – doch der Obhut anvertraut.«* So gewinnt Mohammed die Sklaven auf seine Seite, ohne die Herren zu vergrämen.
Dieser Meister der Psychologie in Aktion und Wort soll nie einen überflüssigen Satz gesagt haben. Er haßte die Schwätzer, die unablässig reden. Saß ihm ein solcher Mensch gegenüber, dann zeigte Mohammed seine Abneigung durch die Wendung des Kopfes zur Seite. Die Männer seiner Umgebung waren dann sehr schnell bemüht, den unangenehmen Gesprächspartner zur Seite zu schieben. Das Wort war seine persönliche Waffe – Geschick mit dem Schwert hatte er nie bewiesen. Die Sprache gab ihm Macht über

andere. Bildkräftig und ausdrucksstark waren seine Sätze. Dem Sprachklang konnte sich niemand entziehen. Die Berichte sagen, Mohammed habe sehr schnell gesprochen, mit feiner Abstimmung der Tonhöhe. Ein Gehör für Musik besaß er allerdings nicht: Erklang in seiner Nähe Gesang oder drangen Flötentöne zu ihm, dann hielt er sich die Ohren zu. In seiner Religion, im islamischen Gottesdienst, hat daher auch die Musik keinen Platz gefunden, wenn man vom Sprechgesang des Muezzin auf dem Moscheeturm absieht.

Mohammeds Sprache besaß, zumindest seit der Ankunft in Medina, den Beiklang der Autorität. Daß er häufig im Namen Allahs sprach, daß er Worte gebrauchte, die Gabriel ihm vorsagte, verstärkte diesen Beiklang. Die Männer, die häufig mit ihm zu tun hatten, fragten deshalb, wenn sie nicht einverstanden waren mit einer Entscheidung, ganz vorsichtig an, ob etwa Allah diese Entscheidung selbst getroffen habe. Besonders Abu Bakr und Omar verstanden sehr wohl zu trennen, was göttlichen und was menschlichen Ursprungs in den Worten des Propheten war. Eine deutliche Kritik einzelner Teile der Koranoffenbarungen aber wurde von Mohammed den Gläubigen nicht gestattet.

Abu Bakr hat sich auch wohl gehütet, die Autorität des Propheten zu untergraben. Wenn der Chef des Stadtstaates Medina von Allah dazu inspiriert wird, eine Anweisung zu offenbaren, die lästige Besucher fernhält, hat auch der göttliche Omar die göttliche Weisheit nicht in Frage gestellt. Der Text dieser Anweisung, er ist der dreiunddreißigsten Sure entnommen, lautet:

»*O Gläubige, betretet nicht die Räume des Propheten, um mit ihm zu speisen, wenn er es euch nicht erlaubt hat und die Zeit ihm nicht gelegen ist. Sobald er euch aber einlädt, dann geht rechtzeitig zu ihm hinein. Wenn ihr gegessen habt, dann entfernt euch wieder und bleibt nicht, um vertrauliche Unterhaltungen anzuknüpfen, denn dies könnte dem Propheten beschwerlich fallen, und er scheut sich vielleicht, es euch deutlich zu sagen.*«

Augenblicke des Zweifels scheint Mohammed nach der ersten kritischen Phase der Offenbarung, nach der Qual des Wartens während der Pause zwischen dem Erlebnis am Berg Hira und des erneuten Ausbruchs der Verkündigungskraft nicht gekannt zu haben. Er glaubte an den göttlichen Ursprung der Stimme, die ihn anleitete. Keine Skepsis über den Wert der eigenen Berufung beunruhigte ihn. Er war das Werkzeug in Allahs Hand. Ihn als Scharlatan abzutun, wird seiner Person nicht gerecht. Bis zum Lebensende wich die Sicherheit nicht von ihm, Allahs Willen mehr als jeder andere zu erfüllen. So sehr er Autorität wahrte gegenüber den Menschen, so sehr blieb er Diener seines Gottes.

Absolute Sicherheit war Mohammeds ausgeprägtester Charakterzug und zugleich sein Harnisch gegen jede Form der Konzession in religiösen und politischen Fragen. Sie ist allerdings auch die Wurzel seines offensichtlichen Egoismus. Ganz selbstverständlich weist er sich selbst jeweils den größten Teil der Beute zu – wobei zuzugeben ist, daß Mohammed vielerlei Versorgungsverpflichtungen auf sich nimmt –, ganz selbstverständlich beansprucht Mohammed eine Sonderstellung in seinen Beziehungen zu den Frauen. Eine seiner wichtigsten Frauen, sie hieß Aischa, besaß eine überaus spitze Zunge. Von ihr ist überliefert, daß sie zu Mohammed gesagt haben soll: »*Allah beeilt sich immer sehr, deine Gelüste zu stillen!*« Aischa ärgerte sich darüber, daß Mohammed immer neue Frauen in seinen Haushalt aufnahm; sie lehnte sich, mit Worten wenigstens, dagegen auf, Mohammed mit anderen Frauen teilen zu müssen. Diese Auflehnung nützte ihr allerdings nicht viel.

24 »Gebete, Wohlgerüche und Frauen haben mich am meisten erquickt«

Nach dem Tode der Chadidscha war eine Veränderung in Mohammeds Einstellung zu den Frauen spürbar geworden. Solange sie lebte, gab sich Mohammed nicht mit anderen Frauen ab. Chadidscha war die alleinige Herrscherin im Hause geblieben. Nach ihrem Tode wollte er sich nie mehr mit einer Frau begnügen. Dabei muß allerdings gesagt werden,

daß ihn die Erinnerung an Chadidscha nie verließ. Als er wieder einmal in späten Jahren von ihrer Güte und Herzenswärme geschwärmt habe, soll die junge Aischa ihn recht giftig angeherrscht haben, er solle doch gefälligst dieses »alte Weib mit den schwarz-fauligen Zahnlücken«, das längst tot sei, vergessen, schließlich sei sie jetzt die maßgebliche Frau im Hause.
Aus dem Koran ist zu entnehmen, daß Mohammed viel Ärger mit den Frauen seines Harems gehabt haben muß. Dabei hatte er, insgesamt gesehen, den arabischen Frauen durch seine Gesetzgebung viel Gutes getan. Vielleicht hatte er am wenigsten für das Wohl der Bewohnerinnen des eigenen Harems gesorgt, da er für sich selbst schon bald Ausnahmeregelungen forderte. In seinem Hause brauchten manche Gesetze, mit denen er den Frauen einen Gefallen getan hatte, nicht zu gelten. Der Blick auf die Gesetze, die Mohammed im Sinne der Frauen erlassen hat, lohnt sich.
Die vierte Sure des Korans, sie ist in Medina publik gemacht worden, enthält diese generelle Anweisung an die Moslems:
»Überlegt gut und nehmt nur eine, zwei, drei, höchstens vier Ehefrauen. Fürchtet ihr auch noch ungerecht zu handeln gegenüber einer Frau, dann lebt mit Sklavinnen, die ihr kaufen könnt. So werdet ihr nicht so leicht vom rechten Weg abkommen.«
Diese Anweisung ist mit der Absicht erlassen, Ordnung zu schaffen in den Häusern der arabischen Männer. Bisher war die Zahl der Frauen unbeschränkt. Kein Gesetz gebot Zurückhaltung – wer reich war, der konnte sich acht oder zehn Frauen ins Haus holen. Vorbedingung war, daß er den Eltern der Mädchen, wenn gefordert, eine Ablösungssumme zahlen konnte und daß er die Möglichkeit besaß, mehrere Frauen zu ernähren. Doch konnte Reichtum oft nicht alle Probleme eines derart großen Harems lösen: Manche Frauen wurden bevorzugt, andere fühlten sich zurückgesetzt; Unzufriedenheit machte sich häufig breit, die schließlich zu Streit führen mußte. Solche Auswüchse der Familienstruktur wollte Mohammed unterbinden. Er sprach in der Koransure von der Furcht vor Ungerechtigkeit, die den Moslem lenken müsse, wenn er seine Familie aufbaue. Der Wille zur Gerechtigkeit in den Familien ist das Motiv für eine Beschränkung der Zahl der Frauen jedes Gläubigen – wobei Mohammed, da er die Gewohn-

heiten der arabischen Männer kannte, die Ausflucht ließ, daß sich jeder sein Vergnügen bei vielen Sklavinnen suchen könne. Bemerkenswert ist die soziale Gesetzgebung, die der Prophet zur Sicherung der Existenz der Frauen erläßt. Die vierte Sure, sie trägt den Titel »*Die Weiber*«, enthält die Details dieser Gesetzgebung.
»*Behandelt eure Mutter mit Ehrfurcht. Allah wacht über euch!*«
– so lautet das erste der Gebote. Übertragen auf die Lebenspraxis bedeutete Mohammeds Forderung: *Laßt eure Mütter nicht in Not und Elend verkommen.*

Es mag durchaus üblich gewesen sein, daß die Männer den Frauen kein eigenes Vermögen gönnten. Mohammed fühlte sich veranlaßt, die geltenden Erbschaftsregelungen auch auf die Frauen auszudehnen:

»*Den Frauen gebührt ein Teil von dem, was Eltern oder Verwandte hinterlassen – sei es nun wenig oder viel, ein bestimmter Teil ist ihnen zu geben.*«

Über diese generelle Bestimmung hinaus präzisiert Mohammed:
»*Hinsichtlich eurer Erben hat Allah folgendes verordnet: Jeder männliche Erbe soll so viel haben wie zwei weibliche. Sind nur weibliche Erben da, und zwar an Zahl mehr als zwei, so erhalten sie insgesamt zwei Drittel der Hinterlassenschaft. Ist aber nur eine Erbin da, so erhält sie die Hälfte. Dies ist Allahs Gebot, er ist allwissend und weise. Den Frauen gehört der vierte Teil von dem, was ihr hinterlaßt, wenn ihr, ohne Kinder zu haben, sterbt. Bleiben aber Kinder zurück, so bekommen die Frauen nach Abzug der Schulden noch den achten Teil eures Nachlasses.*«

Die Differenz zwischen Gesamtwert des Nachlasses und des verteilten Werts mußte an das öffentliche Schatzhaus abgegeben werden.

So kompliziert und schwer verständlich uns diese Erbschaftsgesetze auch erscheinen mögen, sie führten im Stadtstaat Medina zu geregelten Verhältnissen auf dem gesellschaftlich so wichtigen Sektor der Nachlaßregelung. In kurzer Frist schon hatten sich Spezialisten herangebildet, die den Kodex in die Praxis umsetzten. Gewitzte Köpfe boten sich an, die im Trauerfall den Familien exakt vorrechnen konnten, wer Anspruch auf welchen Anteil eines Nachlasses habe.

Die weitverbreitete Tradition der selbstverständlichen, mit der Erbschaft verbundenen Übernahme von Frauen aus dem Harem eines Verstorbenen in die eigene Familie beendet Mohammed durch diese Anweisung:
»O Gläubige, es ist nicht erlaubt, sich Frauen durch Erbschaft, gegen ihren Willen, anzueignen.«
Gesagt wird damit, daß die Frau nach dem Tod des Mannes zu entscheiden hat, in wessen Familie sie künftig aufgenommen werden will.
Die bisherige Rechtslage bot den Frauen keinen Schutz bei Verleumdung, sie hätten Ehebruch begangen. Ihnen blieb keine Möglichkeit zur Verteidigung. Mohammed schuf Sicherheit gegen Ungerechtigkeit durch die Vorschrift:
»Wenn eure Frauen sich durch Unzucht vergehen und vier Zeugen aus euerer Mitte bezeugen dies, dann sperrt sie in euerem Hause ein, bis der Tod sie befreit oder Allah ihnen sonst einen Versöhnungsweg weist.«
In einer ganz auf den Mann zugeordneten Gesellschaft bot diese Formulierung das Maximum an Protektion vor üblen Nachreden. Selten konnte es geschehen, daß vier Zeugen mit eigenen Augen gesehen haben, wie eine Frau heimlich mit einem Mann, mit dem sie nicht als Ehefrau verbunden war, körperlich der Liebe pflegte. Wußte ein Zeuge nur vom Hörensagen Bescheid über ein derartiges Vorkommnis, so galt seine Aussage nicht – er mußte schon genau sagen können, was geschehen war. Die arabischen Frauen waren künftig selten so ungeschickt, sich beim Ehebruch den Augen von vier Männern auszusetzen – denn nur Männer kamen als beweisfähige Zeugen in Frage.
Die vierte Sure gibt Auskunft, welche ehelichen Beziehungen den Männern unbedingt verboten sind:
»Ihr dürft keine Frau heiraten, die euer Vater bereits heiratete – es sei denn, es wäre schon vor langer Zeit geschehen. (Mohammed meint dabei die Zeit vor der Offenbarung). *Solches ist schändlich und abscheulich und eine üble Verhaltensweise. Ferner ist es euch verboten zu heiraten: eure Mütter, eure Töchter und eure Schwestern, eure Tanten von seiten des Vaters und der Mutter, Ammen, die euch säugten, Töchter eurer Schwestern und Brüder,*

eure Milchschwestern, die Mütter eurer Frauen und Stieftöchter, die ihr in euren Schutz genommen habt und die von Frauen geboren wurden, welchen ihr schon beigewohnt habt. Habt ihr ihnen aber noch nicht beigewohnt, so ist es keine Sünde, jene zu nehmen. Verboten aber ist die Beiwohnung mit den Frauen eurer Söhne, die ihr zeugtet. Verboten ist die Beiwohnung zweier Schwestern zur gleichen Zeit. Ihr könnt euch je nach der Größe eures Vermögens Frauen nehmen, aber heiratet richtig und begeht nicht Hurerei. Wer aber nicht Vermögen genug besitzt, um freie und gläubige Frauen heiraten zu können, der nehme gläubig gewordene Sklavinnen, denn Allah kennt euren Glauben, und ihr seid ja doch alle eines Ursprungs. Doch heiratet die Sklavinnen nur mit Einwilligung ihrer Herren. Auch diese müssen züchtig und dürfen keine Dirnen sein, noch sich im geheimen Geliebte halten. Vergehen sich Sklavinnen nach dem Eheschluß durch Hurerei, sollen sie die Hälfte der Strafe erleiden, die in einem solchen Fall über freie Frauen verhängt werden würde.«

Die Gesetzgebung, die mit der Verkündigung der vierten Sure Gültigkeit erlangt hatte, regelt das Rechtsverhältnis zwischen Mann und Frau:

»Männer sollen vor Frauen bevorzugt werden, weil sie für diese Verantwortung tragen, weil die Männer vor den Frauen mit Vorzügen begabt wurden, weil die Männer die Frauen ernähren. Rechtschaffene Frauen sollen gehorsam, treu und verschwiegen sein, damit auch Allah sie beschütze. Denjenigen Frauen aber, von denen ihr fürchtet, daß sie euch durch ihr Betragen erzürnen, gebt Verweise, enthaltet euch ihrer, sperrt sie in ihre Gemächer und züchtigt sie. Gehorchen sie euch aber, dann sucht keine Gelegenheit, sie zu mißhandeln. Denn Allah ist hoch und erhaben.«

»Versöhnung ist besser als Scheidung«, diesen Grundsatz stellt Mohammed den Gesetzen über die Ehescheidung voran. Sie sind so formuliert:

»Wer die Absicht hat, sich von seinen Frauen zu trennen, der sollte diesen Schritt vier Monate lang überdenken. Tritt er von seiner Absicht zurück, so ist es Allah angenehm. Besteht der Mann aber schließlich auf Ehescheidung, so hört und weiß Allah das auch.

Die geschiedene Frau muß dann, ehe sie über sich verfügt, noch so lange warten, bis sie dreimal ihre Reinigung hatte. Sie darf nicht verheimlichen, was Allah in ihrem Leibe geschaffen hat, sofern sie an Allah und an das Jüngste Gericht glaubt. Es ist angebracht, daß der Mann die Frau, wenn sie schwanger ist, wieder zurücknimmt und daß sie sich in Verständnis und Güte wieder vereinigen. Die Entscheidung des Mannes genießt Vorrecht.«

Diese Vorschriften, die der zweiten Koransure entnommen sind, werden durch andere Texte ergänzt; durchweg sind die Zusätze im Sinne der Frauen abgefaßt. In der fünfundsechzigsten Sure ist zu lesen:

»Die Frauen, von denen ihr euch scheidet, laßt wohnen, wo ihr wohnt, soweit ihr eben Wohnplatz habt. Tut ihnen kein Unrecht an, daß ihr sie nicht in ängstliche Sorge versetzet.«

So gerecht Mohammed auch in seiner Gesetzgebung gegenüber den Frauen sein mag, so gibt er doch den Männern unbeschränkte Verfügungsgewalt über den Leib der Frauen, wenn er den Grundsatz aufstellt:

»Die Weiber sind euer Acker – geht auf euren Acker, wie und wann ihr wollt.«

Diesem Grundsatz blieb vor allem Mohammed selbst treu.

Im Jahre 619 war Chadidscha gestorben; zu der Zeit war der Plan zur Auswanderung nach Medina noch nicht gefaßt. Mohammed war geachtet von seiner Anhängerschaft, aber er wurde verspottet von der Mehrzahl der Menschen in Mekka. Da er nicht allein leben wollte, mußte er sich im eigenen Kreis nach einer Frau umsehen. Daß eine angesehene, außenstehende Familie sich mit ihm verbinden wollte, war ganz ausgeschlossen.

Chadidscha war Witwe gewesen, auch die zweite Frau, die Mohammed heiratete, hatte ihren ersten Mann verloren. Ihr Name war Sanda. Der Mann, ein frühbekehrter Moslem, war als Auswanderer in Abessinien gestorben. Die dreißigjährige Frau besaß ein kleines Vermögen, von dem Mohammed während der schwierigen Monate in Mekka leben konnte.

Chadidscha hatte Mohammed einst von der Zumutung verschont, eine weitere Frau ins Haus zu holen, Sanda aber wurde nach kurzer Ehezeit schon mit diesem Problem konfrontiert. Sie wehrte sich, doch Mohammed schied sich kurzerhand von ihr. An einer Trennung war Sanda keineswegs interessiert – sie leitete die Versöhnung ein und gestand zu, daß sie künftig zurücktreten wolle hinter die neue Frau, die Mohammed ins Haus gebracht hatte. Diese Frau war allerdings noch ein Kind, gerade sechs Jahre alt. Aischa war der Name des jungen Mädchens. Ihr Vater, Abu Bakr, hatte sich in den ersten Monaten nach dem Beginn der Offenbarungen auf die Seite des Propheten gestellt. Er zeigte seine Überzeugung offen und glaubte fest an den Sieg des Gesandten Allahs. Um seine Überzeugung zu demonstrieren, gab er seine Tochter Aischa als Frau in den Haushalt des Propheten, wobei verabredet wurde, daß die Ehe zwar geschlossen, aber noch nicht vollzogen werden sollte. So wuchs Aischa zunächst wie die Tochter des Hauses weiter auf. Mohammed, so wird erzählt, fand sein Vergnügen daran, das Mädchen auf seinen Knien zu schaukeln. Trotz des jugendlichen Alters gelang es ihr bald, eine starke Position im Haushalt zu erringen. Sie beherrschte alle Frauen, die nach und nach im Harem Aufnahme fanden. Als sie dann bald nach der Medina-Emigration wirklich die Frau des Propheten wurde, da bekam ihre Macht eine solide Basis, denn es war ganz offensichtlich, daß Mohammed besonders gern bei Aischa schlief.

Die Beschränkung, die Allah durch Mohammeds Mund den Moslems auferlegt hatte, brachte Mohammed selbst bald in Schwierigkeiten: Mit vier Frauen konnte er sich nicht begnügen. Dabei spielten nicht nur persönliche Neigungen mit, sondern auch politische Erwägungen. Hatte er die Tochter seines Gefolgsmannes Abu Bakr geheiratet, so war es klug und billig, auch die Tochter des ihm ebenso treu ergebenen Omar zu ehelichen. Mit dem Mittel der Heirat konnte Mohammed unterschiedliche Strömungen innerhalb der politischen Einheit, die seine Glaubensgemeinschaft bildete, ausgleichen. Später gesellte sich dazu der Zwang, die Stämme durch verwandtschaftliche Beziehungen an sich zu binden – damit folgte er durchaus der arabischen Tradition.

Mit der Maximalzahl von vier Frauen konnten solche Verpflichtungen nicht erfüllt werden. Zur rechten Zeit entband die Stimme des Engels Gabriel den Propheten von der Beschränkung: Ein Ausnahmegesetz für Mohammed wurde erlassen. Als Mohammed mit seiner Zunge diesen Text verkündete, da sprach er, wie immer, nur nach, was er in sich vernahm:

»*Dir, o Prophet, erlauben wir alle Frauen, die du dir leisten kannst, und ebenso deine Sklavinnen, welche dir Allah aus Kriegsbeute geschenkt hat, dazu die Töchter deiner Onkel und Tanten, von Vaterseite und von Mutterseite, die mit dir aus Mekka geflüchtet sind, und jede gläubige Frau, die sich dem Propheten überlassen und die derselbe heiraten will. Diese Freiheit sollst nur du haben vor den übrigen Gläubigen. Wir wissen es ja recht gut, was wir hinsichtlich ihrer Frauen und Sklavinnen befohlen haben. Doch du, Mohammed, begehst kein Verbrechen, wenn du Gebrauch von dieser Freiheit machst, denn Allah ist barmherzig und voll des Willens zur Versöhnung. Du kannst die Heirat verweigern, wenn du willst, und zu dir nehmen, wen du gerade willst. Du kannst selbst die Frau zu dir holen, welche du früher verstoßen hast, wenn dich jetzt Verlangen nach ihr ergreift. Dies alles soll kein Verbrechen für dich sein. Dies hat nur den Zweck, ihre Augen frisch zu erhalten, daß sie dich nicht betrüben und alle sich zufriedengeben mit dem, was du jeder der Frauen gewährst. Allah weiß, was in euren Herzen ist, denn Allah ist allwissend und allgütig. Es ist dir aber nicht erlaubt, weitere Weiber daneben zu halten. Du solltest auch nicht deine Frauen mit anderen vertauschen, wenn die Schönheit anderer Frauen dir auch noch so sehr gefällt. Nur deine Skavinnen machen hiervon eine Ausnahme. Allah beobachtet alles.*«

Mohammed hatte damit im Bereich der Ehe Vollmacht für nahezu jede Entscheidung, die er für sich treffen wollte. Doch nicht immer akzeptierten die wichtigen Männer im Stadtstaat, wenn er sich ganz offensichtlich von egoistischen Motiven treiben ließ. Ein solcher Fall wurde sehr eingehend in Medina diskutiert – er löste sogar Zweifel aus an der Integrität des Propheten. Mohammed besaß eine Kusine, die Tochter seiner Tante, die als unverheiratete Frau mit den Emigranten nach Medina gezogen war. Achtunddreißig Jahre alt war sie bereits, als Mohammed dafür sorgte, daß sie endlich einen Mann bekam. Mohammed dachte an Zaid Ibn Haritha, seinen Adoptivsohn – ihm sollte diese Frau gehören.

Chadidscha hatte diesen Zaid Ibn Haritha einst als Sklaven gekauft und ihrem Ehemann Mohammed geschenkt. Dieser gab dem Sklaven die Freiheit und adoptierte ihn sogar. In der Zeit der ersten Offenbarungen schon bekannte sich Zaid Ibn Haritha zum Islam. Er wurde ein wichtiger Vertrauter des Propheten, der sich besonders auf militärischem Gebiet bewährte. Die Heirat mit der Kusine Zainab – sie war als Belohnung gedacht – sollte ihn eng an den Haushalt des Propheten, an die Familie Mohammeds binden.

Zainab aber wollte diesen Mann nicht, doch Mohammed ließ nicht ab von seinem Entschluß. Die Heirat fand statt, und Zainab wurde in den Harem des Adoptivsohnes von Mohammed aufgenommen. Einige Zeit später begab sich Mohammed in das Haus des Zaid Ibn Haritha – er wollte einen Auftrag mit ihm besprechen. Der Offizier Zaid war nicht zu Hause; der Prophet traf nur Zainab an, die mit dem Besuch nicht gerechnet hatte und nicht korrekt bekleidet war. Mohammed verließ sofort das Haus, er wollte weder sich noch seinen Adoptivsohn ins Gerede bringen, doch der Gedanke an diese Frau ließ ihn nicht mehr los; er dachte sofort ernstlich daran, sie zu heiraten.

Zaid Ibn Haritha hörte von dem Vorfall, und er erfuhr im späteren Gespräch mit Mohammed von dessen Gefühlen. Er bot sofort an, daß er sich zugunsten des Propheten scheiden lassen wolle. Mohammed aber nahm diese Offerte zunächst nicht an.

Im Hause des Offiziers konnte in den Wochen danach der Friede nicht wiederhergestellt werden. Zainab und Zaid stritten nicht, doch beide dachten nur daran, Mohammed zufriedenzustellen: Zainab wollte gern in den Haushalt des Gesandten Allahs überwechseln, und der Adoptivsohn fühlte sich nicht berechtigt, eine Frau zu behalten, die Mohammed derart gefallen hatte. Höflichkeit und Tradition schrieben ihm sein Verhalten vor: Er schied sich von Zainab, um ihr die Ehe mit Mohammed zu ermöglichen.

Sofort nach der Heirat – sie wurde vollzogen, als die vorgeschriebene Wartefrist abgelaufen war – begann sich Unruhe zu regen in Medina. Adoptivsöhne galten nach dem überkommenen Recht soviel wie wirkliche Söhne. Die Frau eines Sohnes zu heiraten aber war nicht erlaubt – die Tradition der Stämme Arabiens verbot dies. Mohammed selbst war im entsprechenden Text der vierten Sure vorsichtig gewesen; dort faßt er das Gesetz so: *Verboten aber ist die*

Beiwohnung mit den Frauen euerer Söhne, die ihr zeugtet. Ganz offensichtlich war Zaid Ibn Haritha nicht von Mohammed gezeugt. Nach dem Gesetz des Propheten gab es also keinen Hinderungsgrund, der gegen eine Heirat mit Zainab gesprochen hätte. Die Frage stellte sich für ihn sogar, ob er nicht, gegenüber Allah, verpflichtet war, Zainab zu heiraten, um zu demonstrieren, daß ein Unterschied besteht zwischen der alten und der neuen, der islamischen Rechtsvorschrift. In der dreiunddreißigsten Sure sagt Mohammed deutlich:
»Allah hat nicht eure angenommenen Söhne zu euren wirklichen Söhnen gemacht.«
Präzise in der Mitte der dreiunddreißigsten Sure spricht Mohammed noch einmal von diesem Fall, der in Medina zum Diskussionsstoff auf dem Markt und in den Häusern geworden sein muß. Zunächst rügt Mohammed alle diejenigen, die glaubten, an seiner Handlungsweise herummäkeln zu können:
»Es ziemt den gläubigen Männern und Frauen nicht, wenn Allah und sein Gesandter eine Sache beschlossen haben, sich die Freiheit herauszunehmen, diesen Beschluß zu kritisieren. Denn wer Allah und seinem Gesandten ungehorsam ist, der befindet sich in offenbarem Irrtum.«
Auch diese Offenbarung, das macht Mohammed ganz deutlich, ist eine genaue Wiedergabe der Worte, die ihm durch die göttliche Macht vorgesagt werden. Der Standpunkt der höchsten Autorität wird dem Zuhörer mitgeteilt – Mohammed ist dabei der direkt Angesprochene; er ist gemeint, wenn die Stimme »du« sagt:
»Als du zu Zaid sagtest: Behalte dein Weib Zainab und fürchte Allah, da suchtest du die Liebe zu verheimlichen, die du im Herzen trugst. Diese Liebe aber wollte Allah den Menschen bekannt machen. Du hast die Menschen und ihre Meinung gefürchtet. Es wäre jedoch besser gewesen, du hättest Allah gefürchtet. Als sich dann endlich Zaid zur Scheidung entschlossen hatte, da gaben wir Zainab dir zur Frau, damit die Gläubigen sehen, daß es kein Vergehen ist, die Frauen ihrer adoptierten Söhne zu heiraten. Was Allah befiehlt, das muß geschehen. Was Allah dem Propheten erlaubt hat, auch wenn frühere Gesetze anders bestimmt haben, kann für Allah kein Verbrechen sein.«

Verständlich wird die spitze Bemerkung der Aischa zu Mohammed:

»*Allah beeilt sich immer sehr, deine Gelüste zu stillen!*«

Tatsächlich ließ die Rechtfertigung Allahs für die sinnlichen Erlebnisse des Propheten nie lange auf sich warten. So durchsichtig die Methode zu sein scheint, als Betrüger, der sich Offenbarungen nach eigenem Gutdünken und zum eigenen Vorteil erdenkt, wurde Mohammed nicht angesehen. Erst den späteren, zumeist christlichen Kritikern fiel es ein, Mohammeds Sinnlichkeit als üblen Charakterzug zu sehen, der – unter christlichen Maßstäben betrachtet – sogar zu verurteilen war, weil Mohammed Allah mit seiner eigenen erotischen Leidenschaft in Verbindung brachte. Die Moslems sahen und sehen nichts Negatives in Mohammeds Verhalten.

Für christlich orientierte Kritiker wurde Aischa zur Zeugin gegen Mohammed. Ihr Ausspruch war der Beweis dafür, daß sie die Machenschaften ihres Mannes durchschaut habe. Doch der Satz »*Allah beeilt sich immer sehr, deine Gelüste zu stillen*« war von Aischa keineswegs ironisch gemeint. Sie ärgerte sich über die anderen Frauen im Haushalt, sie bewunderte aber ihren Mann, der offensichtlich eine Vorzugsstellung bei Allah besaß. Die Echtheit seiner Inspiration war ihr über jeden Zweifel erhaben.

Für die Menschen, die mit Mohammed damals in Medina lebten, galt der erotische Erlebnisbereich eines Mannes als selbstverständlicher Aspekt seiner Existenz. Je stärker eine männliche Persönlichkeit war, desto mehr gestand man ihm an sinnlicher Kraft zu. Seine Anhänger waren stolz darauf, daß Mohammed den Anforderungen vieler Frauen gewachsen war – mit Zainab war die achte Frau ins Haus gekommen. Da dieser Mann in außergewöhnlicher Beziehung zu Allah stand, hielten sie es für richtig, daß Allah mit seinem Gesandten auch über Familie und Liebesbeziehungen sprach. Sie sahen es nicht als abwegig an, wenn Mohammed schließlich von Allah jeweils die Bestätigung erhielt, durchaus richtig gehandelt zu haben.

Diese Bestätigung bekam Mohammed auch im Fall seiner Beziehung zu einer koptischen Sklavin, die er im siebten Jahr nach der Flucht aus Mekka geschenkt bekam. Maria hieß dieses Mädchen und soll vielerlei Reize gehabt haben. Als sie ins Haus kam, gefiel sie Mohammed so sehr, daß er sie sofort entjungferte. Da Maria noch keinen eigenen Raum besaß, geschah dies in einem Zimmer, das Mohammeds Frau Hafza bewohnte, die zu diesem Zeitpunkt abwesend war. Der Vorfall blieb nicht verborgen. Hafza war verärgert darüber, daß die Entjungferung gerade auf ihrem Bett geschehen war. Da sie die Tochter des Omar war, eines wichtigen Mannes im Stadtstaat Medina, war ihr Zorn nicht ohne Bedeutung für Mohammed. Ein zweites Problem gesellte sich dazu: Eigentlich war gerade dieser Tag von Mohammed für Aischa reserviert gewesen – im Harem des Propheten galten feste Terminregeln. Aischa fühlte sich betrogen um ihren Anteil an der Liebeskraft ihres Mannes; auch sie war wütend. Mohammed, so wird berichtet, soll allerdings zuvor Hafza gebeten haben, der Aischa nichts zu erzählen. Wenn sie über das Geschehene schweige, das versprach Mohammed, werde er die Sklavin Maria nie mehr berühren. Hafza hatte ihm Verschwiegenheit zugesagt, aber ihr Versprechen dann doch nicht gehalten. Mohammed, konfrontiert mit dem Zorn von Hafza und Aischa, verbrachte einen Monat lang die Schlafstunden mit der koptischen Sklavin. Sie wurde schwanger und brachte den von Mohammed so lange ersehnten Sohn auf die Welt. Der Junge, er wurde Ibrahim genannt, starb jedoch schon als Dreijähriger im Jahre 631, fast genau ein Jahr vor Mohammeds eigenem Tod.

Nach dem Monat des Zusammenseins mit Maria stellte die Offenbarung des Anfangs der sechsundsechzigsten Sure den Frieden im Prophetenhaushalt wieder her. Von Gabriel erhielt Mohammed diesen Text vorgesagt:

»*Warum willst du dir etwas als verboten aufzwingen lassen, was Allah dir ausdrücklich erlaubt hat, nur um das Wohlgefallen deiner Frauen zu erlangen?*«

Dann folgte die knappe Schilderung eines Teilaspekts dieses Vorfalls:

»*Als der Prophet eine Begebenheit einer seiner Frauen als Geheimnis anvertraute, plauderte sie das Geheimnis aus. Allah setzte ihn davon in Kenntnis. Der Prophet hielt dieser Frau vor, daß sie geplaudert habe, da fragte sie: Wer hat dir das mitgeteilt? Der Prophet antwortete: Der alles weiß und kennt, der hat mir das angezeigt. Wenn ihr beide, Aischa und Hafza, euch wieder zu Allah wenden wollt, so ist es gut. Verbündet ihr euch aber wider den Propheten, so sind Allah und Gabriel seine Beschützer gegen euch. Auch die Frommen unter den Gläubigen und die Engel werden ihm beistehen.«*

25 Mohammed rettet Aischa vor der Verleumdung

Aischa, die so sehr bewunderte, wie das Familienleben des Propheten durch Allahs Worte immer wieder abgesichert und legalisiert wurde, profitierte einmal selbst von Mohammeds Gewohnheit, Entscheidungen in Allahs Hand zu legen. Ohne die Stimme, die ihr Mann zu hören pflegte, hätte sie nicht länger die Frau des Propheten bleiben können. Sie hatte fortan guten Grund, an die Integrität der Stimme zu glauben. Von Aischa wissen wir, daß Mohammed immer durch das Los entscheiden ließ, welche seiner Frauen ihn begleiten durfte, wenn er Medina verließ. Beim Feldzug gegen den Stamm Mustaliq zog Aischa selbst das gute Los. Der frühe islamische Historiker Ibn Ishaq überlieferte einen Bericht der Aischa, in dem sie ein Erlebnis schilderte, das ihr als Frau von vierzehn Jahren im Gefolge des Propheten auf diesem Zug zugestoßen ist:

»Die Frauen pflegten damals vor solchen Reisen nur Kleinigkeiten zu essen, damit sie unterwegs nicht zu schwer waren. Ich saß für gewöhnlich schon in der Sänfte, wenn mein Kamel gesattelt wurde. War das Kamel bereit, dann kamen Männer, die das Gestell der Sänfte packten und hochhoben. Lag die Sänfte auf dem Rücken des Kamels, dann wurde sie mit Stricken festgebunden. Das Kamel war dann bereit, loszuziehen.

Als der Feldzug beendet war gegen den Stamm Mustaliq, da machte sich der Prophet mit uns allen wieder auf den Rückweg. In der Nähe von Medina brach die Nacht herein, und wir mußten Rast machen. Wir verbrachten dort die Nacht. Am Morgen ließ der Pro-

phet wieder zum Aufbruch rufen, die Männer begannen sich selbst und die Lasttiere fertigzumachen. Ich aber ging etwas abseits, um meine Notdurft zu verrichten. Als ich damit fertig war, glitt, ohne daß ich es merkte, meine Onyxkette vom Hals. Erst am Lagerplatz merkte ich, daß mir die Onyxkette fehlte. Die Männer hatten bereits mit dem Aufbruch begonnen, trotzdem ging ich nochmals an die Stelle meiner Notdurft zurück und suchte die Kette, bis ich sie fand. Die Männer, die meine Sänfte auf das Kamel zu binden hatten, machten sich während meiner Abwesenheit daran, ihre Arbeit zu tun. Sie dachten dabei, ich säße, wie gewöhnlich, bereits in der Sänfte. Die Karawane brach auf. Ich aber fand bei der Rückkehr keine Menschenseele mehr vor. Alle waren sie weg. Da wickelte ich mich in meinen Umhang und legte mich hin, in der Gewißheit, daß bestimmt jemand mich suchen würde, wenn erst mein Fehlen festgestellt worden war. Bei Allah, kaum hatte ich mich hingelegt, da kam Safwan Ibn Mu'attal vom Stamme Sulaim vorbei. Aus irgendeinem Grunde war er hinter der Karawane zurückgeblieben und hatte die Nacht nicht bei den anderen verbracht. Safwan erkannte mich zuerst nicht, er hatte nur meine Gestalt gesehen. Früher schon, als wir Frauen noch nicht den Schleier tragen mußten, waren wir uns begegnet. Erst als ich den Schleier lüftete, sah er, wer ich war. Da rief er aus: »Wir gehören Allah und kehren zu ihm zurück. Das ist ja die Frau des Propheten. Weshalb bist du zurückgeblieben? Allah erbarme sich deiner!« Ich gab ihm keine Antwort. Da holte er sein Kamel und bat mich aufzusteigen. Er faßte mich dabei nicht an. Ich stieg auf. Er zog das Kamel am Seil und machte sich auf den Weg, um die Karawane einzuholen. Lange fanden wir sie nicht. Erst am nächsten Rastplatz stießen wir auf sie. Als Safwan Ibn Mu'attal mit mir bei ihnen auftauchte, da begannen die Verleumder Lügen über mich zu verbreiten, und das ganze Heer geriet in Aufregung. Ich aber wußte, bei Allah, von alledem nichts.«
Sie sei unmittelbar nach der Heimkehr krank geworden, erzählte Aischa; sie habe sich ständig in ihrem Zimmer aufgehalten und deshalb hörte sie nichts von den Geschichten über sie und Safwan Ibn Mu'attal. Für die spitzen Zungen sah der Vorfall so aus: Ganz selbstverständlich war Unerlaubtes geschehen. Ehebruch fast unter den Augen des Propheten – die Zweifler, die an die Wahrheit

solcher Geschichten nicht glaubten, waren in der Minderzahl. Selbst Abu Bakr, der Vater der Aischa, gehörte zu denen, die ihr zutrauten, daß sie in jener Nacht mit Safwan Ibn Mu'attal zusammen war. Doch auch Abu Bakr sprach nicht mit seiner Tochter über den Vorfall. Selbst Mohammed schwieg.
Aischa erzählt über das Verhalten des Propheten: »Ich merkte, daß er unfreundlich war. Immer, wenn ich sonst krank war, verhielt er sich mir gegenüber besonders nett und aufmerksam. Diesmal kümmerte er sich aber nicht um mich. Ich vermißte seine Freundlichkeit. Er fragte immer nur meine Mutter nach meinem Befinden. Bei mir selbst erkundigte er sich nicht. Ich spürte, daß er sich von mir abwandte, und das tat mir im Herzen weh. Ich bat ihn schließlich, daß man mich zur weiteren Pflege in das Haus meines Vaters, in die Räume meiner Mutter bringe. Ihm war es recht. Ich blieb bei meiner Mutter, bis ich nach zwanzig Tagen wieder ganz gesund wurde.« Aischa war der Meinung, Mohammed sei unfreundlich, weil er an eine andere Frau denke. Niemand ringsum war ehrlich zu ihr. Mehr durch Zufall erfuhr sie von den Gerüchten. Sie erzählte selbst darüber: »Bei uns gab es nicht in den Häusern den gewissen Platz für die Notdurft, wie sie in den Häusern der Fremden existieren. Wir ekeln uns vor diesen Plätzen und wollen sie gar nicht haben. Wenn wir ein Bedürfnis zu verrichten hatten, dann gingen wir ins Freie, hinaus vor die Stadt. Wir Frauen taten dies stets zur Nachtzeit. Ich ging eines Abends mit einer Tante meines Vaters Abu Bakr hinaus. Sie erzählte mir auf dem Weg von den Gerüchten. Ich erschrak so sehr, daß ich nicht einmal meine Notdurft verrichten konnte. Ich lief sofort zurück und weinte sehr. Ich dachte, mein Herz würde mir vor Qual zerreißen. Meiner Mutter machte ich Vorwürfe: Allah möge dir vergeben! Die Leute reden über mich, und du sagst mir kein Wort davon! Sie wollte mich trösten: O meine Tochter, nimm es nicht so schwer. Über jede Frau, die schön ist, lästern die Nebenfrauen und die anderen Leute.«

Mohammed betrachtete die Angelegenheit mit kühlem Kopf. Abdallah Ibn Ubaji war derjenige, der das Gerücht von Aischas Untreue mit dem größten Vergnügen weiterverbreitete. Dieser

Mann war zwar Moslem, ein Mitglied des Stammes Chasradsch, doch schon in der Auseinandersetzung mit den jüdischen Familien hatte sein Standpunkt dem Propheten mißfallen. Daß Abdallah Ibn Ubaji jetzt gegen Aischa sprach, weckte in Mohammed Sympathien für seine Frau. Mohammed bezog nach dem Freitagsgebet offene Position: »*Wie kann es geschehen, daß einige Männer mich wegen meiner Familie kränken und unwahre Geschichten erzählen? Bei Allah, ich weiß nur Gutes von Aischa. Da werden schlimme Dinge über Safwan Ibn Mu'attal behauptet, von einem Mann, über den ich auch nur Gutes weiß. Er hat nie einen meiner Räume betreten, ohne daß ich dabei war.*«

Auch im Harem des Propheten hatte sich eine Gerüchtequelle aufspüren lassen. Zainab, die Frau, die zuerst den Adoptivsohn von Mohammed hatte heiraten müssen und jetzt als achte, aber sehr anerkannte Frau im Haushalt lebte, wollte noch weiter nach vorn kommen in der Wertschätzung des Hausherrn. Mohammed entdeckte, daß die Schwester der Zainab ebenfalls die Gerüchte weiter von Haus zu Haus verbreitete; sie wollte den Vorfall nicht in Vergessenheit geraten lassen, ohne daß er Konsequenzen für Aischa in der Rangordnung der Frauen bedeutet hätte. Aischa betonte allerdings, Zainab sei unschuldig an den gehässigen Aussprüchen ihrer Schwester.

Da Aischa die Tochter des Abu Bakr war, zerstörten die Gerüchte, Aischa habe den Propheten betrogen, die innenpolitischen Machtfelder in Medina. Wenn Mohammed Aischa aus dem Haus trieb, dann mußte das Prestige ihres Vaters, der ein wichtiger politischer Kopf mit beachtlicher Anhängerschaft war, darunter leiden. Fraglich war, wie Abu Bakr sich in diesem Fall verhalten hätte. Als Ehrenmann war er gezwungen, für Aischa einzutreten – doch er konnte kaum gegen den Gesandten Allahs rebellieren. Die Alternative war, sich aus der Politik zurückzuziehen; doch Mohammed brauchte den klugen Verstand des Abu Bakr für die Führung des Stadtstaates. Es hieß damals in Medina, Mohammed habe dem Abu Bakr zuvor schon Hoffnung auf die Nachfolge als Staatschef gemacht. Er hielt Abu Bakr für den härtesten und fähigsten Mann in seinem Beraterstab. Die Aischaaffäre aber konnte den Weg dieses Mannes an die Spitze der Macht blockieren. Mohammed sah den innenpolitischen Sprengstoff. Streit zeichnete sich ab zwischen den Stämmen Aus und Chasradsch über Schuld und Unschuld der Prophetenfrau. Jeder Stamm beschuldigte den anderen, er streue mit Vorbedacht falsche Behauptungen aus, um Zwietracht zu säen unter den Moslems. Die Auseinandersetzung war so weit geraten, daß Mitglieder der Stämme bereits auf dem Markt mit Prügeln aufeinander einschlugen. Die alten Feindschaften brachen erneut auf. Brannte erst der Haß wieder zwischen den Männern von Banu Chasradsch und Banu Aus, dann geriet das Gefüge des Stadtstaates in Gefahr. Die Jahre des Bürgerkriegs lagen noch nicht lange zurück. Mohammed hatte die Faszination besessen, die nötig war, um die beiden Stämme vergessen zu lassen, daß sie sich tiefe Wunden geschlagen hatten. Jetzt bot sein Haushalt, seine Familie den Anlaß für eine neue, bittere Fehde. Die Gärung im Staat, ausgelöst durch einen nichtigen Anlaß, war bereits weit fortgeschritten. Mohammed mußte rasch handeln, wenn er Schaden von seinem Staat abwenden wollte.

Eine Beratung im engsten Familienkreis brachte keine Lösung. Ali, der als junger Verwandter einst in Mekka in Mohammeds Familienkreis aufgenommen und durch Heirat mit Mohammeds Tochter Fatima Schwiegersohn des Propheten geworden war, trat für die radikale Lösung ein mit der Bemerkung: »Frauen gibt es wahrhaftig genug. Aischa ist leicht zu ersetzen.« Aischa wird ihm diesen Satz ihr Leben lang nicht vergessen – sie wird in den Jahren, die auf den Tod des Propheten folgten, immer gegen Ali und sein Anrecht auf die Führungsposition im Staat agitieren.

Von Ali stammte auch der Rat, Mohammed möge sich doch mit der Sklavin der Aischa unterhalten, dann werde er rasch erfahren, wie der Charakter dieser Ehebrecherin beschaffen sei. Die Sklavin, sie hieß Buraira, wurde gerufen. Zunächst erhielt sie von Ali einen kräftigen Schlag ins Gesicht, dann forderte Ali sie auf, die Wahrheit zu sagen. Unter Tränen gab Buraira diese Antwort: »Bei Allah! Sie ist eine gute Frau. Ich weiß nichts über Aischa. Nur eines ist schlimm. Ich habe Teig geknetet und Aischa gebeten, auf ihn aufzupassen. Doch sie schlief dabei ein. Da kam das Schaf zur Tür herein und fraß den Teig auf.« Ali, das sah man, hatte gute Lust, noch einmal auf die Magd einzuschlagen. Mohammed aber wollte die

fruchtlose Befragung beenden. Ein klärendes Wort, die Aussprache mit Aischa, so meinte er, sei jetzt wohl angebracht.
Aischa erzählt den Fortgang der Affäre selbst: »Der Prophet kam zu mir ins Zimmer. Bei mir waren meine Eltern und eine Frau aus Medina, die mit mir weinte. Zuerst lobte und pries der Prophet Allah, dann sprach er: *Aischa, du weißt, was die Leute über dich reden. Fürchte Allah! Wenn du auch nur etwas von dem getan hast, was da in der Stadt behauptet wird, dann bereue es vor Allah. Er nimmt die Reue seiner Diener an.*«
»Kaum hatte der Prophet dies gesagt,« so erzählt Aischa, »da schwanden meine Tränen. Ich wartete darauf, daß meine Eltern etwas antworten würden. Doch sie saßen da und schwiegen. Bei Allah, ich kam mir armselig und klein vor. Nie habe ich damals erwartet, daß Allah wegen mir Koranverse herabsenden würde. Worte, die man in den Moscheen aufsagen und beim Gebet sprechen würde. Daran habe ich nicht gedacht. Doch ich hoffte, daß der Prophet im Geiste etwas sehen könnte, daß Allah ihm die Wahrheit mitteilen würde. Die Verleumdung mußte von mir abgewendet werden. Als ich merkte, daß meine Eltern nichts sagten, da fragte ich sie: Warum antwortet ihr dem Propheten nicht? Sie erwiderten: Bei Allah, wir wissen nicht, was wir ihm antworten sollen. Aischa hatte das Gefühl, im Stich gelassen zu werden von Abu Bakr und ihrer Mutter. Sie meinte, keine Familie habe jemals so viel gelitten wie Abu Bakrs Familie in jenen Tagen. In aussichtsloser Lage sah sie sich: Ich werde niemals etwas vor Allah bereuen, was ich nicht getan habe. Ich würde damit etwas zugeben, was nicht geschehen ist. Bestreite ich aber, daß die Verleumder recht haben, dann wird mir niemand glauben.«
Die frühen arabischen Historiker zitieren in ihren Schriften ausführlich wörtliche Aussprüche aller an der Aischaaffäre beteiligten Personen. Ibn Ishaq gibt die genaue Quelle seines Wissens an. Er nennt seine Zeugen. Die Namen bedeuten uns heute nichts mehr – für die Leser und Zuhörer der damaligen Zeit war mit den Namen noch die Erinnerung an Persönlichkeiten verbunden. Ibn Ishaq hat dem biographischen Abschnitt über die Aischaaffäre diese Quellenangabe vorausgesetzt: »Zuhri hat für mich den folgenden Bericht zusammengestellt. Er stützte sich dabei auf die Aussagen von

Alqma Ibn Waqqas, Zaid Ibn Dschubair, Urwa Ibn Zubair und Ubaidallah Ibn Abdallah. Sie alle haben ihm einzelne Teile des Berichts erzählt. Das Erinnerungsvermögen der Erzähler war unterschiedlich. Auch Jahja Ibn Abbad und Abdallah Ibn Abi Bakr – der erste von beiden nach Aussagen seines Vaters, der zweite nach Aussagen von Amra, der Tochter des Abdelrahman – schilderten mir Aischas eigene Darstellung der Angelegenheit. Alles, was in diesen Bericht Eingang gefunden hat, stammt von diesen Männern, wobei sie sich gegenseitig ergänzen. Jeder einzelne von ihnen ist vertrauenswürdig und erzählte, was er von Aischa selbst gehört hatte.«

So blieben die wörtlichen Zitate erhalten. Zunächst in der Erinnerung von Männern, deren Köpfe noch geschult waren, über lange Zeit hin Aussprüche korrekt im Gedächtnis zu bewahren – konnten sie doch alle die Koransuren präzise und ohne ein Wort zu verändern, aufsagen. Aischas Äußerungen besaßen Gewicht, denn sie war diejenige Person, die am intimsten mit dem Propheten vertraut war. Später trug sie sogar den Ehrentitel »Mutter der Gläubigen«. Allerdings: Wäre sie nicht als Unschuldige aus der Affäre hervorgegangen, hätten die Gläubigen sie künftig den Verdammten zugeordnet.

Doch die Affäre endete mit der Entlastung von Aischa. Diese Erzählung des guten Ausgangs ist von ihr überliefert: »Bei Allah, der Prophet hatte sich von seinem Platz noch nicht erhoben, als eine Offenbarung Allahs über ihn kam. Sie geschah in der gewohnten Weise. Man bedeckte ihn mit seinem Umhang und legte das Lederkissen unter seinen Kopf. Ich hatte keine Angst, als ich dies sah. Ich wußte ja, daß ich unschuldig war und daß Allah mich nicht ungerecht behandeln würde.«

Abu Bakr, ihr Vater, wird von Aischa als Mann gezeichnet, für den eine Offenbarung des Propheten in diesem Fall große Risiken birgt. Aischa sagte: »Meine Eltern zeigten ihre Unsicherheit. Bei Allah, in dessen Hand meine Seele liegt! Kaum kam der Prophet wieder zu sich, da fürchtete ich, meine Eltern würden vor Angst sterben. Sie waren doch tatsächlich in Sorge, Allah könnte die verleumderischen Behauptungen der Leute bestätigt haben. Der Prophet kam schließlich ganz zu sich und setzte sich auf. Der Schweiß rann ihm

vom Gesicht, obgleich es ein Wintertag war. Er wischte die Perlen von seiner Stirn und sagte: *Du kannst dich freuen, Aischa! Allah hat deine Unschuld offenbart.«*
Der Text der Offenbarung ist in der vierundzwanzigsten Koransure enthalten. Er lautet:
»*Diejenigen, die der Lüge schuldig sind, bilden nur eine kleine Gruppe unter euch. Ihr dürft nicht meinen, sie bringe euch Vorteil. Sie gereicht euch vielmehr zum Nachteil. Ein jeder aus dieser kleinen Gruppe soll nach Maßgabe seiner Beteiligung an der Verleumdung bestraft werden. Der Rädelsführer aber, der die Verleumdung aufgebauscht hat, soll besonders Strafe erleiden. Warum haben nicht die gläubigen Männer und die gläubigen Frauen, als sie die Verleumdung hörten, zu sich gesagt: Das ist offenbare Lüge! Haben die Verleumder vier Zeugen aufgebracht? Da sie nun keine Zeugen aufbringen konnten, werden sie von Allah als Lügner betrachtet. Die, welche ehrbare, gläubige Frauen, welche ahnungslos in Verdacht geraten, fälschlich verleumden, sollen in dieser und in der zukünftigen Welt verflucht sein und peinliche Strafe erleiden.«*
Für die Bestrafung in dieser Welt sorgte Mohammed selbst. Das Strafmaß wurde in der vierundzwanzigsten Sure verkündet:
»*Wer eine ehrbare Frau des Ehebruchs beschuldigt und dies nicht durch vier Zeugen beweisen kann, den geißelt mit achtzig Schlägen und glaubt ihm nie mehr, wenn er etwas behauptet, denn er ist ein böser Mensch.«*
Zwei Männer erhielten noch an diesem Tag jeweils die achtzig Peitschenhiebe und auch Hamna, die Schwester der Zainab. Ungeschoren aber blieb Abdallah Ibn Ubaji, der in der Offenbarung über die Unschuld der Aischa gemeint war, wenn Mohammed vom Rädelsführer sprach. Kein Grund ist angegeben, warum er keine Peitschenhiebe erhielt.
Einer der beiden für schuldig befundenen Männer war Hassan Ibn Thabit, der sich rühmen konnte, Lieblingsdichter des Propheten zu sein. Mohammed hielt sonst wenig von Poeten, doch die Sprachkraft dieses Mannes bewunderte er.
Hassan Ibn Thabit war in Medina geboren und stammte aus der Banu Chasradsch. Vor der Ankunft von Mohammed und den an-

deren Flüchtigen in der Stadt war er bereits als Dichter sehr populär. Reisen nach Syrien und Irak lagen hinter ihm; in den dortigen Kulturzentren, in Damaskus und im Zweistromland von Euphrat und Tigris hatte er die Meister des geschliffenen Worts kennengelernt. Der Prophet schätzte die Wortkraft und Brillanz des Hassan Ibn Thabit, auch wenn der Dichter manchmal witzige Verse gegen die überaus starke Position der Emigranten aus Mekka in seiner Heimatstadt verfaßte. Die Strophen, in denen er Aischa lächerlich gemacht haben und als Ehebrecherin verspottet haben muß, sind nicht erhalten. Nur die Erinnerung an das Rehabilitationsgedicht, das er nach dem Vollzug der Prügelstrafe ersann – Hassan Ibn Thabit war auch noch vom vermeintlichen Ehebrecher Safwan Ibn Mu'attal geschlagen worden – ist geblieben. So lauten die Verse:

»*Sie ist keusch und ernst, jeder Verdacht sei fern von ihr, sie ist erhaben über die Meinung der Gedankenlosen. Wenn ich gespottet habe, wie ihr von mir behauptet, so werde ich nie mehr auf diese Art witzig sein wollen. Was erzählt wird, das bleibt nicht an Aischa hängen. Es ist erdichtet von jemand, der Übles reden will. Ich werde niemals mehr zu denen gehören, die solches tun. Meine Liebe und meine Hilfe wird, solange ich lebe, der Familie des Gesandten Allahs gehören, der Zierde aller Familien.*«

Mohammed, so wird erzählt, habe – als er diese Zeilen vernahm – seinem Lieblingsdichter verziehen und ihm ein Haus in Medina und etwas später eine koptische Sklavin geschenkt.

26 Mohammed verschafft sich Respekt bei den Beduinen

Der Feldzug gegen den Stamm Mustaliq, der so abenteuerlich für Aischa zu Ende gegangen war, hatte im Jahre 6 nach der Auswanderung des Propheten stattgefunden – nach christlicher Zeitrechnung wurde das Jahr 628 gezählt. Der Stamm Mustaliq lebte im Südwesten von Medina, im Bereich der Küste des Roten Meeres. Seine Zeltlager befanden sich an der Karawanenroute von Medina nach Mekka. Häufig schon hatte Mohammed versucht, Gespräche mit dem Chef des Stammes zu führen. Er hieß Harith Ibn Abu Dirar. Mohammeds Absicht war, den Stamm zum Islam zu bekehren, ihn einzuordnen in die islamische Gemeinschaft, die der Prophet zu formieren begann. Es genügte ihm nicht mehr, den Stadtstaat Medina zu regieren. Er plante den Griff nach Mekka und trug sich bereits mit dem Gedanken, den Islam über den engen Bereich von Arabien herauszutragen. Für beide Vorhaben war die Kontrolle über die Stämme notwendig, die um die Wasserstellen in der Wüste lebten und mit ihren Herden von einem mageren Weideplatz zum anderen zogen. In der Vergangenheit hatten sie immer Chancen genützt, durch rasche Beutezüge an Güter zu kommen, die ihnen fehlten. Sie waren beweglich auf ihren Kamelen. Unbemerkt von den Bewohnern tauchten sie vor einer Stadt auf, brachen in die Gassen zwischen den Häusern ein und plünderten den Hausrat der Stadtbewohner. Sie nahmen Werkzeuge, Geschirr, Stoffe, Gewürze und Lebensmittel mit – und häufig genug auch die Frauen, die sie wiederum als Tauschware benützten.

Seit Mohammed bewiesen hatte, daß er in Medina über ein schlagkräftiges Heer verfügte, waren solche Überfälle im Bereich der Stadt zum Risiko geworden. Ein Beduinenstamm, der die Absicht hatte, einen Raubzug gegen eine Siedlung auszuführen, konnte nie sicher sein, ob gerade diese Siedlung nicht einen Schutzvertrag mit Mohammed abgeschlossen hatte. Mohammed hielt seine Verpflichtungen ein: Nie ließ er eine Gelegenheit entgehen, den Beduinenstämmen zu zeigen, daß es klug war, sich mit ihm gut zu stellen.

Die Männer der Banu Uraina gehörten zu denen, die lange nicht begriffen, daß die traditionellen Regeln der Stammesbeziehungen seit Mohammeds Machtantritt in Medina für alle Bewohner der Region außer Kraft gesetzt waren. Da sie bisher immer mit überraschenden Ideen Erfolg hatten, glaubten sie, mit geschickter Taktik auch weiterhin ihr Stammesvermögen vergrößern zu können. So kam ein Dutzend Angehöriger der Banu Uraina zu Mohammed mit dem Wunsch, den Islam annehmen zu dürfen. Mohammed, der sah, daß die Männer ausgehungert waren, schickte sie hinaus vor die Stadt zu einer Kamelherde; sie sollten dort die Milch der Kamele trinken, bis sie ihre Unterernährung überwunden hätten. Die Uraina-Beduinen hatten schnell ihre Kräfte wiedergefunden. Sie schlugen den Kamelhirten nieder und ritten mit den Tieren davon. Eine solche Provokation konnte sich Mohammed nicht gefallen lassen: Er schickte seine schnellsten Reiter los, die auch bald die Kameldiebe einholten. Mohammed ließ die Tat nicht als gelungenen Streich gelten – auf seinen Befehl wurden jedem Dieb eine Hand und ein Fuß abgehackt und beide Augen ausgestochen.

Durch solche Ereignisse war die Banu Mustaliq gewarnt, daß Mohammed gegen alle, die sich ihm widersetzten, schroff reagierte. Trotzdem zeigte die Stammesführung ihre Abneigung, die Großfamilie der Aufsicht des Propheten unterzuordnen. Mohammed ärgerte sich über die Halsstarrigkeit. Als ihm berichtet wurde, Harith Ibn Abu Dirar bereite seine Reiter auf einen Angriff gegen Medina vor, da nahm er diese Information zum Anlaß, den Stamm zu überfallen. Bei dieser Blitzoffensive durfte Aischa ihn begleiten.

Die Kämpfer der Mustaliq hielten nicht stand gegen die disziplinierten Formationen der Moslems. Das Gefecht endete nach wenigen Minuten schon mit der Flucht der bewaffneten Beduinen. Sie ließen ihre Herden, Frauen und Kinder schutzlos zurück. Alle Gefangenen und das Eigentum des Stammes wurden unter den Moslems, die beim Kampf mitgemacht hatten, aufgeteilt.

Daß Mohammed die Kühnheit besaß, selbstgestellte Regeln umzustoßen, selbst wenn er damit seine Kampfgenossen schädigte, bewies er bei dieser Beuteverteilung. Von Aischa ist ein Bericht erhalten, der das Vorgehen des Propheten schildert. Beachtet werden muß, daß sie Mohammeds Handlungsweise mit den Augen einer eifersüchtigen Frau sah. Das, was sie erzählt, ging dem Geschehen in jener Nacht, das dann zu den Verleumdungen und Gerüchten über Aischa führte, voraus:

»*Als der Prophet die Gefangenen verteilte, da wurde Djuwarija, die Tochter des Stammesführers Harith Ibn Abu Dirar, dem Eigentum eines Kämpfers aus Medina zugeschlagen. Sie war eine hübsche Frau. Sie gefiel jedem, der sie sah. Djuwarija bat den Propheten, für sie eine Möglichkeit zu finden, daß sie sich freikaufen könne. Sie besaß den Mut zu sagen, daß sie nicht das Eigentum jenes Mannes aus Medina werden wollte. Mohammed sagte zu ihr: Vielleicht möchtest du noch etwas Besseres für dich erreichen? Als sie verwundert fragte, was er denn meine, da entgegnete Mohammed: Ich will dich heiraten!«*

Djuwarija wurde wirklich vom Propheten als Ehefrau in den Haushalt aufgenommen. Die Konsequenz war, daß alle islamischen Kämpfer ihren Beuteanteil an Männern, Frauen und Kindern freilassen mußten, denn die Mitglieder der Banu Mustaliq galten fortan als mit dem Propheten verschwägert und durften selbstverständlich nicht mehr als Sklaven gefangengehalten oder gar verkauft werden. Aischa erzählte mit der Distanz der Objektivität: *»Durch diese Heirat kamen hundert Familien des Stammes Mustaliq wieder frei. Ich kenne keine Frau, die für ihren Stamm ein größerer Segen gewesen wäre.«*

Durch erfolgreiche Überfälle und diplomatische Heiratsangebote band Mohammed immer mehr Stämme Arabiens an sich. Daß er dabei kaum Niederlagen erlitt, ärgerte manchen Mann in Medina, der in der Zeit vor der Ankunft der Emigranten aus Mekka Einfluß besessen hatte. Immer, wenn Mohammed mit seinen Reitern aus der Stadt war, brachen die Gefühle gegen ihn auf. Meist war Abdallah Ibn Ubaji der Wortführer – dieser politische Kopf suchte von Anfang an die Macht der Männer um Mohammed durch andere Kräfte zu neutralisieren. Jetzt mußte er einsehen, daß die Chancen dafür vertan waren, und dennoch zeigte er seinen Zorn ganz offen. Er zitierte häufig das arabische Sprichwort: »Wenn du einen Hund mästest, dann frißt er dich!« Jeder in Medina wußte, wer gemeint war. Mohammeds Freunde gaben dem Propheten den Rat, Abdallah Ibn Ubaji töten zu lassen. In anderen Fällen war er diesem Rat sofort gefolgt und hatte immer Mörder gefunden, die auf seinen Wink die Dolche ergriffen. Vor diesem Mord aber hütete sich Mohammed – er hätte die Leidenschaften, den Haß wieder aufbrechen lassen in Medina. Einen Mann von derartigem Bekanntheitsgrad konnte Mohammed nicht einfach beseitigen lassen. Die Möglichkeit war zu fürchten, daß die Familien der Aus und der Chasradsch alte Rivalitäten vergessen und sich gegen die Fremden aus Mekka verbünden könnten. So unterdrückte Mohammed die Wut auf den unbequemen Abdallah Ibn Ubaji. Dieser war dann auch geschickt genug, verbreiten zu lassen, daß er weder jenes Sprichwort gebraucht, noch jemals gegen Mohammed agitiert habe.

27 »Ihr sollt, wenn Allah es will, zur Kaaba nach Mekka gehen«

Im Traum hat Mohammed das Versprechen Allahs gehört: »*In voller Sicherheit sollt ihr zum heiligen Tempel kommen, als Pilger, ohne alle Furcht.*« Er sah in einer Traumvision, wie ihm der Schlüssel zur Kaaba ausgehändigt wurde, zum Heiligtum, das sich in der Hand der Banu Koraisch befand, der schlimmsten Feinde seiner Glaubensreform.

Sein großer Wunsch war die Rückkehr nach Mekka, in seine Heimatstadt. Den Menschen in Mekka hatte er die Reinheit des Glaubens bringen wollen. Die Einladung nach Medina war für ihn immer nur Ersatzlösung gewesen. Das militärische Vorgehen gegen die Banu Koraisch galt allein der Vorbereitung der Rückkehr; die Führungsspitze in Mekka sollte zermürbt werden. Möglich ist, daß Mohammed Informationen besaß, die auf den Erfolg seiner Politik hindeuteten. Ganz abgerissen waren die Verbindungen zu seiner Familie ja nicht. Abbas, der Bruder seines Vaters, hatte seine Sympathien für Mohammed zwar verheimlicht, doch wenn sich Gelegenheit bot, setzte er sich mit seinem Neffen in Verbindung und ließ ihn wissen, wie die Stimmung war in Mekka. Da konnte Mohammed sicher erfahren, daß in der führenden Schicht starke Strömungen spürbar waren, die den Kriegszustand beenden wollten und eine Übereinkunft mit Mohammed erstrebten. Die Kriege hatten viel gekostet und nur Niederlagen gebracht. Das Prestige von Mekka war angeschlagen; die Handelswege galten als unsicher; der Handelsplatz hatte viel von seiner Attraktivität eingebüßt. Ein Sieg über Mohammed war, das zeigten alle

Erfahrungen der letzten sechs Jahre, unmöglich. Männer mit klugen Sinnen rieten – in aller Vorsicht, um nicht als Defätisten zu gelten – zu einer Übereinkunft mit dem Stadtstaat im Norden.
Mohammed ließ nicht erkennen, ob er Bescheid wußte über die Strömungen in Mekka. Eine Traumvision, so sagte er, habe den Anstoß gegeben zum Gedanken an den baldigen Aufbruch nach Süden, nicht der eigene Wunsch. Da der Gedanke, die Emigranten zurückzuführen, tollkühn war, konnte er nur als Initiative des allmächtigen Gottes den Kampfgefährten vertraut gemacht werden. Als Pilger, so hatte Allah ihn wissen lassen, sollten die Moslems vor die Kaaba treten. Ganz sicher war Mohammed allerdings nicht, ob diese Andeutung Allahs bereits die Sicherheit des Gelingens bedeuten würde. Er versuchte deshalb eine beachtliche Streitmacht auf den Weg zu bringen; sie sollte eingreifen, wenn sich in Mekka Anzeichen zum Widerstand bemerkbar machten. Mohammed wollte imponieren. Er forderte daher die Beduinenstämme auf, Reiterabteilungen für den Zug nach Mekka zur Verfügung zu stellen. Er glaubte, ihre Souveränität so weit gebrochen zu haben, daß eine Bündnisverweigerung für sie nicht in Frage kommen konnte. Zu seiner Enttäuschung aber fanden die Beduinenstämme Ausflüchte.
In der achtundvierzigsten Koransure kommen die Beduinen zu Wort. Der Prophet schildert die Argumente, mit denen sie ihre Verweigerung militärischer Hilfe begründeten:
»*Die Araber der Wüste, die zurückgeblieben sind, sprechen so: Sorge um Hab und Gut und um unsere Familie hindern uns, mitzukommen. Wir bitten um Verständnis dafür. Doch sie sprechen mit ihrer Zunge anders, als ihr Herz denkt.*«
Mohammed erhielt von der Stimme, deren Worte er zu wiederholen hatte, die Anweisung, drohend mit den Dienstverweigerern zu reden:
»*Sprich: Für euch kann niemand bei Allah Fürsprache einlegen, wenn er euch Schaden oder Nutzen zufügen will. Wahrlich, Allah ist wohlbekannt, was ihr tut. Ihr glaubtet, daß der Gesandte Allahs und die Gläubigen nie wieder zu ihren Familien nach Mekka zurückkehren werden. So war es in euren Herzen ausgemacht.*«

Verständlich war, daß viele sich drücken wollten vor einer derartig waghalsigen Offensive. Da wollten nicht nur die »Araber der Wüste« zurückbleiben, auch manche Gruppe aus den zwei Stadtstämmen in Medina sahen keine Aussicht auf Ruhm und Beute. Nur die ganz besonders fanatischen und überzeugten Anhänger glaubten noch, daß der Vision des Propheten vom Zug zur Kaaba höherer Wert beizumessen war als der eigenen politischen Einsicht und der objektiven Einschätzung der militärischen Situation. So waren es nur einige hundert Männer, die sich, um Mohammed geschart, mit Jubelschreien selbst Mut machen wollten.

An den Verzicht auf das Unternehmen aber war nicht zu denken, zu viel war schon in Medina und in den Siedlungen und Oasen darüber gesprochen worden. Mohammed hätte sein Gesicht verloren, wäre er nicht nach Mekka gezogen. Da der militärische Erfolg nun nicht mehr gewährleistet erschien, mußte sich Mohammed mehr auf diplomatische Schliche einstellen, in der Hoffnung, daß Mekka ihm doch schließlich die Stadttore öffnen würde. Angst einjagen konnte er niemand mit der kleinen Truppe, die von Medina aus nach Süden zog. Mohammed veränderte deshalb den Charakter der Expedition. Der ursprüngliche Plan, die Durchführung einer unmilitärischen Pilgerreise, wurde ausgeführt. Jeglicher kriegerische Schmuck mußte abgelegt werden, in weiße Tücher gehüllt – sie waren das Zeichen der schlichten Pilger – ritten die Männer auf der Karawanenroute. Zur Truppe der Moslems zählten diesmal keine Lanzenreiter und keine Pfeilschützen; jeder Teilnehmer durfte nur sein Schwert bei sich tragen. Überall an den Wasserstellen ließ Mohammed verbreiten, die siebzig Kamele, die er mit sich führe, seien zur Opferung an der heiligen Stätte bestimmt. »*Keiner, der im Pilgergewand kommt, nur ein schlichtes Schwert zum Schutze umgegürtet, und Schlachtopfer vor sich hertreibt, denkt an Krieg!*« Mit dieser Parole versuchte Mohammed die Gemüter der Bundesgenossen von Mekka zu beruhigen. Die Parole sollte vor allem auch den eigenen Männern das Gefühl geben, bei diesem doch rein religiösen Unternehmen einigermaßen vor den Schwertern des Mekkaheeres sicher zu sein. »*Als Pilger, ohne alle Furcht*«, so hatte die Anweisung der Offenbarung gelautet, sollen die Gläubigen sich der Kaaba nähern.

Die Nachrichten, die Mohammed unterwegs erhielt, waren beunruhigend. An einer Wasserstelle traf er auf einen Mann aus Mekka, der ihn warnte: »Die Koraisch haben geschworen, daß du Mekka niemals gegen ihren Willen betreten wirst. Khaled Ibn Walid führt ihre Reiterei. Sie ist bereits auf dem Weg, um dich abzufangen.« Mohammed habe mit diesen Worten reagiert: »*Die Koraisch sind vom Gedanken an den Krieg besessen! Wehe den Koraisch!*«
Die letzten drei Worte sind weniger als Drohung zu verstehen, denn als Ausdruck der Verbitterung – auch der Ratlosigkeit. Doch er durfte wohl kaum annehmen, daß die Koraisch den Pilger Mohammed mit freudigen Gefühlen empfangen würden. Für sie stellte sich die Frage, was die Moslems in Mekka anzubeten gedachten. Ihre Heiligtümer waren anderen Göttern geweiht als dem einen und allmächtigen Gott Allah, für den die meisten Bewohner von Mekka bisher nur Hohn und spöttische Witze übrig hatten. Mancher in der Führungsspitze der Koraisch nahm an, Mohammed werde die Gelegenheit benützen, um die heiligen Standbilder umzustürzen, die ihm nicht gefallen konnten. Das Temperament des islamischen Propheten war so veranlagt, daß ein Zornesausbruch über die verhaßte »Vielgötterei« durchaus in einem Bildersturm enden konnte. Diese Anwesenheit von Mohammed in Mekka hätte auf jeden Fall Ärger und Unruhe bedeutet.
Selbst wenn er sein Temperament gezügelt hätte, wenn er als besonnener Pilger durch die Straßen von Mekka geschritten wäre, hätte sein Besuch Folgen ausgelöst – die Furcht vor einem positiven Eindruck, den Mohammed hinterlassen konnte, war nicht gering in den Köpfen der Koraisch-Führer. Über sieben Jahre lang waren dieser Mann und seine Anhänger verteufelt worden als blutrünstige Ungeheuer in Menschengestalt und als Verbrecher, die sogar während der heiligen Monate Karawanenführer töteten.
Würden die Moslems Gelegenheit bekommen, zu zeigen, daß sie menschlich und diszipliniert sein können, dann wäre die Schwächung der Abwehrfront die unausbleibliche Folge – niemand in der Bevölkerung würde mehr einen Sinn darin sehen, Widerstand gegen Mohammed zu leisten. Kalkulierten sie alle Faktoren in ihre Überlegungen ein, konnten sie nur zum Entschluß kommen, diese »Pilger« aus Medina nicht in ihre Stadt zu lassen.

Die Anzeichen standen ungünstig für den Propheten: Zum Entsetzen der Moslems weigerte sich das Reitkamel, das Mohammed trug, von der Höhe einer niederen Hügelkette weiterzutraben; es kniete nieder und war auch unter Prügeln nicht zu einem weiteren Schritt vorwärts zu veranlassen. Mohammed machte sich keine Illusion: Die störrische Haltung des Tiers wurde von seinen Begleitern als höhere Warnung ausgelegt. Aus den Worten, die er an diesem Tag sprach, klang Resignation: »*Wenn die Koraisch heute mit dem Vorschlag kommen, ich solle doch wieder, als Verwandter, freundschaftlich mit ihnen verkehren, dann werde ich in jedem Fall auf diesen Vorschlag eingehen.*« Stunden zuvor hatten sich seine Emotionen aufgebäumt: »*Was denken sich die Koraisch eigentlich? Ich werde so lange für meine göttliche Botschaft kämpfen, bis Allah ihr zum Sieg verhilft – oder bis ich untergehe.*« Der Gedanke an den Tod und an das Ende seiner religiösen Bewegung war ihm in diesen Stunden durchaus vertraut.

Othman Ibn Affan hatte sich im Auftrag des Propheten hineingewagt in die Stadt, die so greifbar nahe und dennoch unerreichbar vor den Moslems lag. Othman sollte die Koraisch-Führung überzeugen, daß ein Angriff auf die Stadt nicht geplant war. Viele Stunden lang blieb Othman verschollen. Nichts war zu hören, wie er in Mekka aufgenommen worden war. Schließlich machte sich das Gerücht breit, er sei gleich bei den ersten Häusern erschlagen worden. Mohammed ließ, kaum hatte er selbst das Gerücht erfahren, seine Männer unter einem Baum zusammenkommen. In offenen Worten sprach er von der Unversöhnlichkeit der Koraisch, von der eigenen Schwäche – aber auch vom starken Verbündeten, von Allah. Er und seine Männer leisteten den Eid, zusammenzubleiben, um den Pilgerritt mit Allahs Hilfe zu beenden. Der Schwur blieb auch gültig, als Othman Ibn Affan doch noch wohlbehalten, wenn auch ohne ermutigende Nachricht, aus Mekka zurückkam.

Wundertaten, so wird erzählt, haben der Moral der Moslems aufgeholfen. Im Tal, in dem Mohammed seine Männer zur Rast absteigen ließ, gab es keinerlei Wasser. Der Prophet wies einen seiner Gefährten an, in einem vertrockneten Wasserloch herumzustochern: Zur Überraschung der Reiter floß plötzlich sauberes Wasser in üppigen Strömen heraus.

Zwischen Mekka und Medina, im Küstenland, lebten damals die Menschen des Stammes Chuza'a. Durch ihr Gebiet zog die Reitertruppe, die Mohammed anführte. Die frühen Chroniken der Ereignisse aus jener Zeit berichten, die Chuza'a hätten dem Propheten »nichts verschwiegen«, was in Mekka vorging. Sie zeigten ihre Sympathie für die Moslems. Den Koraisch erzählten sie von den friedlichen Absichten der Pilger aus dem Norden; sie warben dafür, ihnen den Zutritt zur Kaaba zu erlauben. Doch wer auch immer für die Moslems eintrat, erhielt zur Antwort: »Auch wenn Mohammed nicht die Absicht hat, die Stadt zu erobern, wird er Mekka nicht betreten, weil wir das nicht wollen. Wir möchten auch nicht bei den Beduinen den Eindruck erwecken, wir hätten mit ihm verhandelt.«
Trotz dieser starken Worte begannen die ersten, tastenden Verhandlungen. Die Männer des Stammes Chuza'a hatten zwar den Koraisch keine Zugeständnisse entlocken können, doch bewirkte ihre Vermittlung ein behutsames Umdenken in Mekka. Auf Anordnung der Koraisch-Führung mußte ein erfahrener Mann hinausreiten vor die Stadt, um zu erkunden, mit welcher Art von Ausrüstung Mohammed denn auf Mekka zureite. Die Moslems hatten ihre Kamele, wie das vor der Opferung üblich war, mit bunten Halsbändern geschmückt. Dies sah der Mann aus Mekka. Er ritt in die Stadt zurück und gab seinen Bericht ab: Nach seiner Meinung wollte Mohammed wirklich nur Opfer darbringen an der Kaaba. Seine Auftraggeber aber fuhren ihm über den Mund: »Setze dich hin. Du bist ein Beduine und verstehst von solchen Dingen überhaupt nichts!« In dieser Art wollte sich jener Mann nicht behandeln lassen. Er war wirklich Beduine und fühlte sich beleidigt. So begann, mit unbedachten Worten, das Bündnis zu zerfallen, das die Koraisch mit den Beduinen aus der Umgebung ihrer Stadt geschlossen hatten. Viele dieser Beduinen meinten, die starre Haltung des Clans der Koraisch sei übertrieben – nach ihrer Ansicht beging Mohammed kein Verbrechen, wenn er mit seinen Gefolgsleuten eine Pilgerfahrt unternahm.

Den Männern, die aus Medina gekommen waren, um heimzukehren in die Stadt, aus der sie sechs Jahre zuvor geflüchtet waren, ging

es schlecht in ihrem Lager. Zwar verfügten sie über Wasser und Kamelmilch, doch alle anderen Lebensmittel, das Salz eingeschlossen, gingen zu Ende. Trotz der offenbaren Notlage murrte niemand. Erstaunliches berichteten diejenigen, die Kontakt hielten zwischen Mohammed und den Koraisch, wenn sie aus dem provisorischen Lager in die Stadt zurückkehrten: Immer, wenn Mohammed seine rituellen Waschungen vollzog, stritten sich die Moslems um das Waschwasser; sie bewahrten es in Gefäßen auf. Haare, die ihm ausgingen, wurden als anbetungswürdige Objekte gesammelt. Selbst was er ausspuckte, so wird erzählt, war seinen Anhängern heilig. Einer, der sich lange mit den Moslems unterhalten hatte, sagte seinen Leuten in Mekka: »Ich bin wahrhaftig viel in der Welt herumgekommen. Ich war im Reich des persischen Herrschers, ich war im Reich des christlichen Kaisers, und beim Negus war ich auch. Keiner von ihnen war ein derart absoluter König in seinem Volk wie Mohammed. Niemals würden seine Männer ihn aufgeben.«
Dieser Mann, sein Name war Urwa Ibn Mas'ud, gehörte zur Führungsschicht der Stadt Taif. Mit dem Klang von Spott in der Stimme hatte er draußen zu Mohammed gesagt: »Mit dieser kleinen, seltsam angezogenen und ärmlich ausgerüsteten Truppe bist du dahergezogen, um deinen Stamm zu vernichten. Wenn du nichts erreichst, werden diese Männer dich schon morgen im Stich lassen.« Kaum waren diese Worte gesprochen, da hörte er hinter sich eine energische Stimme, die ihn zurechtwies: »Das ist ein Irrtum! Niemand von uns wird den Propheten im Stich lassen. Kümmere dich um das, worüber du Bescheid weißt. Um den Kitzler deiner Göttin al Lat zum Beispiel.« Abu Bakr war es, der dem Urwa Ibn Mas'ud die Meinung gesagt hatte. Als der Mann aus Taif in durchaus provokatorischer Absicht dem Propheten an den Bart griff, da lief er Gefahr, niedergeschlagen zu werden.
Die Erfahrungen des Urwa Ibn Mas'ud veranlaßten den Familienrat der Koraisch, nach einem Ausweg zu suchen. Urwa war mit der Überzeugung vom Besuch beim Propheten wiedergekommen, daß keine militärische Gefahr drohe, daß es aber auch unklug wäre, eine Pilgerschar zu überfallen und zu erschlagen. Einige im Familienrat hatten diesen Vorschlag mit dem Argument gemacht,

daß sich so das Problem wohl am leichtesten lösen lasse. Der Ausweg durfte aber, darin waren sich die führenden Köpfe der Banu Koraisch einig, nicht darin bestehen, die Moslems einfach in die Stadt zu lassen – ein solcher Schritt wäre als Kapitulation ausgelegt worden und hätte dem Ansehen der Bewohner von Mekka bei allen Beduinenstämmen Arabiens geschadet. Die Lösung wurde darin gefunden, den Moslems den Pilgerritt zur Kaaba zu erlauben – aber erst in einem Jahr. Für diesmal sollten sie nach Hause ziehen.

Die Banu Koraisch konnte so ihr Gesicht wahren. Wenn sie zuvor lautstark verkündet hatten, Mohammed werde die Stadt nicht betreten, so konnten sie dieses Versprechen einlösen: Mohammed und die Gläubigen betraten Mekka wirklich nicht. Der Koraisch-Clan stand vor den kritischen Beobachtern ringsum als Sieger der Auseinandersetzung da – er hatte sein Ziel erreicht. Daß Mohammed die Erlaubnis erhielt, in einem Jahr wiederzukommen, das war ein Sachverhalt, der getrennt zu betrachten war. In einem Jahr konnte viel geschehen. Mohammed besaß Feinde unter den Beduinen der Region von Medina, unter den Juden. Diese Feinde würden sich bemühen, den Moslemführer zu töten. Mit seinem Ende wäre auch die Gültigkeit der Absprache erloschen. Auf diese Möglichkeit hatte der Rat der Koraisch gesetzt. So war das prinzipielle Einverständnis zum Besuch der Kaaba zustande gekommen; es war für den augenblicklichen Zeitpunkt – und vielleicht für immer – entwertet durch die Klausel, die Moslems dürften erst in einem Jahr Mekka betreten.

28 Die Schwierigkeit, mit Mohammed einen Vertrag abzuschließen

Mehr an Zugeständnissen war nicht zu erreichen – Mohammed nahm den Vorschlag der Koraisch sofort an. Die Konsequenzen dieser Absprache, das erkannte er, brachten Vorteile für ihn. Wichtig war, daß der Koraisch-Clan ihn

als Partner einer Vereinbarung anerkannte. Damit ging die Zeit der Diskriminierung zu Ende: Der Vertragspartner konnte künftig nicht mehr als Verbrecher, ehrloser Geselle und als Verführer zum Abfall von den anerkannten Göttern bezeichnet werden.
Die Anhänger des Propheten aber hatten Schwierigkeiten zu verstehen, warum er nicht auf dem sofortigen ordentlichen Abschluß des Pilgerritts bestand. Omar, so wird erzählt, fand den Verzicht auf den Besuch der Kaaba entwürdigend. Er war, obgleich jünger als Mohammed, Schwiegervater des Propheten. Seine Enttäuschung teilte er Abu Bakr mit, der ebenfalls eine Tochter an Mohammed verheiratet hatte. Omar war der Meinung, der Vertrag mit den Ungläubigen mindere den Wert des eigenen Glaubens. Er stellte sogar die Position Mohammeds in Frage: »Ist er denn nicht der Prophet Allahs?« Gemeinsam gingen Abu Bakr und Omar zu Mohammed und konfrontierten ihn mit ihrem Zweifel. Sie fragten ihn direkt: »Bist du der Gesandte Allahs?« Die Fragesteller kannten die Traumvision, die Mohammed veranlaßt hatte, das Wagnis des Mekkazuges zu unternehmen. Die Vision hatte kein Scheitern der Pilgerfahrt erkennen lassen – im Gegenteil, Mohammed hatte doch deutlich gesehen, wie ihm der Schlüssel der Kaaba ausgehändigt wurde. Alle wußten, daß Allah hinter dem Projekt stand. Mohammed verteidigte sich: Er könne Allah keine Vorschriften machen; die Entscheidung sei jetzt nun einmal gegen den Besuch der Kaaba gefallen. Diese wörtliche Aussage ist überliefert: »*Ich bin der Sklave und der Prophet Allahs. Niemals werde ich den Auftrag Allahs mißachten. Niemals aber wird Allah mir wirklich Schaden zukommen lassen.*«
Der Mann, der im Namen der Banu Koraisch den schriftlichen Vertrag mit Mohammed abzuschließen hatte, hieß Suhail Ibn Amr. Er war gewohnt an den Umgang mit Moslems, da er, nach der Schlacht bei der Wasserstelle von al Badr, einige Wochen lang in ihrer Gefangenschaft gelebt hatte. Suhail Ibn Amr war schließlich von seinem Clan freigekauft worden. Damals hatte er sich geweigert, den Glauben zu wechseln; Moslem wollte er nicht werden. Auch jetzt, bei der Abfassung des Vertragstextes, blieb er seinen Prinzipien treu.
Nachdem sich Suhail und Mohammed über die Grundzüge des

Vertrags geeinigt hatten, begann die schriftliche Fixierung der Absprache. Mohammed riß die Initiative an sich: Er diktierte die Formulierungen. Ali, Mohammeds Verwandter, war der Schreiber des Dokuments. Suhail sollte sich weiter nicht bemühen müssen. Mohammed begann: »*Im Namen Allahs, des Allbarmherzigen und Gütigen.*« Sofort wurde er aber von Suhail unterbrochen mit der Bemerkung, Allah sei ihm unbekannt. Er schlug eine unverbindliche Floskel vor. Sie hieß nur: »In deinem Namen, o Gott.« Mohammed protestierte nicht dagegen und Ali schrieb sie nieder. Bis zu diesem Zeitpunkt war an ein schlichtes Abkommen gedacht, das den Abzug der Moslems regelte und die voraussichtliche Wiederkehr in einem Jahr. Doch mit dem Entstehen des Dokuments veränderte sich die Zielsetzung: Ein Waffenstillstand wurde von den beiden Verhandlern formuliert.

Ohne Mohammeds Nachgiebigkeit im Anfangsstadium wären die Verhandlungen schon bald gescheitert. Er diktierte: »*Dies ist das Abkommen, auf das sich Mohammed, der Gesandte Allahs, mit Suhail Ibn Amr geeinigt hat.*« Suhail protestierte: »Ich habe gegen dich gekämpft, weil du für mich nicht der Gesandte Allahs bist. Nur dein Name soll niedergeschrieben werden und der Name deines Vaters.« Mohammed blieb gelassen; wegen der Titelfrage wollte er nicht das Abkommen gefährden. Diese Beherrschung der Emotionen ist beachtlich, bedenkt man, wie sehr Mohammed sonst auf die Bezeichnung »Gesandter Allahs« pochte.

Folgender Text war dann das Resultat der Verhandlungen:

»*Friedensabkommen, auf das sich Mohammed, der Sohn des Abdallah, mit Suhail, dem Sohn des Amr, geeinigt hat. Beide Parteien sind übereingekommen, zehn Jahre lang keinen Krieg gegeneinander zu führen. In dieser Zeit sollen sich die Menschen beider Parteien sicher fühlen. Mohammed verpflichtet sich, jeden Mann an die Koraisch auszuliefern, der sich zu ihm begibt ohne Einverständnis seines Clans. Die Koraisch aber brauchen sich nicht verpflichtet fühlen, Überläufer zurückzuschicken. Keine Feindschaft soll sein zwischen den beiden Parteien, kein Überfall wird stattfinden. Keinen Betrug darf es geben. Es steht den Stämmen der Beduinen frei, Bündnisse entweder mit Mohammed oder mit den Koraisch einzugehen.*«

Eingepackt in diese Formulierungen war die Verpflichtung der Moslems, in Mekka keine Anhänger zu werben; sie durften nicht einmal diejenigen aufnehmen, die freiwillig zu ihnen kamen. Die Überlieferungen berichten, daß es deshalb, unmittelbar nach der Vertragsunterzeichnung, zu einem dramatischen Zwischenfall gekommen sein soll.
Zur Verhandlungsdelegation des Suhail Ibn Amr gehörte auch sein eigener Sohn, Abu Djandal. Dieser Mann, etwa dreißig Jahre alt, entschloß sich, nachdem er am Verhandlungsort in stundenlangen Gesprächen die Lebensart und die Denkweise der Moslems kennengelernt hatte, bei den Anhängern des Propheten zu bleiben. Abu Djandal erklärte sich zum Moslem.
Den Moslems war nun allerdings, wenn sie sich an den soeben geschlossenen Vertrag halten wollten, die Aufnahme des Abu Djandal in ihre Gemeinschaft verboten. Der Verhandlungsführer auf der Seite der Männer aus Mekka sah sofort die Komplikationen, die aus dem Seitenwechsel seines Sohnes entstehen mußten; Suhail packte seinen Sohn am Hals und schlug ihm ins Gesicht. Der Zorn war übermächtig, daß gerade der eigene Sohn auf die Idee kam, die Koraisch-Partei zu verraten. Die Auseinandersetzung zwischen Vater und Sohn geschah öffentlich, auf der sandigen freien Fläche vor Mohammeds Zelt. Innerhalb weniger Augenblicke umringten die Moslems die Delegation aus Mekka. Schimpfworte und Flüche waren zu hören. Das Ungeheuerliche geschah vor ihren Augen: Da wurde ein Moslem von einem Ungläubigen geschlagen – wobei es gleichgültig war, daß ein Vater seinen Sohn züchtigte. Nie durfte eine derartige Beleidigung hingenommen werden. Die Männer um Mohammed hatten genug an Ärger zu schlucken gehabt in den vergangenen Tagen: Als Krieger waren sie abgeritten in Medina, um sich dann in Pilger verwandeln zu müssen. Auf den beglückenden Einzug in Mekka hatten sie verzichten müssen, weil der Mann an ihrer Spitze sich veranlaßt fühlte, ein Dokument zu unterzeichnen und sich damit zufriedengab. Wenig fehlte zur blutigen Gewalttat. Verhindert wurde sie durch den klaren Kopf des Propheten – auch Suhail überwand den Zorn, der ihm den Verstand verdunkelt hatte.
Mohammed wurde von Suhail darauf hingewiesen, daß sich Abu

Djandal erst nach Vertragsabschluß zum Bleiben bei der islamischen Partei entschieden habe, daß er somit unter die im Vertrag dokumentierte fixierte Regelung falle – Mohammed gab dem Standpunkt seines Vertragspartners recht. Er war machtlos.
Eine gefährliche Krise entwickelte sich. Die Moslems sahen ihren Führer in einer Situation der Schwäche. Zwei Vorwürfe konnten sie gegen Mohammed erheben: Er hatte den Pilgerritt zur Kaaba nicht erfolgreich abgeschlossen, und er hatte sich selbst die Hände gebunden für den Fall, daß bisher ungläubige Männer der Banu Koraisch um Aufnahme in den Kreis der Moslems bitten würden. Allah konnte eine derartige Ungeheuerlichkeit nicht zulassen. Der Prophet hatte doch immer gesagt, Allah freue sich über den, der sich zu ihm bekenne – jetzt aber sollte es Allahs Wille sein, daß Suhail Ibn Amr seinen Sohn, der Moslem geworden war, durch Schläge wieder zu den Ungläubigen zurücktrieb?
»Moslems! Helft mir! Man bringt mich weg von euch zu den Ungläubigen. Sie werden auf mich einreden, daß ich schwankend werde im Glauben an Allah!« So schrie Abu Djandal, als er von seinem Vater davongezerrt wurde durch den dichten Ring der Moslems, die auf dem Platz standen. Mohammed, so wird berichtet, versuchte zu beschwichtigen. Er redete auf die Gläubigen ein und auf den Mann, der nicht verstehen konnte, warum ihm das Bekenntnis zu Allah verboten sein sollte. Mit diesen Argumenten habe Mohammed den Abu Djandal zu beschwichtigen versucht: »*Habe Geduld und rechne auf Allahs Vergeltung für dein Opfer. Er wird für dich und für alle, die so denken wie du, eine glückliche Lösung finden. Wir haben mit den Koraisch einen Waffenstillstand geschlossen. Wir sind vor Allah verpflichtet, ihn einzuhalten. Wir dürfen jetzt keinen Verrat an den Abmachungen begehen.*«
Omar habe, so berichten die Überlieferungen, dem Abu Djandal sein Schwert so unter dem Gewand verborgen hingehalten, daß der die Waffe hätte ergreifen können, um seinen Vater zu erschlagen. Omar soll dabei gesagt haben: »Es handelt sich um einen Ungläubigen. Sein Blut ist nicht mehr wert als das Blut eines Hundes.« Abu Djandal aber dachte nicht daran, den eigenen Vater zu töten; er folgte ihm schießlich ohne Widerstand zurück nach Mekka.
Da er doch nichts ändern konnte, wollte Mohammed den Zwi-

schenfall so rasch wie möglich in Vergessenheit geraten lassen. Am Rande des Stadtgebiets – dort, wo von alters her die befriedete, heilige Zone begann –, weit entfernt noch von der Kaaba, wurden die mitgebrachten Opfertiere geschlachtet. Der Pilgerritt fand so einen Abschluß, wenn er auch nicht den Bräuchen und der Tradition entsprach. Zum Zeichen, daß das Ritual erfüllt sei, schor sich Mohammed nach Pilgersitte das Haupthaar. Er mußte sich danach allerdings sagen lassen, mit der Haarschur habe er das von ihm selbst verkündete Gesetz Allahs übertreten, das in der zweiten Koransure zu finden ist:

»*Schert euch das Haupthaar nicht eher, bis euer Opfer die wahre Opferstätte erreicht hat*« – gemeint ist die Kaaba. Die Anhänger, das ist aus den Geschichten jener Tage zu spüren, waren kritisch geworden gegenüber manchen Standpunkten des Propheten.

Die achtundvierzigste Koransure beschäftigt sich mit dem Verlauf und mit dem Ende des Ritts nach Mekka. Die Sure trägt die Überschrift »Al Fath« – Der Sieg – und beginnt mit den Worten:

»*Im Namen Allahs, des Allbarmherzigen. Wahrlich, wir haben dir einen offenkundigen Sieg verliehen.*«

Mohammed spricht gegen Ende der Sure den kritischen Punkt an, der die Gedanken seiner Anhänger auf dem Rückritt nach Medina intensiv beschäftigt hatte; das Erstaunen über die Vision des Propheten, die sich nicht erfüllt hatte, blieb lange bestehen. Mohammed ging in seiner Offenbarung genau auf die Zweifel seiner Anhänger ein:

»*So hat Allah in Wahrheit seinem Gesandten das Traumgesicht erfüllt, in welchem es hieß: Ihr sollt, wenn Allah es will, zur Kaaba nach Mekka gehen, in voller Sicherheit, mit geschorenem Haupt und mit abgeschnittenen Haaren und ohne alle Furcht. Denn er weiß, was ihr nicht wißt. Er hat außer diesem Sieg noch einen anderen, nahen Sieg für euch bestimmt.*«

Mohammed verbarg nicht, daß Empörung herrschte unter den Gläubigen, weil ihm von Suhail Ibn Amr im Vertragstext die Verwendung der gebräuchlichen und – ihrer Meinung nach – einzig richtigen Anrede verweigert worden war. Über seine Reaktion auf den Zorn der Zweifler spricht Mohammed ebenfalls in der achtundvierzigsten Sure:

»*Da in den Herzen der Ungläubigen sich der Eigensinn des Unglaubens festgefressen hatte, ließ Allah eine sichere Ruhe auf seinen Gesandten und auf die Gläubigen herab und befestigte in ihnen den Glauben und die Furcht vor Allah.*«

Die Erklärungen der achtundvierzigsten Koransure und die Entwicklungen während des nächsten Jahres verwandelten in den Augen der Gläubigen den Ritt nach Mekka in einen Sieg. Der »Zug nach Hudaibija« – so genannt, weil bei der Siedlung Hudaibija die Verhandlungen mit der Koraisch-Delegation stattgefunden hatten – erwies sich als beachtliches Moment zur Sicherung der Zukunft der islamischen Idee. Selbst Omar, der heftigste Kritiker der Vereinbarungen, gestand später, kein Sieg habe derart reiche Beute gebracht wie der Waffenstillstand von Hudaibija. Zwar mußte Mohammed seinen Plan, die Koraisch zu unterwerfen, zunächst aufgeben, doch hatte er zugleich freie Hand bekommen für die Auseinandersetzung mit den Beduinenstämmen, die sich bei der Vorbereitung des Pilgerrittes als außerordentlich unsichere Partner erwiesen hatten. Die Beduinenstämme hatten bisher ihre Unabhängigkeit bewahren können. Da sie wußten, daß Mohammeds militärische Kraft durch den Streit mit Medina neutralisiert wurde, war es ihnen möglich, Mohammeds Wünsche zu übersehen. Jetzt, nach Abschluß des Waffenstillstands, hatten sich die politischen Kraftfelder verschoben in Arabien. Die Chefs der Beduinenstämme um Medina erhielten schon bald nach Mohammeds Rückkehr von Hudaibija die Aufforderung, zum Zeichen der Allianz mit Medina den Islam anzunehmen – den Stämmen wurde angeboten, gleichberechtigte Mitglieder der Glaubensgemeinschaft zu werden. Die Verantwortlichen der Stämme hüteten sich, unter der neuen Konstellation der beginnenden Aussöhnung zwischen Mohammed und dem Koraisch-Clan, ein solches Angebot auszuschlagen. Mohammed wußte: Voraussetzung für den Erfolg seiner Politik war strikteste Einhaltung der Vertragsverpflichtungen, denn auch in Mekka gab es Stimmen, die Unzufriedenheit zeigten mit den getroffenen Abmachungen. Der Schrei nach Rache für die Provokationen der Vergangenheit verstummte nur langsam. Der gute Wille, sich gebunden zu fühlen durch das Dokument, wurde bald schon auf die Probe gestellt.

Seit einigen Monaten wurde in Mekka ein Mann, er hieß Abu Basir, auf Befehl der Führung des Koraisch-Clans ständig überwacht. Abu Basir stand, wenn man den modernen Ausdruck gebrauchen will, unter Polizeiaufsicht. Er hatte sich offen zum Islam und zu Mohammed bekannt. Bis zum Abschluß des Waffenstillstands galt dies als ein nahezu strafwürdiges Verhalten. Die Unterschrift unter das Dokument von Hudaibija aber hatte die psychologische Situation verändert: Niemand empfand mehr die Motivation, Aufsichtsperson zu sein für den islamischen Bekenner Abu Basir.
Als niemand mehr auf ihn aufpaßte, floh Abu Basir nach Medina. Er bat Mohammed um Aufnahme in den Kreis der Gläubigen.
Der Prophet sah neue Schwierigkeiten auf sich zukommen. Der Text des Waffenstillstandsvertrags war eindeutig: Er durfte keinen Mann aus dem Schutzbereich der Stadt Mekka bei sich aufnehmen ohne die ausdrückliche Erlaubnis der Koraisch-Führung. Abu Basir war ohne diese Erlaubnis gekommen – er mußte zurückgeschickt werden. Doch da eine harte Haltung die Erinnerung an die Zwangsverschleppung des Abu Djandal wieder aufgefrischt hätte, wollte Mohammed erst abwarten, ob die politische Führung der Stadt Mekka die Ausweisung überhaupt fordern würde. Zu seinem Mißbehagen erschienen schon wenige Tage später zwei Bewaffnete aus der Banu Koraisch mit der Order, den Flüchtling Abu Basir abzuholen. Da der Vertrag von Hudaibija ihm heilig war – hatte ihn doch Allah selbst angeordnet –, mußte er den Moslem Abu Basir der Staatsgewalt von Mekka ausliefern. Auf halbem Wege, mitten in der Nacht, bekam Abu Basir ein Schwert zu packen. Er tötete einen seiner Bewacher – der zweite konnte entfliehen – und ritt zurück zu Mohammed.
Durch die Blutschuld war der Fall kompliziert geworden. Daß die Banu Koraisch Rache fordern würde, war zu erwarten. Mohammed konnte es nicht wagen, den Mörder auch nur für Stunden bei sich aufzunehmen. Er schickte Abu Basir fort mit dem Rat, er möge sich Verbündete suchen und selbständig, als Rächer für die Beleidigung, die ihm durch die Polizeiaufsicht angetan worden sei, gegen die Koraisch kämpfen. Diesem Rat folgte Abu Basir. Aus Mekka lockte er einige verwegene Männer zu sich, die sich nun auch zum Islam bekannten. Innerhalb weniger Wochen entstand

in der Wüste eine gefürchtete Kommandotruppe, die zur Gefahr für alle Karawanen der Koraisch wurde, die auf der Syrienroute unterwegs waren. Die Karawanenbesitzer, die Transportunternehmer Mekkas, waren bestürzt über die erneute Bedrohung ihrer wertvollen Waren und Kamele. Sie veranlaßten die Koraisch-Führung zur Entsendung einer Delegation nach Medina: Mohammed sollte aufgefordert werden, den Räuberanführer Abu Basir von Anschlägen gegen Mekka-Karawanen abzubringen. Mohammed konnte mit gutem Gewissen sagen, daß er nichts zu schaffen habe mit diesem Mann: Abu Basir stehe nicht unter dem Schutz der Moslems, er habe weder Reittiere noch Waffen von ihnen erhalten. Wenn die Banu Koraisch ihm, dem bisher extrem loyalen Vertragspartner, jedoch erlaube, die Kontrolle über Abu Basir zu übernehmen, dann könne er garantieren, daß die Raubzüge ein Ende finden würden. Um sich weiteren Ärger zu ersparen, bat die Banu Koraisch schließlich ganz offiziell darum, Mohammed möge die ganze Räuberbande in seine Truppe integrieren, damit der Zwang zum Waffenstillstand auch für sie gelte.

Der Text der sechzigsten Koransure zeigt, daß Mohammed sich nicht zur Zurückweisung verpflichtet fühlte, wenn Frauen zu ihm kamen, die als Moslems in Medina leben wollten – der Vertragstext des Dokuments von Hudaibija sprach in der Tat allein von männlichen Überläufern. Mohammed verlangt nur, daß die Aufnahme der Frau korrekt nach den bestehenden Regeln zu erfolgen habe. Der entsprechende Text der sechzigsten Sure lautet:

»*O Gläubige! Wenn gläubige Frauen zu euch übertreten, dann prüft sie. Allah kennt ihren Glauben. Lernt ihr sie nun als wahre Gläubige kennen, so schickt sie nicht wieder zu den Ungläubigen zurück, denn dort ist ihnen die Ehe verboten. Gebt aber den bisherigen Männern die Summe zurück, die sie für die Frauen bezahlt haben. Ihr habt dann keine Sünde begangen, wenn ihr sie heiratet.*«

Den gläubigen Männern wird im weiteren Text dieser Sure das Recht gegeben, ungläubige Frauen fortzuschicken und sie nach Mekka auf den Weg zu bringen. Wenn möglich, sollten die Gläubigen dafür sorgen, daß sie von Mekka das Geld erstattet bekommen, das sie bisher für die Frauen aufgewendet hatten.

29 Die Allianz der Juden in Khaybar scheitert

Etwas über hundert Kilometer nördlich von Medina lag das ausgedehnte Siedlungsgebiet von Khaybar. Über fruchtbares Land gebreitet waren Städte, Kornfelder, Dattelplantagen und Weideland. Aus der bewirtschafteten Ebene ragten Basalterhöhungen auf, die idealen Platz boten für befestigte Häuser, die als uneinnehmbar galten. Viele der Juden, die – wie der Stamm al Nadir – aus Medina ausgewiesen worden waren oder fliehen mußten, hatten in diesem Siedlungsgebiet Zuflucht gefunden.

Mohammed beklagte sich, die jüdischen Stämme von Khaybar würden ohne Unterlaß gegen ihn intrigieren. Er war überzeugt, daß ihre Führer die treibende Kraft beim Zusammenschluß der Koalition waren, die die Basis abgegeben hatte für die Belagerung von Medina im Jahre 5 nach der Auswanderung (627 n. Chr.). Die Niederlage dieser Koalition im »Grabenkrieg«, so meinte er, habe die Lust der Juden an der Intrige nicht beendet. Mohammed schickte gelegentlich Mordkommandos nach Khaybar; sie sollten die wichtigsten Organisatoren des Kampfes gegen den Islam töten. Vor allem aber befahl er, die Spötter zu beseitigen, die noch immer Zweifel darüber aussäten, ob dieser Araber Mohammed wirklich ein Gesandter Allahs sei. Den Mordkommandos gelang es, die ihnen genannten Männer zu erschlagen, doch damit war der Rachedurst Mohammeds keineswegs gestillt.

Umstritten ist das Verhalten des Führers der Moslems gegenüber den Juden. Die Geschichtsquellen, die zur Verfügung stehen, sind islamischen Ursprungs. Sie gehen selbstverständlich davon aus, daß Mohammed Ursache hatte zum gnadenlosen Kampf gegen die jüdischen Stämme. Nachprüfbar ist der Sachverhalt nicht. Da die Juden Arabiens daran interessiert waren, die Ausdehnung des Islams einzudämmen, darf die Annahme als sicher gelten, sie hätten Bündnisse geschmiedet zwischen Stämmen ähnlicher Interessenlage. Sie waren dabei sicher nicht aktiver als manche arabische Großfamilie, gegen die dann trotzdem kein Ausrottungskrieg geführt wurde. Psychologische Momente mischen sich ein: die Enttäuschung Mohammeds, daß die Juden, als »Schriftbesitzer«, nichts von ihm wissen wollten, daß gerade sie ihn ablehnten, die doch seinen Kampf für den einen und allmächtigen Gott schätzen mußten. Den Juden maß er, wenn er gesiegt hatte, härtere Strafe zu als einem arabischen Stamm, da er von ihnen eigentlich Verständnis für seine Glaubensreform erwartet hatte. Einige Äußerungen des Propheten über die Strafexpedition gegen die Juden von Khaybar lassen allerdings darauf schließen, daß ihn die Möglichkeit, dort leichte Beute zu machen, außerordentlich faszinierte. Die achtundvierzigste Koransure – der entsprechende Text wird später in diesem Kapitel zitiert – gibt dafür einen Hinweis.

Das offiziell genannte Motiv zum Raubzug gegen das jüdische Siedlungsgebiet von Khaybar war Mohammeds Überzeugung, von den Juden werde wieder ein Komplott gegen ihn organisiert. Er vermutete, ein Bündnis sei geschlossen worden zwischen dem arabischen Stamm Ghatafan und den Bewohnern von Khaybar. Der Stamm Ghatafan, eine Gruppierung mehrerer Sippen, lebte im Nordosten von Medina. Er war beteiligt gewesen an der Belagerung der Prophetenstadt; der Stamm war damals hineingezogen worden in die Machenschaften und Intrigen, die gesponnen wurden, um die Koalition zwischen Koraisch, Juden und Ghatafanbeduinen zu sprengen. Auch diesmal erwies sich der Stamm Ghatafan als unsicherer Bündnispartner.

Die Entwicklung zu Beginn des Raubzuges gab Mohammed recht: Die Koalitionsabsprachen zwischen dem Clan der Ghatafan und den Stämmen der Khaybar existierten. Als Mohammed mit seinen Reitern aufbrach nach Norden, da schickte auch die Ghatafanführung Bewaffnete los, um den bedrohten Juden zu Hilfe zu kommen. Als sie erst einen Tag unterwegs waren, kehrten sie wieder um. Angeblich hatten sie erfahren, ihre Herden, die sie zurückgelassen hatten, seien überfallen worden. Ungeklärt blieb, wer einen Raubzug in das Gebiet der Ghatafan unternommen haben sollte – Mohammed und die Moslems hatten nichts damit zu tun. Wahrscheinlich existierte überhaupt kein Feind – die Chefs der Ghatafan hatten wahrscheinlich begriffen, daß es klüger war, sich den Moslems nicht in den Weg zu stellen. Anzunehmen ist für diesen

Zeitpunkt eine intensive diplomatische Aktivität der Führungsschicht von Medina; sicher werden einige Männer mit großer Überzeugungskraft den Weg ins Weidegebiet der Ghatafan gefunden haben, um der Stammesführung die Beteiligung am Krieg auszureden.
Ein erfolgreicher Raubzug gegen die reiche jüdische Siedlungszone mußte unermeßliche Beute bringen. Kaum hatten einige arabische Familien, die in der Wüste um Medina lebten, von den Plänen des Propheten erfahren, da kündigten sie ihre Bereitschaft an, mitzuziehen. Mohammed konnte jedoch nicht vergessen, daß dieselben Familien ihn im Stich gelassen hatten, als die Beteiligung am Zug nach Mekka zur Debatte stand. Der gefahrlose Beutezug gegen die Juden sollte deshalb allein denjenigen Belohnung bringen, die den wagnisreichen Ritt nach Mekka mitgemacht hatten. Wer beim Treueschwur »unter dem Baume« bei Mekka dabei war – damals, als die Angst mächtig war und die Sorge, ob nicht Othman Ibn Affan von den Koraisch bereits erschlagen worden sei –, der galt künftig als Mitglied einer Elite. In der achtundvierzigsten Koransure legte Mohammed die Wurzel für die Elitebildung:
»*Allah hatte damals Wohlgefallen an den Gläubigen, als sie unter dem Baume Treue schwuren, denn er kannte die Gedanken ihrer Herzen. Darum ließ er sichere Ruhe auf sie herabkommen. Allah belohnt sie mit einem nahen Sieg.*«
»Dieser nahe Sieg« sollte das Ende der jüdischen Besiedlung Zentralarabiens bringen.
Die achtundvierzigste Sure verbot ausdrücklich die Beteiligung solcher Männer, die sich geweigert hatten, Mohammed nach Mekka zu begleiten, am Zug, der zum »nahen Sieg« führte.
»*Die damals zurückgeblieben sind, werden, wenn ihr auszieht, um Beute zu machen, sagen: Wir möchten mit euch ziehen. Sie wollen so das Wort Allahs ändern* (das die Beute allein einer bestimmten Schicht reserviert). *Sage ihnen aber: Ihr sollt uns keineswegs folgen, das hat Allah längst gesagt. Sie aber werden erwidern: Ihr gönnt uns nur keinen Anteil an der Beute! Doch sie sind Menschen, die nur wenig Verstand besitzen.*«
Ohne Hilfe der Beduinenstämme fielen die Moslems in das Sied-

lungsgebiet der Juden ein. Die Überfallenen besetzten die festen Häuser, die auf den Basalthügeln standen. Dort waren ausreichend Vorräte aufbewahrt, die eine lange Verteidigungszeit ermöglichten; die Festungen konnten durch unterirdische Gänge mit Wasser versorgt werden. Die Juden sahen sorglos der Ankunft des Gegners entgegen – und sie hatten auch allen Grund für das Gefühl der Sicherheit. Sie kalkulierten, daß Mohammed nicht monatelang in dieser Gegend bleiben konnte. Seine eigene Stadt, Medina, lag schutzlos offen da für entschlossene Angreifer aus der Wüste. Mit Geduld und Standhaftigkeit konnten die Juden diese Gefahr überstehen. Sie befanden sich auf eigenem Grund in Khaybar, ausgestattet mit allen Vorteilen. Der Unterschied zu früheren Belagerungen in Medina war ermutigend – dort war der Gegner überlegen gewesen, weil er alles besaß zu seiner Versorgung und die Belagerten Not litten.

Doch die Hoffnung, den Faktor der Zeit zu ihren Gunsten ausspielen zu können, trog. Schon nach wenigen Tagen war die erste der Festungen erobert; die nächste fiel bereits kurze Zeit später. Die Kommandeure der jüdischen Kämpfer wunderten sich über das Glück der Moslems, jeweils die schwachen Stellen des Verteidigungssystems zu entdecken. Sie konnten nur ahnen, daß es Verräter geben mußte, die den Angreifern behilflich waren. Mohammeds Prophezeiung erfüllte sich: Die Kapitulation wurde den Moslems schon sehr bald angeboten – der Sieg über die jüdischen Stämme von Khaybar wurde ohne schwere Opfer errungen.

Die Kapitulationsbedingungen fielen überraschend milde aus. Die Unterlegenen mußten zwar ihr Eigentum abgeben, konnten aber im Siedlungsgebiet von Khaybar bleiben. Die Juden, die zur Kapitulationsverhandlung bei Mohammed waren, hatten ihn überzeugt mit dem Argument, der Besitz des Bodens sei wertlos für die Moslems, weil sie nicht mit ihm umzugehen wüßten. So geschah es, daß die Juden weiterhin die Felder, Gärten und Dattelplantagen bestellen durften; sie bezahlten für dieses Recht mit der Hälfte des jährlichen Ertrags. Ein Paragraph des Kapitulationsvertrags bestimmte, Mohammed habe jederzeit die Gewalt, die Juden von Khaybar zum Verlassen des Bodens zu zwingen, wenn er dies für richtig halte.

Bei der Verteilung der Beute behielt Mohammed eine jüdische Frau für sich, die ihm gut gefiel – er heiratete sie sogar, als sie sich zum Islam bekannte. Diese Frau, sie hieß Cafijja, soll erzählt haben: »Als wir nach Medina aufbrachen, da ließ Mohammed mir den Schleier geben, und ich verhüllte mich. Die Moslems konnten daraus schließen, daß ich zur Ehefrau des Propheten bestimmt war und nicht zu seiner Beischläferin. Um mir aufs Kamel zu helfen, hielt mir Mohammed sein Bein hin, daß ich meinen Fuß darauf setzen sollte. Ich aber setzte meine Knie darauf und stieg so auf. Seine anderen Frauen behandelten mich hochmütig und nannten mich das Judenmädchen. Darüber weinte ich noch, als Mohammed mich nahm.«

Ein großes Grundstück ging als Privatgut in Mohammeds Eigentum über; es wurde deshalb nicht zur verteilbaren Beute geschlagen, weil es, wie Mohammed sagte, nicht durch Belagerung oder durch kriegerische Aktion in die Hand der Moslems gefallen war.

Der Prophet, so wird erzählt, habe am Ende dieses Beutezugs fast sein Leben verloren, weil ihn eine der Jüdinnen vergiften wollte. Sie brachte ihm ein schönes Stück Braten aus Schafsfleisch. Sie hatte sich vorher erkundigt, welche Partie des Schafes ihm besonders schmeckte; die Schulter, so war ihr gesagt worden, sei dem Propheten das liebste Fleisch. Als das Bratenstück fertig war, vergiftete es diese Frau. Mohammed freute sich über die Gabe, doch er merkte beim ersten Bissen, daß das Fleisch ungewöhnlich schmeckte; er spie den Bissen aus. Der Mann, der neben ihm saß, starb jedoch, weil er zu spät gewarnt wurde – allerdings soll der Tod erst nach einem Jahr eingetreten sein. Die Frau soll von Mohammed begnadigt worden sein, weil sie auf seine Frage, warum sie ihn habe vergiften wollen, eine Antwort fand, die in ähnlichem Zusammenhang auch in anderen Geschichten aus dem Leben des Propheten ausgesprochen wird: »Ich dachte mir, bist du nur ein normaler Herrscher, dann wirst du sterben und wir sind erlöst. Bist du aber wirklich ein Prophet, dann wirst du gewarnt werden.«

30 Mohammed darf Mekka wieder betreten – aber die Stadt ist menschenleer

Der Beutezug gegen die jüdischen Stämme hatte sich gelohnt für Mohammed und die Gläubigen – wobei der Prophet dafür sorgte, daß besonders die Emigranten aus Mekka zu großem Reichtum kamen. Die Elite, die bei der unvollendeten Pilgerreise »unter dem Baume« geschworen hatte, bestand zum überwiegenden Teil aus Männern, die einst Mekka verlassen hatten; ihnen gehörte nun die Hauptmasse der Beute von Khaybar. Die anderen, die weniger erhielten, wurden getröstet: »*Ihr werdet einst wider ein mächtiges und kriegerisches Volk aufgerufen werden, und ihr sollt es bekämpfen, wenn es sich nicht zum Islam bekennt. Zeigt ihr euch dann gehorsam, so wird euch Allah herrliche Belohnung geben.*« Den Namen dieses mächtigen und kriegerischen Volkes nennt die achtundvierzigste Sure nicht.

Unter drei möglichen Feinden blieb die Auswahl: Mohammed kann die Perser, die Griechen oder die Jemeniten gemeint haben. Die Zeit für eine derartige Auseinandersetzung, die den Rahmen des innerarabischen Streits sprengte, war noch nicht gekommen. Zuerst mußte Mekka, der eigentliche Ausgangspunkt der islamischen Bewegung, in den Moslemstaat eingegliedert werden. Seine Ausdehnung reichte einhundert Kilometer nach Norden, bis zum eben von Mohammed eroberten Siedlungsgebiet von Khaybar, und hundert Kilometer nach Süden. Herr in Zentralarabien durfte sich Mohammed erst nennen, wenn er die Konkurrenz der Koraisch ganz neutralisiert hatte.

Den Ansatz einer Möglichkeit dazu bot ihm der Vertrag von Hudaibija, den er im Jahre 6 mit Mekka abgeschlossen hatte. Jetzt war das Jahr, das bis zur vertraglich vereinbarten Pilgerreise verstreichen sollte, abgelaufen. Mohammed hatte alle Absprachen loyal eingehalten. Er durfte erwarten, daß auch die Koraisch den Vertragstext respektierten.

Alle wurden aufgefordert zur Teilnahme am Ritt nach Mekka, die sich schon ein Jahr zuvor gemeldet hatten. Doch diesmal wollten sehr viele Männer aus Medina Mohammed begleiten – schließlich war dieser Pilgerzug nahezu ungefährlich, im Risiko nicht vergleichbar der Kühnheit des ersten Mekkaritts. Attraktiv war die Teilnahme deshalb, weil bei geringer Gefahr der Ruhm winkte, daß man dabeigewesen war, als Mohammed zum erstenmal wieder vor die Kaaba trat. Zweitausend Männer versammelten sich am Tag des Abritts. Mohammed hatte keinen Grund, diese Gläubigen zurückzuweisen.

Mit Spannung sahen die Pilger der Ankunft in Mekka entgegen. Im Vertrag von Hudaibija war nichts festgelegt, wie Mohammed und die Gläubigen in der Stadt aufgenommen werden sollten. Der Prophet rechnete durchaus damit, daß er als respektierter Chef eines Stadtstaates empfangen werde, mit dem ein regulärer Vertrag abgeschlossen worden war. Zur Vorsicht aber hatte Mohammed geraten, jeder Reiter solle einen genügenden Vorrat an Lebensmitteln mitnehmen, da er nicht ganz sicher war, ob die Händler in Mekka Lebensmittel für zweitausend Pilger zur Verfügung stellen konnten – oder wollten. Jede Überraschung war möglich. Für alles sollte gesorgt sein. Mohammed wünschte, daß die Teilnehmer diese Pilgerreise in guter Erinnerung behalten.

Daran aber hatten die Moslems nicht gedacht, daß Mekka bei ihrer Ankunft menschenleer und verlassen vor ihnen liegen würde. Niemand war auf den Straßen zu sehen, aber ganz offensichtlich befand sich auch kein Mensch in den Häusern. Die Kinder, die sonst Tag für Tag im Schatten der Hauswände spielten, waren verschwunden. Nicht einmal die Esel waren, wie gewohnt, an der Haustüre angebunden. Mohammed war bestürzt: Die Bewohner von Mekka wichen vor ihm aus.

Seine Männer hatten bald entdeckt, wo sich die Männer, Frauen, Kinder und Haustiere befanden. Sie standen auf den Hügeln, die Mekka umgeben, und blickten herunter auf die Pilger aus Medina, von denen ein gutes Hundert zu ihren engsten Verwandten zählte. Die Führung des Stammes Koraisch demonstrierte, daß sie zwar den Pilgerritt zur Kaaba erlaubte, sonst aber nichts mit diesem Flüchtling zu tun haben wollte.

Von allen Bewohnern scheint der Räumungsbefehl dann doch nicht beachtet worden zu sein. Frühe Chronisten berichten, daß bei

der Kaaba einige Neugierige Mohammed und seine Reiter erwartet haben. Sie wollten sehen, was es hier für ihn anzubeten gab. Der Ruf des Muezzin »*Allahu akhbar* – Allah ist der Größte« hatte sie angelockt, der an diesem Tag zum erstenmal über die Häuser von Mekka schallte, um die Gläubigen an das Gebet zu mahnen. Die Neugierigen sahen, wie Mohammed sein Gewand ordnete: Die linke Schulter blieb bedeckt, die rechte aber blieb frei. Alle zweitausend Männer, die mit ihm waren, legten ihren Umhang so, wie es der Prophet vorgemacht hatte. Dann küßte Mohammed den schwarzen Stein, der in die Mauer der Kaaba eingelassen war, und begann sieben Umwanderungen des Heiligtums; drei davon ging er in etwas schnellerer Gangart. Diese Besonderheit kommentierte Ibn Ishaq so: Die Moslems glaubten damals, dieses Ritual sei für sie nicht verbindlich. Sie waren der Meinung, Mohammed sei wegen der Koraisch-Leute, die ihm zuschauten, etwas schneller gegangen. Erst als er später bei der Abschiedswallfahrt dieses Ritual beibehielt, wurde es als generelle Regel anerkannt.
Mohammed gliederte alte Bräuche in die Prozedur der islamischen Wallfahrt ein. Wer sich bisher von Sünden reinigen wollte, der vollzog einen raschen Lauf zwischen den Hügeln Marwa und Safa, die gleich bei der Kaaba innerhalb des Stadtgebietes lagen. Mohammed schrieb auch diesen Lauf den Gläubigen vor. Gedacht ist er als Erinnerung an die Durstqualen der Sklavin Hagar, die einst mit ihrem Säugling von Abraham aus dem Haus getrieben worden war, weil seine Frau sich darüber empörte, daß Abraham das Kind gezeugt hatte. Diese Sklavin, so wird erzählt, habe zwischen den Hügeln Marwa und Safa nach Wasser gesucht.
Beim Hügel Marwa ließ Mohammed die mitgebrachten sechzig Opfertiere schlachten. Dann hielt er die Zeit für gekommen, sich das Haupthaar zu scheren – die Wallfahrt war zu Ende.
Drei Tage lang, das war abgemacht, durften die Moslems in Mekka bleiben, dann mußten sie die Stadt wieder verlassen haben. Mohammed wollte die Frist nutzen, um doch noch Kontakt zu seiner Verwandtschaft zu bekommen. Doch nur sein Onkel Abbas Ibn Abdalmuttalib war bereit, sich mit ihm offen zu zeigen. Dieser Onkel hielt ihn seit langem schon informiert über die wichtigsten

Ereignisse in Mekka. Zwar hatte er beim Kampf an der Wasserstelle von al Badr noch gegen den Propheten gekämpft, doch war Mohammed überzeugt, das sei nur geschehen, um die Koraisch zu täuschen. Sicher konnte er in seiner Position auch gar nicht anders handeln. Abbas Ibn Abdalmuttalib war einer der Kaufleute in Mekka, doch er handelte nicht, wie die Kollegen, mit Getreide, Datteln, Gewürzen oder Fellen. Er verdiente sich seinen Lebensunterhalt mit dem Verkauf des Wassers aus der heiligen Quelle Zemzem; er besaß dafür in jenen Jahren das Privileg. Selbstverständlich behielt Abbas Ibn Abdalmuttalib diesen wichtigen Geschäftszweig des Pilgerwesens auch später bei, als Mohammed dann wirklich den Islam nach Mekka brachte. Abbas hatte Zemzemwasser an die »Heiden« verkauft – aber er machte das Geschäft seines Lebens mit den Moslems. Auf diesen Onkel des Propheten, auf Abbas Ibn Abdalmuttalib, führte später das Kalifengeschlecht der Abbasiden, das in Bagdad von 750 bis 1258 regierte, seine Abstammung zurück.

Abbas Ibn Abdalmuttalib und Mohammed einigten sich während der Pilgerfahrt darauf, daß sie Verbündete blieben. Eine Hochzeit sollte diese Einigung besiegeln. Der Onkel bot die Schwester einer seiner Frauen an. Ihr Name war Maimana. Mohammed akzeptierte diese Frau und heiratete sie, vollzog die Ehe jedoch noch nicht. Trotzdem erregte er Widerspruch, denn zur Zeit der Eheschließung hatte er die Rituale der Pilgerfahrt noch nicht ganz abgeschlossen – er befand sich im Zustand des »haram«, im Weihezustand des Pilgers. Solange die Rituale nicht vollendet waren, sollten Handlungen unterlassen werden, die in Zusammenhang mit sinnlichen Freuden standen.

Mit der eiligen Hochzeit verband Mohammed allerdings noch eine ganz besondere Absicht: Er wollte sie als Grund benützen, um den Tag des Rückritts verschieben zu können. Er glaubte fest daran, der Koraisch-Clan würde einer Verlängerung der Aufenthaltsgenehmigung zustimmen. Doch er täuschte sich.

Am letzten Tag der vereinbarten Zeit schickte die Koraisch-Führung einen Mann namens Huwaitib zu Mohammed; Huwaitib hatte den Auftrag, an den Ablauf der Frist zu erinnern. Mohammed bat um Aufschub: »*Was wäre dabei, wenn ihr mich noch länger bleiben ließet. Ich möchte gerne für die Hochzeit ein Festmahl ver-*

anstalten. Ihr seid auch alle eingeladen.« Er bekam eine schroffe Antwort zu hören: »Wir brauchen dein Essen nicht. Mach, daß du von hier verschwindest.« Diese Beleidigung festigte Mohammeds Entschluß, bald wieder, aber diesmal für immer, zurückzukehren.

31 Gegen Byzanz überschätzen die Moslems ihre Stärke

Auf die militärisch-kämpferisch geprägten Charaktere der Männer in Mekka hatte die Disziplin der Reiter aus Medina gewaltigen Eindruck gemacht. Die Moslems gehorchten den Befehlen des Propheten mit einer Selbstverständlichkeit, die Erstaunen auslöste. Die Befehlshaber der Mekkatruppen hatten sich häufig mit der Eigenwilligkeit ihrer Unterkommandeure auseinanderzusetzen und mußten sogar mit Widerspruch rechnen. Mohammed aber war mit göttlicher Autorität ausgestattet. Niemand wagte es, seine Entscheidungen in Frage zu stellen.

Diese Eigenheit des islamischen Heeres imponierte Khaled Ibn al Walid, dem Truppenführer, der durch raschen Entschluß die nach militärischer Erfahrung bereits verlorene Schlacht beim Uhudberg gewonnen hatte. Nach reiflicher Überlegung kam er zur Einsicht, daß die Herrschaft der Koraisch auf die Dauer in Mekka nicht aufrechtzuerhalten war. Da die bestimmende Schicht keine Kriege und Raubzüge mehr organisierte, war in Zukunft wenig Beute zu erwarten. Vom ständig wachsenden Reichtum der Moslemkämpfer hatte Khaled Ibn al Walid gehört. Ein Mann von seinem Talent mußte in Medina rasch reich werden. Der Entschluß fiel leicht: Er verließ heimlich die Stadt und bot Mohammed seine Dienste an. Ohne Zögern bekannte sich Khaled Ibn al Walid zu Allah und zum Islam. Mohammed nahm ihn auf und sorgte dafür, daß der Überläufer ein gutes Haus in Medina bekam und eine gesunde materielle Basis für seine Existenz. Niemand durfte schmähende oder hämische Worte wegen der Vergangenheit des Truppenführers aussprechen. Im Gegenteil – seine Leistungen, auch im Kampf gegen die Moslems, mußten gewürdigt werden. Mit dem Blick zurück verband sich die Hoffnung auf ähnliche, wenn nicht noch brillantere Leistungen im Auftrag des Islams. Die großen Ziele lagen vor Augen. Auch die Eroberung Mekkas gehörte dazu. Khaled Ibn al Walid versprach, sich auch dafür mit aller Energie einzusetzen. Von ihm wurde Mohammed ermutigt, die militärische Auseinandersetzung mit Mekka in seine zukünftigen Pläne aufzunehmen. Dieser Kampf, so meinte er, müsse mit der überlegenen Disziplin der Moslemkämpfer gewonnen werden. Ein ähnlicher Fall wie das Versagen der Bogenschützen damals am Uhudberg werde sich unter seiner Führung nicht wiederholen.

Mohammed war überzeugt, die gute Aufnahme des Khaled Ibn al Walid würde bald schon weitere Männer von Ansehen und Erfahrung in seinen Stadtstaat locken. Er behielt recht. Schon als nächster kam der schlaue Taktiker Amru Ibn al Asi nach Medina. Mehr als ein Jahrzehnt später wird er Ägypten für den Islam erobern. In Mekka wurden Männer mit kriegerischer Begabung rar – Mohammed aber standen die besten Kommandeure Zentralarabiens zur Verfügung.

Sowohl Khaled Ibn al Walid als auch Amru Ibn al Asi blieben fürs erste in der Reserve. Die erste Wahl unter den Kommandeuren blieb zunächst noch immer sein Adoptivsohn Said Ibn Haritha, der ihm seine Frau Zainab überlassen hatte. Said bekam den schwierigen Auftrag, einen Feldzug nach Norden zu organisieren, der ins Grenzgebiet des byzantinischen Reiches führen mußte. Mohammed wußte um die Gefährlichkeit gerade dieser Unternehmung. Im Gegensatz zu seiner sonstigen Gewohnheit bestimmte er zwei stellvertretende Kommandeure für Said Ibn Haritha. Sie sollten jeweils im Todesfall des Befehlshabers in dessen Position eintreten.

Der Anlaß für den Kriegszug war gering: Einer von Mohammeds Boten war ermordet worden – er war, so wird erzählt, unterwegs mit einem Brief an den Vertreter des Kaisers von Byzanz in der syrischen Region. Die Berichte sagen nichts über den Inhalt des Briefs. Zweifelhaft ist auch, ob die Angaben über den Adressaten stimmen. In das politische Konzept des realistisch denkenden Mohammed gehört zu diesem Zeitpunkt eher die Kontaktaufnahme mit den Stämmen im Grenzgebiet, die sich meist zur christlichen Religion bekannten und abhängig waren vom byzantinischen Staat. Als der Bote mit Mohammeds Brief unterwegs gewesen war, bereitete Kaiser Heraklius die Offensive nach Osten gegen die in Palästina stehenden Persertruppen vor – jene Offensive, die ein Jahrzehnt zuvor von Mohammed in der Koransure »al Rum« als siegreich offenbart worden war.

Es ist anzunehmen, daß der Chef des Stadtstaates Medina wohl informiert war über die Umwälzungen, die sich im syrisch-palästinensischen Gebiet vorbereiteten. Wichtigste Markierung dieser Umwälzung wird die Eroberung von Jerusalem durch das christlich-byzantinische Heer im Jahre 630 sein. An dieser Entwicklung nahm Mohammed als Beobachter von außen Anteil. Er wollte durchaus auch aktiver Partner sein. Im Verlauf von acht Jahren hatte Medina aus dem Zustand absoluter Schwäche heraus gewaltig an politischer Statur in Arabien gewonnen, es war zur wichtigsten Macht der Arabischen Halbinsel geworden. Der führende Kopf einer solchen Macht konnte es sich nicht leisten, auf Einfluß außerhalb seiner unmittelbaren Machtregion zu verzichten. Er konnte es sich vor allem aber auch nicht gefallen lassen, daß sein Bote im Gebiet, das sich in der Umwälzung befand, ermordet wurde.

Die Mörder gehörten zum Stamm Ghassan, der das Gebiet unmittelbar an der byzantinischen Grenze besiedelte. Zu seiner Bestrafung wurde der riskante Feldzug des Jahres 8 organisiert. Die Besonderheit ist, daß er keineswegs mit Optimismus begonnen wurde, wie das bei allen bisherigen militärischen Unternehmungen der Moslems üblich war. Es wird berichtet, jeder der Kommandeure habe beim Abritt daran gedacht, daß er wohl nicht mehr nach Medina und in den Kreis des Propheten zurückkehren werde. Schließlich lag das Ziel des Kriegszugs nahezu tausend Kilometer entfernt, in einem Gebiet, in dem die Kämpfer der Moslems bisher keine Erfahrungen gesammelt hatten.

Dreitausend Männer verließen Medina. Von zweien konnte immer einer abwechselnd auf einem Kamel reiten; für so viele Kämpfer gab es keine ausreichende Zahl an Reittieren in der Stadt und bei den Stämmen der Umgebung. Nach etwa drei Wochen erreichten die dreitausend die Siedlung Ma'an im heutigen Königreich Jordanien. Dort erfuhren sie, daß sie mitten hineingeraten waren in die Truppenbewegungen, durch die sich die Veränderungen der politischen Kräftefelder ankündigten. Hunderttausend Byzantiner hatten eine Offensive in Richtung Osten begonnen; sie wurden dabei von den wichtigsten christlichen Stämmen aus dem Gebiet ostwärts des Jordan unterstützt.

Mohammed hatte nicht den Auftrag gegeben, das Riesenheer der Weltmacht Byzanz anzugreifen. Einige kluge Köpfe unter den Kämpfern der Moslems sollen ausdrücklich darauf hingewiesen haben. Es wird berichtet, daß sie ihren Standpunkt mit diesen Worten vertreten haben: »Wir schicken einen Reiter mit einem schnellen Kamel zu Mohammed. Wir teilen ihm mit, wie stark das Heer ist, das sich in dieser Gegend befindet. Entweder schickt er uns weitere Männer zu Hilfe, oder er sagt uns, was wir tun sollen. Vielleicht hat er einen anderen Befehl für uns.«

Doch die klugen Köpfe konnten sich nicht durchsetzen. Diejenigen, die auf jeden Fall kämpfen wollten, waren in der Überzahl. Abdallah Ibn Rawaha, der von Mohammed zum Kommandeur bestimmt worden war, wenn zwei andere vor ihm fallen sollten, machte sich zum Sprecher der Kampfentschlossenen: »Bei Allah! Was schreckt ihr zurück? Ihr seid doch ausgezogen, um den Märtyrertod zu erleiden. Wir kämpfen mit dem Glauben und nicht mit den Zahlen der Kämpfer, die auf unserer Seite stehen. Mit diesem Glauben hat Allah uns ausgezeichnet. Wir haben die Wahl zwischen zwei schönen Zielen, die uns offenstehen. Entweder siegen wir, oder wir erleiden den Märtyrertod, der uns das Paradies sofort öffnet.« Gegen diese Rede gab es keine Argumente mehr: Die Begeisterung riß alle mit – alle wollten jetzt den Kampf.

Manche Spekulation gab es, warum Mohammed nicht selbst die Aufsicht über diesen Feldzug übernommen habe. Er gehörte zu den umfangreichsten militärischen Operationen zu Lebzeiten des Propheten. Das Moslemheer umfaßte doppelt so viele Kämpfer wie bei der Expedition gegen die jüdischen Stämme von Khaybar. Die einfachste Version der Spekulationen, warum Mohammed zu Hause blieb, war der Hinweis auf seine Funktion als Chef des komplizierten politischen Gebildes, das ein Stadtstaat wie Medina darstellte. Mohammed konnte es sich nicht erlauben, wochenlang Tausende Kilometer von seinem Machtzentrum entfernt ein Heer zu kommandieren. Eine andere Spekulation aber bezog sich auf Mohammeds Gesundheitszustand: Der Prophet habe noch an den Folgen des Giftattentates von Khaybar gelitten. So harmlos sei dieser Anschlag nicht verlaufen; Mohammed habe damals doch Spuren des Gifts im Munde behalten, die dann in seinen Körper eindrangen und einige Organe in ihrer Funktion störten. Selbst als Mohammed drei Jahre später stirbt, wird noch davon gesprochen werden, er sei am Gift jener Jüdin aus Khaybar gestorben.

Daß der Prophet zurückgeblieben war in Medina, ist der wahre Grund für die Katastrophe, die sich jetzt anbahnte. Said Ibn Haritha, bewährt bei Angriffen gegen Beduinenstämme, besaß nicht das Talent zur richtigen Einschätzung der Situation bei der Begegnung mit dem Heer der Großmacht Byzanz. Frontalangriff gegen die byzantinischen Kampflinien, in denen sich die Gepanzerten staffelten, war – bei der deutlichen Unterlegenheit der Moslems – nicht die Methode, die zum Erfolg führen konnte. Kaum hatte die erste Feindberührung stattgefunden, verflog bei den Gläubigen der heroische Gedanke an den Märtyrertod – sie flohen ganz einfach vor dem ungewohnten, angsteinflößenden Anblick. Ihnen standen etwa zehntausend Byzantiner gegenüber, nur ein Bruchteil des Gesamtheeres.

Hätte der byzantinische Befehlshaber den arabischen Nadelstich damit auf sich beruhen lassen, so wäre der Schaden für die Moslems nicht bedeutend gewesen, doch er ließ die abgeschlagenen Angreifer verfolgen. Eine Abteilung der Reiterei des Byzantinerheeres erreichte die Fliehenden bei Mu'ta, einer kleinen Ortschaft östlich vom Südende des Toten Meeres. Mit der Fahne des Propheten in der Hand versuchte Said Ibn Haritha, der Adoptivsohn des Propheten, den Widerstand zu organisieren. Er fiel schon nach wenigen Minuten durch die Lanzen der Byzantiner. Alle Befehlshaber, deren Reihenfolge Mohammed vor dem Ausritt der Truppe festgelegt hatte, verloren ihr Leben.

Khaled Ibn al Walid, der Überläufer aus Mekka, der von Mohammed noch nicht zum Kommandeur ernannt worden war, ergriff die

Fahne, deren Stange noch von der Hand eines Toten umkrallt war, und rief die Moslems auf, ihm zu folgen. Khaled kam es jetzt darauf an, weiteres Blutvergießen zu vermeiden – er löste nach und nach die Moslemkämpfer von den Byzantinern. Kämpfe, das war seine Parole, sollten nur noch stattfinden, um ganzen Gruppen die Trennung vom Feind zu ermöglichen. Mit erstaunlichem Resultat wurden die Bemühungen dieses taktischen Genies belohnt: Die Moslems, so berichten die frühen Chronisten, hatten in dieser Phase des Kampfes nur zwölf Tote zu beklagen.

Khaled Ibn al Walid erntete wenig Dank für diese Leistung. Daß er, ohne von irgend jemand ernannt worden zu sein, aus eigenem Antrieb also, die Fahne des Propheten in die Hand genommen hatte, wurde ihm von allen verübelt, die Autorität nur akzeptierten, wenn sie von Mohammed delegiert worden war. Da gab es nicht wenige im Heer, die Khaled Ibn al Walid vorwarfen, er habe den ruhmlosen Ausgang des Kampfes verursacht durch seine Befehle, sich vom Feind zu lösen. Wären die Verlustzahlen wirklich höher gewesen als die genannten zwölf Toten, die Neider des Khaled Ibn al Walid hätten nicht gezögert, ihm die Schuld daran zu geben.

Der selbsternannte Befehlshaber führte die dreitausend Mann nach Medina zurück. Da er nicht eingeweiht war in den Auftrag, der eigentlich hätte erfüllt werden sollen, blieb ihm nichts anderes übrig. Der Einzug in Medina vollzog sich unter wenig ruhmvollen Umständen. Die Nachricht vom erfolglosen Rückzug hatte sich schon bald in Medina verbreitet. Eine höhnende Menschenmenge erwartete die Kämpfer, als sie auf der Karawanenroute von Norden herzogen. Hysterische Frauen warfen Dreck auf die Männer und beschimpften sie, Feiglinge zu sein, die »vom Wege Allahs geflohen« seien. Mohammed aber fand die richtigen Worte, die den Frieden in der Stadt wiederherstellten: »*Wenn Allah, der Erhabene, es will, dann sind dies keine Fliehenden, sondern Männer, die sich zurückgezogen haben, um sich zum nächsten Kampf zu rüsten.*« Damit war das Abenteuer der Expansion nach Norden zunächst abgeschlossen. Die Eroberung von Mekka erhielt wieder den Rang in der Prioritätenliste, der ihr zustand.

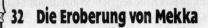

32 Die Eroberung von Mekka

Fast zwei Jahre zuvor, beim Waffenstillstand von Hudaibija, war vereinbart worden, daß jedem Stamm künftig seine Bündnispolitik freigestellt sei. Die Führung eines Clans konnte sich für Mohammed oder für die Koraisch entscheiden, ohne daß ihr Schwierigkeiten entstehen durften. Der Stamm Chuza'a hatte sich damals für die politische Verbindung mit den Moslems entschieden; die Banu Bakr aber wollten sich mit den Koraisch zusammentun. Diese Entscheidungen standen jetzt in enger Verbindung mit dem Vorwand, den Mohammed für die anstehende Attacke gegen Mekka fand.

Eine Kette von Ereignissen muß zum Verständnis des Vorgangs erzählt werden. Ibn Ishaq hat sie, einhundertundzwanzig Jahre nachdem sie geschehen sind, zusammengestellt. Seiner Darstellung folgt diese Nacherzählung:

Noch vor der Offenbarung des Islams war ein Angehöriger einer mit dem Bakrstamm befreundeten Familie als Händler im Gebiet der Chuza'a unterwegs. Männer der Banu Chuza'a überfielen den Händler, raubten ihn aus und töteten ihn. Aus Rache für dieses Verbrechen überfielen Mitglieder des Bakrstammes einen Mann der Chuza'a und brachten ihn um. Unmittelbar bevor Allah durch den Propheten zu den Menschen sprach, wurden drei Männer der Banu Bakr vom Chuza'a-Stamm umgebracht. Als dann der Streit zwischen Mekka und Medina Zentralarabien in Unruhe brachte, war die Auseinandersetzung zwischen den Großfamilien zunächst in den Hintergrund gedrängt. Erst der Abschluß des Waffenstillstands brachte den Stämmen wieder Atem und Zeit, sich um ihre traditionellen Konflikte zu kümmern. Die Führung des Bakrstammes erinnerte sich, daß ihre Schutzbefohlenen zuletzt die Opfer von Mördern waren und daß die Chuza'a für diese Tat bestraft werden mußten, wenn die Traditionen überhaupt noch gültig sein sollten. Beduinen der Banu Bakr warteten am Brunnen Watir in der Wüste, bis ein Mann der Chuza'a sein Kamel dort tränken wollte; dieser einsame Reiter mußte sein Leben lassen.

Die Dimensionen des Konflikts weiteten sich aus, als die Koraisch die Großfamilie Bakr, die seit dem Waffenstillstand von Hudaibija mit ihr im Bündnisverhältnis stand, durch Waffenlieferungen unterstützte und ihr schließlich sogar bei einem nächtlichen Gefecht durch direkte Beteiligung von einem Dutzend Koraisch-Kämpfern aus einer kritischen Situation half. Damit aber war ganz offensichtlich der Waffenstillstand gebrochen: Die Koraisch hatten die Waffen ergriffen gegen die Chuza'a, die unter dem Schutz des Propheten standen.

Die Führung des Clans der Chuza'a schickte eilig einen ihrer vertrauenswürdigsten Männer nach Medina, um Mohammed die Zuspitzung der Lage mitzuteilen. Als der Mann wieder abgeritten war, sagte Mohammed zum engsten Kreis seiner Mitarbeiter: »*Die Leute aus Mekka werden diesmal Abu Sufjan schicken, um den Vertrag zu bekräftigen.*«

Daß diese Prophezeiung eintraf, imponierte den Moslems. Jedoch so ganz ohne Grund war sie von Mohammed nicht ausgesprochen worden – er war schließlich seit kurzem mit einer Tochter des Abu Sufjan verheiratet. Sie hatte dafür gesorgt, daß erste tastende Versuche einer Verständigung zwischen Mohammed und Abu Sufjan stattfinden konnten.

Die Tochter des Abu Sufjan trug den Namen Umm Habiba. Sie war in erster Ehe mit einem Mann verheiratet, der Moslem geworden war, als sich der Prophet noch in Mekka aufhielt. Mit ihrem Mann war sie nach Abessinien ausgewandert; beide waren dann zu Mohammed nach Medina gekommen. Als der Mann starb, wurde Umm Habiba die zehnte Frau des Propheten. Er verfolgte mit dieser Ehe durchaus politische Ziele.

Der erste Besuch des Abu Sufjan in Medina galt seiner Tochter; er befand sich dabei im Hause des Propheten und damit auch unter seinem Schutz, den er dringend benötigte, denn er galt als der hartnäckigste Verfolger der Moslems unter allen Männern von Mekka. Seit es ihm gelungen war, durch Wahl des richtigen Wegs die Karawane bei der Wasserstelle von al Badr aus der Gefahrenzone zu bringen, hatte er Rache gepredigt; er hatte immer wieder Strafe gefordert für Mohammeds Frechheit. Jetzt aber war er als Bittsteller gekommen, in schwacher Position.

Seit der Unterzeichnung des Waffenstillstandsvertrags war Mekka kaum noch verteidigungsbereit. Die Männer hatten alle Lust verloren, zu kämpfen; die Geschäfte, die lange gelitten hatten unter den Anstrengungen, durch Feldzüge Mohammed als politische Gefahr auszulöschen, waren wieder die Hauptsache geworden. Durch die Dummheit einiger Hitzköpfe, das war die Meinung von Abu Sufjan, hatte sich Konfliktstoff ansammeln können, der im direkten Kontakt der Führungsspitzen wieder neutralisiert werden sollte.

Umm Habiba öffnete ihrem Vater den Weg zu ihrem Mann, dem Propheten der Moslems. Die beiden Gegner trafen sich. Abu Sufjan redete viel, versuchte zu erklären, zu entschuldigen. Er wollte Mohammed überzeugen, die Koraisch-Führung habe nichts mit dem Zwischenfall zu tun, bei dem einzelne Bewaffnete gegen Mitglieder der Banu Chuza'a handgreiflich geworden seien. Abu Sufjan bat darum, Mohammed möge den Fall nicht dramatisieren. Doch der Chef des Stadtstaates Medina schwieg. Er hatte seinen Entschluß gefaßt.

Niemand war bereit, zu vermitteln. Omar, Abu Bakr und Ali waren der Ansicht, wenn sich Mohammed einmal für einen Standpunkt entschieden habe, sei er nicht mehr davon abzubringen. Sie spürten, daß Mohammed eine bestimmte Taktik verfolgte. Sie wollten ihn dabei nicht stören. Mohammed hatte in der Tat das Gefühl, daß nur wenig fehlte, um Abu Sufjan zum Islam zu bekehren. Der Denkprozeß, der dazu nötig war, hatte im Kopf des Politikers aus Mekka bereits eingesetzt. Er hatte Zeit auf dem langen Ritt zurück von Medina nach Mekka, sich über die Zukunftsaspekte seiner Stadt Gedanken zu machen.

Daß der Gedanke, Abu Sufjan stehe bereits dem Islam nahe, nicht abwegig war, beweist der Argwohn, der dem Politiker und Feldherrn bei der Rückkehr entgegenschlug. Seine Frau Hind sagte ihm ganz deutlich, er sei in Medina wohl ganz zum Moslem geworden. Sie – die seit der Schlacht am Uhudhügel die »Leberfresserin« genannt wurde, weil sie am aktivsten bei der Verstümmelung gegnerischer Leichen mitgemacht hatte – behielt ihre harte Gegnerschaft zu den Anhängern des Propheten bei und begegnete ihrem Mann fortan mit Mißtrauen. Er selbst fand das einstige Verhalten seiner Frau widerlich. So entstanden gegenseitige Abneigungen, die wenig später dem bisherigen Anführer der Feinde des Islams die Annäherung an Mohammed leichter machten.

Kaum hatte Abu Sufjan Medina verlassen, da befahl Mohammed die Mobilisierung aller Bewaffneten, die in Medina und bei den verbündeten Stämmen verfügbar waren. Allerdings hütete er sich, das Ziel der militärischen Aktion zu nennen. Selbst Aischa, die Lieblingsfrau des Propheten, sonst immer gut informiert, wußte nicht, wohin der Ritt gehen sollte. An den Angriff auf Mekka glaubte noch niemand so recht. Abu Bakr und Omar dachten, daß wohl die Stadt Taif unterworfen werde, als Vorstufe für eine spätere Belagerung von Mekka. Mohammed wollte durch vielerlei Gerüchte die Koraisch-Führung irritieren.

Die überlieferten Berichte sprechen davon, daß ihm dies gelungen sei. Sie schildern, wie Abu Sufjan, aus schützendem Buschwerk heraus, die fernen Lagerfeuer der Moslems beobachtet habe. Er sei dabei vom Onkel des Propheten, Abbas, angetroffen worden, der sich inzwischen ganz offen zu Mohammed bekannte. Abu Sufjan wollte sich noch immer einreden, die Männer, die in so großer Zahl die Nacht in der Wüste verbrachten, würden zu wandernden Beduinenstämmen gehören, die sich zufällig hier getroffen hatten. Von Abbas erfuhr er die Wahrheit – so wird erzählt.

Die Überlieferung hat den Bericht bewahrt über das Treffen von Abu Sufjan und Abbas, der in jener Nacht das Maultier benützte, das sonst vom Propheten geritten wurde. Abbas sagte: »Wehe dir, Abu Sufjan! Dies ist der Prophet mit seinen Leuten, und ich habe Angst um die Koraisch.« Er fragte mich: »Ich bitte dich um alles, sage mir nur, was ich tun soll!« Ich antwortete ihm: »Wenn du dem Propheten diesmal in die Hände fällst, wird er dir den Kopf abschlagen lassen. Setze dich zu mir auf dieses Maultier. Wir reiten zu ihm. Ich bitte ihn um Schutz für dich. Abu Sufjan setzte sich hinter mich auf das Reittier. Die Leute, die bei ihm waren, kehrten aber nach Mekka zurück. Immer, wenn ich mit Abu Sufjan an einem der vielen Lagerfeuer der Moslems vorbeiritt, dann fragten die dort Lagernden, wer wir seien, doch sie erkannten dann immer das Maultier des Propheten. Schließlich kamen wir auch am Lagerplatz des Omar vorüber. Auch er wollte wissen, wer wir seien,

und trat in der Dunkelheit näher. Abu Sufjan wurde sofort von Omar erkannt: »Das ist Abu Sufjan, der Feind Allahs! Gepriesen sei Allah, der dich uns ausgeliefert hat.«
Abbas behielt in dieser Nacht die Initiative und ließ sich nicht von Omar überrumpeln, der sofort losrannte zum Zelt des Propheten und schrie: »Abu Sufjan ist in unserer Hand. Wir müssen ihm den Kopf abschlagen!« Abbas aber trieb sein Tier an und kam vor Omar beim Propheten an. So hatte Abbas das erste Wort. Omar, der nur wenig später in das Zelt eintrat, fand kein Gehör. Mohammed entschied, daß sein Gespräch mit Abu Sufjan nicht mehr in dieser Nacht, sondern am nächsten Morgen stattfinden soll. So wurde Unglück vermieden, das durch Omars Temperament hätte entstehen können.
Am frühen Morgen ging Abbas mit Abu Sufjan, der die restlichen Nachtstunden im Zelt des Prophetenonkels zugebracht hatte, zu Mohammed. Zwei Kontrahenten trafen sich, wobei der eine schon innerlich bereit war, die Front zu wechseln. Im Zelt des Abbas mußte er wohl erfahren haben, daß Mohammed an diesem Tag an seine Kommandeure die Parole ausgegeben hatte: »*Wenn es zum Gefecht kommt mit denen aus Mekka, dann tötet mir den Abu Sufjan nicht!*« Jetzt aber, bei der Unterhaltung, von der vieles abhing, fuhr Mohammed den Mann aus Mekka an: »*Wehe dir, Abu Sufjan! Glaubst du nicht, daß es an der Zeit ist, den einen und allmächtigen Gott anzuerkennen?*« Abu Sufjan antwortete: »Du bist mir mehr wert als Vater und Mutter! Du handelst milde, edel und freundlich. Hätte mein Gott recht und deiner unrecht, dann hätte ich dich doch besiegen müssen.« Mohammed blieb hartnäckig: »*Glaubst du nicht, daß es dann auch an der Zeit ist, anzuerkennen, daß ich der Gesandte Allahs bin?*« Abu Sufjan sagte ehrlich, daß er daran noch seine Zweifel habe. Abbas aber beschleunigte den Bekehrungsprozeß mit den Worten: »Jetzt nimm den Islam an und bekenne dich zu Allah und sage, daß Mohammed der Prophet Allahs ist – bevor man dir noch den Kopf abschlägt.« Diesem Argument beugte sich Abu Sufjan; er sprach das Glaubensbekenntnis und wurde Moslem.
Abbas bekam insgeheim von Mohammed den Auftrag, Abu Sufjan an einen Platz zu bringen, von wo aus er das ganze Heer der Mos-

lems übersehen konnte. Die Reaktion des Heerführers aus Mekka: »Mit dieser Menge von Kämpfern wird keiner fertig!« Er nahm sich vor, der Koraisch-Führung die Wahrheit zu sagen, um sie zur Kapitulation zu bewegen. Der Prophet gab ihm noch diesen Schutzbrief für die Stunde des Einmarsches der Moslems in Mekka mit auf den Weg: *»Jeder, der in das Haus des Abu Sufjan geht, der soll sicher sein. Jeder, der sich in seinem eigenen Haus einschließt, der soll sicher sein. Ebenso ist jeder sicher, der sich zur Kaaba begibt.«*
Vor seinem Haus in Mekka verkündete Abu Sufjan nach seiner Rückkehr: »Ihr Männer von Koraisch! Mohammed ist mit einem Heer gegen uns unterwegs, dem wir nichts entgegenzusetzen haben. Wer in mein Haus kommt, der wird sicher sein.« Seine Frau Hind aber fiel ihn an, riß ihn am Schnurrbart und schrie: »Bringt diesen dicken Fettsack um. Er ist ein Verräter und kein Beschützer seines Volkes.« Die Männer der Banu Koraisch wurden nachdenklich, als ihnen Abu Sufjan schilderte, was er gesehen hatte.
Mohammed hatte Anweisung gegeben, bei der Besetzung von Mekka die Waffen nur gegen solche Personen zu ziehen, die offensichtlich entschlossen waren, Widerstand zu leisten. Kämpfe fanden jedoch nur in wenigen Randgebieten von Mekka statt. Drei Moslems verloren dabei ihr Leben; die Zahl der toten Koraisch war viermal so groß. Die Mehrheit der Bevölkerung hielt sich, dem Rat des Abu Sufjan folgend, in den Häusern auf. Die zehntausend Kämpfer des Propheten benahmen sich diszipliniert. Sie fluteten durch die Straßen und Plätze; sie jubelten und schrien über diesen Erfolg, der noch vor wenigen Wochen so unerreichbar schien. Keiner von ihnen plünderte, und niemand wurde belästigt. Nur außerhalb der Stadt, bei den ersten Häusern, stand der blinde Abu Kuthafa mit seiner jüngsten Tochter, die ihm erzählen mußte, was sie sah. Sie trug ein auffallendes Silberhalsband, das ihr einer der Moslemkrieger abriß – schließlich befanden sich die beiden nicht im Schutz eines Hauses. Obgleich die islamische Heeresführung später Mühe darauf verwandte, das Halsband wiederzufinden, blieb es verloren. Die Berichte stimmen darin überein, dies sei der einzige Vorfall gewesen, den man hätte als unkorrekt bezeichnen können. Die Bewohner der Stadt faßten erstes Zutrauen zu Mohammed.

Acht Jahre nach seiner Flucht war Mohammed wieder zurückgekehrt in seine Heimatstadt. Er hatte immer seine Überzeugung gezeigt, daß die Heimkehr möglich sein würde. Dieses Ziel aber durch Krieg zu erreichen, wollte er vermeiden. Seine Lieblingsvision war ein Zug durch die Straßen von Mekka unter begeisterten Zurufen der Bewohner. Schrecken jagte ihm der Gedanke ein, Mekka werde ihm erst nach blutigen Kämpfen zufallen. Jeder Tote, das sah er, mußte als trennendes Element zwischen ihm und den Menschen stehen, die er für sich gewinnen wollte. An der Eroberung lag ihm nichts – befreien wollte er Mekka vom Glauben an die falschen Götter.

Mit Spannung warteten die Bewohner darauf, wer von ihnen bestraft werden sollte für das Verhalten der Mehrheit der Bevölkerung gegenüber Mohammed. Kaum jemand konnte sich vorstellen, Mohammed werde nicht Rache dafür nehmen, daß er in Mekka einst verspottet worden war, daß er hatte fliehen müssen. Leicht wäre es ihm gefallen, zu sagen, Allah befehle ein blutiges Gericht. Suhail Ibn Amr war ein solcher Mann, der harte Strafe für sich befürchtete. Als die Moslems in die Straßen stürmten, wartete er in seinem Haus hinter der verschlossenen Tür, ob die von Mohammed gesandten Mörder nun kämen. Da nichts geschah, wurde Suhail noch unruhiger. Er war derjenige gewesen, der Mohammed bei der Unterzeichnung des Waffenstillstandsvertrags von Hudaibija zu entscheidenden – für den Propheten demütigenden – Textänderungen gezwungen hatte. Suhail hatte damals gesagt, er kenne den Gesandten Allahs nicht, sehr wohl aber Mohammed Ibn Abdallah. Mohammed hätte jetzt guten Grund zu sagen, Suhail Ibn Amr habe Allah und den Gesandten Allahs beleidigt.

Da er die Ungewißheit nicht ertragen konnte, schickte Suhail seinen Sohn Abdallah, der selbst unbelastet war, zu Mohammed; Abdallah sollte fragen, ob etwas gegen seinen Vater vorliege. Abdallah wurde von Suhail gedrängt, dem Propheten das Versprechen abzuringen, die Vergangenheit zu vergessen. Abdallah möge ruhig zusagen, daß Suhail sich die Milde der Moslems durch Loyalität in der Zukunft verdienen werde. Mohammed hörte sich die Bitte um Schutz und Sicherheit an, dann sprach er zu seiner Umgebung: »*Niemand werfe einen scharfen Blick auf Suhail Ibn*

Amr. Ein Mann wie er, von Verstand und vornehmer Haltung, steht dem Islam sehr nahe. Er sieht ja selbst, wie wenig seine eigenen Bemühungen erfolgreich waren und in welcher Lage er sich jetzt befindet.« Suhail Ibn Amr wurde nicht belästigt. Nach der Frist, die er sich selbst aus Schamgefühl gesetzt hatte, bekannte auch er sich zu Allah und zum Gesandten Allahs.

Abu Sufjans energische Frau Hind Bint Utba gehörte zu denen, die ohne Frist das neue Glaubensbekenntnis ablegen wollten. Die »Leberfresserin«, die fanatische und gewalttätige Gegnerin der Moslems, hatte noch wenige Tage zuvor ihrem Mann den Vorwurf gemacht, er habe doch in seinem Herzen bereits den Übertritt zum Islam vollzogen. Jetzt begab sie sich zu Mohammed mit der Bitte, aufgenommen zu werden in den Kreis der Moslems. Sie wußte, daß sie vom Augenblick der Aufnahme durch Mohammed an sicher war vor Rachedurst und zornigen Attacken. Deshalb bestand sie hartnäckig darauf, rasch ihr Bekenntnis zum einen und allmächtigen Gott ablegen zu dürfen. Mohammed las ihr einige Texte aus dem Koran vor, hörte sich das Bekenntnis an und erklärte die Aufnahme für abgeschlossen. Hind Bint Utba wollte, daß ihr Mohammed die Hand gebe, doch er weigerte sich.

Einer der wenigen, die noch kurz vor dem Ende der Koraisch-Herrschaft versucht hatten, die Flut des Islams von der Stadt abzuwenden, war Ikrima Ibn Abu Djahl. Er wußte, warum er kämpfte: Ihm war bekannt, daß nicht jeder bisherige Gegner der Moslems unbehelligt den Tag der Einnahme Mekkas überleben sollte. Die Milde des Propheten hatte ihre Grenzen. Jeder Befehlshaber der Moslemarmee trug eine Liste von Namen der Personen bei sich, die unbedingt zu töten waren, selbst wenn sie sich im Schutze der Kaaba befänden. Für sie sollte das Schutzversprechen nicht gelten. Sie waren als Verbrecher anzusehen. Die Zusammenstellung der Namen ist es wert, näher betrachtet zu werden:

Als Chef einer Untersippe der Koraisch hatte sich Ikrima Ibn Abu Djahl als hartnäckiger Gegner des Propheten erwiesen; er hatte mitgekämpft bei allen wesentlichen Gefechten der letzten Jahre. Trotzdem war ihm nicht mehr Schuld gegenüber dem Islam anzulasten als anderen Führerpersönlichkeiten auch. Mohammed aber wollte gerade ihm gegenüber Härte zeigen.

Da nur wenige zum Widerstand bereit waren, brachen die Versuche rasch zusammen, die Moslemtruppen zurückzudrängen. Ikrima Ibn Djahl floh in Richtung Jemen. Es wird erzählt, daß er zunächst mit einem Schiff die Strecke nach Süden zurücklegen wollte, doch der Steuermann, der ihn nicht kannte, nahm ihn nur an Bord, wenn er bereit war, durch das Bekenntnis zu Allah seine Zugehörigkeit zum islamischen Glauben zu beweisen. Ikrima, auf der Flucht vor den Moslems, blieb auch jetzt noch standhaft; er verzichtete auf die bequemere Transportart und machte sich zu Fuß auf den Weg.
Seine Frau, die in Mekka geblieben war, legte das Bekenntnis ab und erreichte damit ganz leicht die Begnadigung für ihren Mann. Auf dem Rücken eines Kamels folgte sie Ikrima und fand ihn schließlich auf jemenitischem Gebiet. Mann und Frau reisten zurück nach Mekka. Mohammed hatte bereits die Anweisung erlassen: »*Ikrima Ibn Abu Djahl kommt als Gläubiger zu uns. Er darf nicht beleidigt und nicht belästigt werden.*« Ikrima antwortete: »Habe ich bisher Geld und Kraft für die Bekämpfung des Islams aufgewendet, so werde ich künftig das Doppelte von beidem für die Verbreitung des Islams aufwenden.« Er fiel später tatsächlich als Märtyrer für den Islam.
Auf der Liste der Geächteten, die zu töten waren, befanden sich auch die Namen von drei Frauen, die in den Weinbuden von Mekka zur Unterhaltung der Männer sangen; meist gehörten Lieder von Kampf, Liebe und Sieg zu ihrem Repertoire, aber auch Spottlieder gegen bekannte Persönlichkeiten. Mohammed war in der Vergangenheit häufig zum Thema von solchen Spottliedern gewählt worden – wenn er schon nicht zu besiegen und als Gefahr auszulöschen war, dann wollten die Menschen ihn wenigstens durch Lächerlichkeit bloßgestellt sehen. Wer Talent besaß zu beißendem Witz, der hatte acht Jahre lang seinen Lebensunterhalt durch diskriminierende Verse über diesen Mann verdienen können. Mohammed, überzeugt von seinem göttlichen Auftrag, sah in den Spottliedern eine Beleidigung Allahs, die bestraft werden mußte.
Eine dieser drei Frauen, sie hieß Sara, war während der acht Jahre einmal in Medina gewesen und hatte mit Mohammed über die Liedertexte gesprochen, die man von ihr in Mekka erwarte. Sie wollte

ganz einfach Mohammed mitteilen, daß sie gegen Bezahlung bereit wäre, diese Art von Agitation aufzugeben. Sie erklärte ihm den Zwang, unter dem sie stehe: In Mekka sei seit der Schlacht von al Badr niemand unter ihren Zuhörern nur im geringsten an einer anderen Thematik interessiert; wer von Liedern leben wolle, der müsse Spott ausgießen über den Propheten des Islams. Mohammed hatte sich damals, beim Besuch der Sara, überzeugen lassen, daß sie ein Opfer der Umstände sei – er gab ihr ausreichend Geld mit auf den Rückweg nach Mekka. Kaum aber war Sara wieder zu Hause angekommen, da dichtete sie neue und noch ätzendere Spottverse auf den Propheten. Da sie ihn selbst gesprochen hatte, da sie über aktuellste Informationen verfügte, konnte sie wirkungsvolle Pointen setzen. Jetzt, nach der Besetzung von Mekka, wurde Sara ergriffen und erschlagen. Zwei von den drei angeklagten Weinbudensängerinnen verloren ihr Leben; die dritte fand schließlich noch Gnade.

Die ganz großen Namen der Banu Koraisch fehlten auf den Verfolgungslisten der Moslems. Suhail Ibn Amr und die Agitatorin Hind hatten sich nie darauf befunden. Keine der Sängerinnen hatte so scharf gegen Mohammed gehetzt wie die »Leberfresserin«. Doch Männer wie Suhail und Frauen wie Hind besaßen eine starke Anhängerschaft in den einflußreichen Kreisen von Mekka. Mohammed erkannte es als unklug, diese Kreise gegen sich zu aktivieren. Die Namen unwichtiger Personen, die irgendwann einmal den Zorn des Propheten auf sich gezogen hatten, befanden sich ganz oben auf der Liste.
Miqjas Ibn Hubaba hatte von einer Moslemfamilie Blutgeld erhalten, weil ein Familienmitglied den Bruder des Miqjas erschlagen hatte. Obgleich damit, nach arabischer Rechtstradition, dieser Kriminalfall eigentlich abgeschlossen war, hatte sich Miqjas, als er den Mörder persönlich sah, durch die Wut hinreißen lassen, ihn zu erstechen. Miqjas Ibn Hubaba war bis zum Zeitpunkt, an dem er selbst zum Mörder wurde, Moslem gewesen, doch dann floh er nach Mekka und vergaß den Islam. Einige Stunden nach der Besetzung von Mekka wurde Miqjas erkannt, als er betrunken eine Weinbude verließ. Einer der Moslemkämpfer vollzog das Urteil.

Alte Rechnungen wurden beglichen an diesem Tag. Und es zeigt sich bei der Betrachtung einzelner Fälle, daß die Verwaltung des islamischen Stadtstaates Medina doch nicht ganz ohne Reibungen funktioniert hatte, wie das die überlieferten Berichte uns glauben machen. Sie verschweigen beispielsweise die Fälle von Desertion. Bei der Abrechnung in Mekka wird offensichtlich, daß es eine Reihe von Abtrünnigen gegeben haben muß, die Medina und dem Islam den Rücken gekehrt hatten. Sie alle hatten Zuflucht gesucht in Medina.

Abdallah Ibn Chatal hatte zu den Männern gehört, die bei den Stämmen rings um Medina Steuern einzutreiben hatten. Ein Beduine aus dem Stamm Chuza'a war ihm als Diener beigegeben. Auf dem Rückritt von einer Steuereintreibungstour befahl Abdallah Ibn Chatal seinem Begleiter, das Mittagessen zu wärmen; er selbst wollte inzwischen schlafen. Als Abdallah erwachte, da war es schon spät – und der Beduine schlief neben dem längst erkalteten Feuer. Abdallah konnte sich nicht mehr beherrschen: Er schlug auf seinen Diener ein, bis der Mann aus dem Stamme Chuza'a tot war. Den Mut, nach Medina zurückzukehren, besaß Abdallah nicht. Samt seiner Steuerkasse desertierte er und stellte sich den Koraisch zur Verfügung.

In Mekka war Abdallah bald gern gesehen, weil er viele Einladungen gab, bei denen an Wein nicht gespart wurde. Zur Unterhaltung der Gäste sangen zwei Mädchen, Fartana und Arnab, die Sklavinnen des Abdallah Ibn Chatal waren. Da »Mohammed« das einzige Thema war, das immer interessierte, schrieb Abdallah Verse über seinen einstigen Staatschef und Arbeitgeber; die beiden Mädchen mußten die Texte vortragen. Mohammed wollte in diesem ganzen Komplex von Mord, Desertion, Veruntreuung von Staatsgeldern und Verspottung des Gesandten Allahs seine Härte beweisen: Abdallah Ibn Chatal und die Sklavinnen Fartana und Arnab wurden erschlagen. Der einstige Steuereintreiber hatte sich beim Einrücken der Moslems hinter der Stoffverkleidung der Kaaba verborgen. Das Versteck wurde rasch entdeckt.

Abu Sufjan fand, als er von den Hinrichtungen gehört hatte, den Mut, Mohammed darauf anzusprechen, daß er selbst, der Prophet, versprochen habe, niemanden töten zu lassen, der in den Häusern oder bei der Kaaba Schutz suche. Abdallah Ibn Chatal war direkt an der Kaaba erschlagen worden. Mohammed ordnete sofort die Einstellung der Hinrichtungen an.

Doch da blieb noch eine Rechnung offen, und auch sie betraf einen Mann ohne großen Einfluß: Auf die Hinrichtungsliste hatte Mohammed den Namen seines früheren Sekretärs Abdallah Ibn Sa'd geschrieben. Er war mit Mohammed in die Emigration nach Medina gezogen, ein junger Mann, der lesen und schreiben konnte. Der Prophet beschäftigte ihn mit der Niederschrift von Teilen der Offenbarung. Dabei entdeckte Abdallah Ibn Sa'd, daß Mohammed kleine Textfehler, die sich unbeabsichtigt beim Schreiben eingeschlichen hatten, nicht merkte. Da der Prophet jedoch den Anspruch erhob, Texte zu offenbaren, die von Allah selbst stammten, durfte es, nach seiner Meinung, nicht möglich sein, die göttlichen Worte zu verändern. Nachdem Mohammed aber mehrmals solche Fehler hingenommen hatte, wuchs in Abdallah Ibn Sa'd der Zweifel, ob der Mann, der ihm diktierte, wirklich der Gesandte Allahs war. Mit Absicht fügte er dann ganz deutliche Veränderungen ein und stellte mit Überraschung fest, daß auch diese groben Verfälschungen von Mohammed nicht korrigiert wurden. Nun war der Sekretär überzeugt, für einen falschen Propheten, einen Betrüger, zu arbeiten. Abdallah Ibn Sa'd verließ Medina und den Propheten; er lebte fortan wieder in Mekka. Für die Banu Koraisch boten die Rückkehr und die Erlebnisse des Abdallah Ibn Sa'd Material für Propaganda gegen Mohammed.

Da Abdallah Ibn Sa'd den Propheten kannte, fürchtete er beim Einzug der Moslems um sein Leben. Da gab es nur einen, der noch zu ihm stand, und das war sein Milchbruder Othman Ibn Affan, der mit der Prophetentochter Umm Kulthum verheiratet war. Othman gehörte zum Heer des Propheten und hatte immer das Recht, das Zelt Mohammeds zu betreten; wichtigen politischen Einfluß besaß er trotzdem nicht. Daß man ihn immer gern sah in der Umgebung des Staatschefs, verdankte er seinen großzügigen Spenden für die Rüstung der Reiter der islamischen Truppen.

Zu diesem an höchster Stelle beliebten Mann, seinem Milchbruder, begab sich Mohammeds ehemaliger Sekretär Abdallah Ibn Sa'd, als er spürte, daß ihm Unheil drohte. Othman Ibn Affan war verpflichtet, für Abdallah einzutreten. Mit außerordentlicher Kühnheit bemühte sich Othman um die Begnadigung des bereits Verurteilten. Mehrmals wandte Mohammed sich ab; immer wieder bat Othman darum, der Prophet möge dem Abdallah das Leben schenken. Schließlich war dem Propheten das ganze Gerede zuwider, und er gab nach. Abdallah Ibn Sa'd war gerettet.

Als Othman und Abdallah gegangen waren, da fragte Mohammed unwillig die Umstehenden: »*Warum hat nicht einer von euch diesen Hund niedergeschlagen?*« Seine Begleiter waren überrascht, und Omar sagte: »Du hättest uns nur einen Wink zu geben brauchen!« Mohammed erwiderte: »*Ich töte nicht mit Winken.*« Abdallah Ibn Sa'd hörte von Mohammeds Worten, und er hütete sich noch lange Zeit, ihm unter die Augen zu treten.

33 »Ihr stammt alle von Adam, und Adam stammt vom Staube«

Prinzip der Politik für die Stadt, die bedingungslos kapituliert hatte, sollte – nach Mohammed – sein: zu vergeben und zu vergessen. Dieses Prinzip bedeute aber nicht, daß keine Veränderung stattfinden werde – im Gegenteil. »*Dem Adelsstolz der Koraisch wurde ein Ende gemacht. Ihr stammt alle von Adam, und Adam stammt vom Staube. Der Vornehmste unter euch kann nur der sein, der auch der Frömmste ist.*« Dieses Grundgesetz verkündete Mohammed vom Eingang der Kaaba aus. Die Menschen von Mekka hatten sich auf dem weiten Platz davor versammelt; sie wollten wissen, was ihnen bevorstand.

Mohammed ordnete ganze Bereiche des täglichen Lebens neu: »*Forderungen, die aus der Zeit vor der Annahme des Islams stammen und die Zinsen, Blut oder Blutgeld betreffen, sind erloschen. Ebenso sind alle Privilegien ungültig geworden. Mekka ist von Allah geheiligt worden. Niemand vor mir hat das heilige Gebiet antasten dürfen, niemand nach mir darf es an-*

tasten. Auch mir stand die Erlaubnis nur kurze Zeit zu. Innerhalb des heiligen Bezirks soll kein Wild gejagt oder auch nur verscheucht werden. Kamele, die dort gefunden werden, dürfen nicht geschlachtet werden. Auch die Bäume dieses Bezirks müssen erhalten bleiben.«
Nach diesen Worten, so wird erzählt, habe Abbas, der Onkel des Propheten, seinen Neffen mit der Bemerkung unterbrochen, die Blätter der Palmen werde man doch wohl abschlagen dürfen, da sie zum Dachdecken und zum Begraben der Leichen gebraucht würden. Mohammed soll einen Augenblick gezögert haben – wohl aus Verblüffung über diesen Einwand des Abbas –, doch bestätigte er dann, daß die Palmwedel abgeschlagen werden dürften.
Der Onkel Abbas lebte noch nicht lange im Kreis der Prophetenberater; darin liegt die Erklärung für seine Kühnheit, Mohammed zu unterbrechen. Kein anderer wagte ein Wort, wenn der Prophet sprach – und auch Abbas hielt sich zurück, als Mohammed in hektisch gesprochenen kurzen Sätzen weitere Gesetze für Mekka verkündete:
»Das Recht des Erben auf sein Erbe besteht unabhängig vom Testament. Das Kind gehört dem Ehebett; aber dem Ehebrecher gebührt die Steinigung.«
Die Verfügung, das Kind gehöre »*dem Ehebett*«, bedeutet, daß das Kind Teil der Familie ist, in der das Ehebett steht – die Untersuchung der Vaterschaft in umstrittenen Fällen ist damit verboten.
An diesem Tag, der für Mohammed Abschluß eines achtjährigen Kampfes bedeutete, proklamierte der Prophet die Gemeinschaft aller Moslems als umfassende Familie der Gläubigen:
»Der Moslem ist der Bruder des Moslems. Die Moslems insgesamt sind Brüder. Sie kämpfen wie eine Hand gegen alle anderen. Sie stehen gemeinschaftlich ein für ihr Blut. Ihr Höchster und ihr Niedrigster sind sich darin gleich. Für einen Ungläubigen darf kein Gläubiger getötet werden, auch kein Christ und kein Jude – solange sie nicht vertragsbrüchig sind.«
Die Gesetzgebung für die Abgaben wird vereinfacht, aber nicht zugunsten der Verwaltung, sondern zugunsten der Steuerzahler:
»Die Steuer soll bei den Häusern und Zelten der Moslems abgeholt werden. Niemand braucht seine Herden an einen Platz zu

treiben, der dem Steuereinnehmer angenehm und bequem ist.«
Eine Menge anderer Vorschriften haben sich die Männer von Mekka an diesem Tage zu merken:
»Die Frau darf nur mit Erlaubnis des Mannes etwas von ihrem Vermögen verschenken. Angehörige verschiedenen Glaubens sollen sich untereinander nicht beerben. Im Rechtsstreit hat der Kläger den Beweis zu liefern; der Beklagte kann sich durch den Eid wehren. Eine Reise von drei und mehr Tagen darf eine Frau nur in Begleitung eines Verwandten machen, dem die Heirat mit ihr verboten ist. Frühgebet und Gebet am Nachmittag dürfen nicht aufgeschoben werden. Für die Tötung eines Knechtes mit dem Stock oder dem Schwert, sei es mit oder ohne Absicht geschehen, müssen künftig hundert Kamelstuten, darunter vierzig trächtige Tiere, an die Familie des Toten übergeben werden.«
Aus diesen Gesetzen ist abzulesen, daß sich Mohammed bemüht, Willkür einzudämmen. Für den Moslem, der angeklagt ist, ein Verbrechen begangen zu haben, bietet der Kodex des Propheten ein beachtliches Maß an Sicherheit: Die Beweislast liegt beim Ankläger – bislang hatte noch immer der Beklagte, besonders wenn er eine Person von geringer Stellung war, seine Unschuld zu beweisen. Gering geachtet in vorislamischer Zeit war das Leben von Knechten und Sklaven. Die Herren maßen sich häufig das Recht zu, im Zorn einen Abhängigen töten zu dürfen. Künftig mußten sie in einem solchen Fall damit rechnen, daß ihnen ein beträchtlicher Teil ihres Vermögens abgenommen würde.
Gerade diese Bestimmungen gelten für die Moslems unserer Zeit als Zeugnis für die Menschlichkeit der Ideologie des Islams. Moammar al Gaddafi, der libysche Präsident, leitet daraus die Überlegenheit des Islams im Verhältnis zu Marxismus und Kapitalismus ab.
Als revolutionär an der Proklamation wurde vor allem die Verkündigung des Endes der Koraisch-Herrschaft empfunden, damals, als Mohammed seine Gesetze verkündete. Gegen die neuen Lebensregeln wehrte sich niemand. Jeder sah sie als vernünftig an. Vorausgegangen aber war der Sturz der bisherigen Götter von Mekka – ohne daß auch nur das geringste Zeichen der Gegenwehr von seiten dieser Götter spürbar gewesen wäre. Darüber wunder-

ten sich die Menschen von Mekka. Eine frühe Überlieferung schildert den Vorgang so:

»*Um die Kaaba herum standen dreihundertsechzig Götzenbilder, die mit Blei festgelötet waren. Das Standbild des Hubal war das größte von allen. Es stand genau der Tür der Kaaba gegenüber. Die Bilder von Isaf und Naila waren da, vor ihnen waren die Opfertiere geschlachtet worden. Als nun der Gesandte Allahs an diesen Standbildern vorüberritt, deutete er auf jedes einzelne mit seinem Stock. Daraufhin wurde es auf das Gesicht gestürzt. Bei jedem Umgang um die Kaaba berührte er den schwarzen Stein mit dem Stock. Sieben Mal ritt Mohammed um die Kaaba herum. Dann begab er sich zu Fuß zum Brunnen Zemzem und ließ sich daraus einen Eimer voll Wasser schöpfen. Daraufhin wurde auf Mohammeds Befehl das Standbild des Hubal zertrümmert. Der Prophet schaute dabei zu.*«

Die privilegierte Schicht, der bisher einträgliche Funktionen an der Kaaba übertragen waren, fürchtete um ihre Rechte – und mit gutem Grund. Der Schlüssel zu Kaaba wurde von einer bestimmten Familie verwaltet. Als nun Mohammed diesen Schlüssel für sich forderte, da war er zunächst nirgends zu finden – die älteste Frau der Familie hatte ihn in ihrem Schoß versteckt, mit der Bemerkung, da werde ihn niemand suchen. Doch als draußen vor dem Haus drohende Stimmen von Abu Bakr und Omar zu hören waren, da holte die Frau den Schlüssel wieder hervor. Diese Familie war künftig nicht mehr für die Schlüsselgewalt über die Kaaba zuständig.

Abbas, der Onkel des Propheten, sah für sich eine Chance. Gehörte ihm bisher schon das Monopol über das Wasser des Brunnens Zemzem – daß er dieses Privileg behalten durfte, war ihm bereits von Mohammed bestätigt worden –, so streckte er jetzt auch die Hand nach dem Schlüssel aus. Er selbst wollte zum Aufseher ernannt werden über die Schließer der Kaaba. Dem Propheten paßte diese Ämterkonzentration jedoch nicht. Er lehnte die Bitte des Abbas ab. Daß er seine Verwandten bevorzuge, wollte sich Mohammed nicht vorwerfen lassen.

Ehe Mohammed die Kaaba selbst betrat, schickte er Omar und Othman voraus, sie sollten die Bilder auswischen, die dort an den

Wänden zu sehen waren. Nur ein Bild sollte erhalten bleiben – es stellte Abraham dar als uralten Greis. In den Malereien, die Mohammed nicht zu sehen wünschte, seien Engel abgebildet gewesen und Maria, die Mutter von Jesus – durchaus Symbole des christlichen Glaubens. Schwierig wird die Deutung der Ereignisse durch die Nuancen, in denen sich die historischen Quellen unterscheiden.

34 War die Kaaba eine christliche Kirche?

»Und am Tage der Eroberung Mekkas betrat der Prophet die Kaaba, und er schickte drei Männer los, daß sie ihm Wasser holten vom Brunnen Zemzem. Dann ließ er Tücher bringen und tauchte sie in das Wasser von Zemzem und befahl dann, die Bilder abzuwaschen, was dann auch geschah. Er breitete aber beide Arme über das Bild Jesu, des Sohnes der Maria, und seiner Mutter und sagte: Wischt alles ab außer dem, was unter meinen Händen ist. Dann nahm er seine Hände weg von Jesus und seiner Mutter.«

So liest sich der Bericht über die Zerstörung der Kaababilder in einer frühen Chronik der Stadt Mekka. Wiederum ist nicht zu erfahren, welche Bilder an den Wänden des Heiligtums ausgewischt worden sind. Die am Ende des vorigen Kapitels zitierte Überlieferung spricht von Darstellungen, die Engelsgestalten zeigen. Es ist anzunehmen, daß sie dem Propheten deshalb nicht behagten, weil er sie als Symbol eines die Reinheit des Glaubens verletzenden Heiligenkults sah.

Es ist das Verdienst des Orientalisten *Dr. Günter Lüling*, den Sinn dieser seltsam anmutenden Erzählungen über christlich orientierte Wandbilder in der Kaaba untersucht zu haben. Wenn manche Kenner der frühislamischen Geschichte bezweifeln, daß rings um die Kaaba dreihundertsechzig Götzenbilder aufgestellt waren, so kommt Günter Lüling sogar zur Überzeugung, dort seien in Wirklichkeit fünf solcher Statuen mehr gestanden, nämlich dreihundertfünfundsechzig. Damit sei auf jeden Tag des Jahres ein Heiligenbild entfallen. Die Parallele zu den dreihundertfünfundsechzig Namenstagsheiligen des christlichen Kalenders ist offensichtlich. Der Schluß liegt nahe, Mohammed habe in diesen Heiligendarstellungen bildkräftige Beweise für die Auswucherung des ursprünglich reinen monotheistischen Glaubens gesehen. Diese Beweise mußten beseitigt werden, da sie für Mohammed die Perversion des Glaubens an den einen und allmächtigen Gott sichtbar machten. Sie waren für Mohammed ein Ärgernis. Für ihn sah der Sachverhalt so aus: Die Nebenfiguren in der christlichen Ordnung zwischen Himmel und Erde, die Heiligen und Engel, hatten in der Denkwelt der Gläubigen Eigenwert bekommen, waren selbst zu Göttern geworden. Somit hatte sich der christliche Glaube an den einen Gott in Vielgötterei verwandelt, in der Mohammed das abscheulichste Vergehen sah, das überhaupt möglich war.

Dieser, in Mohammeds Augen verwerflichen, christlichen Religion, darauf weist Günter Lüling hin, war die Kaaba zum Zeitpunkt der Einnahme von Mekka durch die Moslems geweiht; sie war ein christliches Bethaus gewesen.

Auch in der architektonischen Struktur des Gebäudes findet Günter Lüling Belege für seine Theorie. An die nordwestliche Seite der Kaaba schließt sich in den Hof hinein eine bogenförmige Mauer an, die etwa Brusthöhe erreicht; sie bildet einen Halbkreis, dessen Endpunkte in gerade Mauerstücke übergehen, die direkt auf die nördlichen und westlichen Ecken der Kaaba zuführen. Diese Konstruktion stammt ganz zweifellos aus vorislamischer Zeit. Sie kann damals durchaus wesentlich höher gewesen sein und mag auch eine gewölbte Decke getragen haben. Vorstellen kann man sich, daß dieser Bauteil einst mit der Kaaba direkt verbunden war. In der Verfolgung dieser Hypothese ist die Idee nicht auszuschließen, das Anhängsel im Nordwesten der Kaaba könne der letzte Rest der nach dieser Richtung orientierten Apsis einer christlichen Kirche sein.

In der Überlieferung sind Hinweise darauf zu finden, daß das Innere der Kaaba durch zwei Säulenreihen aufgeteilt war; die jeweils drei Säulen der zwei Reihen zerschnitten den Raum in drei Sektoren, die sich zueinander verhielten wie die drei Teile eines Kirchenschiffs. In nordwestlicher Richtung hatte dieses Schiff, so lautet die Theorie von Günter Lüling, durch die Apsis ihren Abschluß gefunden – nordwestliche Richtung aber bedeutet Orientierung nach Palästina, nach Jerusalem. Die christlichen Kirchen der ältesten Zeit wurden von ihren Erbauern mit dem Blick nach Jerusalem ausgerichtet.

In die Theorie von der Kaaba als christlicher Kirche paßt die Korrektur der Vorstellung, es handle sich bei der Kaaba um ein rein würfelförmiges Gebäude. Sie konnte sich einschleichen, weil bis heute kein exakt vermessener Grundriß der Kaaba existiert. Der Platz ist den Moslems zu heilig für eine mögliche Entweihung durch profane Vermessungsarbeiten. Geschätzte Beurteilungen der Seitenlängen, die von Fachleuten durchgeführt wurden, ergeben Abweichungen in den Maßen: Zwei Seiten sind jeweils etwa zwölf Meter lang, die beiden anderen jeweils zehn. Stimmen diese Schätzungen, dann besitzt die Kaaba Längsseiten und Stirnseiten. An einer dieser Stirnseiten befindet sich die bogenförmige Mauer. Im Innern dieses Kirchengebäudes befanden sich die Heiligenbilder, die das Glaubensbewußtsein des Propheten so empfindlich störten. Wenn von den Bildern Wirkung ausgehen sollte, dann mußten sie beleuchtet sein von Helligkeit, die durch Fenster fiel. Kenner islamischer Baukunst bezweifeln nicht, daß die Kaaba einst Fenster besessen habe, die erst nach der Beschädigung des Bauwerks im innerislamischen Krieg des Jahres 74 – des Jahres 693 christlicher Zeitrechnung – zugemauert worden sind. Da es keine Bilder mehr zu beleuchten gab, waren keine Fenster mehr nötig; der Innenraum der Kaaba wurde nicht mehr als Gebetsort benützt. Die christliche Epoche des Bauwerks geriet in Vergessenheit.

Die Frage stellt sich, warum Mohammed und die Berichterstatter, die seine Taten für die Erinnerung der Moslems bewahrt haben, den Tatbestand verschwiegen, daß bei der Einnahme von Mekka ein christliches Gotteshaus dem Islam dienstbar gemacht worden ist. Günter Lüling formuliert die Frage selbst in diesen Worten: »Wie war es möglich, daß die islamische Tradition einmütig die Gegner des Propheten als polytheistische Heiden und Götzendiener deklariert, während doch die überlieferten Nachrichten, histo-

risch-kritisch betrachtet, beweisen, daß die hauptsächlichen, die mekkanischen Gegner des Propheten Christen waren?« Die Antwort gibt der Frager selbst: »Die Erklärung ist nicht in der tatsächlich recht unwahrscheinlichen Richtung zu suchen, daß hier die islamische Geschichtsschreibung in böswilliger Absicht und also in moralisch verurteilenswerter Weise die Tatsachen mutwillig auf den Kopf gestellt hätte. Die Erklärung liegt vielmehr darin, daß die islamische Geschichtsdarstellung tatsächlich die Wahrheit berichtet mit der Behauptung, daß der Prophet einzog und allein Heiden und Götzendiener bekämpfte; daß diese Wahrheit aber nur die aus zeitbedingten politischen Gründen verkürzte halbe Wahrheit darstellt. Denn der Prophet und seine Anhänger bezeichneten und bekämpften als heidnische Polytheisten und Götzenanbeter einzig und allein die in Zentralarabien zu Macht und beherrschendem Einfluß gekommenen Christen hellenistischen Dogmas wegen ihrer Vergöttlichung Christi in der Trinitätslehre und der Anbetung Marias als Mutter Gottes und Gottesgebärerin und wegen ihres Heiligen-Kultes.«
Günter Lüling meint, die Verdrängung der Tatsache einer Identität von Christen und Götzendienern sei erst allmählich erfolgt, nämlich in jenen einhundertundzwanzig Jahren, die verflossen sind zwischen dem Tod des Propheten und der Zeit der ersten Aufzeichnungen durch frühe Historiographen. Die Begründung, warum dies geschehen sei, lautet so: »Der Islam mußte im Interesse seiner machtpolitischen Selbsterhaltung eine theologische Diskussion christlicher dogmatischer Probleme rigoros abschneiden, obgleich diese Diskussion zu Lebzeiten des Propheten mit den mekkanischen hellenistisch-christlichen Gegnern wie auch mit den eigenen judenchristlichen Parteigängern in seiner frühislamischen Gemeinde selbstverständlich war. Dies Abschneiden der Diskussion war Notwehr, denn Zentralarabien war geisteswissenschaftlich nicht in der Lage, dem Westen, dem hellenistischen Christentum, historisch-kritisch sein theologisch-geschichtliches, sein dogmatisches Unrecht nachzuweisen.«
Mit dieser Abtrennung konnte der islamische Glaube als völlig unabhängige Erscheinung präsentiert werden; damit war die Ruhe im Innern und die Selbständigkeit nach außen gewahrt geblieben.

Nur im Bereich der Poesie gelang es nicht immer, die Reste der Erinnerung an christliche Epochen in der Geschichte der Stadt Mekka auszumerzen. Vom vorislamischen Dichter al Asa sind zwei Zeilen erhalten, die schildern, wie Arme um das Haus eines Mannes schwärmen, der als freizügig bekannt ist:
»*Es umkreisen die Bettler seine Türen, wie Christen ihren Umlauf machen um das Haus des Götzen.*«
Die Lebenschronik Mohammeds wird wenig davon beeinflußt, ob die Gegner, die bekämpft werden mußten, Christen waren oder nicht, ob die Bilder, die in der Kaaba auszuwischen waren, Hubal oder andere vergötterte Wesen darstellten, die auf jeden Fall nur ablenkten von der Anbetung des einen, allmächtigen Gottes. Auch die Wirkungsgeschichte des Propheten wird im Zeitraum, den dieses Buch zu betrachten hat, nur wenig davon beeinflußt. Gleichgültig, welchen Namen der Gegner sich gibt, für Mohammed ist er Heide, weil er die sekundären Wesen in der Glaubensstruktur über den wahren Gott stellt. Der Heide, so urteilt Mohammed, betet die Engel an, sieht in ihnen meist weibliche Wesen, denen durchaus Namen wie al Lat, al Manat und al Uzza gegeben worden sein können – womit auch die drei wichtigsten Göttinnen der Mekkaner den ihnen gehörenden Platz in der Theorie von der christlichen Stadt Mekka gefunden hätten.
Im Licht dieser Auslegung der Ereignisse sind die Elemente zu sehen, die Mohammed direkt aus der christlichen Lehre übernommen hat. Er kannte diese Lehre, wenn er auch der eigentümlichen Meinung anhing, Jesus habe die Evangelien »empfangen« – er sah darin wohl die Parallele zu den eigenen Offenbarungen. Daraus ist sicher zu schließen, daß er die Bücher selbst nicht gelesen hatte. Dieser Umstand erklärt wiederum, warum Mohammed hauptsächlich erzählende Elemente aus der christlichen Gedankenwelt übernommen hat – irgendwann hatte er diese Erzählungen gehört, hatte er ihren Wert empfunden, hatte er sich den Inhalt gemerkt. Dazu gehören die Parabel vom Reichen und dem Nadelöhr, lange Passagen der Josephslegenden und die Geschichte von den Siebenschläfern. Manche der übernommenen Erzählungen mögen durchaus auch in den Überlieferungen außerhalb der christlichen Bücher fortgelebt haben.

Wichtiger als der Blick auf die übernommenen Elemente ist die Darstellung der Abgrenzung zwischen Islam und christlicher Lehre – diese Abgrenzung ist dem Propheten wichtig.

35 »Wer könnte es Allah verwehren, wenn er Jesus, den Sohn Marias, vertilgen wollte?«

Beachtliche Spuren der Auseinandersetzung mit der christlichen Dogmatik begegnen dem Koranleser. Aus den Suren scheint nur wenig an diesbezüglichen Texten in späteren Redaktionsprozessen eliminiert worden zu sein. In der fünften Sure des Korans wird die Frage gestellt, die, in etwas verkürzter Form, diesem Kapitel als Überschrift vorangestellt ist. Die Textstelle setzt sich mit den Christen auseinander, die sagen: »Gott ist doch Christus, der Sohn der Maria.« Mohammed urteilt: *»Wahrlich, das sind Ungläubige, die so sprechen.«*

Manche Überlieferungen berichten, Mohammed habe selbst nach der Einnahme von Mekka die Zerstörung der Bilder von Jesus und seiner Mutter Maria verhindert. Trotzdem sagt er eindeutig, daß Jesus und Maria von Allah vertilgt werden könnten, wenn sich der göttliche Wille dazu entschließen würde, denn bei beiden handelt es sich, seiner Ansicht nach, nicht um Wesen, die dem einen und allmächtigen Gott gleichgestellt sind. Das Vergehen der Christen bestehe darin, das sagt Mohammed mehrmals, dem einen Gott zu viele und gleichberechtigte Partner zuzuordnen, obgleich sie von Gott ermahnt worden seien, ihren Glauben rein zu halten.

In der fünften Sure spricht Allah, durch den Mund Mohammeds, über die göttliche Reaktion auf die Eigenmächtigkeit der Christen: *»Auch mit denen hatten wir einen Bund geschlossen, welche sagten: Wir sind Christen. Sie haben einen Teil dessen vergessen, wozu sie ermahnt worden waren. Darum haben wir ihre Zersplitterung gewollt, daß sie in Feindschaft und Haß untereinander leben bis zum Auferstehungstag. Dann soll ihnen gezeigt werden, was sie taten.«*

Jesus, so spricht Allah durch Mohammed, sei mit überzeugender Wunderkraft und mit dem Beistand des Engels Gabriel ausgestattet gewesen. Ihm wird für die Vergehen der Christen nicht die Schuld gegeben. Jesus selbst habe sich nie gleichberechtigt gegen Gott gestellt. Diejenigen werden angeklagt, die sagen, Gott habe einen Sohn gezeugt. Die zweite Koransure spiegelt Mohammeds Empörung über einen derartigen Gedanken:
»Erhaben ist er darüber, fern ist ihm eine solche Handlung.«
Die dritte Sure, die der Überlieferung nach in Medina offenbart wurde, spricht allerdings davon, daß die Mutterschaft der Maria auf den unmittelbaren Willen Allahs zurückzuführen sei. Der Text stattet Jesus und Maria mit außerordentlichen Gaben aus:
»Und die Engel sprachen: Maria, Gott hat dich erkoren, gereinigt und bevorzugt vor allen Frauen der ganzen Welt. O Maria, sei deinem Herrn ganz ergeben, verehre ihn und beuge dich mit denen, die sich vor ihm beugen. Die Engel sprachen ferner: O Maria, Gott verkündet dir das fleischgewordene Wort. Sein Name wird sein Messias Jesus, der Sohn der Maria. Herrlich wird er in dieser und jener Welt sein und zu denen gehören, denen des Herrn Nähe gewährt wurde. Er wird als kleines Kind schon und dann auch im Mannesalter zu den Menschen reden und wird ein frommer Mann sein. Maria erwiderte: Wie soll ich einen Sohn gebären, da mich doch kein Mann berührt hat? Der Engel antwortete: Der Herr schafft, was und wie er will, wenn er irgend etwas beschlossen hat. Er spricht nur: Es werde – dann ist es. Er wird deinen Sohn auch in der Thora und in der Erkenntnis des Evangeliums unterweisen und ihn zu den Kindern Israels senden. Er spricht dann: Ich komme mit Zeichen von euerem Herrn zu euch. Ich will euch aus Ton die Gestalt eines Vogels formen, in ihn hauchen, und er soll, auf Allahs Gebot, ein beschwingter Vogel werden. Er spricht weiter: Die vom Mutterleib her Blinden und die Aussätzigen will ich heilen und mit Allahs Willen Tote wieder lebendig machen, und ich will euch verkünden, was ihr essen und was ihr in eueren Häusern bewahren sollt. Jesus sagt: Dies alles werden euch Zeichen sein, wenn ihr nur glaubt. Ich bestätige die Thora, die ihr vorlängst erhieltet, erlaube aber einiges, was verboten war. Ich komme mit Zeichen eueres Herrn zu euch. Fürchtet ihn und folgt

mir. Allah ist mein und euer Herr. Ihn verehret. Das ist der Weg!«

Jesus sei, wie Adam, durch die unmittelbare Willensentscheidung Allahs geschaffen worden; er bestätigt, daß kein Mann die Zeugung dieses Gesandten vollzogen habe. Eindeutig aber ist die Aussage, auf die Mohammed Betonung legt: Allah ist der Herr, sonst niemand. Das ist Mohammeds eindeutigste Abgrenzung des Islams zum Christentum; in der fünften Koransure wird gesagt:

»Wahrlich, das sind Ungläubige, die sagen, Allah sei Christus, der Sohn der Maria. Sagt ja Christus selbst: O ihr Kinder Israels, dient Allah, meinem und eurem Herrn. Wer Allah irgendein Wesen zugesellte, den schließt Allah vom Paradiese aus, und seine Wohnung wird das Höllenfeuer sein. Auch das sind Gottlose, welche sagen: Allah ist einer von dreien.«

Die Dreieinigkeit hält Mohammed für pure Gotteslästerung. Wenige Textzeilen später wird den Schriftbesitzern, gemeint sind vor allem die Christen, empfohlen, die Grenzen der Religion nicht durch eigene Willkür auszudehnen, etwa durch eine Rangerhöhung Christi:

»Christus, der Sohn Marias, ist nur ein Gesandter, so wie ihm Gesandte auch vorausgegangen sind. Seine Mutter war eine Frau, eine wahrhaftige Frau und keine Göttin. Jesus und Maria hatten ihre Bedürfnisse wie gewöhnliche Menschen.«

Vergessen ist die besondere Bevorzugung von Maria und die Hervorhebung Christi über die Menschen, die an anderer Stelle deutlich ausgedrückt war: »Herrlich wird er in dieser und jener Welt sein.« Eine Spur der heftigen Auseinandersetzung mit christlichem Gedankengut beherrscht den Schluß der fünften Sure. Jesus weist in dieser Offenbarung, die Mohammed in Allahs Auftrag aussprach, den Vorwurf zurück, er habe selbst die Menschen aufgefordert, ihn als Gott neben Gott zu stellen. Mohammed formulierte so:

»Und wenn Allah einst Jesus fragen wird: O Jesus, Sohn der Maria, hast du je zu den Menschen gesagt: Nehmt, außer Allah, noch mich und meine Mutter zu Göttern an? So wird er antworten: Preis und Lob sei nur dir. Es ziemt mir nicht, etwas zu sagen, was nicht der Wahrheit entspricht. Hätte ich es aber gesagt,

so wüßtest du es. Denn du weißt ja, was in mir ist. Ich aber weiß nicht, was in dir ist. Denn nur du kennst alle Geheimnisse. Ich habe nichts anderes zu ihnen gesagt, als was du mir zu sagen befohlen hast, nämlich: Verehrt Gott, meinen und eueren Herrn.«
Den Schlußstrich unter die Diskussion mit den Christen setzen Worte der sechsten Sure:
»Sie haben Allah Engel und Geister gleichwertig an die Seite gestellt, die er doch selbst erschaffen hat. In Unwissenheit haben sie Allah Söhne und Töchter angedichtet. Lob und Preis sei ihm allein, und fern von ihm sei alles, was sie ihm zudichten. Der Schöpfer der Himmel und der Erde, wie sollte er einen Sohn haben, da er ja keine Genossin hat.«
Mit diesem Zorn im Herzen über Verfälschungen der Religion wird wohl Mohammed Mekka betreten haben; die Zeugnisse der Verfälschung standen rings um die Kaaba, waren in ihrem Innenraum zu sehen. Die islamische Überlieferung ist sparsam in den Äußerungen über die Vernichtung christlicher Symbole. Zahlreich aber sind die Geschichten, wie andere Gottheiten und Teufel auf den Bildersturz reagiert haben sollen. Zwei der Standbilder stellten Isaf und Naila dar, so wird erzählt. Beide, Mann und Frau, waren einst in Steine verwandelt worden, weil sie in der Kaaba erotische Spiele getrieben hatten. Die Koraisch sollen gerade diese Steine angebetet haben. Als die beiden Steine gestürzt wurden, da soll ein schwarzes, nacktes Weib zu sehen gewesen sein, mit aufgelösten, halbergrauten Haaren, die sich das Gesicht zerkratzte und laute Klageschreie ausstieß. Mohammed habe gesagt: *»Es ist Naila, sie verzweifelt daran, daß sie nie wieder von den Koraisch verehrt werden wird.«* Die Geschichten von der Erscheinung eines nackten schwarzen Weibes findet sich allerdings mehrmals in den Überlieferungen. Auch der Truppenkommandeur Khaled Ibn Walid soll, bei anderer Gelegenheit, eine solche Frau zu Gesicht bekommen haben.

36 Der seltsame Moslem Khaled ibn Walid

Khaled Ibn Walid, in der Schlacht am Uhudhügel noch der Organisator des Sieges der Mekkatruppen, hatte durch Geschick im Jahre 8 in der Auseinandersetzung mit dem byzantinischen Heer die Moslemreiter nach Medina zurückgebracht. Er gehörte mit zum Aufgebot, das jetzt Mekka besetzt hielt. Mohammed gab ihm die Order, in einer Siedlung außerhalb der Stadt ein Standbild der Göttin al Uzza zu zerstören. Als die Statue gestürzt war, ritt Khaled wieder nach Mekka zurück. Bei der Heimkehr wurde er von Mohammed gefragt, ob er etwas gesehen habe. Auf die verneinende Antwort sagte der Prophet, daß dann auch der Auftrag nicht ausgeführt sei. Khaled begab sich wieder zum umgestürzten Steinblock und schlug mit dem Schwert darauf ein – da soll aus dem Standbild eine Frau entsprungen sein, die ein genaues Abbild war jener Frau, die von Mohammed bei der Kaaba als Naila identifiziert worden war. Khaled habe sich gewundert, daß einer derartigen Erscheinung bisher göttliche Kraft zugeschrieben worden war. Er erinnerte sich: »Ich habe es öfter erlebt, wie mein Vater mit hundert Kamelen und Schafen zum Standbild der al Uzza zog. Er blieb drei Tage dort, opferte die Tiere und kam immer ganz glücklich wieder nach Hause.«

Nach dem für die Leute aus Mekka und Medina psychologisch entscheidenden Sturz der Götterstandbilder wurde Khaled Ibn Walid von Mohammed losgeschickt, die Stämme in der Küstenregion südwestlich von Mekka aufzufordern, den Islam anzunehmen. Der Befehlshaber, er kommandierte bei dieser Unternehmung dreihundertundfünfzig Reiter, wollte sich besonders auf die Islamisierung der Banu Gadhima konzentrieren. Die Männer dieses Stammes wunderten sich allerdings, daß sie mit Gewalt zum Islam bekehrt werden sollten – hatten sie doch das Bekenntnis zum einen und allmächtigen Gott längst ausgesprochen. In ihren Siedlungen standen Moscheen; bei ihnen war der Gebetsruf zu hören. Sie wollten zu den Waffen greifen, dann aber fiel ihnen das Wort des Propheten ein, daß die Moslems untereinander Brüder seien.

Eine warnende Stimme war zu hören im Rat der Banu Gadhima: Ein Mann gab zu bedenken, eine Blutschuld sei noch offen aus den vergangenen Jahren; Khaled habe Blut zu fordern für einen Toten aus seiner Verwandtschaft, für dessen Tod der Stamm die Verantwortung trage. Die Bedenken dieses Mannes wurden abgetan mit der Begründung, der Totschlag müsse längst vergeben sein, da doch in der Zwischenzeit der Übertritt des ganzen Stammes zum Islam stattgefunden habe. Doch die warnende Stimme behielt recht. Kaum hatten die Männer des Stammes sich aufgestellt, um zu hören, was Khaled von ihnen wollte, da wurden sie gefesselt; jeder der dreihundertfünfzig Moslemreiter erhielt einen, mancher auch zwei der Gefangenen zur Bewachung. Gefesselt verbrachten die Männer die Nacht. Nur zur Gebetszeit wurde ein Teil der Stricke gelöst.

Die Reiter des Khaled Ibn Walid wunderten sich darüber, daß die Männer der Banu Gadhima nicht frei sein sollten, da sie doch, ohne gedrängt worden zu sein, längst Moslems geworden waren. Doch die Reiter waren gewohnt zu gehorchen, nicht die Befehle in Frage zu stellen. Als sie allerdings am frühen Morgen aufgefordert wurden, die Gefangenen zu töten, da weigerte sich die Mehrheit, der Anordnung zu folgen – da diese Mehrheit aber gegen die Morde nicht einschritt, gelang es den wenigen, die gehorchten, ihre Gefangenen umzubringen.

Omar, der Schwiegervater des Propheten, machte sich zum Sprecher derjenigen, die gegen das Unrecht protestierten, das Khaled Ibn Walid begangen habe. Der Truppenkommandeur argumentierte, er habe schließlich seinen Onkel al Fakih rächen müssen, der von diesem Stamm einst erschlagen worden sei. Doch Khaled Ibn Walid mußte sich sagen lassen, von Mohammed sei wenige Tage zuvor in Mekka das Gesetz verkündet worden, kein Gläubiger dürfe für einen Ungläubigen getötet werden. Khaled wollte daraufhin in Zweifel ziehen, daß die Banu Gadhima sich zu Allah bekannt habe; der Zweifel wurde jedoch ausgelöscht, da jeder, der an dieser Unternehmung beteiligt war, die Gefangenen beim Gebet gesehen hatte.

Mit Spannung wurde die Entscheidung des Propheten in diesem eindeutigen Fall von Gesetzesübertretung erwartet. Mohammed begann seine Urteilsverkündung mit der Erklärung, er trage keine Schuld am vergossenen Blut. Khaled Ibn Walid sei nicht ausgesandt worden, um Menschen zu erschlagen, sondern um Menschen zu bekehren. Er selbst wolle für die Toten den Blutpreis aus der Kasse der Moslems bezahlen. Nach diesen Worten, so wird erzählt, habe sich Mohammed wieder freundlich blickend zu seinem Feldherrn Khaled gewandt. Dieser erhielt dann allerdings den Befehl, bei künftigen Aktionen dieser Art in der Nähe von Siedlungen abzuwarten, ob er den Gebetsruf höre. Wenn kein Muezzin zum Gebet auffordere, sei die Gewaltanwendung erlaubt, denn dann sei bewiesen, daß die Menschen, die dort wohnen, Ungläubige seien.

37 Eine Schlacht gefährdet den Erfolg in Mekka

Fünfzehn Tage lang blieb Mohammed nach der Einnahme von Mekka in der Stadt. Dann wurde ihm zugetragen, daß die Stämme in der Gegend von Taif nicht gewillt waren, den Islam anzunehmen. Sie besaßen einen energischen Organisator, Malek Ibn Auf; er war etwa dreißig Jahre alt. Er wurde zum Zentrum des Widerstands gegen die Gefahr, die aus Mekka drohte. Bislang hatten sich die beiden Nachbarstädte gut verstanden; die Handelsbeziehungen waren ausgezeichnet. Doch mit dem Einzug von Mohammed in Mekka, mit der Annahme des Islams durch die Banu Koraisch, galt die traditionelle Freundschaft nicht mehr. Zu befürchten war, daß die Koraisch Mohammed helfen würden, Rache an den Menschen von Taif zu nehmen, die es nahezu ein Jahrzehnt zuvor gewagt hatten, den damals hilfesuchenden Propheten zu verspotten und aus der Stadt zu vertreiben.

Der Gedanke war klug, sich nicht in Taif auf einen Verteidigungskrieg einzulassen, sondern dem anrückenden Heer des Mohammed offensiv zu begegnen. Diesem Konzept hatten auch alle Unterführer zugestimmt. Die Stämme der Umgebung waren ihrem Bündnis gemäß bereit, den Ansturm der Moslems abzufangen. Sie wollten die erste Linie vor Taif bilden. Unter dem Kommando von Malek Ibn Auf führten die Chefs der einzelnen Sippen ihre Kämpfer bis zum Auslauf des Wadi Authas, nördlich von Taif. Mit ihnen war der alte Duraid, ein Mann, der früher die Reiter von Taif kommandiert hatte. Da er blind war, tastete er den Boden ab, nachdem er aus seiner Kamelsänfte heruntergeglitten war. Er fand den Lagerplatz geeignet für die Pferde, doch es störte ihn, daß er ganz in der Nähe Schafe blöken hörte; auch über Geschrei von Kindern wunderte er sich. Von Malek Ibn Auf erfuhr er, daß mit den Kämpfern auch die Familien und die Herden zum Sammelplatz gezogen waren. Malek sagte: »Ich will hinter jedem Mann seine Familie und seine Herde aufstellen. Er weiß dann, wofür er kämpft.« Die Überlieferung berichtet, daß der alte Duraid geschimpft haben soll: »Du bist ein blöder Schafhirt. Glaubst du, die Herden und Familien könnten Flüchtende aufhalten? Verläuft alles, wie du willst, dann sind sie nutzlos. Verlierst du den Kampf aber, dann bist du mitsamt der Familie blamiert.« Duraid verlangte, die Familien und die Herden sollten ins Bergland von Taif zurückgeführt werden, doch Malek Ibn Auf reagierte wütend: »Ich bleibe bei meinem Befehl. Du bist altersschwach geworden. Jüngere Männer haben jetzt zu bestimmen. Wir verstehen mehr vom Krieg als du.« Da sich Malek Ibn Auf umbringen wollte, wenn die Unterführer auf Duraid hörten, blieb der alte Mann – er soll bereits hundertzwanzig Jahre alt gewesen sein – ohne Unterstützung.

Am Abend vor dem Kampf gab sich Malek überzeugt, daß der Sieg sicher sei: »Bis jetzt hat es Mohammed noch nie mit wirklichen Kämpfern zu tun gehabt, mit echten Männern.« Er ordnete an, daß am frühen Morgen Frauen, Kinder, Gesinde und Tiere hinter den Bewaffneten Aufstellung zu nehmen hätten. Mohammed erfuhr von dieser Maßnahme. Er soll lächelnd gesagt haben: »So Allah will, wird dies alles morgen die Beute der Moslems sein.«

In der Überlieferung hat sich der Bericht eines Augenzeugen erhalten, der zur Reitertruppe des Propheten gehörte. In diesem Bericht spiegelt sich die erste Überraschung des Kampftages: Die feindliche Truppe erschien wesentlich größer zu sein als bisher angenommen. Zwölftausend Mann stark war das islamische Heer – auf viertausend war der Feind geschätzt worden. Jetzt sah dieser Augenzeuge das ganze Tal von Hunain mit Gegnern gefüllt: »Als wir im Morgengrauen in Schlachtordnung ins Wadi Hunain herunterritten, da lag ein Heer vor uns, wie ich es noch nie gesehen hatte. Der Gegner hatte die Weiber hinter der Kampflinie aufgestellt und hinter den Weibern in dritter Reihe die Kamele, Rinder und Schafe. Wir aber hielten den ganzen schwarzen Haufen für Krieger. Plötzlich stürzten feindliche Reiter aus Nebentälern und Schluchten hervor. Dort hatte sie Malek während der Nacht verteilt. Unsere Vorhut – überrascht durch den Angriff – floh. Die Männer aus Mekka kehrten auch um, und schließlich folgten alle anderen. Der Prophet aber rief uns, die wir aus Medina stammten, zu: »O ihr Helfer Allahs und seines Gesandten. Ich bin der Knecht und der Bote Allahs, ich halte stand.«

Abu Sufjan, so wird erzählt, sei es gelungen, eine Handvoll der bewaffneten Moslems direkt aus der Rückwärtsbewegung wieder zum Angriff zu führen. Andere Berichte sprechen allerdings davon, Abu Sufjan habe die Flucht der Moslems gar nicht ungern gesehen, da er die Chance gewittert haben soll, seine Vaterstadt Mekka wieder aus den Händen der Moslems zu befreien. Höhnisch habe Abu Sufjan gesagt: »Erst das Meer wird ihre Flucht beenden!« Ein anderer Mann aus Mekka, der neben Abu Sufjan stand, soll geantwortet haben: »Jetzt ist die Zauberei zu Ende!«

Doch die Wende konnte erzwungen werden. Mohammed hatte zu keiner Phase der Schlacht die Nerven verloren – darauf war der Erfolg schließlich zurückzuführen. Groß war für ihn das Risiko: Ging dieser Kampf verloren, dann war es zweifelhaft, ob er sich noch in Mekka halten konnte. Wurde er aber wieder aus Mekka vertrieben, war nicht damit zu rechnen, daß die Männer von Medina weiterhin in Treue zu ihm standen. Wenige Minuten entschieden über den Fortbestand des Islams.

Die Berichte der Augenzeugen erwecken den Eindruck, als ob im nachhinein niemand so recht wußte, wie die Wende zustande gekommen war. Die Schlachtordnung hatte sich aufgelöst, die Fluchtbewegung der Reiter schien unaufhaltsam gewesen zu sein, und trotzdem stand am Ende der Schlacht der Sieg der Moslems. Ein Wunder war geschehen, darin waren sich alle einig – und viele der Beteiligten hatten Wunderdinge zu berichten. Ein Moslem mit Namen Djubair Ibn Mut'im erzählte: »*Kurz ehe die Feinde flohen, sah ich, wie sich etwas vom Himmel herabsenkte, das wie ein schwarzes Tuch aussah. Es fiel zwischen uns und den Feinden nieder. Als ich mir dieses Tuch näher anblickte, da bestand es aus lauter schwarzen Ameisen. Sie erfüllten das ganze Wadi. Ich zweifelte nicht, daß es Engel waren. Gleich darauf flohen die Feinde.*« Andere Moslems bestanden darauf, die Engel in normaler Gestalt gesehen zu haben; flatternde rote Tücher hätten sie um die Köpfe getragen: »*Sie fochten zwischen Himmel und Erde. Uns saß der Schreck im Herzen. Wir hatten nicht den Mut, sie anzuschauen.*« Mohammed soll in dieser Phase des Kampfes nur gesagt haben: »*Jetzt brennt der Ofen erst richtig.*«

Manche der Berichte sprechen mit großer Ehrlichkeit von dem Schock, der jeden einzelnen der wirklich überzeugten Anhänger des Propheten getroffen hatte, als die Niederlage so deutlich vor Augen stand. Keiner rühmte sich später, er habe den Umschwung erzwungen. Wenn jemand Ehre zugesprochen wurde nach der Schlacht von Hunain, dann dem Propheten. Die Gläubigsten waren überzeugt, der Sieg sei errungen worden, weil Mohammed dem Feind Staub entgegengeworfen habe.

In der neunten Koransure erwähnt Mohammed die kritische Situation, die im Tal von Hunain gemeistert worden war.

»*In vielen Gefechten hat euch Allah geholfen, ganz besonders aber am Tag der Schlacht von Hunain. Ihr seid stolz gewesen auf eure große Zahl, aber ihr seid eingeengt und bedrängt worden, ihr seid gewichen und geflohen. Aber Allah schickte Seelenfrieden über seinen Gesandten und über die Gläubigen. Allah schickte auch Heere aus, die ihr nicht sehen konntet, und er züchtigte so die Ungläubigen.*«

Der Weg nach Taif war frei; die Feldschlacht von Hunain hatte diesen Weg geöffnet. Die Beute – Frauen, Kinder und Herden – ließ Mohammed nach al Girana bringen; die Verteilung sollte später stattfinden. Die Belagerung der Stadt Taif hatte Vorrang.

Die Bewohner von Taif – von ihnen war niemand in die Schlacht

von Hunain verwickelt gewesen, denn für sie waren zunächst die Stämme eingetreten – hatten sich für Notfälle eine Festung gebaut mit Wohnräumen und Lagerhallen. Ein Brunnen war vorhanden im Festungshof; Lebensmittel für ein Jahr konnten herbeigeschafft werden. Auf der Mauer ihrer Burg standen Steinwurfapparate. Der Belagerung sahen die Menschen in Taif mit Ruhe entgegen.
Auch Mohammed verfügte über gute Ausrüstung. Der Perser Salman, der einst die gute Idee hatte, die Belagerer von Medina durch einen Graben fernzuhalten, war inzwischen vertraut mit dem Bau von Belagerungsgerät: Er baute eine Wurfmaschine von beachtlicher Reichweite, deren Steingeschosse die Lehmmauern zertrümmerten. Wahrscheinlich stammte auch von ihm die Anregung, zwei stabile Dächer aus Holz zu bauen, die Schutz boten für Arbeiter, die Gänge in die Mauern der Festung gruben.
Doch die Belagerer wußten sich zu wehren: Sie heizten eiserne Pflugscharen in offenem Feuer auf, bis sie glühten, dann warfen sie diese feurigen Metallstücke auf die hölzernen Schutzdächer hinab. Flammen zerstörten die Konstruktionen und machten den Grabarbeiten ein Ende. So intelligent die Strategie der Belagerer auch war, die Männer von Taif fanden immer ein Mittel, um die Absichten der Moslems zunichte zu machen.
Da die Belagerung zu keinem Ergebnis führte, ließ sich Mohammed in seiner Enttäuschung dazu hinreißen, die Verwüstung der Weinberge vor der Stadt anzuordnen. Er gab das Versprechen ab, jeder, der eine Rebe dieser Ungläubigen umhaue, der bekomme dafür eine im Paradies. Dieser Befehl gefiel allerdings den wenigsten der Moslems. Überliefert ist, daß einer – er war ein Beduinenführer und hieß Ujaina – zum anderen sagte: »Hau du für mich eine Rebe ab, du bekommst dafür auch meinen Lohn im Paradies.« Omar soll dafür gesorgt haben, daß wenigstens die jungen Weinstöcke erhalten blieben. Ein Mann aus Taif, einer der Belagerten, stellte sich auf die Festungsmauer und rief: »Zieht wieder ab, ihr Sklaven des Mohammed. Mit dem Verwüsten von Weinbergen zwingt ihr uns nicht zur Kapitulation.« Mohammed soll befriedigt gewesen sein, als diesem Mann die Kehle durchschossen wurde.
Nach über zwei Wochen Belagerungszeit sah Mohammed ein, daß

die Anstrengungen, die Männer von Taif zur Aufgabe ihrer Burg zu zwingen, sinnlos waren. Omar, einer der Truppenbefehlshaber, als Schwiegervater des Propheten ein angesehener Mann, verkündete den Moslemkämpfern noch, Mohammed werde schon »Mittel und Wege finden, um den Fuchs aus seinem Loch zu treiben«, eher sei überhaupt nicht an den Abzug zu denken, da wurde er von Abu Bakr, der ebenfalls Befehlshaber und Schwiegervater des Propheten war, belehrt, daß Allah dem Propheten die Einnahme von Taif nicht gestattet habe. In dieser Vision sei das Verbot mitgeteilt worden:
Mohammed hatte geträumt, er besitze eine Schüssel mit Milch. Da war ein Hahn gekommen, der hatte ein Loch in die Schüssel gepickt, so daß die Milch auslief. Von Abu Bakr stammte die Deutung des Traums: *Allah zeige damit seinen Willen, Taif noch einmal dem Zorn der Moslems entkommen zu lassen.* Omar war anderer Meinung, doch er hütete sich, dem Propheten zu widersprechen.
Der Beduinenführer Ujaina, der keine Lust gehabt hatte, sich auf Erden schon Rebstöcke im Paradies zu verdienen, zeigte sich nicht unbefriedigt darüber, daß die Stadt Taif unbeschädigt erhalten blieb. Die Gründe für die Belagerung hatte er überhaupt nicht verstanden. Er mußte sich die Frage gefallen lassen, warum er dann überhaupt an diesem Feldzug gegen Taif teilgenommen habe. Seine Antwort: »Ich bin nur mitgezogen, weil ich ein Mädchen aus Taif erbeuten wollte. Einen Jungen mit ihr zu zeugen, das war meine Absicht. Die Frauen aus Taif sind eine verteufelt gute Rasse.«

Für den Mißerfolg von Taif sollte die Verteilung der Beute Entschädigung bringen, die seit dem Sieg von Hunain bei der Siedlung al Girana aufbewahrt wurde. Mohammed, nach dem erfolglosen Abbruch der Belagerung von Taif nicht gerade in der stärksten Position, wurde zum ersten Mal offen mit der Habgier seiner Anhänger konfrontiert. Es wird erzählt, er sei derart bedrängt worden, daß er habe flüchten müssen. Bei einem trockenen Baum stand er schließlich umringt von Fordernden, die ihm sogar seinen Mantel heruntergerissen hatten. Mohammed mußte die Männer mehrfach auffordern, ihm sein Kleidungsstück zurückzugeben. Dann sprach er: »*Ihr Männer, hätte ich so viele Schafe wie Bäume in der Landschaft Tihama stehen, ich würde sie euch geben. Habt ihr mich jemals geizig gesehen?*«

Darüber, wie viele Schafe Mohammed für die Verteilung an die Kämpfer zur Verfügung standen, ist in den Überlieferungen nichts zu finden. Die Zahl der übrigen Beutestücke, die von den frühen islamischen Geschichtsschreibern genannt wird, erscheint jedoch übertrieben hoch zu sein. 24 000 Kamele sollen in die Hand der Moslems gefallen sein und sechstausend Frauen und Kinder. Dazuhin eine Menge von Gegenständen aus Edelmetall.

Mohammed wartete deshalb mit der Aufteilung des Reichtums, weil er hoffte, daß die Chefs der unterlegenen Stämme zu ihm kämen, um ihre Bekehrung mitzuteilen. Diese Bekehrung hätte die Rechtssituation verändert: Zumindest die Frauen und Kinder hätte Mohammed dann nicht mehr verteilen dürfen. Um Zeit zu gewinnen, sollten zunächst die Edelmetalle nach gerechtem Maßstab an die Kämpfer weitergegeben werden. Über die Verteilungsprinzipien wird allerdings Seltsames berichtet: »*Als Abu Sufjan das viele Silber vor dem Propheten liegen sah, da sagte er: Schenke mir etwas von diesem Silber, da du doch heute der reichste Mann unter den Koraisch bist. Er bekam vierzig Unzen Silber und hundert Kamele. Darauf sagte Abu Sufjan: Schenke auch etwas meinem Sohn Jazid.* « Der Sohn bekam ebenfalls vierzig Unzen Silber und hundert Kamele ausgehändigt. Auch für den zweiten Sohn, für Mu'awija, stellte Abu Sufjan eine Forderung und erhielt für ihn dieselbe Menge Silber und dieselbe Anzahl an Kamelen.« Ein anderer Teilnehmer an der Schlacht von Hunain berichtet, er habe dreimal hundert Kamele gefordert – dreimal sei seine Forderung erfüllt worden. Mohammed habe allerdings zuletzt gesagt, eine gebende Hand sei besser als eine empfangende.

Was der Prophet vorausgeahnt hatte, traf ein: Die Stämme entschlossen sich zuletzt doch, den Islam anzunehmen, allerdings zu einem Zeitpunkt, als auch die Frauen bereits verteilt waren unter den Gläubigen, als viele der Männer bereits Gebrauch gemacht hatten von ihrem Recht auf die Frauen. Mohammed mußte fordern, daß die Frauen wieder zurückgegeben werden. Zeigte einer der Männer dafür kein Verständnis, dann erhielt er eine Anweisung auf sechs Kamele, die ihm aus der nächsten Beute zugeteilt werden sollte. Jeder verzichtete schließlich auf die Frauen aus der Beute.

Als die Beuteabrechnung endlich fertig war, da zeigte es sich, daß die Männer aus Medina Grund hatten, sich zu beklagen: Sie waren mit gar nichts bedacht worden. Schnell kam der Verdacht auf, Mohammed habe mit Absicht nur seinen eigenen Stamm, die Banu Koraisch, bedacht. »Beim Kampf sind wir ihm gut genug, da ruft er ganz besonders nach uns, wenn Gefahr droht. Wenn es aber darauf ankommt, etwas von ihm zu erhalten, dann sind die Koraisch vorn!« – das war die Meinung der meisten der entrüsteten Männer aus Medina. Sie hatten sich aber angewöhnt, vor jeglichem Protest gegen Mohammeds Anordnungen zunächst einmal zu fragen, ob er mit dem umstrittenen Befehl unmittelbar Allah folge oder ob er von Mohammed selbst ausgedacht sei. Mohammed vermied die direkte Antwort, doch er traf den richtigen Ton, der Zugang fand zu den Herzen der »Helfer« aus Medina: *»Was ist das für ein Gerede, das zu mir dringt? Was ist das für ein Groll, der mich trifft? Ich kam zu euch nach Medina, als ihr dabei wart, euch selbst zu zerstören. Ihr seid damals arm gewesen – Allah machte euch reich. Ihr seid damals untereinander verfeindet gewesen – Allah hat eure Herzen versöhnt. Ihr könntet mir antworten, und ihr würdet dabei die Wahrheit sagen: Du kamst zu uns, als man dich Lügner schimpfte – wir haben dir geglaubt. Du warst verlassen – wir haben dir geholfen. Du warst vertrieben, und wir haben dir Zuflucht gewährt. Du warst arm – wir haben mit dir geteilt. Ihr könnt nicht ernsthaft zornig auf mich sein, wenn ich mit weltlichen Gütern Menschen gewinne, damit sie Moslems werden. Sie gehen mit Schafen und Kamelen davon, während ihr mit dem Propheten nach Hause zurückkehrt.«*

Die Männer aus Medina, so wird erzählt, haben geweint und beteuert, sie wollten mit dem Propheten als Anteil zufrieden sein. Damit war fürs erste die Sorge der Männer von Medina gestillt, der Prophet könne sich jetzt Mekka zur Hauptstadt wählen. Er hatte zugesagt, mit ihnen wieder in Medina einzuziehen.

Dokumentiert wird diese Auseinandersetzung durch Worte der neunten Koransure. Wieder ist zu bedenken, daß eigentlich Allah aus dem Munde des Propheten spricht:
»*Es gibt auch Leute unter ihnen, die über deine Verteilung von Gaben Übles reden. Solange sie einen Teil davon bekommen, sind sie damit zufrieden. Sobald sie aber nichts davon erhalten, sind sie unwillig. Doch es wäre besser, sie zeigten sich zufrieden mit dem, was Allah und sein Gesandter ihnen geben, und sie würden sagen: Uns genügt Allah und das, was Allah uns in seiner Gnade zukommen läßt, und was uns sein Gesandter gibt, und nur zu Allah senden wir unsere Gebete.*«
Diese Sätze beweisen, daß der Ärger der Männer aus Medina über die Zurücksetzung bei der Aufteilung der Hunainbeute nicht mit einer wirkungsvollen Rede des Propheten abgetan war. Darüber hinaus scheint die Politik nicht so erfolgreich gewesen zu sein, die eben erst Bekehrten durch üppige Geschenke an sich zu binden. In der neunundvierzigsten Koransure findet sich eine bittere Anklage gegen die »Araber der Wüste«, gegen die Beduinen:
»*Die Araber der Wüste sagen zwar: Wir glauben. Antworte ihnen aber: Ihr glaubt keineswegs, sondern ihr sprecht nur so. Der Glaube ist noch nicht in eure Herzen eingedrungen. Doch wenn ihr Allah und seinem Gesandten gehorcht, dann wird er euch den Lohn für eure Handlungen nicht vorenthalten, denn Allah ist verzeihend und barmherzig.*«
Auch die Bewohner von Taif, die einige Monate nach der so erfolgreich überstandenen Belagerung doch noch um Aufnahme in den Kreis der Moslems ersuchten, brachten Vorbehalte an und verlangten besondere Behandlung. Daß Geschlechtsverkehr außerhalb der Familie nicht erlaubt sein sollte, das wollten sie nicht einsehen; sie verlangten Aufhebung des Verbots, weil sie doch so häufig unterwegs seien und deshalb bei anderen Frauen schlafen müßten. Da viele von ihnen Weinbauern waren, konnten sie auch nicht einsehen, daß gerade ihnen das Trinken von Wein nicht gestattet sein sollte. Die Menschen von Taif hatten bisher eine Göttin verehrt, und sie baten um eine Frist bis zur Zerstörung des Standbilds dieser Göttin. Drei Jahre lang sollte der Statue noch Schutz geboten werden. Die Begründung für diese Forderung

lautete: »Die Weiber haben sich so an diese Göttin gewöhnt.« Mohammed lehnte alle Sonderwünsche ab. Die Bewohner von Taif wurden dennoch Moslems – sie wußten, daß ihnen früher oder später die Unterwerfung drohte, da sie nach allen Seiten von Moslems umgeben waren.

38 Der zweite Feldzug gegen Byzanz wird abgebrochen

Über die Ursache dieses Feldzugs schweigen die Überlieferungen. Ibn Ishaq weiß nur dieses zu berichten: »Als der Prophet die Zurüstungen befahl für den Ritt gegen die Byzantiner, da befanden sich die Menschen gerade in großer Not. Hitze bedrückte das Land. Es herrschte Dürre. Die Männer wollten lieber im Schatten bleiben und zuwarten, bis die Ernte reif wird. Sie wollten ihr Land jetzt nicht verlassen. Früher hatte der Prophet fast immer nur in Andeutungen vom Ziel seiner Kriegszüge gesprochen, und er hatte beim Ausritt meist immer ein anderes Ziel angegeben, als das wirkliche, das er im Sinn hatte. Diesmal aber sagte er offen, was er vorhatte, denn der Weg war weit, schwierig und gefährlich. Von der Zahl der Feinde, gegen die er ziehen wollte, wußte man nur, daß sie groß war. Gegen die Byzantiner, so sagte der Prophet, werde gekämpft, und jeder habe sich entsprechend zu rüsten.«
Eine andere Überlieferungsquelle ergänzt, Mohammed habe erfahren, der byzantinische Kaiser Heraklius habe im Land ostwärts des Jordans starke Truppenmassen konzentriert. Unwahrscheinlich ist, daß sich Mohammed durch diese byzantinische Armee bedroht fühlte. Die Überbringer der Nachrichten – Händler, die Öl und Mehl aus dem syrischen Gebiet auf dem Markt von Medina verkauften – sprachen keineswegs von feindseligen Absichten der Byzantiner gegen Arabien. Für Heraklius blieb Persien der Gegner und sonst niemand. Ihm war ein Feldzug in die Wüsten der Arabischen Halbinsel hinein zu mühsam; eine

derartige militärische Aktion konnte weder Ruhm noch Macht noch Beute bringen.

Warum aber wollte Mohammed angreifen, wenn er sich nicht bedroht fühlte? Dem sehr realistisch denkenden Politiker konnte es in diesem Fall nicht darauf ankommen, den Einfluß des Christentums zurückzudrängen – gegen ein geschultes Heer von hunderttausend Männern ließ sich ein solches Ziel nicht verfolgen, solange die eigenen Truppenführer nur an Stammeskriege gewöhnt waren. Bei Mu'ta hatten die Kommandeure der Moslemkämpfer ein Jahr zuvor üble Erfahrungen gemacht, die ihnen zeigten, wie weit sie an Können unterlegen waren. Mit der Taktik des Überfalls, die sie meisterhaft beherrschten, konnten sie gegen gepanzerte, erfahrene Kämpfer nichts ausrichten.

Von vornherein mußte sich Mohammed gegen wohlbegründeten Defätismus einer ganzen Reihe von Anhängern durchsetzen. Nicht immer gelang es ihm, die Zögernden zu überzeugen. Einen Mann, er hieß Djadd Ibn Qais, versuchte der Prophet zu überrumpeln: »*O Djadd, möchtest du dieses Jahr nicht gegen die Bleichhäutigen kämpfen?*« Djadd Ibn Qais soll so geantwortet haben: »O Gesandter Allahs! Wenn du es mir gestattest, dann möchte ich gerne zurückbleiben. Du würdest mich sonst in Versuchung bringen. Kein Mann ist so wie ich den Reizen der Frauen verfallen. Ich habe Angst, mich nicht beherrschen zu können, wenn ich die Frauen sehe der Bleichhäutigen.« Auf die Ausreden des Djadd Ibn Qais soll sich dieser Text der neunten Koransure beziehen:

»*Mancher von ihnen sagt zu dir: Entlasse mich doch und bringe mich nicht in Versuchung. Fallen sie denn zu Hause nicht in Versuchung? Doch die Hölle wird dereinst die Ungläubigen umfassen.*«

Die Elite des islamischen Staates unterschätzte die Notwendigkeit gründlicher Kriegsvorbereitungen nicht. Die prominentesten Schwiegerväter des Propheten, Abu Bakr und Omar, spendeten große Teile ihres Vermögens für die Rüstung. Auch die Frauen waren aufgerufen zu opfern: Aischa, die Lieblingsfrau Mohammeds, hatte am Eingang ihrer Räume eine Decke ausgebreitet – darauf legten die Frauen Schmuckstücke nieder, aus deren Verkaufserlös Reitkamele und Waffen gekauft wurden.

Das gute Vorbild der Elite bewirkte allerdings wenig: Trotz aller Propaganda sahen die Kämpfer den Sinn des Krieges, den Mohammed anzetteln wollte, nicht ein; in großen Massen baten sie weiterhin um Freistellung. Die Mobilisierung löste Spannungen in der Stadt aus, die dem Staatschef durchaus ungelegen kamen. Für Mohammed konnte aus diesem Grund das bewährte Rezept, durch die außerordentliche Anstrengung eines solchen Kriegszuges die latenten Zwistigkeiten innerhalb seiner Anhängerschaft zu überwinden, kein Motiv zur Mobilisierung gewesen sein. Zwar bot ein solcher gemeinsamer Ritt nach Norden die Chance, die Kämpfer aus Medina und aus Mekka – die zwei gleichwertigen Städte waren nun Rivalen im islamischen Staat – zu einer einzigen Formation zusammenzufügen, Voraussetzung dafür war jedoch gemeinsame Begeisterung. Wie die Stimmung wirklich aussah, ist in der neunten Koransure nachzulesen:

»*O Gläubige, was ist geschehen mit euch, als ihr aufgefordert wurdet, für die Religion Allahs zu kämpfen. Ihr habt euch schwerfällig auf die Erde niedergesetzt. Habt ihr mehr Gefallen an diesem Leben als am zukünftigen Leben? Wahrlich, gering zu achten sind die Freuden dieses Lebens gegenüber den Genüssen des künftigen Lebens. Wenn ihr nicht zum Kampf auszieht, wird Allah euch mit schwerer Strafe belegen und ein anderes Volk an eure Stelle setzen, dem ihr dann nicht widerstehen könnt.*«

Mohammed droht mit der Vergeltung Allahs. Aus Mohammeds Mund hören die Gläubigen die Abrechnung Allahs mit ihrem Standpunkt:

»*Sie sagen: Zieht doch nicht los zur Zeit der Hitze! Dann sprich zu ihnen: Das Feuer der Hölle ist weit heißer. Das sollten diese Menschen einsehen. Sie werden jetzt eine kurze Zeit lachen, doch dann kommt die lange Zeit des Weinens über die Strafe für das, was sie getan haben.*«

Einer derart intensiven Drohkampagne waren die Gläubigen schon lange nicht mehr ausgesetzt gewesen. Mohammed verglich die Menschen von Medina in der neunten Sure sogar mit den Bewohnern von Sodom und Gomorrha, die unrecht – gegen Allah und sich selbst – gehandelt haben. Er warf den Gläubigen vor, sie seien geizig geworden, obgleich Allah sie reich gemacht habe; er

meinte damit die Handwerker und Kaufleute, die sich diesmal nicht so freigebig erwiesen mit Spenden für die Kriegskasse.
Der Druck, den Mohammed ausübte, brachte Streit in manche Familie. Überliefert ist, daß sich ein Beduine beklagte, bei einem derartig heißen Wind könne er nicht weite Strecken reiten, und überhaupt wollte er nicht gegen die Byzantiner ziehen, er sei froh, daß die Byzantiner ihn in Ruhe ließen. Da warf ihm sein Sohn vor, er sei ein Glaubensheuchler und damit ein Feind des Propheten. Den Beduinen packte der Zorn, und er schlug auf den Jungen mit dem Schuh ein.

Dreißigtausend Männer fanden sich schließlich am Versammlungsort vor Medina ein. Mancher drückte sich noch im letzten Augenblick darum, die Heimat verlassen zu müssen mit der Begründung, sein Kamel hinke oder sei zu schwach und ausgehungert; einige sagten auch, sie hätten bisher überhaupt kein Kamel besorgen können. Mohammed selbst hatte die Basis für derartige Entschuldigungen geschaffen, da er verlangte, nur Reiter mit Kamelen oder Pferden, und zwar mit gut eingerittenen Tieren, seien für diesen Feldzug geeignet.
Die Laune war schlecht bei den meisten, die schließlich nach Norden aufbrachen. Durch die unerträgliche Hitze war die Truppe gezwungen, nur bei Nacht zu reiten. Eine Gruppe der Reiter vertrieb sich die Zeit mit spöttischen Reden. Einer von ihnen soll gesagt haben: »Die Korankenner, die uns jetzt führen, die sind die Gierigsten, wenn es um das Essen geht, mit der Zunge können sie mehr lügen als sonst irgendwer, aber sie sind die Feigsten, wenn es zum Kampf kommt. Diese Leute sind jetzt unsere Obersten und Vorgesetzten. Vielleicht sind wir dümmer als die Esel.« Mohammed habe von diesem Ausspruch gehört, so wird berichtet, und da er keinen Spott ertragen konnte, stellte er die bestimmte Gruppe, die sich zusammengetan hatte, zur Rede. Doch die Reiter schwuren alle, an derartige Sprüche nie gedacht zu haben. In der neunten Koransure äußert sich Allah durch den Mund des Propheten zu diesem Vorfall:
»*Spottet nur, Allah wird schon das ans Licht bringen, dessen Entdeckung ihr fürchtet. Und wenn du sie über die Ursache ihres*

Spottes fragst, so sagen sie: Wir sprechen und scherzen nur untereinander, meinen aber weder dich noch deine Religion.«

Tabuk, nicht ganz sechshundert Kilometer nördlich von Medina, sollte der Ausgangspunkt sein für die weitere Offensive ins syrisch-palästinensische Gebiet. Nach den Informationen, die Mohammed besaß, war Tabuk eine Oase mit reichlich sprudelnden Wasserquellen. Doch bei der Ankunft zeigte es sich, daß diese Angabe falsch war. Nicht einmal das nötige Wasser für die rituellen Waschungen des Propheten sei gefunden worden; erst als Mohammed sich selbst der Quelle zuwandte, habe sie mehr Wasser fließen lassen.

In Tabuk erfuhr Mohammed, daß die Nachricht von der Truppenkonzentration der Byzantiner im Gebiet ostwärts des Jordans nicht stimmte. Die Händler aus Syrien hatten ihm Märchengeschichten erzählt auf dem Markt von Medina. Omar gab den Rat, sofort umzukehren und diesem sinnlosen Feldzug ein Ende zu machen.

Die islamische Überlieferung begründet das Ausbleiben der Konfrontation zwischen den Moslems und den Byzantinern so: *»Kaiser Heraklius hatte jemand zu Mohammed geschickt, mit dem Auftrag, zu sehen, ob Mohammed Merkmale des Prophetentums zeige. Dieser Mann kam überzeugt von der Sendung Mohammeds zum Kaiser zurück. Nur Furcht vor seinem Volke hielt Heraklius davon ab, den Propheten anzuerkennen. Den Gedanken, gegen Mohammed militärisch vorzugehen, ließ Heraklius fallen.«*

Ungewöhnlich viele Berichte sind erhalten aus den acht Wochen dieses Feldzugs, die ein Licht auf die Gewohnheiten des Propheten werfen, auf seine Art, mit den Gläubigen zu sprechen. Sie geben ein wenig Einblick in sein privates Leben. Der Sohn des Omar wußte diese Geschichte zu erzählen:

*»Mohammed stand oft in der Nacht auf, wobei er sich jedesmal die Zähne mit einem Holzstäbchen putzte. Dann betete er draußen vor seinem Zelt. Einige Moslems, auch ich, hielten dann Wache bei ihm. Eines Nachts sagte er uns, er habe fünf Gaben empfangen, die kein anderer Mensch empfangen habe:
Ich bin zu allen Menschen insgemein gesandt, während jeder*

andere Prophet nur den Auftrag gehabt hat, seinem eigenen Volk die Botschaft zu bringen.
Mir kann die ganze Erde Betplatz sein, während andere Propheten nur in Synagogen oder Kirchen anbeten durften.
Ich darf Beute machen und Nutzen daraus ziehen, den früheren Propheten war dies nicht gestattet.
Das fünfte aber, das ist ... das ist ... das ist ... Nur auf drängendes Nachfragen ergänzte Mohammed:
... das ist, daß ich Allah um Dinge bitten darf, die dann euch zugute kommen und jedem, der bezeugt, daß Allah der eine und allmächtige Gott ist.«

Mohammed sorgte dann auch dafür, daß die Enttäuschung über die Ruhmlosigkeit dieser weiten Expedition gering blieb – Beute sollte für entgangene Ehre schadlos halten. Khaled Ibn Walid bekam den Auftrag, die reiche Oase Dumat al Gandal zu unterwerfen, die vom christlichen Fürsten Ukaidir Ibn Abdelmalik zu dieser Zeit regiert wurde. Diese Oase lag im Stammesgebiet der Kalb, also noch im Norden von Tabuk, und Khaled Ibn Walid hatte zunächst geringe Lust, sich dem Befehl des Propheten zu fügen – erst als Mohammed versicherte, der Ritt werde gut ausgehen, machte sich Khaled auf den Weg.

Ukaidir, der Herrscher der Oase Dumat al Gandal, soll in der mondhellen Nacht auf dem Dach seines Lehmhauses gesessen sein, als die Moslemreiter sich vorsichtig näherten. In der Kühle des Nachtwindes trank er Wein. Zwei Sängerinnen standen in seinem Dienst, sie rezitierten Liebeslieder in melodischer Phrasierung. Der Fürst hörte plötzlich ein Geräusch, etwas stieß gegen das Holztor seines Hauses. Als er sah, daß es sich um wilde Kühe handelte, die ihre Hörner an dem Holz rieben, stieg er in leicht trunkenem Zustand hinunter vor das Haus, um die Tiere einzufangen – dabei wurde er leichte Beute für den islamischen Stroßtrupp. Vertraglich verpflichtete sich Ukaidir Ibn Abdelmalik, dem Heer aus Mekka zweitausend Kamele zu stellen. Damit erkaufte er sich die Freiheit und die Rückgabe der Oase.

Rasch erfuhren die anderen kleinen Herrscher im Küstenstreifen der nördlichsten Spitze des Roten Meeres vom Mißgeschick des Fürsten der Oase Dumat al Gandal. Viele kamen zu Mohammed, um sich freiwillig zu unterwerfen. Auch der Herrscher des Hafens Eilat erbat sich von Mohammed die Ausstellung eines Schutzbriefs. Er bezahlte dafür mit Geld und Waren. Dieser Text wurde vereinbart:

»*Im Namen Allahs, des Allbarmherzigen und Allgütigen. Dies ist eine Sicherheitsurkunde von Allah und Mohammed, seinem Gesandten, für Juhanna Ibn Ru'ba und die Bewohner von Eilat, für ihre Schiffe und Karawanen, für alles, was von ihnen zu Wasser und zu Land unterwegs ist. Sie stehen unter dem Schutz Allahs und des Propheten Mohammed.*«

Dreihundert Dinare mußte der Herrscher von Eilat künftig jährlich für die Verlängerung des Abkommens zahlen – dreihundert Dinare war der Gegenwert von dreihundert Kamelen.

Mohammed trug eine Reihe ähnlicher Abkommen bei sich, als er seine Reiter wieder den Weg in Richtung Süden einschlagen ließ. Die Unkosten für die Expedition nach Tabuk waren durch mehrere Kleinerfolge gedeckt; die Unzufriedenheit der Teilnehmer hielt sich in Grenzen. Die Strapazen wurden etwas besser ertragen, weil die Heimat immer näher rückte. Die heiße Jahreszeit hielt jedoch noch an; weiterhin konnte nur bei Nacht geritten werden. Die Ruhestunden begannen dann in der Morgenfrühe. Der Erschöpfungszustand war zeitweise so groß, daß Mohammed sogar Gebetsstunden verschlief – ein solches Versäumnis war ihm bisher nie unterlaufen. Sein Kommentar: »*Der Satan hat uns einen Streich gespielt.*«

39 Die Kirche neben der Moschee wird nicht geduldet

Die Warnung ist in der neunten Sure zu finden: »*Andere wieder haben einen Tempel gebaut, um den Gläubigen zu schaden und den Unglauben zu fördern und unter den Gläubigen Spaltungen zu veranlassen. Der Tempel soll als Schlupfwinkel dienen für diejenigen, welche schon früher gegen Allah und seinen Gesandten gekämpft haben. Und dennoch schwören sie: Wir beabsichtigen nur Gutes. Aber Allah wird bezeugen, daß sie lügen. Betritt diesen Ort nie. Am selben Platz steht das wirkliche Heiligtum, das auf Furcht vor Allah gegründet ist, von der Stunde an, als es gebaut wurde.«*

Das Problem dieses Konkurrenzbethauses beschäftigte Mohammed auf dem Ritt zurück von Tabuk. Vor dem Feldzug waren fünf Männer bei ihm gewesen – sie gehörten zu einem Unterstamm der Chasradsch. Sie hatten ihm erzählt, daß sie ein Bethaus gebaut hätten, obgleich bei ihnen schon ein Bau existiere, der Allah geweiht war. Dieses neue Bethaus sei für die Kranken gedacht und für die Benutzung an Regentagen; auch bei schlechterem Wetter im Winter könnte es nützlich sein. Dem Propheten kamen diese Begründungen für die Existenz einer zweiten Moschee im Siedlungsgebiet dieses Unterstammes seltsam vor, doch da er damals vollauf beschäftigt war mit der Mobilisierung seines Reiterheeres, kümmerte er sich nicht weiter darum. Die Bitte der fünf Männer, er möge sich das Bethaus ansehen, vielleicht auch dort beten, lehnte er zunächst ab – später, so meinte Mohammed, sei dafür vielleicht Zeit.

Als dann sein Kopf frei war, um wirklich über diese seltsame Sache nachzudenken, da fühlte er plötzlich die Inspiration zur Einsicht in den wahren Sachverhalt: Da hatten die »Götzendiener« wieder ihr Haupt erhoben, hatten versucht, für die Halbbekehrten, für die »Heuchler«, einen Platz zu schaffen, an dem sie nach ihrer Art Gott und Götter anbeten können. So war ein Haus entstanden, an dessen Wänden – das war Mohammeds Befürchtung – schon bald wieder Bilder der Engel und der Maria zu sehen sein würden. »*Das Gebäude, das sie erbaut haben, wird nicht aufhören, so lange Zweifel in den Herzen der Menschen zu erregen, bis schließlich die Betroffenen ganz die Vernunft verloren haben.*« Mohammed sah die Gefahr, daß die Auseinandersetzung mit dem Kult, der hier Wurzeln schlagen wollte, zur Spaltung seiner Glaubensgemeinschaft führen mußte.

Die Überlieferungen sagen präzise, wer der Prediger im neuen Gotteshaus war. Dieser Mann, sein wirklicher Name war Abu Amir, hieß in Mekka und Medina nur »der Mönch«. Er muß eine Erschei-

nung von hoher Intelligenz gewesen sein, der nur die Ausstrahlung fehlte, um ähnlich prägend auf die Menschen wirken zu können wie Mohammed. Als der Prophet Allahs einst nach Medina kam, da wich der Mönch, der bisher dort gelebt hatte, aus; er wollte künftig in Mekka, außerhalb der Sphäre Mohammeds, leben. Die frühen Chronisten haben die Erinnerung an ein seltsam berührendes Gespräch bewahrt, das kurz vor der Emigration des Mönchs in Medina stattgefunden haben soll: Abu Amir und Mohammed versuchen zu ergründen, was der andere will – dabei scheinen sie zu spüren, wie nahe ihre Standpunkte beieinanderliegen, und trotzdem trennt sie ein Abgrund. Die Begegnung wird so beschrieben: »*Abu Amir kam zum Propheten, als er gerade in Medina eingezogen war. Abu Amir fragte: Was ist das für eine Religion, die du mitbringst? Der Prophet antwortete: Ich bringe die Religion Abrahams! Da sagte Abu Amir: Aber das ist doch meine Religion. Der Prophet erwiderte: Keineswegs gehörst du dazu. Abu Amir sagte darauf: Aber selbstverständlich ist das meine Religion, du hast nur Elemente dazugefügt, die eigentlich nicht zu Abrahams Religion gehören. Der Prophet aber sagte: Das habe ich nicht getan. Ich habe die Religion rein und unverfälscht verkündet.*«
Der Streit endet in Beschimpfungen; jeder sagt zum anderen, er sei ein Lügner und Gott werde ihn verstoßen und einsam sterben lassen wie einen räudigen Hund.

In der Emigration war der Mönch ein aktiver Kämpfer für die Sache Mekkas – er muß sich dort auch mit seinen religiösen Ansichten eingelebt und wohl gefühlt haben. In den Berichten über die wesentlichen Kämpfe zwischen Truppen aus Medina und aus Mekka wird Abu Amir als Mitstreiter auf der Seite Mekkas erwähnt. Zum Zeitpunkt der Übergabe von Mekka an Mohammed wich »der Mönch« zunächst nach Taif aus und floh dann weiter, als die Episode mit dem Konkurrenzbethaus abgeschlossen war, nach Syrien. Zur Zeit des Baus und während der ersten Wochen nach Fertigstellung der separaten Moschee hielt sich Abu Amir, der Mönch, in der Nähe von Medina auf.

Für Abu Amir also sollte das zweite Bethaus im Gebiet des Unterstamms der Chasradsch auf Dauer zur Verfügung stehen. Diese Erkenntnis überfiel Mohammed beim Ritt nach Süden. Von unterwegs aus gab er Befehl, das Gebäude in Brand zu stecken. Während die Anhänger des Abu Amir darin beteten, wurde das Feuer gelegt. Zu Schaden kam jedoch nur einer, mit Namen Said Ibn Garija; der blieb so lange hartnäckig unter dem brennenden Dach, »bis ihm der Hintern versengt wurde«.

Mohammed ließ untersuchen, wie viele Männer des Stammes Unterstützung geleistet hatten für den Bau des Bethauses. Die Recherchen ergaben, daß der Kreis klein war; er umfaßte nur fünfzehn Personen. Mohammed fragte einen der Gläubigen jenes Gebiets, warum diese fünfzehn das getrennte Bethaus gebraucht hätten. Er erhielt diese Antwort: »Wenn sie in unsere Moschee kamen, dann haben sie heimlich immer andere Worte gesagt als wir. Das war ihnen dann unangenehm, daß wir ihnen unwillige Blicke zugeworfen haben. Deshalb haben sie beschlossen, ein Haus zu bauen für ihre Gebete, in dem sie unter sich sind. Abu Amir steckte dahinter, der sich immer scheute, mit den aufrichtigen Gläubigen zu beten.« Ganz aufzuhellen ist diese Affäre nicht; zu undeutlich sind die Texte der Überlieferung formuliert.

40 Mohammed, die absolute Respektsperson

Der Dichter Ka'b Ibn Malik vom Stamm der Chasradsch war untadelig in seiner Glaubensstärke – seine Verse sind Zeugnis eines religiösen Charakters. Auch als Kämpfer war er ein Vorbild; er gehörte zu jenen, die beim Kampf am Hügel Uhud verwundet worden waren. Den Ritt gegen die Byzantiner hatte er allerdings für sinnlos gehalten, und deshalb war er ferngeblieben, als Mohammed zum Sammeln hatte rufen lassen. Ka'b Ibn Malik hat später ganz offen geschildert, welche Folgen sein Fernbleiben für ihn hatte. Der Text ist ein Dokument, das Einblick gibt in die Abhängigkeiten, die damals bestimmend waren in Medina. Gesellschaftliche Situationen der Isolierung des einzelnen, wie sie Kafka in unserer Zeit beschrieb, hat es auch unter der Herrschaft des Propheten gegeben. Der Bericht des Dichters Ka'b Ibn Malik zeigt, daß Mohammed auch mit seelischem Terror zu regieren verstand:

»*Als ich erfuhr, Mohammed komme in den nächsten Tagen zurück, da legte ich mir mit Hilfe meiner Frau und meines Dieners Lügen zurecht, um mein Daheimbleiben zu entschuldigen. Aber als Mohammed in der Stadt war, da verging mir das Lügen. Nach seiner Gewohnheit hatte er an dem Morgen, an dem er einzog, zunächst zwei Gebete in der Moschee gesprochen und sich dann niedergesetzt, um die Leute zu empfangen. Da kamen nun die Zurückgebliebenen, etwa achtzig Mann, und trugen ihm unter Schwüren ihre Entschuldigungen vor. Der Prophet nahm diese an, doch das Urteil über die Geheimnisse ihres Herzens überließ er Allah. Als ich vor ihm Platz nahm, da fragte er mich mit zornigem Lächeln im Gesicht nach dem Grund meines Wegbleibens. Ich sagte, bei jedem anderen würde ich versuchen, mich weißzuwaschen, vor Allah und ihm aber könnte ich nicht lügen, ich müsse gestehen, daß ich keine Entschuldigung habe. Er befahl mir darauf, mich zu entfernen, bis Allah über mich entscheide. Ich erhob mich und ging. Einige Männer traten an mich heran, um mich zu veranlassen, mein Heil in der Lüge zu suchen; andere aber rieten mir wieder davon ab. Ich erfuhr, daß zwei andere Männer in der gleichen Lage waren wie ich. Der Gesandte Allahs untersagte nun jeglichen Kontakt mit uns dreien. Fünfzig Tage lang redete keiner ein Wort mit uns. Selbst die Kinder mieden uns aus Gehorsam gegenüber dem Gesandten Allahs. Ich kannte schließlich die Stadt und mich selber nicht mehr. Die beiden anderen, deren Fall gleich lag, blieben zu Hause. Ich dagegen ging aus, in die Moschee und auf die Märkte, aber jedermann wandte sich von mir ab. Es gelang mir nicht, beim Gebet einen Blick vom Propheten zu erhaschen. Und wenn ich ihn nach dem Gebet, während er mit anderen sprach, grüßte, so war es mir zweifelhaft, ob er auch nur mit einer stummen Lippenbewegung dankte. Als es mir gar zu arg wurde, stieg ich über die Gartenmauer zu Abu Qatada, der mein Vetter und mein liebster Freund war, doch er grüßte mich nicht einmal. Ich beschwor ihn, mir zu sagen, ob er nicht wisse, daß ich Allah und seinen Gesandten lie-*

be. Er schwieg. Erst als ich ihn zum dritten Mal bedrängte, da meinte er schließlich, Allah und sein Gesandter wüßten es am besten. Mir stürzten die Tränen aus den Augen. Ich sprang über die Mauer zurück und ging auf den Markt. Dort traf ich einen Händler aus Syrien, der Lebensmittel zum Verkauf brachte. Er hatte nach mir gefragt, weil er einen in Seide geschlagenen Brief eines Fürsten aus dem Norden zu überbringen hatte. Der Fürst schrieb, er habe gehört, daß mein Herr mich schlecht behandle, ich solle zu ihm kommen, so wolle er mich trösten. Das war ein neuer Schlag für mich, daß schon die Götzendiener mich als Dichter haben wollten. Ich warf den Brief in den Ofen. Nach vierzig Tagen ließ mir der Gesandte Allahs sagen, ich solle mich von meinem Weib trennen – nicht die Ehe auflösen, sondern mich nur von ihr trennen. Den gleichen Befehl erhielten auch die beiden anderen. Die Frau des einen durfte auf ihre Bitte bei ihrem Mann bleiben, weil er schon sehr alt war und keinen Diener hatte und immerfort zu Hause saß und weinte und keinen Bissen anrührte. Es wurde ihr jedoch eingeschärft, ihn nicht an sich heranzulassen – wozu er freilich sowieso keine Regung spürte. Mir rieten die Meinigen, da der eine der Leidensgenossen damit Erfolg gehabt hatte, ich sollte mir auch mein Weib zurückerbitten. Aber ich wollte nicht, da ich ein junger Mann war. So vergingen noch zehn Tage, da hörte ich nach dem Frühgebet den lauten Zuruf: O Ka'b Ibn Malik, empfange gute Botschaft. Da erkannte ich, daß ich erlöst sei, und fiel anbetend nieder. Schon in der Nacht hatte Mohammed seiner Frau Umm Salama mitgeteilt, daß ihm die Begnadigung der drei offenbart worden sei. Umm Salama wollte uns diese Nachricht sofort sagen lassen, was Mohammed verhinderte. Erst beim Morgengebet kündigte er die Begnadigung der Gemeinde an. Die Leute, die mir begegneten, gratulierten mir, nur von den Emigranten in der Begleitung des Propheten grüßte mich keiner freundlich. Der Prophet selbst aber pries mich glücklich über diesen Tag und versicherte, daß die Begnadigung nicht von ihm, sondern von Allah komme. Dabei strahlte er vor Freude. Sein Gesicht sah aus wie der Halbmond. Ich gelobte, alles was ich besitze, zur Buße abzuliefern. Er aber wollte nur ein Drittel annehmen.«

Die neunte Koransure enthält die Offenbarung, mit der Ka'b Ibn Malik begnadigt wurde:

»*Auch gegen jene drei zeigt er Gnade, die im Zweifel waren, ob sie wegen ihres Fernbleibens bestraft würden oder nicht und die sich deshalb so fürchteten, daß die Erde, die doch sonst so weit ist, ihnen zu eng wurde. Ihre Seelen wurden so von Angst befallen, bis sie endlich einsahen, daß es keine andere Zuflucht gibt als Allah. Darauf wendete er sich ihnen wieder zu, damit sie bereuten. Denn Allah ist gnädig und barmherzig. O Gläubige, fürchtet nur Allah und gehört zu den Wahrhaftigen.*«

41 Mohammed gibt der Kaaba-Wallfahrt die endgültige Form

Zehn Jahre waren vergangen seit Mohammeds Flucht nach Medina. Die soziale Struktur des Zusammenlebens der Menschen insgesamt in Zentralarabien hatte sich verändert: Stämme, Großfamilien, die unter sich zerstritten waren, hatten sich einfügen lassen in einen staatlichen Rahmen, der ihnen die Unabhängigkeit raubte und sie steuerpflichtig machte. Mit Gewalt und Überzeugungskraft war dieser Erfolg der Verbrüderung vollbracht worden. Die Richtung hatte Mohammed gewiesen, er hatte mit außerordentlicher Energie an der Verwirklichung seiner Idee gearbeitet. Die Einigung Zentralarabiens war seine persönliche Leistung. Die Gefahr bestand, daß mit dem Tode des Propheten, der zwar noch nicht nahe zu sein schien, der staatliche Rahmen wieder auseinanderfiel. Allah war gewiß eine starke Klammer – die stärkste, die überhaupt vorstellbar war –, und trotzdem mußte der Staat mit durchaus irdischen Mitteln zusammengebunden werden. Sich einen Stellvertreter und späteren Nachfolger heranzuziehen, daran dachte Mohammed nicht. Ein solcher Gedanke hätte seiner Auffassung von der Position des Gesandten Allahs völlig widersprochen. Kein zweiter Mann konnte gleichzeitig neben ihm Sprachrohr der göttlichen

Meinung sein. Er sah sich als Einzelfall. Zu seinen Lebzeiten konnte es keinen Araber von ähnlichem Format geben. Was geschehen sollte, wenn Mohammed nicht mehr die Gläubigen lenken, die Macht des islamischen Staates stärken und steigern konnte, das war eine Angelegenheit des göttlichen Ratschlusses. Daran ließ Mohammed keinen Zweifel. Nie hat er seinen Anhängern auch nur mit dem geringsten Hinweis Anlaß gegeben zu glauben, er sei unsterblich, Allah habe ihn für ewig mit der Aufgabe betraut, die Araber auf den richtigen Weg zu führen.

Der Gedanke an die Nachfolge blieb ausgeklammert. Doch dem Propheten war der Fortbestand des islamischen Staates der Gläubigen wichtig. Er sah diesen Staat noch keineswegs abgerundet; für ihn waren die Grenzen noch flexibel zur weiteren Ausdehnung. *»Diese Religion ist nicht nur die Religion der Araber«* – das war sein Standpunkt. Seit Jahren schon sprach er die Überzeugung aus, daß Allah dem islamischen Glauben Persien, Byzanz und den Jemen öffnen werde. Der Jemen, einst der Machtbereich des christlichen Herrschers Abraha, war bereits islamisch geworden. Ali hatte die bergige Gegend um Sana'a unterworfen, wobei er außerordentliche Konzilianz gegenüber denjenigen unter den Jemeniten bewies, die Wert darauf legten, weiterhin Christen zu sein; dazu gehörten insbesondere die Angehörigen von noch primitiv organisierten Mönchsorden, die sich in den Kartausen der Bergregionen zusammengefunden hatten. Alle Christen des Jemen mußten insgesamt zweitausend bestickte jemenitische Kleidungsstücke pro Jahr abliefern. Das war der Tribut, den sie für ihre relative Freiheit zu zahlen hatten.

Je mehr sich der islamische Staat ausdehnte, desto wichtiger wurde es, ihm ein festes Zentrum zu geben. Bisher war der Mittelpunkt der religiösen und politischen Einheit immer dort, wo Mohammed sich aufhielt. Die einflußreichen Männer von Medina achteten eifersüchtig darauf, daß der Prophet in ihren Mauern seinen Wohnsitz hatte und nicht Gefallen daran fand, unter seinen Verwandten von der Banu Koraisch leben zu wollen. Angenehm wäre es ihnen gewesen, wenn Mekka weiterhin als erobertes Gebiet betrachtet worden wäre.

Mohammed zeigte sich erkenntlich gegenüber denen, die ihn zehn

Jahre zuvor so freundlich aufgenommen hatten. Doch wenn er an die Zukunft dachte, mußte er erkennen, daß Medina sich gegenüber Mekka kaum als Hauptstadt würde behaupten können. Mekka mußte Zentrum des Reiches der Gläubigen werden; die Kaaba war der ideale Schwerpunkt, auf den sich jede Region auszurichten hatte. Da Mohammed die Einheit von Staat und Religion predigte, war der Schluß naheliegend, daß das Symbol der Religion auch als Symbol des Staates gesehen würde. Mohammed war bis zu diesem Zeitpunkt vorsichtig gewesen in seiner Haltung zur überkommenen Tradition der Pilgerfahrt. Drei Jahre zuvor hatte ihm der Waffenstillstand von Hudaibija das Tor zur Kaaba geöffnet – er war als Pilger gekommen, ohne die Bräuche in ihren wesentlichen Bestandteilen anzutasten; er erfüllte alte Rituale mit neuem Geist. Eine Reform war notwendig, doch Mohammed zögerte. Im Jahre 9, als wieder die Zeit gekommen war, in der nach alter Gewohnheit das Pilgertreffen an der Kaaba stattfinden sollte, da weigerte sich Mohammed, selbst nach Mekka zu reiten. Er schickte Abu Bakr als Anführer der Pilgergemeinde. Bis nach dem Ausritt des Abu Bakr hatte sich der Prophet nicht entschieden, wie die Zukunft der Mekka-Pilgerfahrt auszusehen habe. Nur wenige Tage später aber befiel Mohammed die Inspiration zur Offenbarung des Anfangs der neunten Koransure. Er enthält das Verbot der Teilnahme an der Wallfahrt für alle diejenigen, die sich nicht zu Allah bekennen. Zum Abschluß der Pilgertage des Jahres 9 sollte Abu Bakr dieses Verbot vor der Kaaba verkünden; in aller Eile schickte Mohammed seinen Vetter und Assistenten Ali mit einer Abschrift des Surentextes nach Mekka. Die neunte Sure ist durch eine Besonderheit gekennzeichnet – sie ist die einzige der einhundertvierzehn Suren, die nicht mit der Segensformel »*Im Namen Allahs, des Allbarmherzigen*« beginnt. Der Text befaßt sich sofort mit der aktuellen Situation:

»*Allah und sein Gesandter sagen sich los von den Götzendienern, außer von denen, die durch Vertrag an euch gebunden sind. Sie können vier Monate frei im Land umherziehen, aber sie müssen wissen, daß Allah nicht überwältigt werden kann. Allah wird die Ungläubigen zuschanden machen. Von Allah und seinem Gesandten wird kundgemacht, daß Allah und sein*

Gesandter am Tage der Wallfahrt nichts zu schaffen haben werden mit den Ungläubigen ... Es ziemt sich nicht, daß die Götzendiener den heiligen Tempel Allahs besuchen ... Nur diese dürfen zu Allahs heiligem Tempel gehen, die an Allah und den Jüngsten Tag glauben, die das Gebet verrichten und Almosen geben und nur Allah allein fürchten, denn diese gehören zu den Rechtgeleiteten ... O Gläubige, wahrlich sind die Götzendiener als unrein anzusehen, und sie dürfen daher, wenn ein Jahr vorüber ist, sich dem heiligen Bethaus nicht mehr nähern. Seid ihr aber in Sorge, daß euch dadurch geschäftliche Einbuße zugefügt wird, so wißt, daß Allah, wenn er nur will, euch mit seinem Überfluß reich machen kann; denn Allah ist allwissend und weise.«

Die Proklamation hatte Erfolg. Als Mohammed am Ende des Jahres 10 – nach christlicher Zeitrechnung schrieb man Frühjahr 632 – zur Pilgerzeit mit Tausenden von Anhängern nach Mekka kam, da gab es niemand, der sich als Andersgläubiger den Zugang zur Kaaba ertrotzen wollte. Die letzten der Stämme hatten, da sie auf Markt und Heiligtum von Mekka nicht verzichten wollten, das Bekenntnis zu Allah ausgesprochen. Mohammed hatte deutlich gemacht, daß es für ihn kein Nebeneinander von Moslems und Nichtmoslems geben konnte. Die Verkündung der neunten Koransure war von vielen Stammesführern als Ultimatum aufgefaßt worden – gerade dies war auch Mohammeds Absicht. Die psychologische Vorarbeit war erfolgreich abgeschlossen, als Mohammed Kamele und Pferde zur Pilgerfahrt satteln ließ.

Aischa, die Lieblingsfrau, erinnerte sich, Mohammed sei ungewöhnlich gelöster Stimmung gewesen während der Reisetage und während des Aufenthalts in Mekka. Er machte sie glücklich mit einer winzigen Geste. Die Sonne warf einmal einen rötlichen Schein auf Aischas Gesicht, da meinte Mohammed: »*Wie schön ist jetzt deine Farbe, du kleine Rote.*« Die Überlieferungen halten Gespräche aus der privaten Sphäre fest, die von Aischa selbst erzählt worden sind. Aischa sagte Jahre später zu Freunden: »Ich hatte an jenem Tag meine Regel bekommen und weinte, als der Prophet zu mir kam. Er sagte: »*Was ist mit dir, Aischa? Hast du deine Regel bekommen?*« und ich antwortete: »Ja, bei Allah! Ich wünschte, ich wäre in diesem Jahr nicht mit euch auf die Reise gegangen.« Er aber meinte: »*Sag dies nicht, denn du kannst alles tun, was die Pilger tun. Nur die Kaaba umschreiten, das darfst du nicht.*« Aischa sorgte damals dafür, daß diese Verhaltensregel allen Pilgerfrauen zur Kenntnis gebracht wurde.

Die Reform der Wallfahrt, die Mohammed einführte, machte die Kaaba zum Zentrum des Rituals und nahm den Heiligtümern, die damals außerhalb des Stadtgebietes lagen, viel von ihrer Bedeutung. Von der Kaaba spricht Mohammed in der zweiundzwanzigsten Sure. Wie immer in den Offenbarungen wiederholt er nur die Worte, die er aus dem Munde von Gabriel zu hören glaubt:

»*Erinnere dich, daß wir dem Abraham die Kaaba zum Aufenthaltsort gaben mit dem Auftrag, kein Wesen neben mir zu vergöttern und die Kaaba rein zu halten für diejenigen, die um sie herumgehen und die stehend und in Verbeugung darin beten. Verordne den Menschen die Wallfahrt. Sie werden zur Kaaba kommen zu Fuß oder auf mageren Kamelen, aus weiter Ferne, über Berg und Tal, damit sie Zeugnis geben von den Vorteilen der Wallfahrt und damit sie den Namen Allahs aussprechen.*«

Mohammed machte die Rituale vor, die von nun an unverändert dem Gläubigen vorgeschrieben waren. Der Pilger hat zunächst den Begrüßungs-Tawaf zu vollziehen, die siebenfache Umrundung der Kaaba, als deren Abschluß der Kuß auf den Schwarzen Stein gilt. Siebenmal geht dann der Pilger zwischen den beiden Hügeln al Safa und al Marwa hin und her – zur Erinnerung an die Sklavin Hagar, die hier einst Wasser suchte für ihren kleinen Sohn Ismail. Präzise ist verordnet, wie dieser »Lauf« zu erfolgen hat: Viermal vom Hügel al Safa zum Hügel al Marwa, und dreimal in umgekehrter Richtung.

Die Wanderung zur Ebene Arafat wird in der folgenden Phase der Wallfahrt dem Pilger abverlangt: Etwa zehn Kilometer ostwärts von der Kaaba befindet sich die weit ausgebreitete Ebene, aus der sich ein Granithügel erhebt. In der sengenden Hitze gehen die Pilger zur Stadt hinaus; sie nehmen damit beachtliche Strapazen auf sich. Mohammed soll, als er diese Wanderung in das Ritual der Pilgerreise aufnahm, gesagt haben: »*Die Wallfahrt ist eine Art von Strafe.*«

Die Pilger rufen »*Labaika – Hier bin ich. Ich bin dein Diener. Allah! Wie du Abraham vergeben hast, so öffne auch mein Herz!*«
Warum die Ebene im Osten von Mekka Arafat heißt, weiß niemand genau. Eine hübsche Geschichte wird in den arabischen Legenden zu dieser Frage überliefert:
Nach der Vertreibung aus dem Paradies waren Adam und Eva zweihundert Jahre lang durch die Arabische Halbinsel geirrt, voneinander getrennt. Weit hatte sie der Weg nicht geführt, das Paradies lag ja, nach Überzeugung der Moslems, in der Nähe von Mekka. Der Engel Gabriel soll sich schließlich erbarmt haben: Auf dem Berg in der Ebene Arafat führte er Adam und Eva wieder zusammen. Am Ende der Legende stehen die Worte »ta'arrafa« – sie erkannten sich. Daher stammt der Name des Hügels.
Hunderttausende von Gläubigen erklettern am neunten Tag des Pilgermonats die Granitblöcke; jeder will möglichst nahe an die Spitze des Arafathügels herankommen. Mit geöffneten Händen stehen die Pilger, die Handflächen zeigen zum Himmel – durch diese Geste bieten sie sich Allah als Diener an. Nach Sonnenuntergang brechen die Gläubigen nach Muzdalifa auf; dieser Ort liegt etwa auf halbem Wege zwischen Arafat und Mekka. Hier muß der Gläubige die Nacht zwischen dem neunten und dem zehnten Tag des Pilgermonats verbringen. Muzdalifa war einst bis zum Tag, an dem Mohammed der Wallfahrt die endgültige Form gab, als der Wohnsitz des Donnergottes Kuzah betrachtet worden, der den Gläubigen in feurigem Kleid erschienen war. Mohammed sorgte damals dafür, daß Gott Kuzah in Vergessenheit geriet, doch der Ort selbst sollte seine Bedeutung nicht verlieren – bis heute hat er diese Bedeutung behalten. Von Muzdalifa bringt jeder Pilger neunundvierzig Steine mit nach Mina, einem kleinen Ort unmittelbar vor der Stadtgrenze von Mekka. In Mina stehen drei Steinblöcke, die den Satan in unterschiedlicher Gestalt darstellen, sie müssen mit je sieben Steinen beworfen werden – diese Steinigung des Teufels gehört mit zum Ritual der Pilgerfahrt. Daran schließt sich die Schächtung der Opfertiere an und der Abschieds-Tawaf, die erneute siebenmalige Umrundung der Kaaba. Mit dem Kuß des Schwarzen Steins, der die siebte Umrundung beschließt,

hat der Pilger alle Pflichten erfüllt. »*Tage des sinnlichen Vergnügens*« beginnen jetzt – der Prophet hat ihnen selbst diese Bezeichnung gegeben. Mit Essen und Trinken entschädigt sich der Pilger für die Entbehrungen der Tage zuvor. Der Gläubige soll sich freuen, daß er die Gnade Allahs errungen hat. Der Prophet ist das Vorbild: Die Tische seines Festmahls am Ende der Pilgerfahrt waren reich beladen. Alkohol blieb allerdings auch bei diesem Anlaß verboten.

Seit dreizehnhundertfünfzig Jahren vollziehen die Moslems in immer gleichbleibender Form die Zeremonien der Wallfahrt zur Kaaba. Sie bekleiden sich dabei heute noch so, wie sich Mohammed damals, im März des Jahres 632, angezogen hatte. Von Aischa war ihm das Pilgerkleid zurechtgelegt worden: Zwei weiße Tücher umhüllten seinen Körper. Ein Tuch bedeckte die linke Schulter, den Rücken und die Brust und wurde an der rechten Seite geknüpft. Das zweite Tuch wurde als Rock getragen. Gesäumt durften die Tücher nicht sein; sie trugen kein Muster und keine Verzierung. Mit dem einheitlichen Gewand für alle Pilger wollte Mohammed demonstrieren, daß vor Allah alle Menschen gleich sind.

Die Pilgerfahrt war Institution geworden, Pflicht für alle Gläubigen. Mohammed hatte dem Staat, in dem die Anhänger seiner Glaubensbewegung wohnten, ein geographisches und spirituelles Zentrum gegeben. Sein Werk sah der Prophet als abgeschlossen an.

Abschiedsstimmung muß spürbar gewesen sein am Ende der Wallfahrt. Mohammed hat das Gefühl gehabt, daß er sich zum letzten Mal in seinem Leben in Mekka aufhielt. Als die Rituale vollzogen waren, sprach er zu den Gläubigen. Er bekräftigte Gesetze und Vorschriften, die längst durch Koransuren proklamiert worden waren. Aus der Rede kann abgelesen werden, was ihm aus seinem Gesetzeskodex besonders am Herzen lag – oder mit welchen Gesetzen sich die Gläubigen bisher am wenigsten abgefunden hatten.

»*O ihr Leute, hört, was ich euch sage, und haltet euch daran. Wer weiß, ob ich euch hier noch einmal treffe. Was für ein Monat ist dies? Ein heiliger Monat! Was für ein Land ist dies? Ein heiliges Land! Was für ein Tag? Ein heiliger Tag! So heilig wie dieser Mo-*

nat in diesem Lande an diesem Tag ist, so heilig macht euch Gott euer Blut und euer Gut und eure Ehre – habt ihr mich verstanden? Ihr werdet alle vor eurem Herrn erscheinen und Rechenschaft ablegen müssen. Wem also fremdes Gut anvertraut ist, der gebe es zurück. Aber alle Zinsforderungen aus der Zeit vor dem Bekenntnis zum Islam gelten nicht mehr. Auch die Forderungen nach Blutrache sind verfallen. Ihr habt Pflichten gegenüber euren Frauen, und sie haben Pflichten gegenüber euch. Sie dürfen keinen in euer Bett lassen. Keinem dürfen sie gestatten, ohne euer Wissen euer Haus zu betreten. Handeln sie gegen diese Vorschrift, dann ist es euch erlaubt, ihr Lager zu meiden und sie mit mäßigen Hieben zu züchtigen. Gehorchen sie euch dann, so müßt ihr sie ohne Widerspruch weiterhin mit Essen und Kleidung versorgen. Die Frauen stehen im gleichen Verhältnis zu euch wie Kriegsgefangene. Über sich selbst haben sie keine Gewalt. Ihr habt sie als von Allah anvertrautes Gut erhalten, und ihre Schamteile sind euch durch Allahs Wort erlaubt. Im Namen Allahs haltet ihr das Beilager mit ihnen. Fürchtet Allah, und haltet eure Frauen gut – habt ihr mich verstanden? Der Satan hat die Hoffnung aufgegeben, in diesem Lande noch verehrt zu werden. Aber er möchte gern in anderen Dingen, wo ihr nachlässig seid, wieder euren Gehorsam gewinnen.«

Noch einmal betonte Mohammed den Wert des Zusammenhalts aller Gläubigen, und er gab unmißverständlich den Befehl, die Ungläubigen mit Gewalt zum Islam zu bekehren. *»Jeder Moslem ist der Bruder jedes anderen Moslems. Alle sind sie untereinander Brüder. Kein Moslem darf einem anderen Moslem körperlichen Schaden zufügen. Es ist ihm auch nicht erlaubt, sich für das Eigentum seines islamischen Bruders zu interessieren – eine Ausnahme gibt es nur, wenn ihm das Eigentum eines anderen Moslems freiwillig übertragen wird. Die anderen Menschen aber müssen so lange bekämpft werden, bis sie sagen: Es gibt keinen Gott außer Allah.«*

In die Abschiedsstimmung paßt der Appell, den Zusammenhalt auch dann zu wahren, wenn Mohammed selbst nicht mehr an der Spitze der Gläubigen stehen kann:

»Handelt nicht gegen eure eigenen Interessen, wenn ich tot bin.

Gebt ihr den Islam auf, dann schadet ihr euch selbst, denn ihr werdet euch gegenseitig die Schädel einschlagen. Beachtet alles, was im Koran festgelegt ist, und ihr werdet nicht in die Irre gehen.«

Und Mohammed fragte noch einmal: »*Habt ihr mich verstanden?*« Als die Gläubigen mit »Ja« antworteten, schloß der Prophet seine Rede mit der Anweisung, die Anwesenden sollten denen, die nicht dabeisein konnten, die Gesetzesverkündigung mitteilen.

Wieder sahen die Männer von Medina mit Sorge, daß die Zeit der Wallfahrt sich in die Länge zog; sie fürchteten, Mohammed könnte sich in seiner Heimatstadt wohl fühlen und auf den Gedanken kommen, wieder ganz in Mekka bleiben zu wollen. Um ihnen diese Angst zu nehmen, dekretierte der Prophet, jeder der Emigranten, die einst mit ihm von Mekka nach Medina gezogen waren, dürfe nur drei Tage nach dem Vollzug des letzten Opfers in der Stadt um die Kaaba bleiben, danach müsse der Rückzug angetreten werden. Dieses Gesetz sollte auch für ihn selbst gelten. Die Kaaba in Mekka war zwar das Zentrum von Religion und Staat, der Verwaltungsmittelpunkt aber blieb in Medina.

42 Mohammed ist nicht der einzige Prophet in Arabien

Die Stunde der Auferstehung werde so lange nicht anbrechen, bis dreißig Feinde des wahren Glaubens gesagt haben, sie seien echte Propheten – diese düstere Prognose, so wird erzählt, habe Mohammed selbst geäußert. Während seiner letzten Lebensspanne mußte er sich noch selbst mit einem gefährlichen Konkurrenten auseinandersetzen, ohne ihn allerdings auslöschen zu können.

»Von Musailima, dem Gesandten Allahs, an Mohammed, den Gesandten Allahs. Friede sei mit dir! Ich wurde dir zum Teilhaber an der Macht bestellt. Die eine Hälfte des Landes gehört mir, die

andere gehört dir.« Dieses kurze, aber bündige Schreiben wurde durch zwei Boten nach Medina gebracht. Mohammed fragte die Männer, ob sie den Inhalt des Briefes kennen würden und welcher Meinung sie selbst seien. Ihre Antwort: »Wir sind der gleichen Meinung wie Musailima.« Mohammed entgegnete darauf: »Bei Allah, wenn es nicht untersagt wäre, Boten zu töten, ich würde euch beide enthaupten lassen.« An den Autor des Briefes aber schrieb er:
»Im Namen Allahs, des Barmherzigen und Gütigen. Von Mohammed, dem Gesandten Allahs, an Musailima, den Lügner. Friede sei dem, der sich recht leiten läßt. Die Erde gehört Allah. Er gibt sie seinen Dienern, wie er will, zum Erbe. Die Erde gehört denen, die gottesfürchtig sind.«

Aus dem Gebiet westlich vom Nordende des Persisch-Arabischen Golfes war die Aufforderung zur Teilung des Staates gekommen, aus einer fruchtbaren Gegend. Weizen wuchs dort, der auf den Märkten von Mekka und Medina dringend gebraucht wurde. Streit mit jener Region mußte zur Unterbrechung der Getreidelieferung und damit zu Versorgungsschwierigkeiten in den beiden wichtigsten Städten des islamischen Staates führen. Der Prophetenkonkurrent in der Kornkammer Arabiens war deshalb zu fürchten – er konnte eine Hungersnot auslösen.

Musailima benützte nahezu dieselben Glaubenselemente und Rituale, die auch Mohammed für wichtig hielt, ohne ein purer Nachahmer zu sein. Er hielt auf Einhaltung fester Gebetszeiten und des Fastengebots. Auch Musailima sprach vom allmächtigen Gott, der alles wisse und fürchterliches Gericht abhalten werde. In seiner ethischen Forderung übertraf er allerdings Mohammed weit: Er verlangte Askese, die dem Propheten in Medina völlig fremd war. Mohammed liebte die Frauen, pflegte die körperliche Vereinigung mit ihnen als Köstlichkeit; diesen Genuß wollte er in seinem Leben nie missen. Für Musailima aber war mit der körperlichen Vereinigung nur der Zweck verbunden, einen Sohn zu zeugen. War dieser Sohn geboren, dann hatte sich der Mann fernzuhalten von der Frau.

Musailima hatte sich ein Gebäude geschaffen, das der Kaaba recht ähnlich war: Das würfelförmige Haus umschloß einen Innenraum, der, als heiligster Platz, nur von Musailima selbst betreten werden durfte. Hier – so sagte Musailima – erhielt er Anweisungen von Gott, Inspirationen zu Offenbarungen. Zwar ist der böse Satz überliefert: »Besser einen Lügner aus unserer Gegend, als einen wahren Propheten aus Mekka« – er soll von einem Beduinen aus dem Herrschaftsbereich des Musailima gesagt worden sein –, doch stimmen die Berichte darin überein, daß er als mächtig galt und als Prophet anerkannt wurde.

Mit Musailima verband sich eine Seherin, die als Christin aufgewachsen war und sich als Vertreterin Gottes unter den Menschen fühlte. In bizarren Visionen erlebte sie sich als Geliebte Gottes. Ein Beduinenstamm von zehntausend Menschen glaubte an die Gottähnlichkeit dieser Frau. Sie war damit ein mächtiger politischer Faktor, ein Hindernis für den Islam.

Die Legenden der Beduinen erzählen Wunderdinge von der erotischen Leistungskraft, die von der Seherin in Musailima angestachelt wurde. Mit der Ankunft dieser Frau soll er die Askese abgeschüttelt haben. Drei Tage lang soll Musailima mit seinem Gast im dunklen Innenraum seines Heiligtums die Liebe gefeiert haben. Gedacht waren solche Erzählungen von den islamischen Propagandisten als Herabwürdigung der Person dieses Propheten. Die Beduinen aber faßten sie anders auf: Sie bewunderten diesen Mann, der zum Zeitpunkt des Besuches der Seherin schon älter als ein Jahrhundert gewesen sein soll.

Mohammed unterließ es, den Konkurrenten mit Gewalt zu unterdrücken. So existierten einige Jahre lang in Zentralarabien zwei Männer nebeneinander, die den Anspruch erhoben, Gesandte des einen und allmächtigen Gottes zu sein. Erst der Nachfolger des Propheten entschloß sich dazu, einen Feldzug gegen Musailima zu organisieren. Mohammed selbst fand sich mit der Bedrohung seiner Flanke ab – ihn reizte ein weltpolitisch weitgestecktes Ziel. Der Erfolg, davon war er überzeugt, würde den falschen Propheten ohne weitere Anstrengung der Moslems ein Ende bereiten. Ein Sieg in der Auseinandersetzung mit einer Großmacht mußte alle das Fürchten lehren, die es bisher noch immer wagten, das Bekenntnis zum einen und allmächtigen Gott zu verweigern. Zu den Verweigerern zählten Stämme in der Randzone der Arabischen Halbinsel. Auch ihr Stolz sollte gebrochen werden.

43 Die Eroberung der Welt soll beginnen

Zweimal schon hatte Mohammed versucht hinauszugreifen aus dem engeren Bereich der Arabischen Halbinsel; beide Male war der Ehrgeiz gebremst worden. Nicht ganz zwei Jahre zuvor war dem nordwärts reitenden Heer der Moslems dabei eine Lektion in Kriegskunst erteilt worden, an die sich die Beteiligten nur mit Gefühlen der Scham erinnerten. Die Offensive, die ein Jahr nach dem Treffen bei Mu'ta von Mohammed befohlen worden war, blieb ein Stoß ins Leere, weil das Heer der Moslems die Byzantiner nicht in Syrien antraf; Mohammeds Agenten hatten damals gemeldet, Heraklius sammle dort seine Truppen. Bislang war die Auseinandersetzung mit Byzanz wenig erfolgreich für die Moslems verlaufen. Dieser Dorn saß stechend im Gemüt des Propheten. Ein dritter Versuch sollte unternommen werden, gründlich vorbereitet und mit der gebotenen Vorsicht. Mohammed hatte die Gläubigen und auch sich selbst verpflichtet zum Kampf gegen alle, die sich nicht zu Allah bekannten. Den Islam sah er nicht als die Individualreligion der Araber an – Allah hatte den Auftrag gegeben, den Glauben, den Mohammed predigte, weiterzugeben, wenn nötig mit Gewalt. Der Auftrag Allahs mußte erfüllt werden. Jetzt, da der Staat bis in den Jemen und bis nach Hadramaut reichte, da er schätzungsweise dreihunderttausend Menschen umfaßte, konnte die Konfrontation mit der Weltmacht Byzanz gewagt werden. Das Hinterland bot ausreichend Platz, um auch, wenn es nötig sein sollte, den Feind in lange Märsche zu verwickeln, ihn durch Rückzugsgefechte zu zermürben. Außerdem bestand jetzt nicht mehr die Gefahr, daß die Jemeniten oder die Beduinenstämme die Abwesenheit der Moslemkrieger von Mekka und Medina ausnützen konnten, um Beutezüge gegen diese Städte zu unternehmen. Mohammed hatte den Rücken frei für die Auseinandersetzung mit dem christlich-byzantinischen Reich.

Kaiser Heraklius war nach den Ereignissen der letzten drei Jahre – der von Mohammed vorausgesagte entscheidende Sieg der Oströmer hatte bereits im Jahre 627 stattgefunden – der mächtigste

Mann im Kräftefeld zwischen Byzanz und Persien. Etwa zur Zeit der Unterzeichnung des Waffenstillstands von Hudaibija, der die Basis legte für die Aussöhnung zwischen Mohammed und seiner Verwandtschaft in Mekka, hatten die beiden Weltmächte Byzanz und Persien Frieden geschlossen. Das plötzliche Ende der Herausforderung durch den äußeren Feind löste innere Spannungen aus: Palastrevolten verzehrten die Kraft des persischen Staates. Er galt fortan nicht mehr als Gefahr für Byzanz. Heraklius feierte im März 630 seinen Machtzuwachs durch die demonstrative Feier der Rückkehr des wahren Kreuzes Jesu Christi nach Jerusalem. In den Tagen, als Heraklius in großem Gepränge einzog in Jerusalem, verließ Mohammed gerade Mekka wieder nach der nahezu unblutig verlaufenen Eroberung. An Selbstbewußtsein war der Prophet dem Kaiser von Ostrom sicher nicht unterlegen: Mohammed spürte, daß Allah auf seiner Seite stand – wie sollte er unter dieser Voraussetzung, anders regieren als durch Selbstbewußtsein. Die einhundertzehnte Koransure ist Ausdruck davon: »*Im Namen Allahs, des Allbarmherzigen. Wenn die Hilfe Allahs und damit der Sieg kommt und du die Menschen scharenweise in die Religion eintreten siehst, dann preise das Lob deines Herrn und bitte ihn um Vergebung. Er vergibt gnädig und gern.*«

Für Mohammed stand noch eine besondere Rechnung offen – und auch sie war Anlaß zum erneuten Feldzug nach Norden gegen die byzantinischen Streitkräfte. In den Kämpfen bei Mu'ta, während der ersten Auseinandersetzung mit Byzanz, hatte Mohammeds Adoptivsohn Said Ibn Haritha das Leben verloren. Said sollte gerächt werden. Deshalb übertrug Mohammed den Befehl über die Reiter, die nach Norden in byzantinisch beherrschte Gebiete vorstoßen sollten, dem Sohn des Toten. Dieser Mann, er hieß Usama Ibn Said, war allerdings noch sehr jung und besaß so gut wie keine Erfahrung in der Führung von Reiterverbänden. Die bereits bewährten Feldherren wie Abu Sufjan und Khaled Ibn Walid protestierten und mobilisierten ihre Anhänger, doch Mohammed blieb bei seiner Anordnung. Er war überzeugt, Usama werde, getrieben von Rachegefühlen, dem byzantinischen Feind entscheidende Schläge versetzen. An wirkliche Entscheidungsschlachten dachte Mohammed nicht, eher an schnellablaufende Beutezüge gegen einzelne Garnisonen im syrisch-palästinensischen Gebiet, an beschränkte Aktionen, bei denen sich die flinke Beweglichkeit der Reitertruppe zum Vorteil der Moslems auswirken mußte. Die taktischen Weisungen, die Usama Ibn Said vom Propheten erhielt, besagten ganz eindeutig: *»Wichtig ist allergrößte Heimlichkeit, vermeide den Kampf, in den Massen verwickelt sind. Reiterüberfälle im Morgengrauen haben die meiste Aussicht auf Erfolg.«*

Usama Ibn Said hätte den Propheten bei einem derart risikoreichen Unternehmen gerne bei sich gehabt; ihn drückte die Verantwortung. Doch der Prophet hielt eine Rede im Anschluß an das Freitagsgebet, die mit den Worten schloß: *»Usama hat eine Sendung zu erfüllen. Ihr helft ihm dabei. Er handelt im Auftrag Allahs.»*

Damit war eindeutig ausgesagt, daß Mohammed selbst den Zug nach Norden nicht mitmachen würde. Usamas Mutter, Umm Aiman, die Frau des toten Adoptivsohnes Said Ibn Haritha, wollte einen Tag nach dieser Rede noch einmal über die schwere Aufgabe ihres Sohnes mit Mohammed reden, Träume hatten ihre Angst geschürt, doch sie fand einen schwerkranken Mann vor. Mohammed konnte nicht mehr sprechen. Er legte nur die Hand auf den Kopf des Usama. Die Mutter schloß daraus, daß der Prophet für ihren Sohn bete, daß er ihn jedoch nicht von seiner Aufgabe entbinde.

44 Krankheit und Tod des Propheten Mohammed

Die Reiter machten sich Ende Mai 632 bereit zum Sturm nach Norden; bei der Moschee in Medina hatten sie sich versammelt. Wie viele Reiter zusammengekommen waren, darüber sagt die Überlieferung nichts. In den Erzählungen ist nur der Hinweis zu finden: Von den Emigranten aus Mekka, die zehn Jahre zuvor mit Mohammed nach Medina gekommen

waren, habe keiner zurückbleiben wollen. Doch als sich die Nachricht verbreitete von der Krankheit des Propheten, da war nichts mehr von Begeisterung zu spüren.
Mohammed war während der zehn Jahre seines Aufenthalts in Medina nie ernsthaft leidend gewesen. Daß dieser Mann des Wortes nicht mehr reden konnte, diese Erkenntnis wirkte wie ein Schock auf die Gläubigen. Mohammed war schließlich derjenige, aus dessen Mund der Engel Gabriel und der einzige und allmächtige Gott sprachen. Bedeutete Mohammeds Verstummen, daß auch Allah sein Wort nicht mehr an die Moslems richtete? Obgleich Usama bereits die Fahne von Mohammed erhalten hatte zum Zeichen der Eröffnung des Feldzugs, weigerte er sich, den Ausritt zu befehlen. Erst war die Gesundung – oder der Tod des Propheten abzuwarten.
Die Erkrankung hatte sich länger schon angekündigt. Von der Wallfahrt nach Mekka war Mohammed erschöpft wieder nach Hause gekommen. In einer Nacht hatte ihn der Gedanke geplagt, er müsse an den Gräbern der toten Getreuen auf dem Friedhof beten. Überliefert ist der Bericht, den der freigelassene Sklave des Propheten, Abu Muwaihiba, einst erzählt haben soll:
»*Mitten in der Nacht ließ der Prophet mich zu sich kommen, und er sagte: Mir wurde befohlen, um Vergebung zu beten für die Toten auf dem Baqi-Friedhof. Komm mit mir! Ich ging mit ihm, und als er zwischen den Gräbern stand, sprach er laut: Friede sei mit dir, o du Volk, das in den Gräbern liegt. Wie Fetzen der finsteren Nacht bedroht uns die Gefahr der Spaltung. Eine nach der anderen kommt, und die letzte wird weit schlimmer sein als die erste. Zu mir gewandt aber fuhr er fort: Mir wurden die Schlüssel zu den Schätzen dieser Welt und der Aufstieg ins Paradies nach einem langen Leben hier angeboten. Mir wurde freigestellt, mich dafür zu entscheiden oder für die Begegnung mit Allah schon zu diesem Zeitpunkt und damit auch für den Eintritt ins Paradies. Ich sagte zum Propheten: Ich flehe dich an, nimm die Schlüssel für die Schätze dieser Welt. Lebe lange bei uns und tritt dann erst ins Paradies ein. Doch er sagte: Nein, bei Allah, o Abu Muwaihiba. Ich habe mich entschieden, schon jetzt Allah gegenüberzutreten und ins Paradies einzugehen.*«

Stundenlang hielt sich Mohammed in der kühlen Nachtluft auf; fröstelnd war er schließlich wieder nach Hause gekommen. Fieber und Kopfschmerzen plagten ihn während der nächsten Tage. Sechzig Jahre alt war Mohammed bereits – und damit galt er nach den Begriffen jener Zeit bereits als alter Mann. Trotzdem habe er, und darauf legen die Überlieferungen Wert, reihum noch jede Nacht bei seinen Frauen geschlafen. Diese Gewohnheit endete unmittelbar nach jener Nacht auf dem Friedhof. Aischa wußte zu erzählen: »*Als der Prophet vom Friedhof zurückkehrte, da traf er mich an, als ich gerade Kopfschmerzen hatte. Der Prophet sprach aber vor allem von seinem Kopfweh und fragte dann unvermittelt: Aischa, würde es dich nicht schmerzen, wenn du vor mir sterben würdest und ich dich in das Leichentuch hüllen, das Totengebet über dich sprechen und dich begraben müßte?*«

Aischa fand eine Antwort, die zeigte, daß sie darunter litt, so viele Frauen neben sich im Harem dulden zu müssen: »*Ich sehe dich doch wahrhaftig vor mir, wie du von meinem Begräbnis nach Hause kommst, um hier mit einer deiner Frauen eine Hochzeitsnacht zu feiern.*« Mohammed soll auf diese Antwort mit Lächeln reagiert haben.

Die Schmerzen, so berichtet Aischa, seien immer schlimmer geworden. In den Räumen der Maimuna, der Frau, die Mohammed zuletzt geheiratet hatte, wurden die Schmerzen in Kopf und Gliedern völlig unerträglich. Aischa sagte: Er rief alle seine Frauen zusammen und bat sie um ihr Einverständnis, daß er sich in meinen Räumen pflegen lasse. Die Frauen stimmten zu. Sein Kopf war in Tücher gehüllt, als er, von zwei Männern gestützt, zu mir kam. Schleppend war sein Schritt. Die Schmerzen steigerten sich immer mehr. Schließlich sprach er: »*Schüttet sieben Schläuche voll Wasser aus verschiedenen Brunnen über mich.*« Omars Tochter Hafsa, auch eine der Frauen des Propheten, besaß einen Badezuber. Drein setzten wir ihn und überschütteten ihn mit Wasser, bis er genug hatte.

Aischa sprach nicht davon, daß die Wasserkur üble Folgen hatte – andere Stimmen aus der Familie berichteten darüber. Mohammed muß bewußtlos geworden sein. In ihrer Sorge gaben ihm die Frauen Medikamente aus Äthiopien ein, die ihn belebten und wieder ansprechbar machten. In seinen Fieberzuständen gab er wirre Anweisungen, wie der Feldzug auszuführen sei, den er dem Usama Ibn Said befohlen hatte. Da er phantasierte, weigerte sich Abu Bakr, die Befehle, die Mohammed gab, aufschreiben zu lassen, obgleich er dringend dazu aufgefordert wurde. Abu Bakr handelte vernünftig, denn er konnte nicht glauben, daß aus dem kranken Propheten die göttliche Inspiration spreche.

Am Montag, dem 8. Juni des Jahres 632, schien ein Wunder geschehen zu sein: Mohammed verließ die Räume der Aischa und betrat die Moschee. Es war die Stunde des Morgengebets. Abu Bakr war in den Tagen zuvor als Vorbeter eingesetzt worden – Mohammed hatte dazu noch seine Erlaubnis gegeben; jetzt wollte Abu Bakr ihm wieder Platz machen, doch der Prophet forderte ihn auf, weiterhin der Gemeinde die Texte vorzusprechen. Nach dem Gebet sagte Mohammed mit der lauten Stimme, die man von ihm gewohnt war: »*O ihr Menschen. Das Feuer ist entfacht. Streit wird über euch kommen. Bei Allah, mir könnt ihr die Verantwortung nicht zuschieben. Ich habe euch nur erlaubt, was der Koran erlaubt. Ich habe euch nur verboten, was der Koran verbietet.*«

Daß Mohammed sich wieder in der Moschee gezeigt hatte, löste die Lethargie, von der die Menschen in Medina während der letzten Tage befallen worden waren. Usama, der junge Feldherr, gab erneut die Parole aus, der Befehl des Propheten müsse befolgt werden. Byzanz, so meinte er, sei der Gegner. Abu Bakr ritt vor die Stadt hinaus, um eine seiner Frauen zu besuchen, die im Vorort al Sunh wohnte. Die Frauen des Propheten, so wird berichtet, kämmten sich aus Freude, daß es ihm besser ging, die Haare. Doch nur kurze Zeit später wurde Usama durch seine Mutter benachrichtigt, daß Mohammed im Sterben liege. Abu Bakr erhielt dieselbe Mitteilung. Die Frauen des Propheten hörten auf, ihre Haare zu pflegen.

Über die letzten Lebensminuten des Propheten berichtet Aischa, seine Lieblingsfrau.

»*Der Prophet kam von der Moschee zurück und legte seinen Kopf in meinen Schoß. Da trat ein Mann aus der Familie des Abu Bakr ein, der trug ein grünes Zahnputzholz in der Hand. Aus dem Blick des Propheten sah ich, daß er das Holz gerne gehabt hätte, des-*

halb fragte ich ihn: Möchtest du das Zahnputzholz haben? Er nickte. Ich nahm das Holz, kaute es für ihn weich und gab es ihm. Noch nie hatte ich ihn derart gründlich seine Zähne putzen sehen. Schließlich legte er das Holz beiseite. Dann bemerkte ich, wie sein Haupt auf meinem Schoß schwer wurde. Ich sah ihm ins Gesicht und sah, daß seine Augen starr waren. Er sprach aber: Der erhabenste Gefährte ist der im Paradies! Ich antwortete: Bei dem, der dich mit der Wahrheit gesandt hat! Du wurdest vor die Wahl gestellt und du hast gewählt! Da verschied der Gesandte Allahs.«

Trotz aller Besorgnis der Vortage hatte niemand mit dem raschen Tod des Staatschefs gerechnet. Da hatte es keiner für nötig gefunden, Mohammed zu fragen, wie er sich die Führung der islamischen Gesellschaft nach dem Ende seiner irdischen Existenz vorstelle – selbst wenn Omar oder Abu Bakr daran dachten, eine derartige Frage zu stellen, der Mut mag ihnen wohl dazu gefehlt haben. Die Folge war, daß in dieser entscheidenden Stunde alle Ratlosigkeit befiel.

Mohammed hatte zwar in der dritten Koransure deutlich gesagt, daß auch er, der Gesandte Allahs, keine Sonderstellung einnehme: »*Mohammed ist gleich den anderen Propheten, die vor ihm gestorben sind*« – und doch hatte niemand so recht daran glauben wollen. Durch die Persönlichkeit Mohammeds konnten sich die Menschen von Medina eng mit dem einen und allmächtigen Gott verbunden fühlen; mit seinem Tod, so glaubten sie, war diese Verbindung zerrissen. Die Gefahr wurde gesehen, daß Allah seine Gnade anderen Regionen und einem anderen Volk zuwandte.

Als Usama und Abu Bakr benachrichtigt worden waren vom nahen Tod des Propheten, da begannen sich die Männer von Medina vor dem Hause zu versammeln, in dem Mohammed lag. Er war zum Zeitpunkt der Benachrichtigung schon tot – mit Absicht hatte Omar eine vorsichtige Formulierung gewählt, die noch eine Spur von Hoffnung offenließ. Zeit mußte gewonnen werden: War Mohammed erst als tot erklärt, dann erwarteten die Männer draußen vor dem Haus Aufklärung über die Nachfolge. Da sich unter den Harrenden die Wahrheit über die Vorgänge in Aischas Zimmer verbreitete – als Gerücht zunächst –, wollte Omar, allein auf sich gestellt bis zur Rückkehr des Abu Bakr, die Männer vor der Tür täuschen. Er trat hinaus und gab diese Erklärung ab:

»*Einige Heuchler werden sagen, der Prophet sei gestorben. Nein! Der Gesandte Allahs ist nicht gestorben, sondern er ist zu seinem Herrn gegangen, so wie einst Moses, der vierzig Nächte von seinem Volk fernblieb und dann aber zu ihm zurückkehrte. Auch damals war behauptet worden, Moses sei gestorben. Bei Allah, der Prophet wird zurückkehren, so wie Moses zurückgekehrt ist, er wird denen die Hände und Füße abschlagen, die gesagt haben, er sei tot.*«

Als Abu Bakr, von Omar herbeigerufen, aus dem Vorort Sunh nach Medina zurückkehrte, war er mit der Situation konfrontiert, die Omars Rede geschaffen hatte. Er ging zunächst in das Zimmer der Aischa; dort fand er die Leiche des Propheten, zugedeckt mit einem Mantel aus jemenitischem Stoff. Er sah, daß Mohammed wirklich tot war, und entschloß sich daraufhin, den Gläubigen die Wahrheit zu sagen. Im Beisein von Omar, der eben von einer vorübergehenden Abwesenheit des Propheten gesprochen hatte, hielt Abu Bakr diese kurze Rede: »*O ihr Menschen, wenn jemand Mohammed anbetet, so soll er wissen, Mohammed ist tot – wenn jemand Allah anbetet, so sei ihm gesagt, Allah lebt und wird nie sterben!*«
Die Menge begriff, daß Mohammed nie mehr vor sie treten würde, um ihnen zu sagen, wie sie ihr Leben einzurichten haben. Jetzt mußte es sich zeigen, ob die religiöse und staatliche Struktur bestehenblieb, die Mohammed aufgerichtet hatte, oder ob seine bösen Ahnungen Realität werden sollten.

45 Abu Bakr rettet den Islam

Die Auseinandersetzungen brachen sofort auf. Omar und Abu Bakr, beide waren Schwiegerväter des Propheten, konnten sich nicht einigen, wo der Tote seine Ruhestätte finden sollte. Die Leiche lag über Stunden in der Sommerhitze, die auch aus den Räumen der Aischa nicht zu verbannen war. Der richtige Platz für die Bestattung wäre der Friedhof gewesen – der Ort, an dem Mohammed zuletzt eine Nacht lang für die toten Getreuen gebetet hatte; dort ruhte auch der Sohn des Propheten – er war vier Monate zuvor gestorben – und eine Tochter. Wäre die Leiche aber auf den Friedhof hinausgetragen worden, dann hätte sich einer an die Spitze des Trauerzuges stellen müssen; damit aber wäre die Entscheidung, wer künftig Staatschef sei, schon gefallen. Die Schwiegerväter Abu Bakr und Omar, der Schwiegersohn Ali und der Onkel al Abbas hielten sich für berechtigt, nach dem höchsten Amt im islamischen Staat zu greifen. Solange sie nicht unter sich die Kandidatenfrage geklärt hatten, konnte die Formierung des Trauerzugs nicht angeordnet werden. Abu Bakr sah die Ausweglosigkeit der Diskussion. Um ihr ein Ende zu machen, sprach er: »Ich habe den Propheten sagen hören, daß alle Propheten dort beerdigt werden müssen, wo sie gestorben sind.« Keiner konnte sich daran erinnern, eine solche Äußerung je aus dem Munde des Mohammed gehört zu haben, trotzdem war es unmöglich, dagegen zu argumentieren, ohne Abu Bakrs Feindschaft auszulösen. So wurden rasch die Teppiche in Aischas Schlafzimmer auf die Seite geräumt; Totengräber hoben eine Grube aus, legten Mohammed hinein und deckten ihn mit sandiger Erde zu.

Mohammed, der mächtigste Mann in Zentralarabien, war verscharrt worden im Boden unter seinem bescheidenen Lehmhaus. Aus politischen Gründen war auf den Staatsakt verzichtet worden. Aischa soll die Situation des islamischen Staates in jener Zeit so gekennzeichnet haben: »Nach dem Tod des Propheten wurden viele Araber abtrünnig. Die Christen und die Juden hoben wieder ihr Haupt. Die Heuchelei wurde offenkundig. Die Moslems aber glichen, da sie den Propheten verloren hatten, einer im Regen einer kalten Winternacht herumirrenden Schafherde.«

Die führenden Köpfe der eingesessenen Familien von Medina spürten sofort, daß der Tod des Staatschefs gerade ihnen Chancen bot. Sie hatten sich ständig über die Arroganz der Männer aus Mekka geärgert, denen allein der Zugang zur Elite des Staates vorbehalten war. Keinem, der in Medina geboren war, konnte es jemals gelingen, in den engeren Stab der Prophetenberater einzudringen. Außerdem waren nach der Aussöhnung der Emigranten mit der Banu Koraisch viele der Verwandten des Staatschefs nach Medina gekommen, um nahe am Zentrum der Macht sein zu können. Die Männer von Medina sahen diese Überfremdung ungern. Wenn es jemals eine Gelegenheit gab, in der eigenen Stadt wieder über die Politik bestimmen zu können, dann war sie jetzt greifbar: Den Mächtigen aus Mekka konnte die Gewalt entrissen werden; entschlossene Männer waren bereit zu handeln.

Die Ehrgeizigen trafen sich bei Saad Ibn Ibade, einem geachteten Mann aus altem Geschlecht. Er war eigentlich ein brillanter Redner, doch an diesem entscheidenden Tag war er heiser. Saad Ibn Ibade konnte nur flüstern. Sein Sohn hatte das Ohr am Mund des Vaters: Er hörte, was Saad sagen wollte, und gab dann die Worte weiter an den Kreis der Männer aus Medina, die dichtgedrängt im Raum saßen. Saad kannte die Stimmung seiner Freunde. Er wußte, daß sie darunter litten, in der Hierarchie des islamischen Staates immer nur als »Ansar« gegolten zu haben, als Hilfsgenossen – als Menschen zweiten Ranges gegenüber den Mekkaemigranten. Der Wortlaut der Rede des Saad Ibn Ibade ist so überliefert:

»*Gemeinde der Hilfsgenossen! Ihr habt einen Vorzug im Glauben, den euch kein anderer arabischer Stamm streitig machen kann. Mohammed, über ihn komme Heil, lebte zehn Jahre lang unter seiner Familie in Mekka und forderte sie auf, in den Dienst des Barmherzigen zu treten und die falschen Götter zu verabscheuen. Aber nur wenige aus seiner Sippe glaubten an ihn. Als Allah euch jedoch durch seine Huld auszeichnen wollte, da verlieh er euch den Glauben an den Propheten und gab euch die Macht, ihn und die anderen Emigranten zu verteidigen, ihn und seinen Glauben zu verherrlichen. Ihr habt die Feinde des Glaubens bekriegt. Ihr habt den schwersten Kampf geführt. Mohammeds Feinde habt ihr mit größerer Härte bekriegt als eure eigenen Feinde. Durch euren Kampf haben sich schließlich die Araber unter die Herrschaft Allahs gebeugt. Die Zeit ist gekommen, daß ihr dafür eine Belohnung bekommt. Es ist nicht Allahs Wille, die Macht für alle Zeit den Koraischiten zu reservieren.*«

Saad Ibn Ibade wurde an dieser Stelle durch einen Zuruf unterbrochen: »Wenn sich die Männer von Banu Koraisch nicht durch uns regieren lassen wollen, dann müssen sie sich eben einen eigenen Emir wählen!« Saad Ibn Ibade gab die kluge Antwort: „Das wäre der Anfang unserer Schwäche." An der Spaltung konnte er nicht interessiert sein: Er wollte, daß die Führungsschicht von Medina die ganze, ungeteilte Macht im islamischen Staat in die Hand bekommt. Doch Rede und Diskussion dauerten bereits zu lang, ohne daß die Männer aus Medina eine praktische Konsequenz gezogen hätten. So war ihre Chance, in Medina wieder Herr in der eigenen Stadt zu werden, bald vertan. Inzwischen hatten Omar und Abu Bakr, die politisch einflußreichen Schwiegerväter des Propheten, den Raum betreten – die Männer aus Medina waren nicht mehr unter sich. Abu Bakr improvisierte Zitate von Aussprüchen des Propheten, die bezeugen sollten, daß Allah im Amt des Staatschefs nur Mitglieder der Banu Koraisch sehen wollte.

Abu Bakrs angebliche Prophetenzitate fanden zunächst keine Beachtung. Saad Ibn Ibade hatte die zündende Parole gefunden: Die Macht den Männern von Medina! Doch da zeigte es sich, daß die Einigkeit der Herren der Stadt brüchig war. In hitzigen Debatten brach plötzlich wieder die Feindschaft auf zwischen den Stämmen Aus und Chasradsch. Zehn Jahre zuvor hatte Mohammed die Rivalität gezügelt, hatte die Männer von Aus und Chasradsch zur Kooperation gezwungen. Jetzt, da Mohammeds starker Wille fehlte, konnten sich Egoismen entwickeln: Jede der beiden Sippen beanspruchte die Macht im Staate für sich. Die Männer von Aus wollten sich nicht einem Staatschef unterordnen, der zur Familie Chasradsch gehörte – und die Banu Chasradsch sprach der Sippe Aus das Recht ab, Arabien regieren zu dürfen. Ein Mann aus dem Stamm Aus fand schließlich das erlösende Wort: »Bei Allah! Gelangen erst einmal die Chasradschiten an die Macht, dann werden sie für alle Zeit über uns herrschen. Es ist besser, wir huldigen alle dem Abu Bakr!«

Zur gleichen Stunde waren auch auf den Straßen von Medina die ersten Rufe zu hören: »Abu Bakr soll Nachfolger werden!« Sie pflanzten sich fort und verstärkten sich zu einem mächtigen Schrei, der schließlich von den Verschwörern gar nicht überhört werden

konnte. Trotz der Proteste des Saad Ibn Ibade sprachen sich immer mehr Männer der Sippen Aus und Chasradsch für die Übertragung der Staatsgewalt an Abu Bakr aus. So endete das Treffen der Notabeln aus Medina mit der Huldigung für Abu Bakr. Die Elite aus Mekka hatte sich durchgesetzt. Omar wollte die Gelegenheit des Erfolgs benützen, um Saad Ibn Ibade, den Sprecher der Verschwörer, hinrichten zu lassen. Abu Bakr verhinderte diese Gewalttat.
Der Titel des neuen Mächtigen im islamischen Staat hieß »*Khalifa Rasul Allah*« – Nachfolger des Propheten Allahs. Abu Bakr präsentierte sich als Bewahrer des Erbes, als Exekutor der Absichten, die Mohammed noch hatte erkennen lassen. Durch Entschlußkraft und rasches Handeln wollte er Unsicherheit im Staate gar nicht erst aufkommen lassen. Der Krieg gegen die byzantinischen Grenzgebiete, den Mohammed noch selbst angeordnet hatte, mußte sofort begonnen werden. »*Bei Allah, in dessen Hand meine Seele liegt. Und wenn mich auch wilde Tiere zerreißen würden, so müßte ich doch den vom Gesandten Allahs befohlenen Zug ausführen. Selbst wenn ich allein hier zurückbleiben sollte, dieser Krieg ist heilige Pflicht, ist Vermächtnis, und wird im Sinne des Propheten durchgekämpft*« – mit diesen Worten gab Abu Bakr dem jungen Kommandeur Usama den Befehl zum Angriff in Richtung Norden. Abu Bakr verfolgte mit der Eile einen egoistischen Zweck: Er konnte so einige der Unzufriedenen aus Medina verbannen, einige von denen, die mit der Verschwörung des Saad Ibn Ibade sympathisiert hatten – ihnen war jetzt reiche Beute versprochen, die bei der Plünderung der Städte in Syrien und Palästina anfallen mußte.
Abu Bakr sah schwierige Zeiten voraus, deshalb bat er Usama, den Feldherrn, der eben nach Syrien abreiten wollte, ihm den Omar zur Unterstützung zurückzulassen. Für Usama war der Verzicht auf diesen Krieger und Politiker mit großer Erfahrung nicht leicht. Abu Bakr aber stand in der Stadt niemand zur Verfügung, der so viel Autorität besaß wie Omar. Abu Bakr und Omar, beide nun Väter von Witwen des Propheten, richteten sich darauf ein, den Zusammenhalt der Moslems verteidigen zu müssen. Mohammed hatte in den Wochen vor seinem Tod häufig die Warnung ausgesprochen, die Spaltung müsse zum Untergang der Gemeinschaft

der Moslems führen – er hatte die Gläubigen beschworen, die Einheit zu bewahren. Seit der Stunde des Todes von Mohammed zeigten sich Risse im bisher festgefügten Block des Islams.
Kaum hatte das Heer, es war nur eintausend Reiter stark, Medina verlassen, da wurde Abu Bakr, der Kalif, mit Meldungen über schlimme Ereignisse konfrontiert: Die Beduinenstämme weigerten sich, weiterhin Steuern an die Herren der Stadt Medina zu bezahlen. Die Stammesscheikhs waren übereinstimmend der Meinung, daß mit dem Tode des Propheten die Zahlungsverpflichtung erloschen sei. Ihr Standpunkt: »Wir haben Mohammed gehuldigt. Er war der Gesandte des einen und allmächtigen Gottes. Da dieser Gesandte nicht mehr existiert, sehen wir uns wieder als unabhängig an.« Abu Bakr erkannte, daß in dieser Weigerung eine gefährliche Logik steckte.

Der Chef des Stammes Amir gab einem Steuereinnehmer diese Nachricht an Abu Bakr mit: »Wir sind verärgert wegen der Steuerfrage. Wenn Medina aufhört, von allen Arabern einen Teil ihres Eigentums zu fordern, werden wir wie bisher, Gehorsam leisten. Wenn ihr aber bei euren Forderungen bleibt, so wird alle Gemeinsamkeit zwischen uns und euch zu Ende sein.« Abu Bakr antwortet hart: »Versagt ihr mir nur ein einziges Schaf oder ein Kamel, das zur Abgabe bestimmt ist, so erkläre ich euch den Krieg. Was dem Propheten zustand, das steht auch mir zu.«
Der Streit um Steuern zerriß Arabien. Von der Ungerechtigkeit des Steuersystems sprachen die Beduinen, von unberechtigten Ansprüchen der Führungsschicht in Medina. Die gemeinsame Ideologie, der Islam, schien nicht stark genug zu sein, um den Staat zusammenzuhalten. Der Prophet hatte mit der Strafe Allahs drohen können, wenn ein Stamm seine Interessen nicht unterordnen wollte. Er hatte die Autorität besessen, mit seinen Worten Allahs Meinung auszudrücken. Die Überzeugungskraft Mohammeds war gewaltig gewesen – hatte er davon gesprochen, daß Allah sein Verbündeter sei, so war er auf wenig Zweifel gestoßen. Abu Bakr erkannte, daß ihm die Legitimation des Propheten nicht zur Verfügung stand. Er bewies diese Einsicht, als er sagte: »Womit wollen wir denn die Araber der Wüste an uns binden? Mit er-

logenen Koranversen etwa oder mit erdichtetem faulen Zauber? Dieser Gedanke sei fern von mir. Der Prophet ist tot, und die Offenbarung hat aufgehört. Bei Allah, ich bekriege sie, so lange meine Hand ein Schwert zu halten vermag.« Da die Überzeugungskraft des Wortes fehlte, mußte das Schwert reden.

Nur wenige Tage später war Medina in Gefahr, geplündert und ausgelöscht zu werden. Da die Stadt nach Abzug der Truppe des Usama nicht mehr die volle Verteidigungsfähigkeit besaß, sahen die Stämme in der Umgebung eine gute Chance zur Plünderung. Räuberische Horden brachen in den Siedlungsbezirk ein. Die Führung der Beduinen verfolgte auch die Absicht, Abu Bakr und mit ihm die meisten Männer der Stadtelite zu ermorden. Der Überfall konnte abgewehrt werden, da die Disziplin der Moslems intakt blieb. Der Tod von Abu Bakr, Omar, Ali und Abbas hätte das Ende der islamischen Glaubensbewegung bedeuten können.

»Wäre Mohammed ein Prophet gewesen, so wäre er nicht gestorben!« Diese Parole fand Beachtung in den Zeltlagern und Siedlungen der Beduinen in der Wüste. Sie barg eine gefährliche Konsequenz – wenn schon Mohammed kein Prophet war, dann konnte Abu Bakr nicht der Nachfolger eines Propheten sein. Damit aber war die Basis des islamischen Staates in Frage gestellt. Er war auf die Gewißheit gegründet, daß seine Existenz vom einen und allmächtigen Gott gewollt war. Wurde Mohammed jedoch als Schwindler betrachtet, dann verlor auch seine Staatsgründung jegliches Guthaben an Prestige. Mohammed hatte immer betont, die Verbindung von Religion und Staat sei das Besondere der islamischen Gemeinschaft. Zerbrach der Faktor Religion, dann geriet auch der Staat in akute Gefahr. Abu Bakr, der zunächst nicht über Bewaffnete in ausreichender Zahl verfügte, mußte durch diplomatische Mittel wirken. An elf Stämme schrieb er gleichlautende Briefe. Der Text enthält die Bekräftigung, den Weg, den Mohammed gewiesen hat, entschlossen weiterzugehen:

»*Von Abu Bakr, dem Nachfolger des Gesandten Allahs – Allah sei ihm gnädig und beschütze ihn –, an jeden, zu dem dieses Schreiben gelangt, sowohl an die Befehlshaber wie an die Untergebenen, sowohl an die im Glauben Beharrenden wie an die Abtrünnigen.*

Gruß denjenigen, die der göttlichen Leitung folgen und nicht von Neuem in Irrtum und Trug versinken. Ich preise Allah für euch, es gibt keinen Gott außer ihm. Ich bekenne, daß Allah einzig ist, daß niemand ihm beigesellt ist. Ich bekenne, daß Mohammed Allahs Knecht und sein Gesandter war. Wir bestätigen, was Mohammed uns gebracht hat. Gottlos ist, wer seine Lehre verwirft. Allah, der Erhabene, hat Mohammed als ein strahlendes Licht mit der göttlichen Wahrheit zu seinen Geschöpfen auf die Erde geschickt, damit er sie zu Allah rufe durch Verheißungen und durch Drohungen. Mohammed sollte allen Lebenden predigen und den Ungläubigen die Wahrheit verkünden. Allah hat diejenigen geleitet, die ihm Gehör schenkten. Mohammed hat diejenigen, die ihm den Rücken kehrten, bekämpft, bis sie, freiwillig oder gezwungen, den Islam annahmen. Nachdem er aber Allahs Befehl vollzogen, sein Volk auf den rechten Weg geführt und seine Berufung erfüllt hatte, nahm Allah ihn zu sich. Den Tod hat Allah ihm in der geoffenbarten Schrift vorausgesagt, denn es heißt: Du wirst sterben, und auch sie werden sterben. Ferner heißt es: Die Gesandten Allahs vor ihm sind gestorben, werdet ihr zum Unglauben zurückkehren, wenn auch er stirbt? Wer zurückkehrt zum Unglauben, der fügt Allah dadurch kein Leid zu, aber Allah wird die Dankbaren belohnen. Wer nur Mohammed diente, der wisse, daß Mohammed tot ist. Wer aber Allah diente, dem sei gesagt, daß Allah noch lebt und nie stirbt, sondern er wacht immerdar, er bewahrt sein Wort und nimmt Rache an seinen Feinden. Ich fordere euch daher auf, Allah zu fürchten und das zu beachten, was euch der Prophet geoffenbart hat, denn nur von Allah hängt euer ganzes Schicksal ab. Ich habe nun vernommen, daß manche unter euch, die sich zur Religion des Islams bekannt hatten, wieder abgefallen sind. Sie haben in ihrer Blindheit die Sache Allahs verlassen, um dem Rufe des Satans zu folgen. Ich sende euch daher eine Abteilung rechtgläubiger Männer. Sie fordern euch auf, den Glauben an Allah erneut anzunehmen. Wer dieser Aufforderung nachkommt, der wird beschützt. Wer widersteht, der wird bekriegt, bis er zur Sache Allahs zurückkehrt. Kein Abtrünniger aber soll verschont bleiben. Er soll den Feuertod sterben oder auf jede andere mögliche Art getötet werden. Die Kinder und Frauen der Abtrünnigen gehören als Sklaven den Gläubigen. Ich habe meinem Oberbefehlshaber aufgetragen, dieses Schreiben in jeder Siedlung vorzulesen. Die Siedlungen, die sofort Allah im Gebet anrufen, sollen verschont bleiben. Die das Gebet nicht sprechen wollen, werden als Feinde behandelt, bis sie sich zum Glauben bekennen.«

Die meisten der Stämme ließen sich durch die Worte Abu Bakrs überzeugen: Ehe sie sich den Krieg in die Dörfer holten, bekannten sie sich zum Islam. Bald flossen die Steuergelder wieder regelmäßig. Widerstand leisteten nur die Stämme, die Musailima als Propheten anerkannten. Abu Bakr wußte, daß seine eigene Position nicht gefestigt war, solange Musailima seine Offenbarungen verbreiten konnte. Musailima besaß als Prophet einen unbestreitbaren Vorteil – er lebte noch, Mohammed aber war tot. Musailima konnte Stellung beziehen zu aktuellen Problemen. So rächte es sich, daß Mohammed selbst die Auseinandersetzung mit dem Gegenpropheten gescheut hatte. Jetzt war Abu Bakr, in weit schwächerer Position, gezwungen, Musailima mundtot zu machen. Khaled Ibn Walid warb bei den Beduinenstämmen Reiter an zum Kampf gegen Musailima und seine Anhänger. Nur unter hohen Verlusten gelang es ihnen, den Widerstand gegen den Herrschaftsanspruch von Medina an der Westküste des Persisch-Arabischen Golfs niederzukämpfen. Jetzt erst war das Lebenswerk des Propheten wirklich abgeschlossen. Auf der Arabischen Halbinsel wagte keiner mehr den Widerstand gegen den Islam.

46 Die Moslems erobern die Welt

Tausend Kilometer der Ostküste des Roten Meeres beherrschen die Moslems; etwas weniger weit reichte ihr Staat ins Land hinein, in die Wüstengebiete der Arabischen Halbinsel. Bedeutung in den Kräftefeldern überregionaler Politik besaß der islamische Staat nicht. Neben den Herrschern über Byzanz und Persien konnte sich Abu Bakr als lokaler Häuptling einiger Wüstenstämme betrachten. Doch ihn trieb der feste Entschluß, sich Anerkennung zu verschaffen, wobei er damit argumentierte, Mohammed selbst habe den Auftrag erteilt, den Glauben an Allah auch den Menschen außerhalb der Arabischen Halbinsel bekanntzumachen. Der Prophet hatte schließlich einst prophezeit, Allah werde seinem Glauben die Reiche aller Himmelsrichtungen öffnen – den im Süden gelegenen Jemen, Persien im Osten und Byzanz im Westen. Die Zeugen lebten, die Mohammed zugehört hatten, als er von der weiten Verbreitung des Islams sprach, von der gottgefälligen Aufgabe, mitzuarbeiten am Werk, vielen, wenn nicht allen den Glauben an Allah mitzuteilen.

Daß der Feldzug des Usama, den noch der Prophet angeordnet hatte, wenig erfolgreich verlaufen war, hemmte die Entschlossenheit des Abu Bakr nicht. Es wäre ihm unlieb gewesen, wenn Usama den Byzantinern entscheidende Niederlagen beigebracht hätte. Den Ruhm der Eroberung wollte Abu Bakr für sich selbst reservieren.

Abu Bakr ließ sich nicht anstecken von der fruchtlosen Neigung des Propheten, Streit mit Byzanz zu suchen. Er spekulierte, daß persische Gebiete eher als das christliche Reich im Westen zur Beute des Islams werden könnten. So gab er seinem Feldherrn Khaled Ibn Walid den Befehl, der die weitgesteckten Ziele des Prophetennachfolgers aufzeigte: »Ziehe gegen Irak und besetze dieses Land. Reite bis zu den Grenzfestungen gegen Indien. Behandle freundlich die Perser und die Völker, die unter persischer Herrschaft stehen.«

Mit diesem Befehl begann der Sturm der Moslems. Über ein Jahrhundert hin konnte ihr kaum eine Macht und nur in den seltensten Fällen eine religiöse Ideologie widerstehen. Die Völker der bedrohten Landstriche sahen bald keinen anderen Ausweg mehr als die Kapitulation. Der Sinn der islamischen Kriegszüge war nicht die Vernichtung der Völker, sondern deren Unterwerfung unter den Willen des einen und allmächtigen Gottes – und damit unter den Willen des Kalifen, des Nachfolgers des Propheten Allahs. Khaled Ibn Walid formulierte die Aufforderung, die von nun an Tausenden

von Kommandeuren der persischen, byzantinischen, ägyptischen, nordafrikanischen und schließlich sogar südwesteuropäischen Staatsgebilde zugestellt wurde. Die Formulierung lautete:
»Bekehre dich, so bist du gerettet. Sichere dir und deinem Volk unseren Schutz und zahle Tribut. Sonst kannst du nur dich selbst beklagen, denn ich ziehe mit einer Schar heran, die den Tod ebensosehr liebt wie ihr das Leben.«
In fruchtbares Land brach das islamische Reiterheer ein. Bisher hatten die Araber Oasen gekannt, abgezirkelte Zonen der Fruchtbarkeit. Jetzt sahen sie Ackerland, das sich von Horizont zu Horizont erstreckte und das von Wasserläufen durchzogen war. Khaled Ibn Walid verbarg sein Erstaunen nicht: »Bei Allah! Wenn wir nicht für den Glauben kämpfen würden, so sollten wir schon um des gesegneten Bodens willen dieses Land unter uns verteilen!«
Innerhalb von vier Jahren war das Zweistromland um Euphrat und Tigris unterworfen; dem restlichen Perserreich blieb noch eine Gnadenfrist von acht Jahren. Noch ehe die Aufgabe im Osten ganz abgeschlossen war, gab Abu Bakr den Befehl zum Angriff im Westen. Er wollte der byzantinischen Heerführung nicht die Zeit lassen, aus den Fehlern und aus der totalen Niederlage der Perser zu lernen. Das Erschrecken der Soldaten von Byzanz über den islamischen Erfolg gegen Persien sollte ausgenützt werden: Unverständlich, dem Teufelswerk gleichzusetzen, war für sie der Erfolg der Moslems; ihnen selbst war der Vorstoß ins Zweistromland nicht gelungen. Am Jarmukfluß in Palästina konzentrierte Byzanz achtzigtausend Kämpfer. Khaled Ibn Walid verfügte über dreißigtausend. Die Moslems ersetzten die zahlenmäßig geringere Kampfkraft durch größere Entschlossenheit. Die Schlacht war schon gewonnen, als ein Spion dem Oberbefehlshaber des Byzanzheeres – dem Bruder des Kaisers Heraklius – diesen Bericht über die Moslems gab: »Bei Nacht sind sie andächtig wie Mönche, bei Tag aber sind sie tapfere Reiter. Begeht der Sohn ihres Herrschers einen Diebstahl, so wird ihm, wie jedem anderen, die Hand abgeschnitten. So groß ist die Macht des Gesetzes bei ihnen.«
Nach dem Sieg am Jarmuk war den Moslems der Weg offen zur fruchtbaren und reichen Oase Damaskus. Die eigenen Siedlungen Medina und Mekka waren ärmliche Dörfer im Vergleich zu

Damaskus – die islamischen Reiter wurden mit Luxus konfrontiert, der ihnen überaus imponierte. Dutzende von Karawanen mit jeweils mehr als hundert Lastkamelen transportierten das Beutegut in das neugeschaffene Schatzhaus von Medina, das den Grundstock einer zentralen Finanzverwaltung des islamischen Staates bildete. Im Laufe weniger Monate wurde Medina zur Stadt, in der die wunderbarsten Reichtümer gelagert wurden. Aus der persischen Stadt Ktesiphon traf ein Teppich ein, der hundert Meter lang und zwanzig Meter breit war; achtzig Kamele schleppten ihn als ganzes Stück über eine Strecke von nahezu zweitausend Kilometern.

Im Jahre 638, sechs Jahre also nach dem Tod des Propheten Mohammed, wurde Jerusalem islamisch. Alle Versuche der Byzantiner, in Palästina wieder offensiv zu werden, scheiterten. Den islamischen Truppen gelang es sogar, diesen Gegner weiter nach Westen zu drängen. Byzanz stellte schließlich keine Bedrohung mehr dar. Da jedoch ein Angriff auf das Herz des byzantinischen Reiches, die Stadt am Bosporus, trotzdem nicht gewagt werden konnte – je mehr die Byzantiner auf ihre Hauptstadt zugetrieben wurden, desto härter kämpften sie –, wurde von der Führung des islamischen Staates der Einfall ins Nildelta befohlen, das als Provinz dem Herrscher von Byzanz unterstand. Nahezu ohne Widerstand gelang die Eroberung. Befehlshaber des Moslemheeres war Amru Ibn Aass, der diesen Vertrag mit den führenden Köpfen der Bevölkerung am Nil abschloß: »Dies ist die Sicherheitsurkunde, die Amru Ibn Aass den Bewohnern von Ägypten überreicht. Sie sollen sicher sein für ihre Person, ihren Glauben, ihre Güter, ihre Kirchen. Sie sollen sicher sein ihres trockenen Landes und ihrer Gewässer. Es soll ihnen nichts mit Gewalt angetan werden. Nichts soll ihnen weggenommen werden. Wenn die Bewohner von Ägypten dieses Abkommen einhalten, so zahlen sie Steuern im Betrag von fünfzig Millionen Dinaren. Das Geld ist fällig, sobald der Wasserstand des Nils am höchsten ist. Die Bewohner sind verantwortlich für alle Gewalttaten, die von Banditen aus ihrer Mitte gegen die Männer des Islams begangen werden.«

Die christlichen Kopten, die im Nildelta lebten, hielten den Vertrag ein. Die höchste Autorität der Kopten gab den Grund dafür an:

»Der Feind ist nicht so zahlreich, doch ein Moslem wiegt hundert der Unsrigen auf. Von allen Genüssen der Erde brauchen sie nur einfache Kleidung und Nahrung. Sie sehnen sich nach dem Märtyrertod, weil er sie direkt ins Paradies führt. Wir aber hängen am Leben mit seinen Freuden. Wir fürchten den Tod.« Diese Analyse trifft für Jahrzehnte die Realität im Kräfteverhältnis zwischen Moslems und Andersgläubigen.
Für alle Gegner stimmt die Relation: »Ein Moslem wiegt hundert der Unsrigen auf.« Der Ruf der Moslems, unbesiegbar zu sein, verbreitet sich über das Niltal hinaus nach Westen. Der Kalif Omar hatte nach dem Tod des Abu Bakr in Medina die Macht übernommen, sorgte dafür, daß Offiziere und Mannschaften nicht durch Bequemlichkeit ihre Aggressionslust verloren; sie wurden vorwärts getrieben. Wollten die Männer ausruhen in den fruchtbaren Gegenden und seßhaft werden, so schreckten sie schroffe Befehle des Kalifen wieder auf.
Amru Ibn Aass hatte den Kopten versprochen, ihr Eigentum bleibe unangetastet, doch bald schon galt dieses Versprechen nicht mehr. Von den Unterworfenen wurden Abgaben verlangt an Geld und Waren. Herrschte Getreidemangel in Mekka und Medina, dann war die Nilprovinz verpflichtet, Karawanen, mit Weizen beladen, auf den Weg zu schicken. Bewundernde und übertriebene Berichte sind erhalten, von den Ausmaßen dieser Karawanen: Als das erste Kamel einer solchen Kolonne in Medina ankam, so wird erzählt, verließ das letzte, 1500 Kilometer entfernt, die Getreidelager am Nil.
Byzanz verlor seine nordafrikanischen Besitzungen, doch es blieb als stabiler Faktor der Politik bestehen. Es leistete weiterhin dem Vordringen des Islams Widerstand. Der Staat der Moslems hatte noch nicht seine größte Ausdehnung erreicht, da stand schon fest, daß der Weg nach Europa versperrt sein werde. Das christliche Byzanz verhinderte den Zusammenbruch des Christentums. Die Entscheidung ist in Kleinasien gefallen schon in den ersten Jahren nach dem Tod des Propheten Mohammed – die Schlacht von Tours und Poitiers im Jahre 732 verliert bei genauer Betrachtung an Bedeutung. Der Ansturm des noch jungen Islams von Osten war gefährlicher als die späteren Raubzüge nach Westeuropa

hinein. So blendend die Siege der islamischen Truppen in Nordafrika auch waren, auf der anderen Seite des Mittelmeers konnte ein Rivale standhalten.

Der Vormarsch entlang der afrikanischen Mittelmeerküste vollzog sich in Etappen: Im Jahre 641 war die Besetzung des Nildeltas abgeschlossen; 644 ist die Cyrenaika islamisch; 647 wurde die Gegend der heutigen libyschen Hauptstadt Tripolis erreicht; 667 begann der Sprung nach Sizilien; dreißig Jahre später ist Karthago erobert.

Die Gemeinschaft der Gläubigen hat inzwischen ihre Stabilität verloren – gefährliche Tendenzen zur Spaltung waren sichtbar geworden, deren Ursache noch in der Lebenszeit des Propheten zu suchen ist. Da Mohammed unterlassen hatte, einen Nachfolger zu bestimmen, blieb es der Urteilskraft der Männer aus dem engeren Mitarbeiterkreis des Staatsgründers überlassen, ob sie Ansprüche auf die Führung der Gemeinschaft aller Moslems stellen wollten oder nicht. Abu Bakr war im Jahr 632 nicht der einzige Kandidat gewesen, der Kalif zu werden beabsichtigte. Ali Ibn Abu Talib, Mohammeds Schwiegersohn – Ali war verheiratet mit der Lieblingstochter des Propheten –, dachte, daß er schon deshalb ganz selbstverständlich das hohe Amt übertragen bekäme, weil er doch als einziger durch seine Frau, die Prophetentochter, das Blut des Gesandten Allahs an kommende Generationen weitergeben konnte. Er fühlte sich benachteiligt, weil ihm drei Männer nacheinander in der Erbfolge vorgezogen wurden. Erst vierundzwanzig Jahre nach dem Tode seines Schwiegervaters gelang ihm der Griff nach der höchsten Macht im Staate. Doch wiederum fünf Jahre später wurde er durch Dolchstiche ermordet, nach langem, kräfteverzehrendem Machtkampf mit der Familie Omaija, die es verstanden hatte, die Funktion des Gouverneurs von Damaskus so mächtig zu machen, daß sich ihr niemand mit Aussicht auf Erfolg entgegenstellen konnte. Die Anhänger des toten Ali aber blieben politisch aktiv. Sie fühlten sich unterdrückt und bekämpften die Omaijaden. Als politische Gruppierung gaben sie sich die Bezeichnung »Schiat Ali«, die Partei des Ali. Von Generation zu Generation fand sie neue Anhänger, besonders unter den Menschen des Zweistromlandes und der persischen Provinzen. Hier formierte sich der Widerstand gegen die Kalifen in Damaskus. Als Grund zum Kampf gegen die Omaijadenherrscher galt weiterhin die Benachteiligung Alis und seiner Nachfahren. Die Sippe der Omaijaden wurde als die Familie der Teufel verschrien, die den Blutsverwandten des Propheten das Kalifenamt streitig machte und die Enkel und Urenkel des Ali mit Verfolgung bedrohte. Um den Blutsverwandten zu ihrem Recht zu verhelfen, brach einhundertundzwanzig Jahre nach Mohammeds Tod die Rebellion der Abbasiden aus, die schließlich den Omaijaden die Macht im Staate raubte. Von Osten, von Persien aus, waren die Rächer nach Westen gezogen; schwarze Fahnen flatterten dem Haufen voran, der grausames Gericht hielt unter den Anhängern der Omaijaden. Der enge Kreis der Anführer leitete seine Abstammung von Abbas ab, dem Onkel des Propheten, der einst, im feindlichen Mekka, als Agent der Moslems gearbeitet hatte.

Fast fünf Generationen waren vergangen, seit Abbas dem Propheten gute Dienste geleistet hatte, und trotzdem war die Erinnerung daran wach geblieben. Die Kinder, Enkel und Urenkel hatten dafür gesorgt, daß sie in der Phantasie der Moslems nicht verblaßte. Gegenüber dem gläubigen Volk wurde noch weitere fünf Jahrhunderte lang der Anspruch aufrechterhalten, es sei der Wille Allahs, daß nur die Blutsverwandten des Propheten das Recht haben, das islamische Reich zu regieren. Der dynastische Gedanke hatte sich, als Teil der Ordnung Allahs, fest verankert, wobei sich beharrlich Nebenlinien durchsetzen konnten. Der eigentlichen Prophetenfamilie, die sich als die edelste empfand, als das Licht Allahs auf Erden, war schließlich nur ein bescheidenes Dasein erlaubt. Die Abbasidenherrscher vergaßen nämlich rasch, daß sie den Alinachfahren, den Aliden, zu ihrem Recht verhelfen wollten – die Schiat Ali, die Partei der Alianhänger, hatte weiterhin guten Grund zur Klage, die Mächtigen würden ungerecht an ihr handeln. Noch in der iranischen Revolution des Jahres 1979 war das Bewußtsein der Schiiten, bisher immer widerrechtlich von der Macht ferngehalten worden zu sein, ein wichtiges Motiv der Empörung gegen den Schah.

Die Abbasiden brachten persischen Einfluß an den Kalifenhof; sie fühlten sich in der bisherigen Hauptstadt, die von den Omaijaden ausgewählt worden war, auf unsicherem Grund. Sie verlegten die Verwaltungszentrale des Riesenreichs von Damaskus weg nach Osten, ins Zweistromland. Sie gründeten Baghdad. Die schiitische Bewegung war gezwungen, noch weiter nach Osten auszuweichen: Sie wurde später zur treibenden Kraft in den Unabhängigkeitsbestrebungen der persischen Provinzen. Als die Loslösung vom arabischen Reich vollzogen war, wurde der Islam schiitischer Prägung Staatsreligion Persiens.

Die meisten der Araber, die westlich des Zweistromlands leben, betrachten die Schiiten noch heute als Ketzer, die den wahren Auftrag Mohammeds nicht beachten, keine anderen Heiligen neben Allah zu stellen. In der Geschichte der Schiiten seit der ersten Spaltung nach dem Tode des Propheten findet sich eine Kette von Märtyrern, die von den Gläubigen mit Inbrunst angebetet werden. Hatte Mohammed gefordert, das Gebet sei allein Allah zu weihen, so weichen die Schiiten weit von der Erfüllung dieser Forderung ab.

Der Spaltungsstreit, der sich im Innern des Reiches so deutlich bemerkbar machte, wirkte sich an den Grenzen kaum aus. Dort wurde niemand gefragt, ob er Schiit sei oder nicht. Der tägliche Kampf bestimmte das Leben, denn trotz der Auseinandersetzungen zwischen der Schiat Ali und den etablierten Herrschern befand sich der islamische Staat über ein Jahrhundert lang in der Phase der Ausdehnung.

Achttausend Kilometer lang war die Südgrenze des islamischen Staates; sie verband den Atlantik mit dem Gebiet ostwärts des Indus. Samarkand, Taschkent und Kabul waren die östlichen Garnisonsstädte. Im Westen wurde Spanien als islamisches Emirat gehalten – das Emirat von Cordoba hatte sich allerdings Unabhängigkeit vom Regime in Baghdad erringen können.

Der Sprung hinüber nach Europa war im Jahre 711 gelungen*. Die ältesten arabischen Geschichtsquellen beschreiben die Überquerung der Meerenge zwischen der Iberischen Halbinsel und dem

---

* Siehe dazu:
Hermann Schreiber, Halbmond über Granada, Gustav Lübbe Verlag 1980.

westlichen Zipfel Nordafrikas so: »*Der Feldherr Tarik Ibn Ziyad kämpfte im Gebiet von Tanger. Da traf er in der Stadt Ceuta einen Mann, dessen Name war Julian. Er war dem Roderich, dem Herrn von Andalus, unterworfen. Julian hatte eine seiner Töchter an den Hof des Roderich geschickt, damit sie dort erzogen werde. Roderich aber hatte das Mädchen schwanger gemacht. Aus Zorn über diese Schandtat hatte Julian geschworen, er werde die Araber nach Andalus bringen.*«

Ob der Sachverhalt historisch gerade so richtig dargestellt ist, bleibt ungewiß. Sicher ist, daß der arabische Feldherr Tarik Ibn Ziyad einer Einladung folgte, als er am 1. Mai des Jahres 711 mit rund siebentausend Kämpfern an der spanischen Küste landete, in unmittelbarer Nähe des Berges, dessen Namen heute noch an Tarik Ibn Ziyad erinnert. »Gibraltar« ist die abgeschliffene Form von »Diabal Tarik« – auf deutsch »Der Hügel des Tarik«.

Mohammed, der Prophet, habe ihm die Öffnung Europas befohlen, sagte Tarik Ibn Ziyad seinen Soldaten: »*Mohammed, Allah gebe ihm Frieden, ist mir erschienen. Er war umgeben von vielen Helden aus Mekka und Medina. Alle waren bewaffnet mit Schwertern, Lanzen und Bogen. Mohammed hat mir zugerufen: Vorwärts, Tarik. Führe aus, was du dir vorgenommen hast. Dann sah ich, wie der Prophet am Himmel entlangzog, weit über das Wasser hin nach Andalus.*« Die entscheidenden Kämpfe gingen am 26. Juli 711 zu Ende. Der Gotenkönig Roderich verlor sein Reich.

Die Iberische Halbinsel fiel in die Hand der Moslems, doch der byzantinische Sperrblock hielt noch immer stand. Dreimal hatte Byzanz die Eroberer abgewiesen: In den Jahren 668, 672 und 677 waren die Moslems entschlossen gewesen, dem christlichen Staat Byzanz ein Ende zu bereiten. Trotz großer Opfer der Angreifer konnte der Durchbruch nie gelingen, da die Flotte des christlichen Staates immer überlegen blieb. Kalif Walid zog im Jahre 712 die Konsequenz, daß auch die Araber Schiffe in großer Anzahl brauchten. So entstand in Werften des Nildeltas die erste arabische Flotte von Bedeutung; Baumaterial waren die Zedern des Libanongebirges. Im September 717 drangen die arabischen Schiffsverbände in den Bosporus ein, doch die überlegenen Seetaktiker der byzantinischen Armada entschieden den Kampf für sich. In regelloser Flucht zerstreuten sich die Reste der arabischen Flotte. Von nun an blieb Byzanz unbehelligt. Diese letzte, erfolglose Kraftanstrengung hatte der Führung des islamischen Staates den Mut genommen, noch einmal die Auseinandersetzung mit diesem Rivalen zu suchen.

War im Osten der Weg nach Europa verschlossen, so wurde der Versuch gewagt, im Westen anzugreifen. Vom frühen arabischen Historiker Ibn Abdel Hakam ist zu erfahren: »*Abderrahman Ibn Abdallah war Statthalter in Andalus. Er war ein Mann, der Allah fürchtete, und machte einen Feldzug gegen Afrandja, das Land der Franken. Er besiegte die Franken und nahm ihnen viel Beute weg. Zu dieser Beute gehörte auch ein kunstvoll gefertigter Mann aus Gold, der mit Perlen, Rubinen und Smaragden verziert war. Abderrahman Ibn Abdallah ließ den Mann zerschlagen und sonderte den fünften Teil davon für den Staatsschatz des Kalifen ab. Vier Fünftel verteilte er an das Heer. Als Al Ubeida, der Statthalter von Afrika und damit dem Statthalter in Andalus übergeordnet war, davon hörte, verlangte er, daß Abderrahman weiter vorrücke. Abderrahman erwiderte darauf: Wahrlich, wären Himmel und Erde verschlossen, so würde der Barmherzige, zum Segen derjenigen, die ihn fürchten, Himmel und Erde trotzdem öffnen. Dann zog Abderrahman erneut los und starb als Märtyrer mit allen seinen Gefährten. Der Statthalter von Afrika aber reiste zum Kalifen mit vielen Geschenken.*«

Ohne Widerstand zu finden, war Abderrahman bis Narbonne vorgestoßen. Von dort aus sollten schnelle Stoßtrupps die Hafenstadt Toulouse erobern, doch der Herzog von Aquitanien hatte einen Abwehrriegel vorgebaut. Die Moslems wichen aus in Richtung Carcassone und Nîmes. Da sie nur über zehntausend Mann verfügten, war nie daran gedacht, das Land der Franken permanent zu besetzen. Der Auftrag lautete eindeutig, Raubzüge zu unternehmen. Islamische Missionierung sollte zunächst nicht durchgesetzt werden. In der Führung von Afrika und Andalus waren die Realisten in der Überzahl: Die Ausplünderung und Zermürbung des Frankenlandes sollte ihnen vorläufig genügen.

Sehr früh im Jahre 732 stieß Abderrahman Ibn Abdallah von Pamplona aus nach Norden vor. Der Paß von Roncesvalles konnte die islamischen Reiter nicht aufhalten; sie brachen in die Ebene von Afrandja ein. Der Herzog von Aquitanien bemühte sich, bei Bordeaux den Ansturm der Moslems aufzuhalten, doch die Verteidigungslinie wurde durchbrochen. Wäre das Heer des Abderrahman stärker gewesen, hätte die Islamisierung des Frankenlandes erzwungen werden können; der Erfolg in Spanien gab das Beispiel dafür – dort hatte die Bevölkerung fast durchweg bereitwillig das Bekenntnis zum Islam abgelegt. Dazu war es allerdings nötig gewesen, in den Städten und Siedlungen islamische Garnisonen einzurichten. Abderrahman besaß für eine solche Aufgabe keine Männer.

Die Araber waren bei jenem Zug nach Frankreich nur an Beute interessiert – diese psychologische Einstellung entschied letztlich über den Ausgang der Entscheidungsschlacht von Tours und Poitiers. Als es dem fränkischen Fußvolk gelungen war, zum Beutelager der Moslemtruppe durchzustoßen, war die Schlachtordnung der Moslems nicht mehr zu halten. Den Verlust der Beute, die bisher gemacht worden war, konnte kaum einer der Reiter des Abderrahman ertragen. Die meisten gaben ihren Platz in der Verteidigungslinie auf und versuchten ihren Anteil zu retten. Der Einbruch der Nacht gab den Moslems eine Atempause: Sie hätten sich für die Neuordnung der Schlachtlinie entscheiden können, doch sie zogen es vor, noch in den frühen Morgenstunden mit den Edelmetallen, Stoffen, Waffen und Gebrauchsgegenständen, die sie zuvor den Franken abgenommen hatten, den Kampfplatz in Richtung Süden zu verlassen. Der Befehlshaber der islamischen Reiter war zwar gefallen, doch er konnte ersetzt werden. Der Chronist Ibn Abdel Hakam täuschte sich, als er schrieb, mit Abderrahman Ibn Abdallah seien alle Gefährten ums Leben gekommen. Das bewegliche Reiterheer zog sich zurück auf die Iberische Halbinsel. Dort, in der Westecke Europas, blieb den Moslems die Macht noch fünfhundert Jahre lang erhalten.

Mit einem Raubzug hatte die erste Eroberungsphase der islamischen Geschichte begonnen, mit einem Raubzug endete sie zunächst – für achthundert Jahre. Ehe eine neue Phase beginnen konnte, mußten erst die Araber als tragendes Element des islamischen Reiches abgelöst werden. Mit dem Zerfall des Kalifats im dreizehnten Jahrhundert wurde der Weg dazu frei; andere unverbrauchte Völker aus den Randprovinzen des islamischen Reiches fühlten sich nach und nach stark genug, die Führung zu übernehmen.

Als die Moslems den Schwung zur Expansion verloren hatten, begannen behutsam die christlichen Gegenoffensiven. In Spanien setzte der Prozeß der Zurückdrängung des Islams ein, dann befreiten sich die christlichen Völker des Kaukasus. Byzanz war in der zweiten Hälfte des zehnten Jahrhunderts bereit zu Offensiven gegen die Moslems. Die Schwäche der islamischen Staatsstruktur zeigte sich, als die Kreuzritter nach Palästina einfielen. Die Zersplitterung des islamischen Reichs wirkte sich zugunsten der Christen aus. Die Besetzung Palästinas bewirkte überhaupt keine Reaktion der Moslems. Daß die Kreuzzüge mit der Absicht begonnen wurden, fortan eine christliche Bastion im Heiligen Land zu behalten, wurde nicht zur Kenntnis genommen. Islamische Geschichtsschreiber jener Jahre sprechen von der Invasion der Franken, der Ungläubigen – die Gefährlichkeit der christlichen Ideologie war ihnen nicht bewußt. Zum Glück für die islamische Welt zerfiel der Kreuzritterstaat durch inneren Streit, so blieb unbemerkt, daß die zentrale Anstrengung zur Beseitigung des Fremdkörpers an der Küste des östlichen Mittelmeers von den Moslems nicht unternommen wurde. Die letzte Bastion des Kreuzritterstaats, die Hafenstadt Acra, ging im Jahre 1291 an die islamischen Rückeroberer verloren.

Aus dem Osten gewann der Islam schließlich die neue Kraft für aggressive Unternehmungen. Die Turkvölker übernahmen die Macht in der damaligen islamischen Welt. Diese Völker hatten an den zentralasiatischen Grenzen des Riesenreichs gelebt – von den Moslemherrschern waren sie über die Grenzen geholt worden, damit sie Lücken in den Armeen auffüllten. Aus den Dienern, den Gastsoldaten, wurden jedoch bald Mitglieder einer privilegierten Kaste. Militärbefehlshaber machten sich zu regionalen Herrschern. Im elften Jahrhundert gab es dann nur noch wenige unter den Mächtigen der islamischen Teilstaaten, die nicht Angehörige der Turkvölker waren. Als die Araber nichts mehr zu sagen hatten in den Staaten des Islams, besannen sie sich darauf, daß der Prophet einst gesagt haben soll: »*Störe die Turkvölker nicht, solange sie dich in Ruhe lassen.*«

Die Turkvölker hatten den Islam als die zu ihnen passende Ideologie angenommen, und sie sorgten für die Verbreitung des Glaubens, nachdem sie die Gewalt im Zentrum der islamischen Welt übernommen hatten. Einer ihrer Gelehrten konnte in der zweiten Hälfte des achtzehnten Jahrhunderts die Macht der Turkvölker so beschreiben: »*In den Häusern der Türken hat Allah die Sonne aufgehen lassen: Er veranlaßt die Kreise des Himmels, sich über ihrem Königreich zu drehen. Er gab ihnen ihren Namen und übertrug ihnen das Amt der Könige und legte in ihre Hand die Zügel aller Völker. Allah setzte die Türken über die Menschheit.*«

Im Jahre 1453 gelang diesen neuen Herren des Islams die Eroberung von Byzanz/Konstantinopel. Dieser Erfolg war den direkten Nachfahren des Propheten versagt geblieben. Die türkischen Eroberer zogen durch den Balkan nach Nordwesten, erreichten Ungarn und belagerten im Jahr 1529 die Stadt Wien. Der Islam war zur Bedrohung für das Herz des christlichen Europa geworden. Mohammeds religiös geordnete Ideologie hatte ihre Aggressivität zurückgewonnen. Der Gedanke, einen Heiligen Krieg für den Glauben zu führen, beherrschte die Köpfe der Feldherren und der einfachen Reiter. Der Geist der ersten Jahrhunderte des Islams, der ersten Eroberungsphase, war wiedererwacht – zum Schrecken der Bewohner der christlichen Länder.

Wer aber den christlichen Glauben aufgegeben hatte zugunsten des Bekenntnisses zu Allah, der spürte bald, daß der Tausch ihm Vorteile brachte. Die islamische Reichsverwaltung gab Gebieten Sicherheit, die seit Jahrhunderten nur Streit kennengelernt hatten. Die Steuerlast, die von der Zentralverwaltung in Konstantinopel den Bewohnern auferlegt wurde, war geringer im Vergleich zu den Abgaben, die zuvor in ihrer Höhe von der Willkür einzelner Landbesitzer abhingen.

Die Türken fühlten sich als diejenigen, die den »sterbenden Atem des Islams wiederbelebt« und die Einheit der Moslems untereinander erneut hergestellt hatten. Aus der Einheit entwickelte sich der Frieden; er wiederum ermöglichte erträgliche Lebensbedingungen. Als in Mitteleuropa die Bauern aus Not die Rettung in der Rebellion suchten, da waren die Bauern auf dem Balkan durchaus zufrieden. Die türkischen Herrscher waren nicht die Despoten, als die sie in christlichen Traktaten geschildert wurden. Martin Luther hatte in einer Veröffentlichung des Jahres 1541 – sie trägt den Titel »Ermahnung zum Gebet gegen den Türken« – offen ausgesprochen, daß es den Bauern und anderen Armen durchaus gefallen könnte, unter türkischen Herrschern zu leben.

Das Christentum verstand es, seine Kräfte zu mobilisieren. Der Belagerungsring um Wien wurde gesprengt; die Türken mußten sich zurückziehen. Auch eine zweite Offensive im Jahre 1683 war nicht erfolgreicher – die Kraft zur Expansion war auch aus dem türkischen Reich gewichen. Von nun an blieben dem Islam weitere Erfolge der Ausbreitung in Richtung Europa versagt. Mit dem langsamen Rückzug des islamischen Heeres verwandelten sich die Moscheen in den ungarischen Städten wieder in Kirchen. Im Friedensschluß des Jahres 1699 mußte der islamische Staat zugeben, daß er eine besiegte Macht war.

Aus dem potenten Aggressor war der »kranke Mann am Bosporus« geworden, der vegetierte, ohne zu sterben, der nicht mehr Lebenskraft genug besaß, um aktiv in die Politik einzugreifen, der sich nicht zu wehren wußte gegen die Bevormundungen durch die neuerstandenen Großmächte England, Frankreich, Rußland. Erst mit der türkischen Niederlage im Ersten Weltkrieg ging diese Zeit zu Ende. Seit 1699 waren die Moslems gedemütigt worden von christlichen Militärs, Diplomaten und Ingenieuren, die zumeist allesamt den islamischen Glauben verachteten. Langsam erwachte in der ersten Hälfte dieses Jahrhunderts das Selbstbewußtsein der Moslems.

47 »Mohammed ist progressiver als Karl Marx«

Als der Islam in der Inspiration des Propheten Mohammed entstand, da gab es kaum eine bewohnte Weltgegend, die rückständiger war als Zentralarabien. Die Religion, die in der Wüste gewachsen war, hatte später ihre Gültigkeit in den zivilisierten Zonen bewiesen. Mit der ihr eigenen Dynamik wuchs sie weit über die Grenzen der arabischen Welt hinaus. Aus der Religion der Wüste wurde eine Weltreligion.

Auch wenn Mohammeds Erbe kein gleichmäßiges Wachstum beschieden war, so schuf es doch einen einheitlichen Sprachraum, der von der Atlantikküste bis zum Persisch-Arabischen Golf reicht. Einhundertzwanzig Millionen Menschen sprechen eine Sprache – sie können miteinander reden, sie verstehen sich. Und es war Mohammed selbst, der die Grundlage dafür schuf, indem er die Anweisung gab, der Koran dürfe nur in der arabischen Originalsprache gelehrt und gelesen werden. Wollten sich die unterworfenen Völker mit den Siegern assimilieren, blieb ihnen nur die Wahl, die Sprache der Überlegenen, die Koransprache, zu lernen – so konnten sie sich befreien vom Makel der Zweitklassigkeit.

Der Zwang zur Anpassung brachte eine zweite positive Konsequenz mit sich: Wer sich dazu bekannte, daß es nur einen Gott gibt, der konnte meist damit rechnen, in die gleichberechtigte Gemeinschaft der Gläubigen aufgenommen zu werden – sie war identisch mit der Zugehörigkeit zum islamischen Staat. Um die Folgen der Unterwerfung schnell überwinden zu können, fügten sich die Besiegten rasch in das bestehende Staatswesen ein. So bildete die Religion eine Klammer, die neue sprachliche und völkische Gegebenheiten schuf. Aus Hunderten von regionalen Herrschaftsbereichen entstand ein Großgebilde; Dutzende von Sprachen gaben ihre Eigenständigkeit auf zugunsten des Idioms, das Mohammed einst gesprochen hatte.

Der Spaltpilz, der schon frühzeitig die Entwicklung des Islams zu belasten begann, zeitigte auch im sprachlichen Bereich seine Wirkungen: Die Region des Iran, die sich durch die Eigenständigkeit der schiitischen Sekte in ihrem Drang nach Unabhängigkeit unterstützen ließ, besann sich schon bald nach der Abspaltung von den Moslems westlich des Zweistromlands auf den Wert der eigenen Sprache, die in vorislamischer Zeit im Iran verbreitet gewesen war. So blieb das Arabisch nur noch der Koranlesung vorbehalten – Gebrauchssprache und kultische Sprache trennten sich voneinander. Der iranische Separatismus aber vermochte sich gerade in unserer Zeit als Steigerung des religiösen Bewußtseins auszuwirken: Die Schiiten, beheimatet im Iran und im Zweistromland, fühlen sich verpflichtet, dem Islam wieder den Glanz zu geben, den er einst besessen hatte. Geführt von glaubensstarken Männern soll das iranische Volk beweisen, daß Gesetze, politische Maximen und Lebensregeln, die der Prophet Mohammed einst aufgestellt hatte, heute noch ihre Gültigkeit besitzen. Eine Nation von über vierzig Millionen Menschen wird dem Test unterworfen, ob Allahs Wille in der Gestalt, die Mohammed vor mehr als dreizehnhundert Jahren offenbart wurde, heute noch als absolute Regel für die Ordnung der Welt gelten kann.

In der zweiten Hälfte des zwanzigsten Jahrhunderts erhob die islamische Geistlichkeit des Iran den Anspruch, nur das Buch des Propheten, der Koran, könne die Probleme dieser Welt heilen. Nötig, um den Heilungsprozeß einzuleiten, sei nur das Bekenntnis jedes einzelnen zum einen und allmächtigen Gott, wie das Mohammed von der Menschheit verlangt hatte. Wer dieses Bekenntnis nicht ablegte, der sei dem Höllenfeuer verfallen, der sei Partner des Teufels. Für die Geistlichkeit, die in der Islamischen Republik Iran die stärkste politische Macht darstellt, besteht die Menschheit aus zwei riesigen Gruppen: Bevorzugt sind diejenigen, die an Allah, den Propheten und an die Vorschriften des Korans glauben – verdammt sind alle anderen, da sie sich für die falsche Religion entschieden haben, für den Dienst an den »Götzen«. Die »Deformation des christlichen Glaubens«, so argumentiert die Geistlichkeit, gebe das Recht zur Verurteilung der Anhänger dieser Religion. Die schiitische Geistlichkeit besinnt sich darauf, daß Mohammed einst im christlichen Glauben eine Form der Vielgötterei sah.

Glaubenseifer – in fanatischer Form, wie die Menschen des von den islamischen Geistlichen verachteten Westens sagen – prägt auch die Moslems anderer Landstriche der arabischen Welt. Von Libyen aus wird die Islamisierung der Religion südlich der Sahara vorangetrieben. In einer Zone, die sich breit vom Senegal bis Somalia erstreckt, leben heute fünfzig Millionen Moslems. Nigeria besitzt in seiner Bevölkerung eine starke islamische Gemeinschaft, die an Größe alle anderen Religionsgruppen überragt. Kaum geringer ist der prozentuale Anteil der Moslems in Senegal, Guinea, Mali und Niger. Die Gemeinden in Kenya, Uganda, Malawi, Zambia und im Kongo sind noch klein, aber im Wachsen begriffen. Die Wanderprediger sind unterwegs, die das Heilige Buch des Korans bei sich tragen. Der libysche Staatspräsident Moammar al Gaddafi sieht seine wichtigste Aufgabe darin, den Islam auch in den Sumpfwäldern südlich der Sahara bekanntzumachen, dem Christentum dort keine Chance zu geben. Moammar al Gaddafi hat das stolze Wort gesagt, das Christentum werde aus Afrika vertrieben werden.

Da die Glaubensprinzipien des Islams für die Denkwelt der afrikanischen Menschen leichter zu verstehen sind als die christliche Lehre, ist die Verwirklichung dieses Vorsatzes nicht einmal ausgeschlossen. Von einem, der sich zum Islam bekennen will, wird keineswegs das Begreifen komplizierter Zusammenhänge verlangt. Hält er die Zeiten des Gebets ein, beachtet er die Fastenregeln, übertritt er nicht die im Koran ausgesprochenen Verbote und treibt ihn nicht der Hochmut dazu, Gebote zu übersehen, dann kann er mit dem Eintritt ins Paradies rechnen. Wichtig ist dabei das Bekenntnis zum einen, einzigen und allmächtigen Gott. Der Christ muß sich, je nach der Konfession, der er angehören will, die Frage stellen, wie er die Gnade seines Gottes erringen kann. Er muß sich auch mit der Dreieinigkeit Gottes vertraut machen – die vor dreizehnhundert Jahren vom Propheten Mohammed als schlimmste Verirrung des Glaubens verurteilt worden ist. Vom Christen wird verlangt, das Sterben Jesu Christi am Kreuz als Sühnetat zur Erlösung der ganzen Menschheit zu begreifen. Mohammed, der Christus als Prophet anerkannte, hatte sich einst geweigert, zu glauben, dieser Gesandte Allahs sei ans Kreuz ge-

nagelt worden; er hielt die Überlieferung über den Tod Christi
für eine Fälschung.

Dogmen, zu deren Verständnis intellektuelle Anstrengungen nötig
sind, kennt der Islam nicht. Er ist zudem tolerant, wenn die Einbeziehung bestehender fremder Kultbräuche gewünscht wird. Der
Prophet selbst hat dazu das Beispiel mit der Aufnahme des Kaabarituals in seine Wallfahrtsordnung gegeben. Den Bewohnern der
afrikanischen Regenwaldzone bleibt es, wenn sie sich zu Allah bekennen, durchaus freigestellt, weiterhin an die Kraft der Geister zu
glauben oder an das Weiterleben der Seelen in anderen Existenzformen – Mohammed hatte selbst die Überzeugung nie aufgegeben, daß Geister im Dienste Allahs auf der Erde wirken. Der Mentalität der Afrikaner kommt der Islam eher entgegen als das Christentum. Den Wanderpredigern aus Libyen öffnen sich leicht
die Herzen.
Doch Erinnerungen an die Vergangenheit hemmen in manchen
Gegenden die Ausbreitung des Islams: Die Moslems waren jahrhundertelang von Norden her in die Siedlungsgebiete der Neger
eingebrochen, um die Bewohner gewaltsam als Sklaven zu entführen. Das Auftauchen der Moslems bedeutete immer Unheil.
Die Religion der Sklavenfänger wurde mit ihrem Handeln in enge
Verbindung gebracht. Wie sehr sich solche Vorgänge aus der
Vergangenheit in der Gegenwart auswirken können, zeigte sich,
als der ehemalige Staatschef Idi Amin Rückzugsgefechte gegen
die Invasionstruppen aus Tansania zu führen hatte. Die libyschen,
also arabischen Soldaten, die Idi Amin unterstützen sollten,
wurden mit Argwohn betrachtet – die Erinnerung wurde wieder
wach an die unheilvolle Zeit der Sklavenjagden, die noch gar
nicht so lange zurücklag.
Die Ziele, die nach der Islamisierung Afrikas in Angriff genommen
werden sollen, sind abgesteckt. Gerade der libysche Präsident
Moammar al Gaddafi läßt keinen Zweifel daran, daß »der Papst
nicht nur aus Afrika, sondern auch aus Europa verschwinden
muß.« Italien betrachtet er als den »weichen Unterleib Europas«;
nach seiner Meinung wird es sich in einem zwar noch nicht zu bestimmenden, aber doch übersehbaren Zeitraum dem Islam öffnen.

Die Vorbereitungen dazu werden systematisch geführt: Die Insel Malta, zwischen Libyen und Sizilien gelegen, betont die enge Verbindung zur nordafrikanischen Küste, die von Moslems bewohnt wird. Moammar al Gaddafi spricht im Sommer 1979 von den Menschen auf Sizilien als den »treuen Bewahrern des islamischen Geistes, die von Normannen und schwäbischen Kaisern zwangschristianisiert worden sind«. Nach seiner Meinung wird es Zeit, daß die Sizilianer »*die Religion ihrer Kolonialzeit*« abwerfen und wieder zum einzig wahren Glauben, dem Islam, zurückkehren. Ist erst Sizilien in der Hand des Islams – diese Überzeugung bringt der libysche Staatschef offen zum Ausdruck –, dann wird die Ausbreitung des Glaubens auch nach Norden möglich sein.

Vom Christentum als geistiger Kraft halten militante Moslems wie Moammar al Gaddafi wenig. Sie sehen die Menschen der christlichen Welt in den Krallen des Materialismus, »*sie sind zerfressen von der Sucht nach Geld und Wohlstand, denken nicht an ihre Seele und glauben nicht mehr an den einen, allmächtigen Gott. Sie beten in Richtung Wallstreet. Es wäre besser, sie würden in Richtung Mekka beten.*«

Die Gedanken des Sunniten Moammar al Gaddafi treffen sich mit denen des Schiiten Khomeini. Beide sind überzeugt, daß eine neue Phase der Expansion des Islams bevorsteht, die allein schon deshalb wieder erfolgreich verlaufen wird, so sagt Gaddafi, weil der Islam von Allah dazu bestimmt ist, überall auf der Erde als Richtschnur und Gesetz zu wirken. »*Der Islam ist die letzte Offenbarung, die Allah den Menschen zukommen ließ. Allah hat ihn uns zur Korrektur früherer Offenbarungen geschickt. Mit dem Islam sollen die Fehler ausgelöscht werden, die Christen und Juden gemacht haben. Wer kann Religionen anhängen, die von Allah selbst als überholt und hinfällig bezeichnet wurden? Der Weg der Juden und Christen ist im Ansatz richtig, da sie monotheistisch orientiert sind, doch muß die reine Form des Glaubens wieder Gültigkeit erlangen.*«

Daß die Christen Europas freiwillig auf ihren angestammten Glauben verzichten werden, nimmt auch Moammar al Gaddafi nicht an. Doch er und mit ihm viele Moslems von Einfluß sind überzeugt, der Kapitalismus werde zusammenbrechen in einer Reihe von Krisen, die Europa während der nächsten Jahrzehnte erschüttern. Kapitalismus und Christentum aber seien eine derart enge Verbindung eingegangen, daß der Zusammenbruch des einen Partners auch das Ende des anderen bedeute. Nicht zu überhören ist in den Äußerungen vieler islamischer Denker die Genugtuung über die Gewißheit, Allah habe nicht ohne Grund den Moslems in Arabien den Besitz des Öls geschenkt. Der geschickte Einsatz des Öls als Waffe werde den Zusammenbruch des Kapitalismus beschleunigen, das Christentum schwächen und dem Islam zu seinem Recht verhelfen.

Die Offenbarung, die dem Propheten vor dreizehn Jahrhunderten zuteil wurde, soll dann auch Europa heilig sein. Die Moslems sind überzeugt, Europa mache dann einen großen Schritt nach vorn – Moammar al Gaddafi hat das Wort geprägt:

»Es gibt keine fortschrittlichere Ideologie als den Islam. Der Prophet Mohammed war progressiver als Karl Marx.«